GUTE GESCHÄFTE

KUNSTHANDEL IN BERLIN 1933–1945

GUTE GESCHÄFTE

KUNSTHANDEL IN BERLIN 1933–1945

AKTIVES MUSEUM FASCHISMUS UND WIDERSTAND IN BERLIN

KUNSTHÄNDLER UND AUKTIONATOREN

KONTEXTE

ANHANG

VORWORT ZUR ZWEITEN AUFLAGE

Die erste Auflage des Kataloges »Gute Geschäfte. Kunsthandel in Berlin 1933–1945« erschien anlässlich der gleichnamigen Ausstellung des Aktiven Museums, die vom 10. April bis 31. Juli 2011 im Centrum Judaicum gezeigt wurde. An dieser Stelle nochmal unser herzlicher Dank an Dr. Hermann Simon und seine Mitarbeiterinnen und Mitarbeiter für die hervorragende Zusammenarbeit und das vielfältige Engagement.

Ausstellung und Katalog fanden ein uns überwältigendes öffentliches Interesse, der Katalog war bereits vor Ausstellungsende ausverkauft. In der Presse wurde die »ausgezeichnete, erstaunlich faktenreiche und sehr differenzierte Ausstellung« (Regina Mönch in der Frankfurter Allgemeinen Zeitung vom 11. April 2011) als »Pionierarbeit« (Nicola Kuhn im Tagesspiegel vom 9. April 2011) resp. »Pioniertat« (Jens Bisky in der Süddeutschen Zeitung vom 21. Mai 2011) gewürdigt. Und »der Ausstellungskatalog ist ein Paradebeispiel guter Recherche und Literaturarbeit« (Christian Herchenröder im Handelsblatt vom 29. April 2011).

Zu den prominenten Besuchern der Ausstellung gehörten unter anderem der Beauftragte der Bundesregierung für Kultur und Medien Bernd Neumann und der Bundesminister der Finanzen a.D. Peer Steinbrück. Viele Einträge im Gästebuch spiegeln den positiven Eindruck wider, den die Ausstellung hinterließ. »A most interesting and educational exhibit. It deserves to be seen by as many people as possible. Thank you for allowing me to be one of them«, schrieb Douglas Davidson, Special Envoy for Holocaust Issues of the United States Department of State, am 8. Juni 2011. »Eine sehr beeindruckende Ausstellung mit sehr viel wissenschaftlicher Arbeit. Eine tolle Leistung! Hoffentlich wird die Ausstellung nach Amerika und in andere Länder reisen«, urteilte Jonathan Petropoulos, Autor des Buches »Kunstraub und Sammelwahn. Kunst und Politik im Dritten Reich«. Und Raman Schlemmer, Enkel von Tut und Oskar Schlemmer, schrieb: »Tief beeindruckt und erschüttert habe ich die vielen Dokumente dieser Ausstellung wahrgenommen. [...] Oskar Schlemmer (1888–1943) hat bei verschiedenen der hier dokumentierten Kunsthändler ausgestellt und sie hatten Werke von ihm in Kommission, die mehrheitlich verschollen bleiben.«

Die Ausstellung »Gute Geschäfte« wird vom 20. Oktober 2011 bis 27. Januar 2012 im Landesarchiv Berlin nochmals gezeigt, das dem Projekt dankenswerterweise als Kooperationspartner von Anbeginn verbunden war.

Wir freuen uns im übrigen, dass Werner Tammen, der Vorsitzende des Landesverbandes Berliner Galerien, motiviert durch die Ausstellung und auf Anregung der Galerie Poll hin seine Zustimmung gegeben hat, zur Erinnerung an die im Nationalsozialismus verfemten und vertriebenen Berliner Kunsthändler eine Gedenktafel zu stiften, die noch während der Laufzeit im Landesarchiv an einem geeigneten Ort enthüllt werden soll.

Die Herausgeber
Berlin, August 2011

ANDRÉ SCHMITZ
Staatssekretär für Kulturelle Angelegenheiten beim Regierenden Bürgermeister von Berlin

GRUSSWORT

Berlin ist heute wieder eine lebendige Kunststadt mit Hunderten Galerien und Auktionshäusern. Damit knüpft die Stadt an die Vielfalt der 1920er Jahre an, als sie eine Metropole des internationalen Kunsthandels war, kann aber die Bedeutung der Handelsplätze wie London und New York bei weitem nicht erreichen. Eine zentrale Ursache dafür liegt in der Verfolgung, Vertreibung, Ausplünderung und Ermordung sowohl der jüdischen Kunsthändler wie auch der jüdischen Kunstsammler in Berlin durch die Nationalsozialisten. Die Ausstellung wie auch der Katalog zeigen eindrücklich, welch überragende Bedeutung diese für den Kunsthandel in Berlin und damit auch für Deutschland hatten, spielte sich doch rund die Hälfte des gesamten deutschen Kunsthandels in Berlin ab. Zugleich zeigt sich auch der enge Zusammenhang zwischen dem Kunsthandel und der Förderung von Künstlern, ist doch die Blütezeit des Kunsthandels in Berlin zugleich auch die der blühenden Produktion einer Kunst, die noch heute weltweit hoch im Kurs steht.

Der Blick der Ausstellung auf den Berliner Kunsthandel in den 1920er und 1930er Jahren zeigt zugleich auch jene Viertel, in denen sich damals der Kunsthandel konzentrierte: Am Kemperplatz und im Lützowviertel. Dort findet man auch heute noch einige prominente Galerien und mittlerweile auch das Kulturforum mit der Kunst des 20. Jahrhunderts; wiewohl sich der Schwerpunkt des Kunsthandels heute vom alten Westen in die neue Mitte Berlins verlagert hat.

Die wirtschaftliche Bedeutung der jüdischen Kunsthändler war aus Sicht der Nationalsozialisten so groß, dass sie deren Verfolgung zwar einerseits konsequent vorantrieben, aber doch so dosierten, dass ihre eigenen wirtschaftlichen Ziele dabei nicht über Gebühr beeinträchtigt wurden. Die bereits emigrierten jüdischen Kunsthändler wie z.B. Alfred Flechtheim oder Curt Valentin blieben zunächst als mögliche Devisenbringer willkommen und durften, bis im Februar 1938 jüdischen Kunsthändlern generell die Berufsausübung untersagt wurde, auch aus dem Exil heraus Kunstwerke aus dem Berliner Bestand verkaufen und den Devisenerlös an das Reich abführen.

Deshalb war die »Arisierung« des Kunsthandels zwischen 1933 und 1938 nicht weniger brutal und zeigte sich als ein staatlich forcierter Ausplünderungsprozess eigener Qualität. 312 jüdische Kunsthändler wurden aus ihrem Beruf gedrängt, ihrer Existenzgrundlage und ihres Eigentums beraubt und mussten, so sie nicht rechtzeitig emigrieren konnten, auch ihr Leben lassen. Davon profitierten alte und neue nichtjüdische Kunsthändler und Auktionatoren in vielfacher Weise. Zum einen wurden sie die fachkundige und eingeführte Konkurrenz los. Zum anderen profitierten sie von den massenhaften Wohnungsauflösungen und Kunstversteigerungen jüdischer Emigranten, wie es am Beispiel Max Cassirers eindrucksvoll beschrieben wird, von den Kunstraubzügen der Nationalsozialisten in den eroberten Ländern und last but not least von den dramatisch steigenden Kunstpreisen, als infolge der Kriegswirtschaft die Flucht in Sachwerte einsetzte. Interessant ist, dass die staatlich geförderte NS-Kunst von der Verfolgung der als »entartet« eingestuften Kunst nicht profitieren konnte. Gemälde wie z.B. Böcklins »Hochzeitsreise« konnte 1943 noch einen Traumpreis von 270 000 Reichsmark erzielen, während NS-Kunst fast ausschließlich durch Ankäufe von offiziellen Stellen über den Handel ging. Ferdinand Möller konnte sogar noch bis in die letzten Kriegstage hinein verfemte Kunst von seinem Ausweichquartier in Brandenburg aus verkaufen.

Die Autoren weisen exemplarisch auf zwei Dinge hin, die der Öffentlichkeit bislang weitgehend unbekannt waren: Zum einen auf die Verbrennung der Bilder, die auf dem internationalen Kunstmarkt nicht schnell zu Devisen umgewandelt werden konnten. Diese fand am 20. März 1939 in der Feuerwache in der Lindenstraße 42 statt und steht im Schatten der Bücherverbrennung am 10. Mai 1933. Zum anderen erinnern sie daran, dass das »Gesetz über (die) Einziehung von Erzeugnissen entarteter Kunst« von 1938, das den Verkauf der ein Jahr zuvor beschlagnahmten Werke moderner Kunst ohne Anspruch der Herkunftsmuseen auf eine Entschädigung vorsah, weder vom Alliierten Kontrollrat noch vom Deutschen Bundestag bis heute aufgehoben wurde. Hier gibt es Handlungsbedarf für unsere Erinnerungskultur und die Politik.

Katalog und Ausstellung rufen uns große Namen von Sammlern und Kunsthändlern in Erinnerung, die für das kulturelle Berlin in der Fernwirkung bis heute von größter Bedeutung sind, nicht nur in den schwierigen vermögensrechtlichen Nachforschungen und Rückgabeverfahren, sondern vor allem, weil sie die Kunststadt Berlin nachhaltig geprägt haben. Sie zeigen Opfer und Profiteure einer skrupellosen und gierigen Enteignungs- und Vertreibungspolitik, an deren Folgen Berlin noch heute leidet. Die Lücken, die damals gerissen wurden, sind auch heute nicht geschlossen und die Narben nicht verheilt. Die Vielfalt, die unsere Stadt auch schon damals prägte und zu dem gemacht hat, was mit den »Goldenen Zwanzigern« in aller Welt mit Berlin verbunden wird, wurde von den Nationalsozialisten systematisch braun eingefärbt. Erst mit dem Fall der Mauer setzte der Prozess des vielfarbigen kulturellen Wiederauflebens richtig ein. Und wenn wir uns heute daran erfreuen, dass Künstler und kulturinteressierte Menschen aus aller Welt nach Berlin streben, lebt diese Anziehungskraft sowohl von dem einstigen Ruhm wie auch von der neuen Vielfalt der Nationen, Religionen, Weltsichten, die Berlin wieder zu einer wirklichen Metropole machen.

Mit dieser Ausstellung haben die Mitglieder des Aktiven Museums – nach dem Projekt über die verfolgten Berliner Stadtverordneten und die jüdischen Wirtschaftsbetriebe – erneut einen Kreis von verfolgten Berlinerinnen und Berlinern in das Bewusstsein der Öffentlichkeit gerückt, die unsere Stadt bis heute prägen, ohne dass dies allgemein bekannt ist. Das ist überaus verdienstvoll, und für die dadurch gewonnenen neuen Einsichten und Erkenntnisse gebührt ihnen unser aller Dank.

CHRISTINE FISCHER-DEFOY

GUTE GESCHÄFTE. KUNSTHANDEL IN BERLIN 1933–1945

ZUR AUSSTELLUNG

Früher ging man, wenn man etwas Besonderes zu kaufen suchte, in ein »gutes Geschäft«. Als »gute Geschäfte« gelten noch immer Läden mit einem qualitätvollen Warenangebot sowie kompetenter und kundenfreundlicher Beratung. Auch im Berliner Kunsthandel der 1930er Jahre gab es solche »guten Geschäfte«: Galeristen, die es verstanden, ihren Kunden mit Kenntnis und Leidenschaft besondere Kunstwerke hoher Qualität zu vermitteln. Hat jemand aber ein »gutes Geschäft« gemacht, so bedeutet dies häufig, mit unlauteren Methoden einen überhöhten Gewinn erzielt zu haben. Auch das gab es im Kunsthandel jener Jahre: Kunsthändler und Auktionatoren, die als Hehler von der nationalsozialistischen Verfolgung profitierten. Der Ausstellungstitel umschreibt diese Ambivalenz im Berliner Kunsthandel der Jahre zwischen 1933 und 1945.

Das Thema der Ausstellung lag schon lange in der Luft: Im Zusammenhang mit unserem Projekt »Vor die Tür gesetzt« über die verfolgten Berliner Stadtverordneten und Magistratsmitglieder[1] waren wir in den Entschädigungsakten von Max Cassirer auf die Frage gestoßen, was mit seiner umfangreichen Kunstsammlung passiert war, nachdem er 84-jährig aus Berlin hatte emigrieren müssen. Ein Ausstellungsprojekt über den Kunsthandel in Berlin zwischen 1933 und 1945 bot die Chance, diese Frage wieder aufzugreifen. Während in der gemeinsam mit der Humboldt-Universität erarbeiteten Ausstellung »Verraten und verkauft«[2] die Opfer der Vernichtung der jüdischen Gewerbetätigkeit im Zentrum standen, wollten wir nun unter anderem auch der Frage nachgehen, wie Berliner Kunsthändler als Akteure und Profiteure an dem Prozess der »Arisierung« beteiligt gewesen waren. Im Herbst 2008 führten wir erste Gespräche mit Angelika Enderlein, die zwei Jahre zuvor ihre Doktorarbeit über den Berliner Kunsthandel in der Weimarer Republik und im Nationalsozialismus veröffentlicht hatte.[3] Sie war von der Idee begeistert, ihre Forschungsergebnisse nun noch einmal in einem anderen Medium zu präsentieren. Angelika Enderlein vermittelte den Kontakt zum Arbeitskreis Provenienzforschung in Berlin, und innerhalb kurzer Zeit fand sich eine Arbeitsgruppe zusammen, die Sach- und Fachverstand hinsichtlich des Gegenstandes mit Engagement und Erfahrungen beim Erarbeiten historischer Ausstellungen verband.

WORUM GEHT ES?

Während die Themen Kunstraub und Restitution in der wissenschaftlichen Forschung sowie in zahlreichen Veröffentlichungen[4] und nicht zuletzt in einer umfangreichen Ausstellung des Jüdischen Museums Berlin[5] ins öffentliche Bewusstsein gerückt wurden, ist die Geschichte des Kunsthandels in Berlin zwischen 1933 und 1945 noch immer ein Desiderat der historischen Forschung und in der öffentlichen Wahrnehmung bisher kaum präsent. Die Ausstellung des Aktiven Museums leistet einen ersten Beitrag dazu, diese Lücke zu schließen. Sie präsentiert keine endgültigen und umfassenden Ergebnisse, sondern dokumentiert beispielhaft die Geschichte von vierzehn Berliner Kunsthändlern im Nationalsozialismus. Sie repräsentieren auf ganz unterschiedliche Weise, wie die Politik jener Jahre auf eine bis dahin weitgehend unabhängige Branche Einfluss nahm. Ziel der Arbeitsgruppe war es, möglichst unterschiedliche Unternehmensstrategien und Verfolgungsschicksale darzustellen. Neben einigen prominenten Häusern, die den Kunsthandel im Berlin der 1930er Jahre maßgeblich geprägt haben, sind erstmals auch bisher weitgehend unbekannte Galerien dokumentiert. Hinzu kommen Auktionshäuser, die ihre Existenz auch den »Arisierungen« jüdischer Händler verdankten.

DIE LIQUIDATION JÜDISCHER KUNSTHANDLUNGEN

In den 1920er Jahren galt Berlin als eine der Metropolen des internationalen Kunsthandels. Die Ausstellung bezieht die Zeit vor 1933 bewusst mit ein, denn erst mit dem Blick auf den kulturellen Reichtum jener Jahre wird deutlich, wie groß und schmerzhaft der Verlust der Vielfalt durch die verordnete und selbstverantwortete »Gleichschaltung« ab 1933 auch im Berliner Kunsthandel war. Die Ausstellung zeigt deshalb auch einige Galerien, deren Glanzzeit zu Beginn der NS-Zeit bereits überschritten war, weil schon die Wirtschaftskrise am Ende der 1920er Jahre ihre Existenz bedroht hatte. Kam, wie etwa im Falle Alfred Flechtheims, nun ab 1933 noch Antisemitismus und die Verfemung der künstlerischen Moderne hinzu, war der wirtschaftliche Ruin kaum zu vermeiden. Umso mehr erstaunt es, dass diese Galerie formal noch bis zur Liquidation 1936 in Berlin existierte – wenn auch ohne eigene Geschäftsräume. Wie Alfred Flechtheim wurden viele Berliner Kunsthändler ab 1933 Opfer des Antisemitismus, so zum Beispiel die in der Ausstellung dokumentierten Auktionatoren und Galeristen Paul Graupe, Fritz Goldschmidt, Curt Valentin, Victor Wallerstein und Franz Zatzenstein. Ihnen gelang es, Deutschland noch rechtzeitig zu verlassen. Die Zahl von 312 »rassisch« begründeten Ausschlüssen von Berliner Kunsthändlern aus der Reichskammer der bildenden Künste zeigt, dass mehr als ein Drittel der von uns erfassten 800 Händler als »nichtarisch« galten.[6] Hinzuweisen ist in diesem Zusammenhang auf den ebenfalls als »jüdisch« liquidierten Kunsthandels-Konzern Margraf & Co. GmbH in Berlin. Er umfasste die Kunst- und Antiquitätenhandlungen Galerie Van Diemen & Co. GmbH, Altkunst Antiquitäten GmbH, Dr. Otto Burchard & Co. GmbH, Dr. Benedikt & Co. GmbH sowie den Silberwarenhandel Margraf & Co. Die Eigentümer des Margraf-Konzerns, Jacob und Rosa Oppenheimer, emigrierten bereits 1933 nach Frankreich. Daraufhin kamen die Warenbestände ihrer Galerien zwischen 1935 und 1937 bei Paul Graupe und bei dem Auktionshaus Walther Achenbach unter den Hammer. 1937 »arisierte« H.W. Lange dann schließlich das Geschäft von Paul Graupe. Der Kunsthändler Jacob Oppenheimer starb 1941 in Frankreich 62-jährig – seine Witwe Rosa Oppenheimer wurde von dort 1943 nach Auschwitz deportiert und ermordet. Ende 1938 war der Kunsthandel in Berlin vollständig in nicht-jüdischer Hand.

PROFITEURE UND HEHLER

Wegen Zwangsabgaben wie der »Reichsfluchtsteuer«, ab 1938 der »Sühneleistung der Juden«, der »Judenvermögensabgabe« und zuletzt der vollständigen Enteignung bei der Ausbürgerung oder Deportation kamen zunehmend Kunstsammlungen aus jüdischem Besitz auf den Kunstmarkt. Die Ausstellung zeigt dies am Beispiel der umfangreichen Sammlung des Berliner Unternehmers und Ehrenbürgers Max Cassirer. Noch immer verlieren sich die Spuren vieler Werke aus seinem Besitz, den er bei der Emigration 1939 über die Schweiz nach Großbritannien bei zwei Speditionen in Berlin zurücklassen musste. Einige zentrale Werke der Sammlung gelangten jedoch über Berliner Auktionshäuser wie das von H.W. Lange in den Handel.[7] Die Geschichte dieses Auktionshauses wird ebenfalls in der Ausstellung dargestellt. Wie H.W. Lange waren auch andere Berliner Kunsthändler als Profiteure bei der Liquidation der Geschäfte ihrer verfemten jüdischen Kollegen oder als Hehler beschlagnahmter und geraubter Kunst aktiv an den nationalsozialistischen Verfolgungsmaßnahmen beteiligt. Sie spezialisierten sich auf die Versteigerung oder den Verkauf von Kunst, Schmuck und Antiquitäten aus dem Besitz von emigrierten oder deportierten Berliner Juden. Häufig arbeiteten sie dabei im Auftrag des Oberfinanzpräsidenten Berlin-Brandenburg, der den Erlös der Auktionen – abzüglich einer prozentualen Beteiligung der Kunsthändler – zugunsten der Staatskasse einzog. Die im Berliner Landesarchiv überlieferten Akten der Berliner Landesleitung der Reichskammer der bildenden Künste dokumentieren auf erschütternde Weise jede der von ihr genehmigten Versteigerungen und nennen dabei in der Regel nicht nur die Versteigerer, sondern auch die Käufer und die erzielten Preise. Hieran lässt sich unter anderem auch ablesen, wie sich zwischen 1933 und 1945 die Käuferschicht veränderte.

Nur zwei der von uns ermittelten Berliner Kunsthändler wurden nach 1945 für ihre Mitverantwortung am Handel mit geraubten Kunstwerken belangt. Von sowjetischen Offizieren verhaftet, starb Hansjoachim Quantmeyer im September 1945 in einem Gefangenenlager bei Landsberg an der Warthe. Seine Firmen wurden in Volkseigentum überführt und 1949 im Handelsregister gelöscht. Karl Haberstock verbrachte nach Kriegsende zehn Monate in US-amerikanischer Haft, es folgten mehrere Spruchkammerverfahren, 1951 wurde das Verfahren aufgehoben.

HANDEL MIT »ENTARTETER KUNST«

Zum Verkauf aus jüdischem Besitz kam ab 1937 der Handel mit den in deutschen Museen als »entartet« beschlagnahmten Werken der Moderne. Auch Kunsthändler, die sich bisher als Mäzene und Förderer der zeitgenössischen Kunst verstanden, wie etwa Karl Nierendorf, verloren nun ihre

Existenzgrundlage in Deutschland. Die Beschlagnahmungen »Entarteter Kunst« in Museen eröffneten jedoch einigen Kunsthändlern neue Geschäftsperspektiven: Die NS-Regierung beauftragte vier Galeristen – Ferdinand Möller, Karl Buchholz und Bernhard Böhmer in Berlin sowie Hildebrand Gurlitt in Hamburg – mit dem devisenbringenden Verkauf der beschlagnahmten Werke ins Ausland. Dabei handelte es sich um etwa 5 000 Gemälde und Skulpturen sowie 12 000 Grafiken und Zeichnungen, die in zwei Depots im Victoria-Speicher in der Köpenicker Straße 24 (für als minderwertig erachtete Werke) und im Schloss Schönhausen (für als gut verkäuflich angesehene Werke) eingelagert worden waren. Die vier Galeristen durften sich in beiden Depots Werke zum Verkauf aussuchen und erhielten zwischen 5 und 25 Prozent des erzielten Verkaufspreises als Provision. Dabei gelang es ihnen jedoch, neben ihren einträglichen Geschäften auch einige wichtige Werke der Moderne vor der Vernichtung in Deutschland zu retten. Die als unverkäuflich angesehenen Werke wurden am 20. März 1939 im Hof der Feuerwache in der Lindenstraße 42 verbrannt – ein Datum, das anders als die Bücherverbrennung vom 10. Mai 1933 bis heute im öffentlichen Bewusstsein weitgehend vergessen ist.

HANDEL MIT BEUTEKUNST

Bis zum Kriegsende profitierte der Berliner Kunsthandel darüber hinaus vom Handel mit Beutekunst. Zwischen 1939 und 1945 wurden die Bestände aus Museen und Bibliotheken in den von der Wehrmacht besetzten Gebieten systematisch erfasst und geraubt. Hierbei war der »Einsatzstab Reichsleiter Rosenberg« federführend. Viele Kunstwerke gelangten so in den Bestand des seit 1939 von Hitler für Linz geplanten »Führermuseums«. Der »Sonderauftrag Linz« umfasste neben der Beschlagnahme von Kunstwerken auch Tapisserien, Möbel, Bücher und Münzen. Zu den Kunsthändlern, die sich am Handel mit Beutekunst beteiligten und teilweise auch am Aufbau der Linzer Sammlung mitwirkten, gehörten die Berliner Kunsthändler Eduard Plietzsch, Karl Haberstock und der Auktionator Leo Spik.

RAHMENBEDINGUNGEN DES KUNSTHANDELS

Die Ausstellung stellt die Geschichte der Akteure des Kunsthandels ins Zentrum. Umrahmt werden die Biografien von Thementafeln, die den kulturpolitischen Kontext erläutern, in dem diese Kunsthändler auf sehr unterschiedliche Weise agierten. Bei den Recherchen zu diesem Projekt haben wir aus den Berliner Adressbüchern rund 800 Berliner Kunsthandlungen und Auktionshäuser namentlich und topografisch erfasst. Hieran lassen sich bevorzugte Standorte ablesen – etwa seit den 1920er Jahren das Tiergartenviertel um den Kemperplatz oder das Schöneberger und Lützowufer, später der Kurfürstendamm in Berlin-Charlottenburg. Die topografische Tabelle zeigt auch an, wann Kunsthandlungen umzogen oder aufgelöst wurden, während andere, insbesondere die großen Auktionshäuser, erst entstanden. Zu den Maßnahmen der nationalsozialistischen Kulturpolitik, die den Kunsthandel in der Reichshauptstadt unmittelbar betrafen, gehörten die NS-Gesetze, die den einst freien Kunstmarkt Stück für Stück begrenzten und der staatlichen Kontrolle unterstellten. Zielte das »Gesetz zur Beseitigung der Mißstände im Versteigerungswesen« vom August 1933 auf eine Regulierung der Preisentwicklung, so wurde mit dem »Gesetz über das Versteigererwesen« vom Oktober 1934 und seinen Folgegesetzen der als »jüdisch« geltende Kunsthandel systematisch vom Markt verdrängt. Eine besondere Rolle spielte dabei die 1933 gegründete Reichskulturkammer. Bereits das »Reichskulturkammergesetz« vom September 1933 verpflichtete Kunsthändler zur Mitgliedschaft – die jederzeit entzogen werden konnte. Das Auktionswesen wurde 1934 der Kontrolle der Reichskammer der bildenden Künste unterstellt. Im Februar 1938 wurde jüdischen Kunsthändlern dann generell die Berufsausübung untersagt. Am Beispiel einer Auktion wird dargestellt, welche Voraussetzungen und Bedingungen berücksichtigt werden mussten und wie dieser Prozess immer weiter bürokratisiert wurde. Der Handel mit »Entarteter Kunst« wurde durch das »Gesetz über [die] Einziehung von Erzeugnissen entarteter Kunst« 1938 formaljuristisch abgesegnet, das den Verkauf der ein Jahr zuvor beschlagnahmten Werke moderner Kunst ohne Anspruch der Herkunftsmuseen auf eine Entschädigung vorsah. Weder vom Alliierten Kontrollrat noch vom bundesdeutschen Gesetzgeber wurde dieses Gesetz bis heute aufgehoben.

Eine Weltkarte zeichnet die Wege von Berliner Kunsthändlern ins Exil nach und dokumentiert ihre Geschichte mit persönlichen Zeugnissen. Bei den Recherchen stellte sich heraus, dass nur einer der von uns erfassten Kunsthändler nach der Emigration ausgebürgert wurde. Dies legt die Vermutung nahe, dass die im Ausland lebenden Kunsthändler vom NS-Staat als mögliche Devisenbringer willkommen waren und damit eine Sonderstellung erhielten. Anders wäre es auch nicht zu erklären, dass etwa Alfred Flechtheim zwischen 1933 und seinem Tod 1937 häufig aus Paris oder London nach Berlin reiste und sich um die noch in seiner Wohnung verbliebenen Kunstwerke kümmerte. Curt Valentin konnte in New York mit Kunstwerken handeln, die ihm von der Galerie Buchholz aus Berlin zugesandt wurden. Auch Karl Nierendorf verkaufte in New York Bilder aus dem Bestand seiner Berliner Galerie, deren Erlöse in Devisen er jedoch abführen musste. Eine Thementafel widmet sich den »Enteignungen« und belegt diese beispielhaft an der bereits erwähnten Sammlung von Max Cassirer. Weitere Themen sind die Raubkunst und die Erwerbungen für das »Führermuseum« in Linz. Zwei Datenbanken geben Auskunft über den derzeitigen Forschungsstand zur »Linzer Sammlung« und zu den im »Central Collecting Point München« erfassten Werken. Und schließlich wirft die Ausstellung einen Blick auf die ersten Galeriegründungen nach 1945 in Berlin.

Zwei Leihgaben aus dem Kunstdepot des Bundesamtes für zentrale Dienste und offene Vermögensfragen in Berlin stehen exemplarisch am Ende der Ausstellung für die noch zu leistende umfangreiche Arbeit der Provenienzforschung. Mehr als 60 Jahre nach dem Ende der NS-Herrschaft steht die Restitution verfolgungsbedingt entzogener Kunstwerke noch immer am Anfang. Erst jetzt werden die Bestände der großen Berliner Museen und Sammlungen nach Raubkunst und Beutekunst durchleuchtet. Einige Bilder konnten seither an die Nachfahren ihrer früheren Besitzer zurückgegeben werden. Den Blick der Öffentlichkeit darauf zu lenken, ist auch ein Anliegen dieser Ausstellung.

In die Zeit unserer Ausstellungsvorbereitungen fiel im September 2010 die Nachricht, ein Fälscherpaar habe über mehrere Jahre hinweg zahlreiche gefälschte Kunstwerke der klassischen Moderne des 20. Jahrhunderts unter der angeblichen Provenienz einer »Sammlung Jägers« auf den Markt gebracht.[8] Diese Bilder wurden über renommierte Auktionshäuser, darunter Lempertz, Christie‘s und Sotheby‘s, zu bis zu sechsstelligen Preisen an Privatsammler und Museen verkauft. Der eigentliche Skandal liegt jedoch nicht in den Fälschungen selbst, sondern in der Tatsache, dass das mutmaßliche Fälscherpaar, Wolfgang und Helene Beltracchi, sich auf geschickte Weise das Unwissen über den Verbleib vieler in der NS-Zeit als »entartet« beschlagnahmter Kunstwerke zunutze machte. Die ermittelnde Polizei ging Ende 2010 von rund 60 gefälschten Gemälden aus, die zum Beleg ihrer Echtheit häufig mit dem – ebenfalls gefälschten und angeblich von Heinrich Campendonk gestalteten – Aufkleber einer »Sammlung Flechtheim« versehen waren.[9] Zu den nun von der Polizei ermittelten Fälschungen gehört auch ein »Portrait Alfred Flechtheim«, vermutlich von Louis Marcoussis, aus dem Bestand des Essener Lehmbruck-Museums. Gerade eine Flechtheim-Provenienz schien den Tätern unverfänglich und beweiskräftig zugleich, denn aus Flechtheims Privatsammlung gelten seit seinem Tod 1937 und nach dem Selbstmord seiner Frau Betti 1941 in Berlin noch zahlreiche Bilder als verschollen. Diese angebliche Flechtheim-Provenienz brachte den Betrug schließlich ans Licht. Es bleibt zu hoffen, dass dieser Skandal künftige Händler von in der NS-Zeit als »entartete Kunst« geltenden Werken zu noch größerer Sorgfalt bei der Ermittlung der Provenienz veranlasst.

DANK

Ich danke dem Hauptstadtkulturfonds für die großzügige Finanzierung dieses Ausstellungsprojektes. Ich danke dem Staatssektretär für Kulturelle Angelegenheiten beim Regierenden Bürgermeister von Berlin, André Schmitz, der vor vielen Jahren die Anregung zu diesem Projekt gab, herzlich für sein Grußwort in diesem Katalog. Mein großer Dank gilt der Leitung der Stiftung Neue Synagoge Berlin – Centrum Judaicum, Hermann Simon und Chana Schütz, sowie ihren Mitarbeitern, für die freundliche und entgegenkommende Aufnahme dieser Ausstellung in ihren historischen Räumen. Dem Bundesamt für zentrale Dienste und offene Vermögensfragen, dem Deutschen Historischen Museum in Berlin, der Berlinischen Galerie sowie den privaten Leihgebern danken wir für die Leihgaben dieser Ausstellung. Besonders herzlich danke ich der Arbeitsgruppe, die dieses Projekt über einen Zeitraum von zwei Jahren hinweg in überwiegend ehrenamtlicher Arbeit realisiert hat. Ihr gehörten zuletzt an: Ursula Büchau, Sibylle Ehringhaus, Angelika Enderlein, Caroline Flick, Marion Goers, Patrick Golenia, Meike Hoffmann, Christine Kühnl-Sager, Laura Meier-Ewert, Kaspar Nürnberg, Nana Poll, Stefan Pucks, Monika Richarz, Nina Senger, Heike Stange, Verena Tafel, Regine Wosnitza und ich. Mit den beiden Gestalterinnen Bettina Kubanek und Petra Müller und der Lektorin Nicola Zappel, die das Projekt über ein Jahr mit kreativen Ideen begleiteten, wuchs die Arbeitsgruppe zu einem Team zusammen, dem sich die Spannbreite der recherchierten Geschichten und ihre vielfältige Darstellung in Ausstellungstafeln und Katalogtexten verdankt.

KUNSTHÄNDLER UND AUKTIONATOREN

Kemperplatz 1938[1]

STEFAN PUCKS

ZUR TOPOGRAFIE DES BERLINER KUNSTHANDELS 1918–1945

An einem Sommerabend des Jahres 1927 bog der Schriftsteller Hans Bethge, vom Potsdamer Platz kommend, »schlendernd in die Bellevuestraße ein. Diese alte Straße, früher eine der vornehmsten und ruhigsten Wohngegenden der Stadt, hat sich allmählich in eine wichtige Geschäftsstraße verwandelt, und zwar haben sich hier die Kunsthändler niedergelassen und bieten ihre erlesenen Kostbarkeiten in schön gepflegten Läden an, die alle Schaufenster haben.

Hier blicken die steinernen Köpfe chinesischer Götter, groß und still, dort leuchtet eine Landschaft Monets von bezaubernder Heiterkeit im elektrischen Licht, da drüben thront eine rheinische Madonna aus bemaltem Holz, ein Gebilde der deutschesten Innigkeit, französische Möbel des achtzehnten Jahrhunderts winken, dann eine große, herrliche Rötelzeichnung von Renoir, eine jener badenden Frauen, die er später für eins seiner berühmtesten Bilder verwendete, und wieder chinesische Götter von mächtigem Ernst, ein paar der edlen Skulpturen Lehmbrucks ragen vor braunem Sammet, das Fragment eines ägyptischen Reliefs, ein kleiner Trübner, ein alter Holländer, ein glanzvolles Gartenbild Liebermanns – genug, es ist phantastisch, es ist ein wahrhaft beglückender Spaziergang im elektrischen Licht durch alle Epochen der Kunst dieser Erde!«[2]

Die namhaftesten deutschen Kunst-, Antiquitäten- und Asiatica-Handlungen drängten sich Ende der 1920er Jahre rund um den Kemperplatz im Tiergartenviertel. Damit war eine Entwicklung abgeschlossen, die 1898 mit der Eröffnung des Kunstsalons von Bruno und Paul Cassirer in der Viktoriastraße 35 begonnen hatte. Allein die kleine Bellevuestraße! Hier fand man Johannes Hinrichsen und Paul Lindpaintner (beide Nr. 3, im Künstlerhaus), Paul Bottenwieser und die Neue Galerie von Schönemann & Lampl (beide Nr. 5), Bachstitz (Nr. 6a), Antiquitätenhaus Wertheim (Nr. 7), Hugo Perls (Nr. 10), Dr. Otto Burchard (Nr. 11a), die Galerien Thannhauser (Nr. 13) und Matthiesen (Nr. 14), Karl Haberstock (Nr. 15), Paul Glaser und die Brüder Lion (beide Nr. 16, im Hotel Esplanade). Bog man am Kemperplatz um die Ecke, so stieß man in der Viktoriastraße auf die Kunst- und Antiquitätenhandlungen von M. Goldschmidt & Co. (Nr. 1), Rudolf Wiltschek (Nr. 2), J. & S. Goldschmidt (Nr. 3/4), Alfred Gold (Nr. 5), Charles A. de Burlet (Nr. 14), Goldschmidt-Wallerstein (Nr. 21), Carl Nicolai (Nr. 26a) und schließlich Paul Cassirer (Nr. 35).

Diese vornehme Gegend konnten sich die Galerien für zeitgenössische Kunst nicht leisten – sie hatten sich seit dem Ersten Weltkrieg im Lützowviertel, zwischen Lützowstraße im Süden und Landwehrkanal im Norden, angesiedelt. Im Oktober 1921 ließ sich Alfred Flechtheim am Lützowufer 13 nieder, wo im Vorjahr Dr. Otto Burchard die erste DADA-Messe gezeigt hatte. Ganz in der Nähe, am Ende einer Privatstraße am Schöneberger Ufer 36a, stellten ebenfalls ab 1921 Dr. Fritz Goldschmidt und Dr. Victor Wallerstein Werke der »Brücke« und zeitgenössischer Bildhauer in der Modernen Abteilung ihrer zwei Jahre zuvor gegründeten Galerie aus. 1925 kamen gleich drei Kunsthandlungen hinzu: Die Galerie Neumann-Nierendorf zog in die Lützowstraße 32, wo sie bis 1930 blieb. Nach einem zweijährigen Intermezzo auf dem anderen Ufer des Landwehrkanals, in der Königin-Augusta-Straße 22, kehrte die ab 1933 von Karl Nierendorf allein geführte Galerie an das Lützowufer 19a zurück und bezog weitere Räume im Haus der Berliner Künstlerinnen am Schöneberger Ufer 38. Am Schöneberger Ufer 27 präsentierte die »Kunstschau A. Blumenreich« – seit 1919 gleich um die Ecke, Blumes Hof 9, ansässig – Kunst vom italienischen Trecento bis zu Picasso. Und Victor Hartberg zeigte am Schöneberger Ufer 41 junge, zeitgenössische Künstler.

1927 wanderte zwar das Auktionshaus Paul Graupe, das auch moderne Kunst anbot, aus der Lützowstraße 38 ins Tiergartenviertel ab, doch nun bezog Ferdinand Möller am Schöneberger Ufer 38 seine neuen, von Hans Poelzig eingerichteten Galerieräume. Im Gegensatz zu Flechtheim, der gerne die neuesten Franzosen ausstellte, nahm sich Möller der jungen deutschen Kunst an. Er hatte bis 1924 in der Potsdamer Straße 134c sein Geschäft. Dort, am östlichen Rand des Lützowviertels, residierte in einer Villa weiterhin die renommierte Galerie Fritz Gurlitt (Potsdamer Straße 113).

Mit diesem Reichtum an Galerien für alte und neue Kunst hatte sich Berlin am Ende der 1920er Jahre neben Paris, London und New York als Zentrum des internationalen Kunsthandels etabliert.

1933 war alles anders. Der Kunsthändler Karl Nierendorf schrieb über seine Kollegen: »Nie ist mir die Sorgenmiene und die dumpfe, bedrückte Stimmung so aufgefallen wie diesmal. Diesem Hartberg schlottern die Kleider um den Leib, und auch die Frau ist bekümmert und um Jahre gealtert. [...] Auch Flechtheim bei der Cassirer-Eröffnung schien bedrückt, sogar sein Valentin ist nicht mehr der Alte. Und Thannhauser mit Frau, Gutmann, von Goldschmidt, Wilcek... Alle scheinen geradezu körperlich reduziert zu sein, müde, abgebrannt, mit beginnenden Altersfalten.«[3]

Das war am 14. Januar 1933, also noch vor der Ernennung Adolf Hitlers zum Reichskanzler. Der auf die Weltwirtschaftskrise vom Oktober 1929 folgende wirtschaftliche Niedergang Deutschlands und das Erstarken des politischen Radikalismus hatten auch die Grundlagen für den Konsum eines Luxusguts wie der bildenden Kunst zerstört.

Nach dem 30. Januar 1933 begann die Emigrationswelle der jüdischen Bevölkerung. Auch die renommiertesten jüdischen Galerien gaben auf oder wurden zur Aufgabe gezwungen: 1933 Paul Cassirer, Flechtheim und Hartberg, im Jahr darauf M. Goldschmidt & Co. und Goldschmidt-Wallerstein, 1937 die Galerie Thannhauser. Andere Kunsthandlungen zogen sich aus dem Tiergartenviertel zurück, eine Entwicklung, die allerdings schon vor 1933 mit dem Zuzug von Wirtschaftsverbänden aus dem gesamten Deutschen Reich eingesetzt hatte und die sich ab 1935 mit der Neugestaltung Berlins als »Welthauptstadt Germania« durch Albert Speer fortsetzte. Aber noch 1938 galt der »Umkreis der Bellevuestraße« für die Berliner Industrie- und Handelskammer »als ausgesprochenes Zentrum des Antiquitätenhandels«.[4] Bis zuletzt blieben in der Bellevuestraße allerdings nur Paul Lindpaintner (Nr. 5) und Dr. Rolph Grosse im Hotel Esplanade (Nr. 16-18a) sowie in der Viktoriastraße der Antiquitätenhändler Hans Burghard (Nr. 2) und die Galerie Matthiesen, freilich nach der Übernahme durch die ehemaligen Mitarbeiter Heinz Mansfeld und Dr. Margarethe Noelle. Ihr Haus in der Viktoriastraße 33 wurde am 28./29. Januar 1944 zerstört.[5] Einen schwachen Abglanz der alten Kunsthandelsherrlichkeit brachten allein die Versteigerungen von Hans W. Lange ins Tiergartenviertel, der 1937 das Auktionshaus Paul Graupe in der Bellevuestraße 3 »arisiert« hatte und der von Aufträgen staatlicher Behörden profitierte.

Um 1940 hatte sich ein neues Zentrum des Kunsthandels in der Kurfürstenstraße gebildet, mit den Häusern Karl Haberstock (Nr. 59), Fritz Gurlitt (Nr. 78) und nun auch mit der Galerie von Dr. Luz (Nr. 127). Doch bestand es nur für kurze Zeit. Die im November 1943 einsetzenden, schweren Luftangriffe auf Berlin machten ihm ein Ende.

Die sogenannte entartete Kunst wurde ohne viel Aufhebens verkauft, aber sie wurde verkauft, und zwar – Ironie der Geschichte – in unmittelbarer Nachbarschaft der Reichskammer der bildenden Künste, die sich 1934 im Lützowviertel, Blumes Hof 5/6, breitgemacht hatte. Karl (bis 1936) und Josef Nierendorf zeigten bis 1938 Ausstellungen unter anderem von Karl Hofer (1934), Lyonel Feininger (1936) und Karl Schmidt-Rottluff (1938). Ferdinand Möller, der 1935 und 1939 umziehen musste, aber im Viertel blieb, konnte bis in die letzten Kriegstage – ab 1944 von Zermützel in Brandenburg aus – verfemte Kunst veräußern. Auch Otto von der Heyde, der 1933 die Galerie von Victor Hartberg übernommen hatte, verkaufte »entartete« Kunst bis zur Zerstörung seiner Räume am 22. November 1943, allerdings nur »im Kohlenkeller«.[6] Allein der Ausstellungsraum von Karl Buchholz hatte sich 1934 in der Innenstadt, in der Leipziger Straße 119/120, etabliert, wo bis 1941 missliebige Maler und vor allem Bildhauer ausgestellt wurden.

Das waren die bekannten Kunsthandlungen mit Firmenschild oder sogar Schaufenster. Die Zeit erforderte aber oft Diskretion, sei es bei erzwungenen Verkäufen aus jüdischem Besitz oder beim Handel mit »entarteter« Kunst. Diese diskreten »Arisierungsprofiteure« tätigten ihre Vermittlungsgeschäfte von zu Hause aus, wie Bernhard A. Böhmer in der Tiergartenstraße, Walter Andreas Hofer in der Augsburger Straße 68 in Schöneberg oder Eduard Plietzsch in der Meinekestraße 9 in Charlottenburg. Von den mehreren hundert namenlosen Kunsthändlern des Berliner Adressbuches weiß man weder, womit sie sich über Wasser hielten, noch ob sie einen Laden hatten und wie der aussah. Aber Namen wie Husseinoff Djahandideh in der Kleiststraße 14 oder Willi Walla, Kurfürstendamm 203/204, regen die Phantasie des heutigen Lesers an. Spätestens ab 1939, als die Männer – mit Ausnahme der wichtigen, »uk« gestellten Kunsthändler – im Krieg waren, schlug die Stunde der Frauen: Sie führten die Kunsthandlung ihres Mannes weiter oder machten sich mit einer eigenen Kunsthandlung selbständig. Von den wenigsten Frauen weiß man, womit sie gehandelt haben, von Eleonore Halbscheffel wissen wir es: Sie kaufte und verkaufte Grafik alter Meister und begann nach der »Totalzerstörung« ihres Geschäfts »Der Kupferstich«, Nettelbeckstraße 23, am 15. März 1944 den Wiederaufbau am Kurfürstendamm 225, 1. Stockwerk.[7]

Die Nachfrage nach dezidiert nationalsozialistischer Kunst scheint nicht groß gewesen zu sein: Th. Holtz in Steglitz, Albrechtstraße 107, und Adolf Holzner in der Kleiststraße 3 hatten sich mit Kriegsbeginn auf »Führerbilder« spezialisiert, und spät, 1943, setzte Hans Möller in der Schönhauser Straße 86/87 in Berlin N 54 auf »Nationale Bild-Kunst«. Das müssen fast alles Reproduktionen gewesen sein. Originale der NS-Propaganda konnte man, ebenso wie die »unpolitische« Malerei der Zeit, außer im Kunsthandel auch über die staatlich gelenkten Institutionen erwerben, in Berlin etwa in den Ausstellungen der NS-Kulturgemeinde (in der Tiergartenstraße 21a), der Ausstellungsleitung Berlin e. V. (im Haus der Kunst, Königsplatz 4, oder in der Berliner Kunsthalle, Hardenbergstraße 21-23) oder in der Großen Berliner Kunstausstellung, die an wechselnden Orten (Schloss Bellevue, Haus der Kunst, Nationalgalerie) stattfand. Das Fähnchen der Kunst konnten am ehesten die Ausstellungen der Preußischen Akademie der Künste und des Vereins Berliner Künstler hochhalten.

Beim Kunsthandel müssen auch die Auktionshäuser als Gewinner des Umbruchs von 1933 erwähnt werden: Eine Unmenge von Haushaltsgegenständen, unter ihnen auch Gemälde, war plötzlich auf dem deutschen Markt. Neben das oben erwähnte traditionsreiche Haus Graupe/Lange traten nun Aufsteiger wie Leo Spik mit seinem Versteigerungshaus »Union« (von 1935 bis 1939 in der Tiergartenstraße 6) oder Dr. Walther Achenbach in Charlottenburg, Hardenbergstraße 29a-e. Bis 1936 profitierten auch Traditionshäuser mit jüdischen Inhabern von den Notverkäufen der Auswanderer, die bevorzugt ihnen den Versteigerungsauftrag gaben, vielleicht aus Solidarität, vielleicht in der Hoffnung, größere Erlöse zu erzielen. Als Beispiele seien außer Graupe das nach dem Tod des Begründers (1931) von Sigmund Kaznelson geleitete Auktionshaus Max Perl, Unter den Linden 19, oder das Internationale Kunst- und Auktionshaus in der Kurfürstenstraße 79 genannt, dessen Inhaber Dr. Ernst Mandelbaum und Peter Paul Kronthal die Auktionen nach dem Verbot von Versteigerungen durch juristische Personen 1935/36 unter eigenem Namen fortführten. Meistens profitierten viele kleine, auf die ganze Stadt verteilte Institute vom Wegzug, später von der Deportation der jüdischen Nachbarn wie Alfred Berkhan in der Spichernstraße 3 oder Gerhard Harms in der Berliner Straße 15, beide in Wilmersdorf. Auch unter den Versteigerern spielten die Frauen eine große Rolle, wie man an Helene Scheduikat in Charlottenburg oder an Charlotte Oellerich, Brabanter Platz 1 in Wilmersdorf, sehen kann. Noch im März 1944 versteigerte Oellerich Werke aus der konfiszierten Kunstsammlung Bruno Cassirers.

PATRICK GOLENIA

DIE NEUE KÄUFERSCHICHT

DER KUNSTMARKT NACH 1933

Die repressiven Gesetze der Nationalsozialisten veränderten auch den Kundenkreis des deutschen Kunstmarktes.[1] Die einliefernden Kunden – abgesehen von denjenigen, die wie sonst auch Kunst und Antiquitäten zur Geldbeschaffung freiwillig verkauften – setzten sich ab 1933 zunehmend aus deutschen Juden zusammen, die gezwungen waren, ihre Sammlungen aufzugeben. Und auch der Kreis der Käufer wurde ein anderer.

Diejenigen, die noch vor einigen Jahren gekauft hatten, waren zum Teil dieselben deutschen Juden, die nun unfreiwillig zu Einlieferern wurden. Viele Sammler kamen damit als Käufer nicht mehr infrage, weil sie selbst zu Verfolgten wurden.

Gleichzeitig erlangte der Sammelwahn unter den Nationalsozialisten ab 1935 neue Dimensionen. Kauften die Kriegsgewinnler der jungen Weimarer Republik und die Spekulanten der Wirtschaftkrise der 1920er Jahre mit dem erwirtschafteten Geld bereits im großen Umfang Kunstwerke, um sich mit der »ererbten Kultur«[2] schmücken zu können, so scharten die Mitglieder der NS-Elite scheinbar ohne jegliche finanzielle Beschränkungen Kunst geradezu wetteifernd zusammen.

Begründet auf Hitlers Rassenideologie, nach der Kunst und Kultur die angebliche Überlegenheit des »arischen Menschen« beweisen, die mit der italienischen Renaissance, der niederländischen Malerei des 16. Jahrhunderts oder der romantischen deutschen Malschule des 19. Jahrhunderts ein Beispiel finde, wurden Werke dieser Epochen zu Hilfsmitteln der NS-Propaganda und zu beliebten, ja notwendigen Statussymbolen der Nationalsozialisten.

Allen voran betätigte sich Adolf Hitler als passionierter Sammler.[3] Hitler, der sich selbst als verkannten Künstler sah, baute seine Sammlung mit Hilfe von Kunsthändlern und Kunsthistorikern zu einer der größten deutschen Privatsammlungen seiner Zeit aus. Bis 1939 umfasste sie rund 800 Objekte, von denen Teile dazu verwendet wurden, das geplante »Führermuseum Linz« auszubauen.[4] Das stetig wachsende Angebot und Hitlers großes Verlangen nach Kunstwerken führten gelegentlich zur doppelten Auftragsvergabe an seine Agenten, wodurch die Preise stark in die Höhe getrieben wurden.[5]

Hitlers Konkurrent auf dem Gebiet der Sammeltätigkeit war Hermann Göring. Göring, der eine beachtliche Sammlung zusammengetragen hatte, besaß 1939 allein 15 Gemälde aus dem Umkreis von Lucas Cranach[6] – bereits 1943 erhöhte sich diese Zahl auf 73.[7] 1945 nannte Göring alles in allem rund 1375 Gemälde sein Eigen, 250 Skulpturen, 108 Tapisserien, 200 antike Möbel, 60 persische und französische Teppiche, 75 Glasfenster sowie 175 kunstgewerbliche Objekte.[8] Mit Hilfe von Experten, zuerst war dies der Kunsthändler und Kunsthistoriker Dr. Moritz Julius Binder,[9] später der Berliner Kunsthändler Walter Andreas Hofer, wurde die Sammlung sukzessive erweitert. Zum Teil auf dem Kunstmarkt erworben, bestanden jedoch große Teile der Sammlung aus ehemaligem jüdischen Eigentum. Mitunter waren die Besitzer deportiert worden, damit Göring an die Kunstwerke herankommen konnte.[10] Die kostbare Sammlung – Göring soll an die 100 Millionen Reichsmark dafür ausgegeben haben[11] – wurde unter anderem in Carinhall, einem Landgut von gigantischen Ausmaßen in der Schorfheide bei Berlin, untergebracht.

Doch nicht nur Hitler und Göring sammelten im großen Stil. Viele Mitglieder der NS-Elite, die Hierarchiepyramide abwärts, umgaben sich mit Kunstwerken, auch wenn diese weder die Quantität noch Qualität derer von Hitler und Göring erreichen konnten. Fast schien der Besitz von Kunst notwendige Voraussetzung zum Aufstieg in der NS-Gesellschaft. Über ihre privaten finanziellen Verhältnisse hinaus, zum Teil auf Kosten des Steuerzahlers, umgaben sich die NS-Größen mit prunkvollen Bauten und kostspieligen Kunstobjekten. Repräsentation war ausschlaggebend. Landesfürsten gleich, residierten die Gauleiter auf ihren Landsitzen. Allein aufgrund der Vorstellung, von Hitler besucht zu werden, ließen sie diese zu prächtigen Residenzen ausbauen, wie etwa der Reichsleiter der Deutschen Arbeiterfront, Robert Ley. Ley soll die schlichteren Entwürfe seines Gutsverwalter mit den Worten abgelehnt haben: »Ihr Vorschlag war nicht schlecht, und wenn ich noch der kleine Ley wäre, hätte es so gehen können. Aber der bin ich nicht mehr. Ich muß hier etwas Schönes, architektonisch Schönes entstehen lassen. Eines Tages wird der Führer mit auf den Hof kommen, um sich meinen Privatbesitz einmal anzuschauen. Was würde er sagen, wenn ich hier engherzig und kleinlich verfahren würde und wenn ich diesen Umbau nicht zu einem Symbol nationalsozialistischer Macht und Größe ausgestalten würde?«[12]

So überrascht ein Bericht der Zeitschrift »Pantheon« von der bedeutenden Versteigerung des Margraf-Konzerns bei Paul Graupe, insbesondere der dazugehörigen Galerie van Diemen im Januar 1935, nunmehr kaum. Dort, so berichtet die Zeitschrift, seien neben den »Direktoren der bedeutendsten deutschen Museen« und den »Vertreter[n] des Berliner Handels in voller Zahl und auch viele[r] auswärtige Händler [...] was erfreulich zu bemerken war, auch neue Gesichter deutscher Sammler«[13] zu sehen gewesen. Diese »neuen Gesichter deutscher Sammler« werden anderenorts auch registriert und näher beschrieben: »Wer einen Einblick in die auf der Auktion vertretene Privatkäuferschicht erhielt [...] konnte unschwer die Beobachtung machen, dass hier eine größtenteils neue deutsche Sammlerschicht in Erscheinung trat, die – aus hier nicht zu erörternden psychologischen Gründen – nie in den Privatgalerien und Salons des freien Kunsthandels zu finden ist, sondern ihr Vertrauen vorläufig allein der Atmosphäre des Versteigerungssaales schenkt. Eine Käuferschicht also, die beim Kunsthandel jetzt noch fremd bleibt aber immerhin ihm die Möglichkeit einer späteren Erschließung offen lässt.«[14]

Vorausahnend wird von dem anonymen Verfasser in dieser neuen Käuferschicht die Klientel der Zukunft gesehen, gleichzeitig auch feststellend beobachtet, dass diese Klientel weniger an dem Kunstwerk Gefallen finden durfte als vielmehr am Auftritt in der Öffentlichkeit und an der Beachtung durch die Gegenbieter.

Die Prunksucht und den Repräsentationszwang der NS-Elite widerspiegelnd, verschob sich somit die Tendenz zum Repräsentativen und Dekorativen, wie die Berichterstatter erstaunt feststellten. So erfahren wir: »Restlos und zu erwartungsgemäß hohen Preisen wurden die Goldarbeiten verkauft, ebenso, aber kaum ebenso erwartet, das große Angebot von englischen und französischen Farbstichen [...]«.[15] Im Ausland wurde der gleiche Trend beobachtet. Der Wiener Kunsthändler Christian M. Nebehay erinnert sich, dass er nach der Annexion Österreichs der erste Händler in Wien war, der die sonst als Ladenhüter bezeichneten dekorativen und gerahmten Drucke lukrativ an Deutsche verkaufen konnte.[16]

Obwohl offenbar bei vielen Auktionen Museumsmitarbeiter anwesend waren, wurden Kunstwerke nach 1933 durch die Staatlichen Museen Berlin in keinem größeren Umfang als zuvor erworben.[17]

Die Museen waren in diesem Punkt weiterhin auf ihre privaten Förderer angewiesen, wovon zum Beispiel die Abteilung für Ostasiatische Kunst in Berlin profitierte. In diesem Fall waren es die langjährigen Förderer des Museums für Ostasiatische Kunst, allen voran Baron von der Heydt, der sogleich mehrere Objekte bei der Dr. Otto Burchard & Co.-Auktion bei Paul Graupe erwarb und sie dem Museum als Leihgaben wenige Tage später überließ.[18]

Doch dürften wohl diese Fälle bei der großen Zahl von Auktionen eher selten gewesen sein. Den größten Teil der Käuferschaft stellten Privatpersonen dar.

Einen indirekten Hinweis auf die neuen Käufer finden wir in der sich wandelnden Kunstzeitschrift »Weltkunst«. Die »Weltkunst« veränderte ihr Profil; sie richtete sich nicht mehr nur an ein Fachpublikum, sondern wurde nunmehr als Instrument eingesetzt, um die breite Masse potenzieller neuer Kunden für den Kunstmarkt, der ein zunehmend wichtiger Wirtschaftsfaktor wurde,[19] zu begeistern. So fällt auf, dass ab 1934/35 in der »Weltkunst« vermehrt Artikel erschienen, die über den Kunstmarkt in einer für den Laien verständlichen Weise berichteten. Auch finden sich immer wieder Artikel, die das Kunstsammeln propagieren, neue Sammelbereiche aufzeigen, das deutsche Kulturgut als Sammlungsgut hervorheben und versuchen, dem Leser die scheinbar befremdlichen Ereignisse im Auktionssaal verständlich zu machen.[20]

In Anbetracht der ständig wachsenden Warenflut auf dem Markt und dem Ausbleiben der ehemaligen jüdischen Käufer mussten neue Kundenkreise erschlossen werden. Diese hatten allerdings nicht die gleichen Kaufinteressen, sie unterschieden sich von den ehemaligen Sammlern und Kunden, die jahrelange Erfahrung auf dem Kunstmarkt und ein profundes kunsthistorisches Wissen angehäuft hatten.

MEIKE HOFFMANN

BERNHARD A. BÖHMER

JANUSKOPF IM NS-KUNSTHANDEL

Ich hatte etwa 1937 Bernhard Böhmer, Ernst Barlachs Assistenten, kennen gelernt. Böhmer hatte beim Propaganda-Ministerium eine Position besonderer Art. [...] Durch einen gottgewollten Zufall geriet ich in eins von Böhmers Bilderlagern, die er in einer großen Villa im Tiergarten angelegt hatte. Ich konnte von ihm in einem ersten Ansturm – und das mit meinen geringen Mitteln! – erwerben: zwei Blumenbilder von Nolde »Feuerlilien«, »Rittersporn«, ersteres früher im Museum Altona, letzteres in Berlin im Kronprinzenpalais, sowie Corinth »Walchensee, Stimmung in Silbergrau« [...], von Erich Heckel: Titisee, seit jeher mein Lieblingsbild in der Stuttgarter Staatsgalerie, es hängt heute noch bei uns (ich erinnere mich noch, dass Böhmer für dieses Bild 500 Mark verlangte und auch bekam).

Willy Hahn, 1980er Jahre[1]

Porträtaufnahme von Bernhard A. Böhmer, um 1940, Fotografie von H. Henschel.
Im Mai 1945 nahm sich Böhmer beim Einmarsch der Roten Armee in Güstrow das Leben. Er hinterließ zahlreiche Kunstwerke, aber keine Geschäftspapiere, weshalb bis heute kein eindeutiges Bild von Böhmer und seiner Rolle im NS-System zu gewinnen ist.[2]

Marga Böhmer, Bernhard A. Böhmer und Ernst Barlach im Garten des Atelierhauses am Heidberg, um 1936/37.
1927 ließen sich Böhmer und seine Frau scheiden. Marga wurde die Lebenspartnerin von Barlach. Böhmer heiratete ein zweites Mal. Die neue Konstellation tat der Dreier-Verbindung keinen Abbruch. Man teilte weiterhin die beruflichen Interessen und war auf eigene Weise miteinander befreundet.[3]

Das Atelierhaus Ernst Barlachs am Heidberg 15, nach 1931.
1931 ließ Böhmer im Auftrag von Ernst Barlach ein repräsentatives Atelier und Wohnhaus am Güstrower Heidberg errichten. Barlach nutzte jedoch nur das großräumige Atelier – wohnen blieb er im Haus von Marga Böhmer, das in der unmittelbaren Nachbarschaft lag. Die Wohnräume im Neubau bezog Bernhard A. Böhmer mit seiner zweiten Frau Hella Otte, einer wohlhabenden Fabrikantentochter, und dem 1932 geborenen Sohn Peter.[4]

Bernhard A. Böhmer war ein großer Autoliebhaber und besaß nach Aussage von Barlachs Sohn Nikolaus neben einem Kleinwagen einen 16-Zylinder Cadillac, von denen es damals nur wenige in Deutschland gab.[5] Im »Dritten Reich« wurde die Motorisierung der deutschen Nation vorangetrieben und zu Propagandazwecken genutzt. Böhmer konnte auch nach Umstellung der Automobilfirmen auf Kriegsproduktion bis 1945 eines seiner Automobile halten.[6]

Bernhard A. Böhmer bei der Arbeit am »Magdeburger Ehrenmal« von Ernst Barlach, um 1928/29. Barlach fand in Böhmer einen unentbehrlichen Helfer, beide Persönlichkeiten waren jedoch von Grund auf verschieden. In seinem Fragment gebliebenem Roman »Der gestohlene Mond« von 1936/37 beschäftigte sich Barlach am Beispiel zweier Freund-Feinde mit dem dialektischen Verhältnis zwischen Gut und Böse im Menschen und seiner eigenen widersprüchlichen Beziehung zu Böhmer.[7]

»Mein guter wie mein böser Engel«, so bezeichnete der Bildhauer, Grafiker und Schriftsteller Ernst Barlach seinen Assistenten und Händler Bernhard A. Böhmer.[8] Bis heute ist Böhmers Rolle als Kunsthändler im »Dritten Reich« rätselhaft. Dabei wählte er zunächst eine ganz andere Laufbahn…

BÖHMER UND BARLACH

1892 in Ahlen geboren, ließ sich Bernhard Aloysius Böhmer an der Kunstgewerbeschule in Bielefeld zum Bildhauer ausbilden. Hier lernte er seine spätere Ehefrau Marga Graeber kennen. Mitte der 1920er Jahre zog das Paar nach Güstrow in Mecklenburg und schloss bald darauf Freundschaft mit dem dort ansässigen Ernst Barlach. Böhmer half dem weitaus älteren, international anerkannten Künstler bei der Bearbeitung der großen schweren Holzskulpturen. Außerdem kümmerte er sich nach dem Tod von Barlachs Kunsthändler Paul Cassirer 1926 zunehmend um die geschäftlichen Angelegenheiten. Bei aller Anerkennung von Böhmers Diensten, beäugte Barlach dessen gesellschaftliche Kontakte und luxuriösen Lebenswandel zeitlebens sehr argwöhnisch.[9]

Böhmers Wohnsitz und Kunsthandel war hauptsächlich in Güstrow verortet. Häufig war er jedoch geschäftlich in Berlin unterwegs, wie hier 1930.[10]

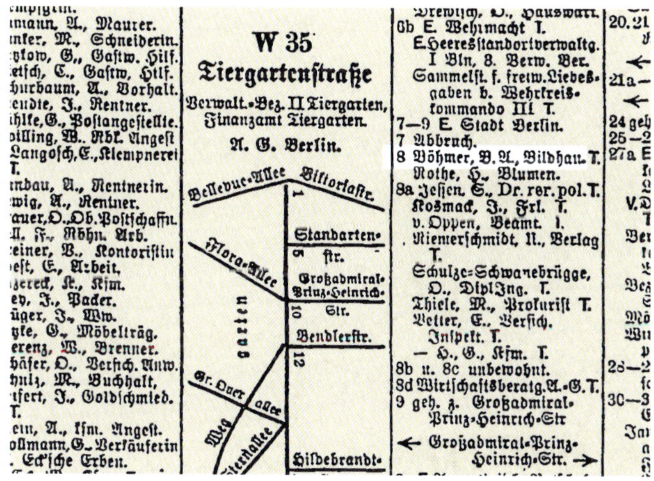
W 35
Tiergartenstraße
Verwalt.-Bez. II Tiergarten,
Finanzamt Tiergarten.
A. G. Berlin.

6b E. Wehrmacht I.
E. Heeresstandortverwaltg.
I Bln, 8. Verw. Ber.
Sammelst. f. freiw. Liebesgaben b. Wehrkreiskommando III T.
7–9 E. Stadt Berlin.
7 Abbruch.
8 Böhmer, B. A., Bildhau. T.
Rothe, H., Blumen.
8a Jessen, E., Dr. rer. pol. T.
Kosmack, J., Frl. T.
v. Oppen, Beamt. I.
Riemerschmidt, U., Verlag T.
Schulze-Schwanebrügge, O., DiplIng. T.
Thiele, M., Prokurist T.
Vetter, E., Versich. Inspekt. T.
— H., G., Kfm. T.
8b u. 8c unbewohnt.
8d Wirtschaftsberatg. A.-G. T.
9 geh. z. Großadmiral-Prinz-Heinrich-Str.
← Großadmiral-Prinz-Heinrich-Str. →

In den Berliner Adressbüchern ist Böhmer erst ab 1942 in der Tiergartenstraße 8 und ab 1943 in der Tiergartenstraße 8a nachweisbar. Gemeldet war er dort mit seinem eigentlichen Beruf als Bildhauer, nicht als Kunsthändler.[11]

Aufriss der Berliner Tiergartenstraße 8, 1894[12]

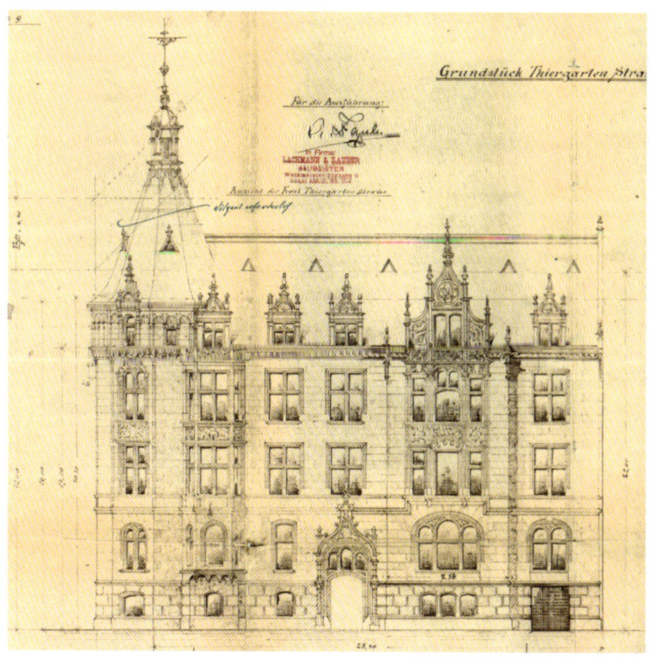

Brief Böhmers an Joseph Goebbels vom 12. Juni 1935 mit der Bitte um Stellungnahme zur Verfemung Barlachs [13]

.A. Boehmer

Güstrow, den 12.Juni 1935.
Atelier Ernst Barlach
Haus Heidberg

An den Präsidenten der Reichskulturkammer
Herrn Reichsminister Dr. Goebbels
Berlin

Sehr verehrter Herr Reichsminister !

Wenn ich mich heute mit einer Bitte um Entscheidung an Sie wende,so ist dieser Entschluss getragen von dem grossen Vertrauen,welches ich zu Ihnen habe.

Mit grösster Bestürzung lese ich die Ausführungen des Herrn Reichsstatthalters Hildebrandt anlässlich des Gautreffens am 2. Juni in Schwerin,die auf uns alle geradezu lähmend wirkten.

Jch erlaube mir,Jhnen daraus zu zitieren:

" Es sei mir gestattet,auch hier nur wenige Beweise kulturpolitischer Taten zu nennen:
Wir haben das liberalistische Treiben eines mecklenburgischen Künstlers,der Kriegerdenkmäler in der übelsten,verzerrten,bolschewistischen Weise schuf,unterbunden.Und ich hoffe,dass die letzten Spuren seiner schrecklichen Werke bald von den Stätten,wo sie noch stehen,beseitigt werden,wie es ja in Magdeburg schon geschehen ist.Er ist uns innerlich fremd,und deswegen gibt es keine geistige und damit kulturelle Gemeinschaft zwischen uns und ihm. "

Als berufener Vertreter der Interessen Ernst Barlachs fühle ich mich verpflichtet,Sie,verehrter Herr Reichsminister,auf folgende Tatsachen hinzuweisen:

Ernst Barlach ist Ritter des Ordens " Pour le mérite", Mitglied der Reichskammer der bildenden Künste,sowie des Bundes deutscher Schriftsteller.

Jm Jahre 1933 wurden verschiedene Plastiken Barlachs auf Veranlassung des Auswärtigen Amtes unter Mitwirkung des Propagandaministeriums zur Weltausstellung Chicago gesandt.Ebenso kamen im Jahre 1934 auf Veranlassung des für Deutschland ernannten Kommissars,Herrn Dr. Hanfstaengl,Direktor der National-Galerie,einige Plastiken Barlachs auf die Kunst-Ausstellung in Venedig.(Biennale) Die hervorragenden Kritiken über diese Werke im Auslande dürften Jhnen,Herr Minister,sicherlich bekannt geworden sein. Die National - Galerie besitzt verschiedene bedeutende Werke des Künstlers.

Jm Jahre 1935 wurden auf Veranlassung der Berliner-Stellen (Propagandaministerium,Preussische Akademie der Künste) Werke Barlachs zur Ausstellung " Berliner Kunst in München" in der neuen Pinakothek ausgestellt.

Vor einigen Wochen wurde im Stadttheater Altona Barlachs Drama " Die echten Sedemunds " mit demselben grossen Erfolg gespielt wie schon im vorigen Jahr sein Drama " Der Blaue Boll ".Einige Kritiken füge ich bei.

Darf ich Sie,sehr verehrter Herr Reichsminister,fernerhin daran erinnern,dass 1934 der Name Ernst Barlach unter dem " Aufruf der Kulturschaffenden " für die Wahl des Führers zum Reichspräsidenten abgedruckt ist.Durch die neue Verlautbarung des Herrn Reichsstatthalters aber wird der Künstler aus der

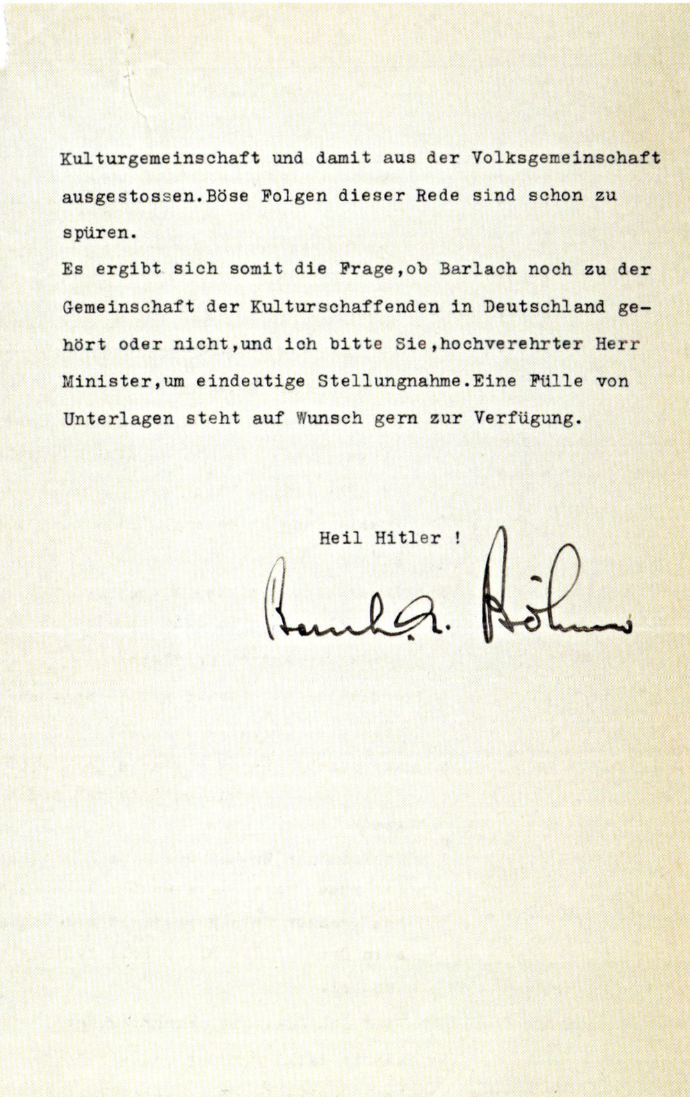

Kulturgemeinschaft und damit aus der Volksgemeinschaft ausgestossen. Böse Folgen dieser Rede sind schon zu spüren.

Es ergibt sich somit die Frage, ob Barlach noch zu der Gemeinschaft der Kulturschaffenden in Deutschland gehört oder nicht, und ich bitte Sie, hochverehrter Herr Minister, um eindeutige Stellungnahme. Eine Fülle von Unterlagen steht auf Wunsch gern zur Verfügung.

Heil Hitler !

BÖHMER ALS HÄNDLER »ENTARTETER« KUNST

Als Joseph Goebbels im Jahr 1937 in beispielloser Weise die Bestände moderner Kunst in deutschen Museen als »entartet« beschlagnahmen ließ, waren allein von Ernst Barlach mehr als 600 Werke betroffen. Böhmer gelang es, vom Reichsministerium für Volksaufklärung und Propaganda zur »Verwertung« der eingezogenen Werke autorisiert zu werden. Ausschlaggebend dafür kann nicht eine besondere Nähe zur NS-Ideologie gewesen sein – Böhmer war nie Mitglied der NSDAP. Entscheidend war wohl eine Beteuerung Böhmers, aufgrund seiner kunsthändlerischen Tätigkeit für Barlach Kontakte zu internationalen Sammlerkreisen zu unterhalten. In dieser Position vermochte Böhmer, alle damals beschlagnahmten Werke Barlachs zurückzuerwerben. Nach dem Tod des Künstlers 1938 sicherte er sie für den in Güstrow betreuten Nachlass oder vermittelte sie an bedeutende deutsche Sammler, wie zum Beispiel an den Hamburger Industriellen Hermann F. Reemtsma. Damit verstieß Böhmer gegen eine ausdrückliche Anweisung des Propagandaministeriums: »entartete« Kunst durfte nur ins Ausland verkauft werden – sie sollte unwiederbringlich aus dem Blickfeld des deutschen Volkes verschwinden.

In den Folgejahren übernahm Böhmer auch beschlagnahmte Werke anderer Künstler und eröffnete eine Zweigstelle seines Kunsthandels in der Berliner Tiergartenstraße. Im Vergleich mit seinen Kollegen Karl Buchholz, Hildebrand Gurlitt und Ferdinand Möller, die ebenfalls zum Handel mit »entarteter« Kunst ermächtigt waren, traf Böhmer die breiteste Auswahl – insgesamt berücksichtigte er mehr als 170 verfemte Künstler. Das Geschäft mit Werken der Bekannteren unter ihnen erwies sich durchaus als lukrativ. Dennoch fällt ein klares Urteil über sein Wirken schwer, da Böhmer auch zahlreiche Werke von damals gänzlich unbekannten Künstlern erwarb, ohne Aussicht auf einen Weiterverkauf. Die Werke entgingen auf diese Weise dem drohenden Schicksal einer Vernichtung durch die Nationalsozialisten. Hier verschwimmt die Grenze zwischen einem skrupellosen Profiteur des Hitler-Staates und einem Retter verfemter Kunst.

BÖHMER ALS HÄNDLER VERFOLGUNGSBEDINGT ENTZOGENER KUNST

Böhmer konzentrierte sich nicht allein auf den Handel mit »entarteter« Kunst. Schon bald stieg er zu einem der wichtigsten Kunsthändler im »Dritten Reich« auf. Nachweislich vermittelte er Werke an das geplante »Führermuseum« in Linz und arbeitete unter anderem mit Walter Andreas Hofer zusammen, dem Hauptlieferanten für Hermann Görings

Kunstsammlung.[14] Als einer der zentralen Verbindungsmänner soll Böhmer die Handelsströme verfolgungsbedingt entzogener Kunst aus dem In- und Ausland gelenkt haben.[15] Dennoch wissen wir bis heute wenig über Böhmers Aktivitäten auf diesem Gebiet. Hauptsächlich arbeitete er mit Zwischenhändlern zusammen, die wie er offiziell auf dem Kunstmarkt gar nicht in Erscheinung traten.[16] Auch war Böhmer nicht in der Reichskammer der bildenden Künste gemeldet, wo normalerweise jeder, der mit Kunst handelte, registriert sein musste – bis hin zum Postkartenverkäufer. Seine Stellung im Apparat gehört mit zu den rätselhaften Dingen, die bei aller Bürokratie im NS-Regime und der strengen Überwachung durch die Gleichschaltungsorgane möglich waren – dies aber sicherlich nur mit guten Beziehungen zu den Machthabern der NSDAP.

Rolf Hetsch im Atelierhaus am Heidberg vor dem »Magdeburger Ehrenmal« von Ernst Barlach, nach 1939.
Als Sachreferent in der Reichskammer der bildenden Künste und später in der Abteilung IX des Reichsministeriums für Volksaufklärung und Propaganda war Rolf Hetsch für die Inventarisierung der beschlagnahmten »entarteten« Kunst und die Koordinierung der »Verwertung« tätig. Was keiner seiner Vorgesetzten wusste: Hetsch war offensichtlich mit Böhmer befreundet. Als Mitglied im Barlach-Nachlassgremium fiel ihm die Bearbeitung der Werkverzeichnisse der Druckgrafik Ernst Barlachs zu. 1943/44 ließ Hetsch inoffiziell die Restbestände der »entarteten« Kunst nach Güstrow zu Böhmer auslagern, um sie in Sicherheit zu bringen.[17]

MONIKA RICHARZ

GALERIE BUCHHOLZ

EINE OASE MODERNER KUNST

Schaufenster der 1934 in der Leipziger Straße 119/120 eröffneten Buch- und Kunsthandlung Buchholz. Im ersten Stock befanden sich Ausstellungsraum und Kunsthandlung. Darauf verweisen oben seitlich kleine Schilder: »Gemälde, Plastik, Graphik« (rechts) und »Skulpturen, Aquarelle, Graphik« (links).[1]

Karl Buchholz in seiner zweiten Berliner Buchhandlung in der Mauerstraße 13/14, um 1930[2]

Buchholz war nahezu ein Sammler von Menschen, die im Dritten Reich Schwierigkeiten hatten, sei es aus rassischen, sei es aus politischen Gründen …

Arthur Kersten, 1963[3]

Marino Marini, »Curt Valentin«, 1953, Bronze[4]

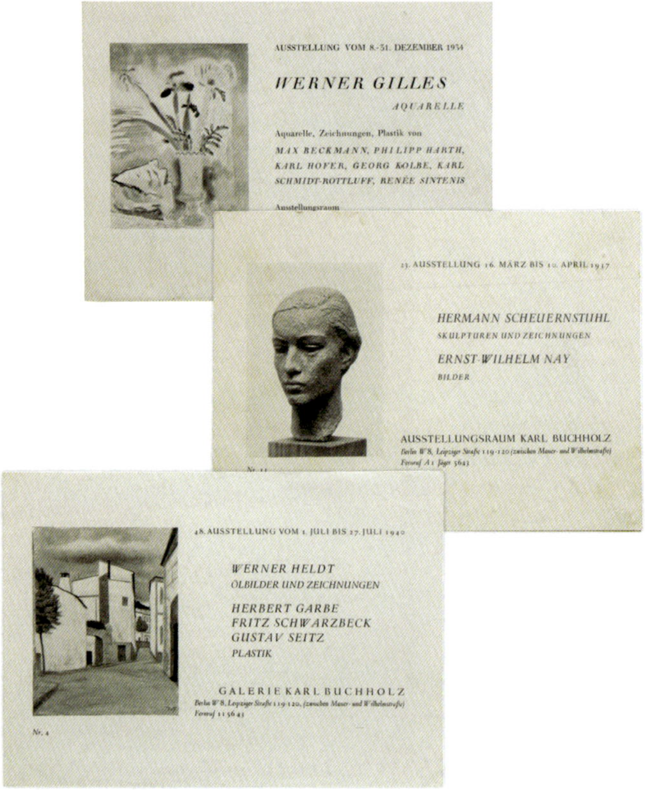

Die kleinen Ausstellungskataloge der Galerie Buchholz maßen nur 11 x 15 cm. Curt Valentin veranstaltete bis zu seiner Emigration 20 Verkaufsausstellungen, unter anderem mit Werken von Max Beckmann, Karl Schmidt-Rottluff, Karl Hofer, Ernst Wilhelm Nay und Gerhard Marcks.[5]

VOM BUCHHÄNDLER ZUM KUNSTHÄNDLER 1934

In Göttingen als nicht eheliches Kind geboren, wuchs Karl Buchholz (1901–1992) in Frankfurt an der Oder bei seiner Tante auf.[6] Nach einer Lehre in der Waldow'schen Buch- und Kunsthandlung in Frankfurt führte ihn seine erste Stelle als Buchhändler nach Berlin. Schon 1925 eröffnete er mit seiner Frau Marie Luise in der Taubenstraße in Mitte eine kleine Buchhandlung, der 1926 eine größere in der Mauerstraße folgte. Zeitlebens von unternehmerischem Elan erfüllt, gründete Buchholz bald zwei weitere Zweigstellen in Berlin. 1934 konnte sich Buchholz den Traum von einer großen internationalen Buchhandlung mit Galerie in der Leipziger Straße 119/120 erfüllen. Im ersten Stock befand sich die Galerie zeitgenössischer Kunst für Skulpturen, Gemälde und Grafiken, die Curt Valentin (1902–1954) leitete.

Valentin war wie Buchholz vom Buchhandel zum Kunsthandel gekommen.[7] Er wurde in Berlin ein enger Mitarbeiter des Galeristen Alfred Flechtheim bis zu dessen Emigration 1933. Valentin pflegte intensive Kontakte zu Künstlern, Museen und Sammlern und war wie Buchholz Anhänger der zeitgenössischen Moderne. In der Galerie Buchholz befasste er sich besonders mit der modernen Plastik, vor allem mit Gerhard Marcks, Georg Kolbe und Renée Sintenis. Um sich vor der Kunstdiktatur der Nationalsozialisten zu schützen, zeigte Valentin manche zeitgenössische Grafik nur noch zuverlässigen Kunden in seinem Hinterzimmer.

Die Galerie bestand nur aus einem größeren Ausstellungsraum, den man von der Buchhandlung über eine enge Treppe erreichte. Ein kleines Büro schloss sich an, in dem Valentin inmitten seiner Mappen und Regale, die die schönsten Blätter und Bilder der verfemten Kunst enthielten, zurückhaltend und mit gebotenem Misstrauen residierte. Wer aber sein Vertrauen hatte, durfte diese Schätze, solange er wollte, betrachten. Das war eine wundervolle Oase in dem abscheulichen Kulturklima des damaligen Berlin, in die man sich rettete, um noch etwas von der unbeugsamen Kraft schöpferischer Freiheit trostreich zu spüren. Jeder Künstler und jeder Kunstfreund, der in diesen bösen Jahren in Berlin war, wird mit Dankbarkeit daran zurückdenken.

Werner Haftmann, 1958[8]

»Ausstellungsraum Karl Buchholz« war die Bezeichnung der Galerie für zeitgenössische Kunst über der Buchhandlung in der Leipziger Straße 119/120. Ganz hinten am Schreibtisch sitzt kaum sichtbar Curt Valentin.[9]

ERÖFFNUNG DER »BUCHHOLZ GALLERY – CURT VALENTIN« IN NEW YORK 1937

Buchholz durfte Valentin als jüdischen Angestellten 1936 nicht länger beschäftigen.[10] Daher verabredete er mit ihm die Gründung einer »Buchholz Gallery« in New York. Im Januar 1937 emigrierte Valentin, und schon im März 1937 eröffnete er in Manhattan die erste Ausstellung der »Buchholz Gallery – Curt Valentin«.

Buchholz hatte die Galerie mit Werken der deutschen Moderne ausgestattet, die damals auf dem US-amerikanischen Kunstmarkt neu waren. Nach einer schwierigen Anlaufphase gelang es Valentin, die deutsche Moderne bei amerikanischen Museen und Sammlern bekannt zu machen. Die Galerie war bald sehr erfolgreich. Anfang 1939 zog sie in die 32nd East 57th Street, wo sie – seit 1951 als »Valentin Gallery« – bis 1955 bestand.[11]

»The Buchholz Gallery – Curt Valentin«, Katalog der Eröffnungsausstellung am 18. März 1937 in New York mit Werken führender deutscher Bildhauer. Curt Valentin setzte die Tradition der kleinformatigen Kataloge auch hier fort.[12]

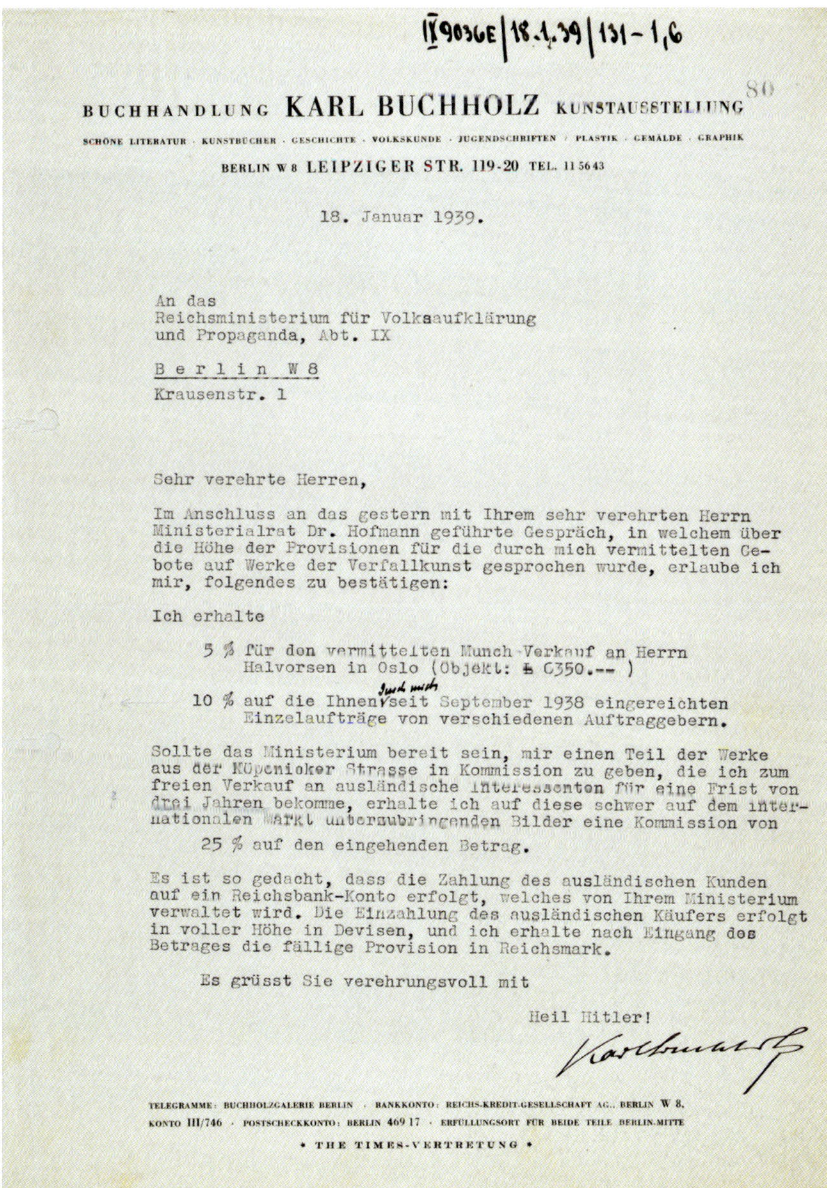

IX 9036E | 18.1.39 | 131 – 1,6

80

BUCHHANDLUNG KARL BUCHHOLZ KUNSTAUSSTELLUNG

SCHÖNE LITERATUR · KUNSTBÜCHER · GESCHICHTE · VOLKSKUNDE · JUGENDSCHRIFTEN / PLASTIK · GEMÄLDE · GRAPHIK

BERLIN W 8 LEIPZIGER STR. 119-20 TEL. 11 5643

18. Januar 1939.

An das
Reichsministerium für Volksaufklärung
und Propaganda, Abt. IX

B e r l i n W 8
Krausenstr. 1

Sehr verehrte Herren,

Im Anschluss an das gestern mit Ihrem sehr verehrten Herrn Ministerialrat Dr. Hofmann geführte Gespräch, in welchem über die Höhe der Provisionen für die durch mich vermittelten Gebote auf Werke der Verfallkunst gesprochen wurde, erlaube ich mir, folgendes zu bestätigen:

Ich erhalte

5 % für den vermittelten Munch-Verkauf an Herrn Halvorsen in Oslo (Objekt: £ 6350.--)

10 % auf die Ihnen seit September 1938 eingereichten Einzelaufträge von verschiedenen Auftraggebern.

Sollte das Ministerium bereit sein, mir einen Teil der Werke aus der Köpenicker Strasse in Kommission zu geben, die ich zum freien Verkauf an ausländische Interessenten für eine Frist von drei Jahren bekomme, erhalte ich auf diese schwer auf dem internationalen Markt unterzubringenden Bilder eine Kommission von

25 % auf den eingehenden Betrag.

Es ist so gedacht, dass die Zahlung des ausländischen Kunden auf ein Reichsbank-Konto erfolgt, welches von Ihrem Ministerium verwaltet wird. Die Einzahlung des ausländischen Käufers erfolgt in voller Höhe in Devisen, und ich erhalte nach Eingang des Betrages die fällige Provision in Reichsmark.

Es grüsst Sie verehrungsvoll mit

Heil Hitler!

Karl Buchholz

TELEGRAMME: BUCHHOLZGALERIE BERLIN · BANKKONTO: REICHS-KREDIT-GESELLSCHAFT AG., BERLIN W 8, KONTO III/746 · POSTSCHECKKONTO: BERLIN 469 17 · ERFÜLLUNGSORT FÜR BEIDE TEILE BERLIN-MITTE

• THE TIMES-VERTRETUNG •

Vertragsbestätigung von Karl Buchholz an das Reichsministerium für Volksaufklärung und Propaganda vom 18. Januar 1939. Buchholz erhielt die Bilder der »Entarteten Kunst«, die er im Ausland gegen Devisen verkaufen sollte, in Kommission. Das Ministerium musste wiederum jeden Verkauf vorher genehmigen. Als Provision bekam Buchholz 10 Prozent vom Verkaufspreis der im Schloss Schönhausen gelagerten Bilder und 25 Prozent von den schwer zu verkaufenden Werken, die in der Köpenicker Straße lagerten.[13]

KARL BUCHHOLZ ALS VERKÄUFER »ENTARTETER KUNST« 1938–1941

Nach Beschlagnahme und Ausstellung der sogenannten entarteten Kunst wurde 1938 in Berlin eine Kommission zu ihrer »Verwertung« gegründet. Diese beauftragte Buchholz und drei andere Kunsthändler, die Werke gegen Devisen im Ausland zu verkaufen. Buchholz stand der NS-Ideologie nicht nahe und wurde vermutlich wegen seiner Erfahrung im internationalen Kunsthandel und seiner Kenntnis der Moderne ausgewählt. Er vermittelte Verkäufe vor allem nach Norwegen, in die Schweiz und in die USA.[14] Über seinen Teilhaber Curt Valentin verkaufte er in New York heute sehr hoch gehandelte Werke an amerikanische Museen und Sammler, unter anderem von Kirchner, Beckmann, Nolde und Klee. So konnten besonders das Museum of Modern Art und das Bush-Reisinger Museum (Harvard) hochwertige deutsche Sammlungen aufbauen.

Die Ausstellung deutscher Expressionisten in New York brachte Buchholz 1942 in Konflikt mit den NS-Behörden. Verhöre sowie Haus-und Geschäftsdurchsuchungen führten zu seinem Ausschluss aus der Reichskammer der bildenden Künste.[15]

Paul Klee, »Die Zwitscher-Maschine«, 1922, Aquarell auf Ölfarbenzeichnung, 41,3 x 30,5 cm.
Das Werk wurde am 28. August 1937 in der Berliner Nationalgalerie beschlagnahmt und in der Ausstellung »Entartete Kunst« 1937–39 in München, Düsseldorf und Weimar gezeigt. In Kommission bei Karl Buchholz wurde es durch die »Buchholz Gallery – Curt Valentin« 1939 an das New Yorker Museum of Modern Art für 75 Dollar verkauft.

Ernst Ludwig Kirchner, »Rosa Straße mit Auto«, 1913, Öl auf Leinwand, 120,5 x 91 cm.[16]
Am 7. Juli 1937 in der Berliner Nationalgalerie beschlagnahmt, wurde das Bild 1937–38 in München, Düsseldorf und Salzburg in der Ausstellung »Entartete Kunst« gezeigt. Buchholz verkaufte das Werk 1939 durch die »Buchholz Gallery – Curt Valentin« an das New Yorker Museum of Modern Art für 160 Dollar.

Blatt 2 zur Aufstellung "Namen und Daten der vermittelten Verkäufe".
3.6.1939.

BUCHHANDLUNG KARL BUCHHOLZ KUNSTAUSSTELLUNG · BERLIN W 8 · LEIPZIGER STRASSE 119-120 · TEL.: 11 56 43

		Übertrag:	Ƀ 7395.-.- $ 11895.--
13.3.39	Emil Nolde:	Boot mit rotem Zelt, Aq.	30.--
	" "	Landschaft in Norddeutschland, Aq.	30.--
	" "	Südsee-Knabe "	30.--
	" "	Amaryllis und Anemonen "	30.--
	" "	Fisch "	30.--
	" "	Mohnblumen "	30.--
	" "	Zwei Mädchen "	30.--
	" "	Kopf eines Mädchens "	30.--
	" "	Vogelpaar "	30.--
	" "	Landschaft in Norddeutschland "	30.--
	" "	Frauenkopf "	30.--
	" "	Amaryllis "	30.--
	" "	Zwei Mädchen "	30.--
	" "	Frauenkopf "	30.--
	" "	Frauenkopf "	30.--
	" "	Zwei Fische "	30.--
	" "	Zigeunerkopf "	30.--
	" "	Spanische Landschaft "	30.--
	" "	~~Zwei Zigeunermädchen~~ "	30.--
	" "	Qualle "	30.--
	" "	Kleines Mädchen mit Tulpe "	30.--
	" "	Landschaft in Norddeutschland "	30.--
	" "	Spanische Frau "	30.--
	" "	Rote Blumen "	30.--
	" "	Frauenkopf "	30.--
	Paul Klee:	Erstarrte Stadt "	50.--
	" "	Reiterspuk in der Nacht "	50.--
	" "	Sterbende Pflanze "	50.--
	" "	Traunstadt "	50.--
	" "	Vorspiel von Golgatha "	50.--
28.4.39	" "	Zwitschermaschine "	75.--
- -	Paul Klee:	5 Aquarelle	250.--
	Otto Müller:	Zigeunerinnen mit Sonnenblumen, Öl	90.--
	" "	5 Aquarelle	55.--
	Lehmbruck:	Mädchenkopf, Steinguss	700.--
	" "	Denkerkopf	
	" "	Stürmender, Bronze	400.--
	" "	Mädchenkopf, sich umwendend	
	Dérain:	Stilleben. Öl	300.--
	Modersohn:	Mädchen mit Katze	150.--
	Feininger:	Dorfkirche, Öl	150.--
	Nolde:	Sonnenblumen	400.--
			Ƀ 7395.-.- $ 15465.--

Eine Liste vom 3. Juni 1939 der von Karl Buchholz vermittelten Kommissionsverkäufe.
Darunter befindet sich am 28. April 1939 Paul Klees »Zwitscher-Maschine«.[17]

Auch nach 1937 zeigte die Galerie Buchholz in Berlin noch einzelne Werke verfemter Künstler. Mit dem Kriegseintritt der USA im Dezember 1941 wurde der Kontakt zu Curt Valentin unmöglich. Karl Buchholz begann mit der Gründung weiterer Buchhandlungen samt Galerien im Ausland: Bukarest (1940), Lissabon (1943), Madrid (1945) und Bogotá (1951). Im November 1943 wurde seine Berliner Buch- und Kunsthandlung zerbombt. 1951 wanderte Buchholz mit Familie nach Bogotá aus. Seine mehrstöckige Buch- und Kunsthandlung wurde zu einem kulturellen Zentrum der Stadt. Er starb dort 1992.[18]

Im November 1943 wurde die Buch- und Kunsthandlung Buchholz in der Leipziger Straße 119/120 von Bomben zerstört. Von da an existierte sie nur noch in provisorischen Quartieren, zuletzt als Versandbuchhandlung in Berlin-Grunewald.[19]

CHRISTINE FISCHER-DEFOY

GALERIE FLECHTHEIM

EINES DER FÜHRENDEN HÄUSER FÜR KUNSTWERKE DER MODERNE

Flechtheim ist gemalt worden von Schmurr im Frack, von Arthur Kaufmann als Ulan, von Dardel im Cutaway, von Hofer als sein Kunsthändler, von Dix in unmodernem Sakko, von Pascin als Torero. Er ist modelliert worden von Benno Elkan in Bronce, von Herman Haller in Terracotta, und wenn er länger mit mir arbeitet, wird ihn Käthe Kollwitz als Bettler malen.

Rudolf Levy, 1927 [1]

Otto Dix, »Der Kunsthändler Alfred Flechtheim«, 1926, Mischtechnik auf Holz, 120 x 80 cm [2]

Renovierte Innenräume der Galerie Flechtheim während einer Ausstellung mit Werken von Karl Hofer und Ernesto de Fiori, 1928, aus dem »Almanach auf das Jahr 1931« der Zeitschrift »Omnibus« [3]

Der Umbau hat das früher aus wenigen dunklen Zimmern bestehende Lokal am Lützowufer erhellt und mehr als verdoppelt, und jetzt trägt es den Titel Galerie schon mit einigem Recht. Das Galeriehafte gehört nun einmal zum Berliner Geschäft.

Julius Meier-Graefe, 1927 [4]

Alfred Flechtheim in seiner Galerie in Berlin, um 1928[5]

Zwei Bilder aus dem »Almanach auf das Jahr 1931« der Zeitschrift »Omnibus«: links Aristide Maillol und Ernst Barlach vor der Galerie Flechtheim 1930, rechts ein Konzert mit Giovanni Baragotti und Leonora Speyer in der Chagall-Ausstellung der Galerie, 1930[6]

Er war ein Mensch, den man, wenn man ihn einmal gesehen hatte, nie vergessen wird, ein Mensch, der einen großen ›sense of humour‹ hatte, aber kein großes Interesse am Geldverdienen, sondern hauptsächlich Liebe zur Kunst und Liebe zu Künstlern und Freunden, der also eigentlich kein Geschäftsmann war. […] Aber er betrachtete sich als Pionier, und er war sicher einer der ersten, der in Deutschland die großen Künstler des 20. Jahrhunderts gekauft und verkauft hat.

Gustav Kahnweiler, 1986[7]

VON DÜSSELDORF NACH BERLIN

Der Kunsthändler und Verleger Alfred Flechtheim[8] (1878–1937) eröffnete 1913 auf Anregung seines Freundes, des Berliner Kunsthändlers Paul Cassirer, eine Galerie in Düsseldorf. Doch Flechtheim zog es nach Berlin. Dort begann er 1921 mit dem Aufbau einer Filiale in zwei Räumen der Galerie Cassirer in der Viktoriastraße 35 in Tiergarten. Mit der Ausstellung »Deutsche und französische Kunst des XX. Jahrhunderts Beginn« eröffnete Flechtheim am 1. Oktober 1921 eigene Galerieräume am Lützowufer 13. Innerhalb weniger Jahre wurde die Galerie Flechtheim zu einem der führenden Häuser für Kunstwerke der Moderne. In Zusammenarbeit mit dem deutsch-französischen Galeristen Daniel Henry Kahnweiler spezialisierte sich Flechtheim auf Künstler wie Marc Chagall, Juan Gris, Fernand Léger, Henri Matisse und Pablo Picasso. Zu den von ihm vertretenen deutschen Künstlern gehörten George Grosz, Karl Hofer, Hans Purrmann und Renée Sintenis. Bis 1933 zeigte er unter anderem Einzelausstellungen von Max Beckmann, Willi Baumeister, Paul Klee, George Grosz und Ernst Barlach. Vom Dezember 1932 bis Januar 1933 zeigte die Galerie Flechtheim zusammen mit der Galerie Paul Cassirer in Berlin ihre letzte Ausstellung unter dem Titel »Lebendige deutsche Kunst«.

HOTEL
MARINE

Seine Privatwohnung war eigentlich eine intime Fortsetzung seiner Galerie am Lützowufer; die Wände hingen buchstäblich von oben bis unten voller Bilder, meist moderne Franzosen, denn die liebte er am meisten. (Auch ein paar deutsche Maler hingen da, aber die wirkten wie Stiefkinder und kamen nicht recht gegen die Franzosen auf.) Er war sehr gastfreundlich, und seine Diners waren berühmt. Man traf dort immer einen Kreis interessanter Menschen, und wem die Menschen nicht behagten, der konnte sich an Speise und Trank gütlich tun. Neigte Flechtheims Kunstgeschmack zum Ultramodernen, so übertrug er dies nicht auf seine Tafel: bei ihm wurde nicht nach Kalorien und Vitaminen gegessen, sondern man ward noch mit altrheinischer Gastlichkeit bewirtet.[9]

George Grosz, 1955

Wohnung von Alfred und Betti Flechtheim in der Bleibtreustraße 15/16, um 1930, Fotografien von Martha Huth:
links: Im Salon. Über dem Sofa »L'Hôtel de la Marine« von Marie Laurencin, links die Skulptur »Max Schmeling« von Rudolf Belling.
unten: Blick in die Bibliothek, an den Wänden Gemälde von Pablo Picasso, Georges Braque und Fernand Léger, auf dem Tisch eine »Uli-Figur« aus Neumecklenburg.[10]

1933: »DER KUNSTJUDE FLECHTHEIM«[11]

Als Jude und Förderer der Moderne wurde Flechtheim 1933 rasch zur Zielscheibe öffentlicher Kritik. Am 30. März 1933 »arisierte« Flechtheims früherer Mitarbeiter Axel Vömel die Düsseldorfer Filiale einschließlich ihrer Kunstwerke. Im Mai 1933 floh Alfred Flechtheim zunächst nach Basel, dann nach Paris und Anfang 1934 nach London. Es gelang ihm, einen Teil des Galeriebestandes mit ins Ausland zu nehmen. Nachdem der Markt für die künstlerische Moderne in Deutschland zusammengebrochen war, übernahm der Wirtschaftsprüfer Alfred E. Schulte im November 1933 als »Generalbevollmächtiger« Flechtheims die Verwaltung der Berliner Galerie. Flechtheim war nun in London als Kurator mehrerer Ausstellungen tätig. Seine Frau Betti zog 1934 in Berlin in eine kleinere Wohnung in der Düsseldorfer Straße 44/45, in der nun ein Teil der privaten Kunstsammlung lagerte. Die Adresse wurde 1935 als »Hauptniederlassung« der Galerie ins Handelsregister eingetragen.[12] Flechtheim bemühte sich 1935 um die französische Staatsbürgerschaft. Seine Frau Betti konnte Deutschland wegen der hoch veranschlagten »Reichsfluchtsteuer« nicht mehr verlassen. Die Ehe wurde 1936 formell geschieden.

Betti Flechtheim mit ihrer Schwiegermutter Emma Flechtheim, geborene Heymann, um 1930 [13]

Clara Hulisch, geborene Goldschmidt, mit ihren Kindern Alfred und Rosi Hulisch, 1930er Jahre. Clara Hulisch war die Schwester von Betti Flechtheim, ihre Tochter Rosi Hulisch arbeitete über viele Jahre in der Galerie Flechtheim. 1936 war sie als Liquidatorin des Unternehmens eingesetzt. [14]

DAS ENDE DER GALERIE FLECHTHEIM 1936

Am 18. Januar 1936 beschloss in Berlin eine Gesellschafterversammlung der Galerie, deren einziger Gesellschafter Alfred Flechtheim war, das Unternehmen zu liquidieren.[15] Als Liquidatorin wurde Betti Flechtheims Nichte Rosi Hulisch eingesetzt, die viele Jahre in der Galerie assistiert hatte. Am 17. Februar 1936 meldete der Reichsanzeiger: »Die Firma Galerie Alfred Flechtheim Gesellschaft mit Beschränkter Haftung in Liquidation ist erloschen.«[16] Im Winter 1936/37 stürzte Alfred Flechtheim bei Glatteis in London und musste sich ins Krankenhaus begeben. Wegen einer schweren Blutvergiftung wurde ein Bein amputiert. Er starb am 9. März 1937 in London. Betti Flechtheim beging am 14. November 1941, dem Vorabend ihrer Deportation in ein Vernichtungslager, in ihrer Wohnung Selbstmord. Sie starb am 15. November im Jüdischen Krankenhaus und wurde auf dem Jüdischen Friedhof in Weißensee beerdigt. Die Gestapo versiegelte zunächst die Wohnung und beschlagnahmte später Kunstwerke und Möbel. Ein Dokument über ihren Verbleib ist bis heute unauffindbar, die Akte des Oberfinanzpräsidenten zu diesem Vorgang wurde wahrscheinlich im Krieg vernichtet.[17] Auch Betti Flechtheims Schwester Clara Hulisch und deren Tochter Rosi vergifteten sich vor ihrer Deportation am 4. November 1942. Die in ihrer Wohnung untergestellten Kunstwerke, die vermutlich aus dem Besitz Alfred Flechtheims stammten, wurden ebenfalls beschlagnahmt und gelten seither als verloren.

Grab von Betti Flechtheim auf dem jüdischen Friedhof in Weißensee, 2010

Emy Roeder, »Bildnis Dr. Fritz Goldschmidt«, um 1924, Kunststein, Höhe 37 cm und »Bildnis Dr. Victor Wallerstein«, 1930, Kunststein, Höhe 29,5 cm [1]

STEFAN PUCKS

GALERIE GOLDSCHMIDT – WALLERSTEIN

EINE DER RENOMMIERTEN KUNSTHANDLUNGEN IM BERLIN DER ZWANZIGER JAHRE

Der Kunsthistoriker und -händler Dr. Fritz Goldschmidt

Helene Kühn, am 21. August 1886 in Konitz (Westpreußen) geboren, die Ehefrau von Dr. Fritz Goldschmidt [2]

Unser Vater entstammte einer emanzipierten sephardisch-jüdischen Familie. Seine wohlhabenden Eltern waren kaisertreu, konservativ und liessen ihre Kinder lutheranisch taufen. Dass unser Vater engagierter Sozialdemokrat war, keinen ›soliden‹ Beruf erlernte und Kunstgeschichte studierte, wurde nicht gern gesehen. Als die Familie jedoch merkte, daß er sich mit einem Mädchen verlobte, das zwar zigeunerisch schön, aber mittellos, katholisch und polnisch obendrein war, führte das zum Bruch. […] Doch als sie sich daran erinnerten, daß das Künstlerische bei den Goldschmidts durch Generationen hindurch lebendig gewesen war, versöhnten sie sich.

Aus den Erinnerungen des Sohnes Rudolf Goldschmidt, 1990 [3]

Innenraum der Galerie Dr. Fritz Goldschmidt – Dr. Victor Wallerstein, Schöneberger Ufer 36a. Der Handel mit alter Kunst fand in den vorderen Räumen der im Hochparterre gelegenen Wohnung Fritz Goldschmidts statt, die Moderne Abteilung befand sich in der zweiten Etage, in den beiden ersten Zimmern der Wohnung Victor Wallersteins.[4]

Das Haus am Schöneberger Ufer 36a vor ca. 100 Jahren [5]

ZWEI KUNSTHISTORIKER ALS HÄNDLER

Der am 19. Dezember 1886 in Berlin geborene Fritz Goldschmidt schloss sein Studium mit einer Dissertation über die Manieristen Pontormo, Rosso und Bronzino ab. Während des Ersten Weltkrieges war er als Experte für italienische Skulpturen der Renaissance und des Barock am Kaiser-Friedrich-Museum in Berlin tätig. Im Kunsthandel trat Goldschmidt erstmals 1917/18 als Verfasser von Versteigerungskatalogen für das Kunstauktionshaus Rudolph Lepke und für die Galerie Paul Cassirer hervor.

Als Cassirer im Ersten Weltkrieg einberufen wurde, führte der Kunsthistoriker Victor Wallerstein die Geschäfte weiter. Er wurde am 21. April 1878 in Prag geboren und war nach seiner Dissertation über »Die Raumbehandlung in der oberdeutschen und niederländischen Tafelmalerei der ersten Hälfte des 15. Jahrhunderts« ebenfalls am Kaiser-Friedrich-Museum in Berlin beschäftigt.

Am 1. Dezember 1919 gründeten Goldschmidt und Wallerstein die nach ihnen benannte Kunsthandlung am Schöneberger Ufer 36a. Das Haus hatte Goldschmidt 1915 von seinem Vater geerbt.

Am Schöneberger Ufer, in der Privatstrasse, wo wir herrlich spielten, wuchsen mein Bruder und ich auf. Im großen Garten war eine Ecke für uns reserviert, wo wir ›buddeln‹ und bauen durften, so viel wir nur wollten. Unser Vater war froh, wenn wir in seinen Kunstbüchern stöberten. Das waren unsere Kinderbücher. So lagen wir auf dem Fussboden und schauten uns die Wunderwelten der holländischen und italienischen Meister an. Es war ein spannendes Spiel, einander raten zu lassen: »Von wem ist dieses Bild?«

Aus den Erinnerungen des Sohnes Rudolf Goldschmidt, 1990 [6]

Titelblatt des Katalogs der Ausstellung von 1926: »Antoine Pesne, 1683 – 1757. Ausstellung von Gemälden aus Berliner Besitz« [7]

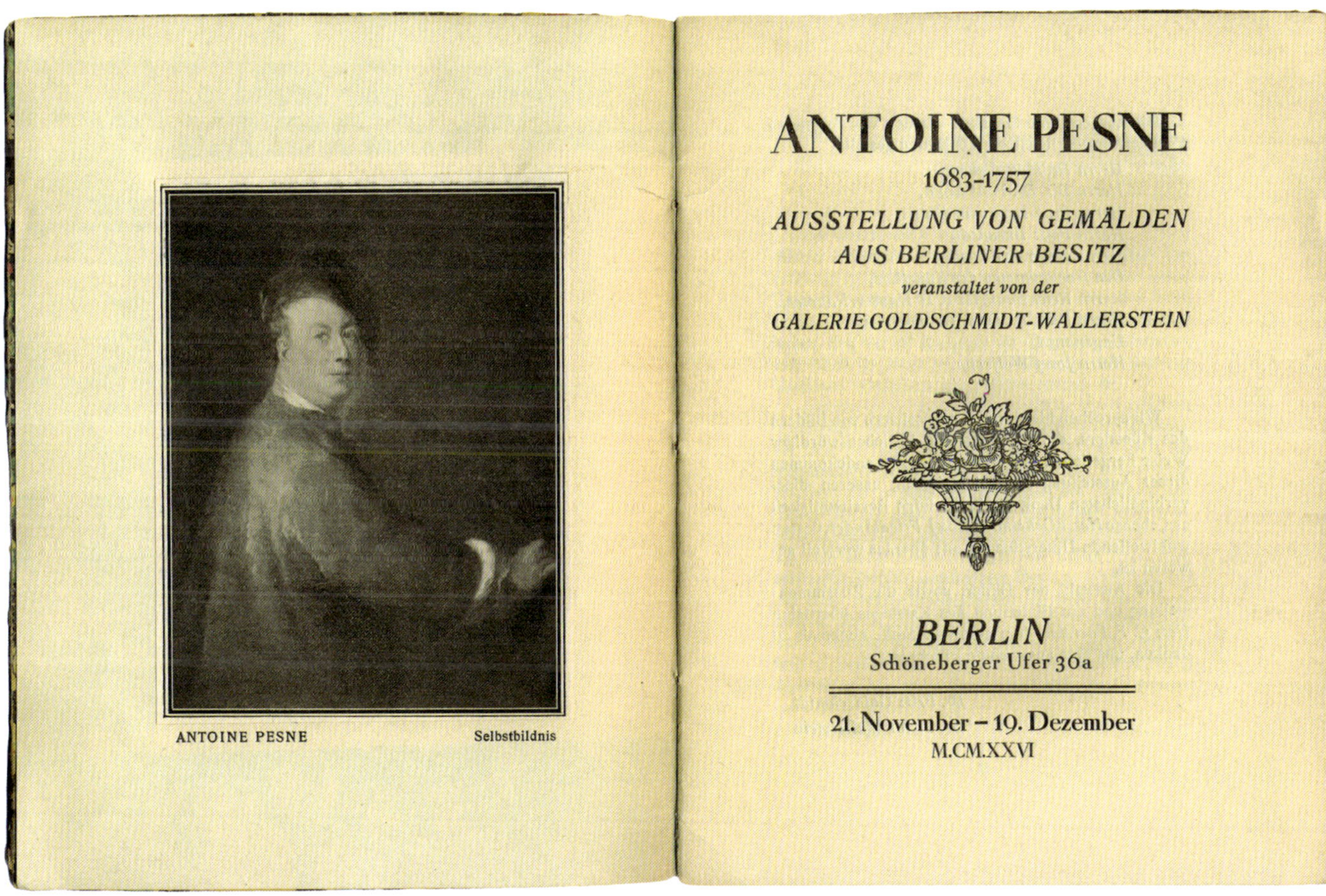

ANTOINE PESNE Selbstbildnis

ANTOINE PESNE
1683-1757
AUSSTELLUNG VON GEMÄLDEN
AUS BERLINER BESITZ
veranstaltet von der
GALERIE GOLDSCHMIDT-WALLERSTEIN

BERLIN
Schöneberger Ufer 36a

21. November – 19. Dezember
M.CM.XXVI

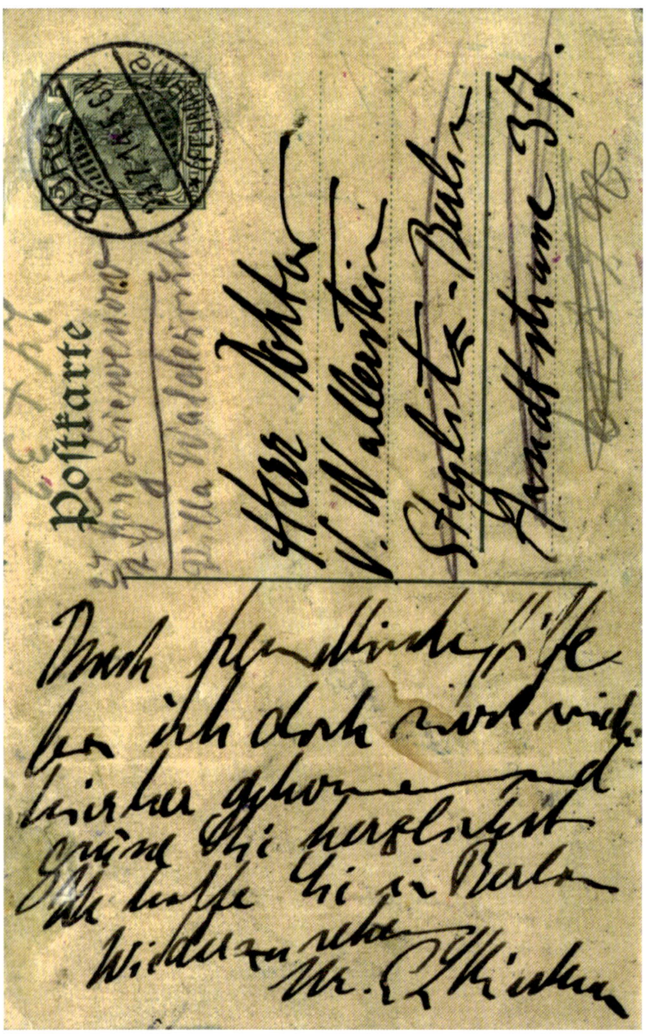

MODERNE ABTEILUNG

Obwohl sich die beiden Kunsthistoriker den alten Meistern verschrieben hatten, entwickelten sie eine Leidenschaft für die zeitgenössische Kunst: Die Expressionisten Erich Heckel und Karl Schmidt-Rottluff malten und zeichneten bereits zwischen 1912 und 1914 Porträts von Goldschmidt und Wallerstein. Im Mai 1921 eröffneten die beiden Galeristen in der zweiten Etage des Hauses die Moderne Abteilung mit einer Ausstellung der neuesten Werke von Erich Heckel und Otto Mueller.

Aber nicht nur für Künstler der 1913 aufgelösten Künstlergruppe »Brücke« setzten sich die Kunsthändler ein, sondern auch für andere zeitgenössische Maler wie Lyonel

Postkarte Ernst Ludwig Kirchners an Dr. Victor Wallerstein
Poststempel: Burg (Fehmarn), 23.7.14
Herr Doktor | V. Wallerstein | Steglitz-Berlin Arndtstrasse 37
[Adr. gestrichen, am 24.7.1914 gesendet nach: Berg Dievenow, einem Ostseebadeort in Westpommern, Villa Waldesruh]
»Durch freundliche Hilfe bin ich doch noch wieder hierher gekommen und grüsse Sie herzlichst. Ich hoffe Sie in Berlin wiederzusehen, Ihr E L Kirchner«[8]

Einladung zur Eröffnungsausstellung der Modernen Abteilung der Galerie Dr. Fritz Goldschmidt – Dr. Victor Wallerstein, 1921.
Ein Holzschnitt Erich Heckels von 1912 mit einer Pantomimen-Darstellung seiner späteren Frau Sidi Riha (bürgerlich: Milda Frieda Georgi) ziert das Einladungsblatt. Sidi Riha soll mit Helene Kühn, vor deren Hochzeit mit Fritz Goldschmidt, in Berlin zusammengewohnt haben.[9]

Feininger und Wassily Kandinsky. Oskar Kokoschka schuf zwischen 1919 und 1923 Porträts von Wallerstein und seiner Tochter Brigitte (»Gitta«). Auch einigen Bildhauern stellten die Kunsthändler ihre Räume zur Verfügung, darunter Emy Roeder, die um 1924 und 1930 die Köpfe ihrer Galeristen in Stein abformte. Doch die Zeiten waren schlecht, besonders für die zeitgenössische Kunst. Im Jahr 1927 musste die Moderne Abteilung aufgelöst werden. Goldschmidt und Wallerstein kehrten zu ihren Ursprüngen zurück: In neuen, von Fritz Ruhemann gestalteten Räumen in der Viktoriastraße 21 in Tiergarten zeigten sie ab März 1928 alte Malerei und alte Skulpturen.

Fassade der Galerie Dr. Goldschmidt – Dr. Wallerstein, Viktoriastraße 21, Architekt: Fritz Ruhemann, 1927.
»Das Unternehmen benutzt seit kurzer Zeit [...] neue Geschäftsräume, und zwar 4 Ausstellungsräume in Grösse von zusammen 100 qm. Beschäftigt werden 1 kaufmännische Angestellte und 1 Hausdiener. In den Räumen befinden sich etwa 35 Gemälde (alter) holländischer, deutscher und italienischer Maler sowie verschiedene Skulpturen und Antiquitäten.« Industrie- und Handelskammer zu Berlin, Schreiben an das Amtsgericht Berlin-Mitte vom 27. März 1928[10]

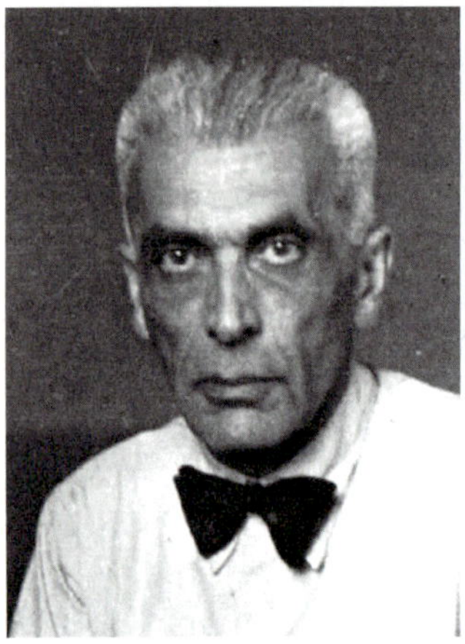

Dr. Victor Wallerstein und Vera Wallerstein, am 8. Juli 1876 als Vera von Goldberg in Wiesbaden geboren, Passfotos um 1942 [11]

ENDE UND EXIL

Dennoch misslang der Neuanfang. Schon anderthalb Jahre später setzte die Weltwirtschaftskrise ein. Die Ernennung Adolf Hitlers zum Reichskanzler 1933 machte die letzten Hoffnungen zunichte. Im Sommer 1934 schlossen Goldschmidt und Wallerstein ihre Galerie, zwei Jahre später wurde sie aus dem Handelsregister gelöscht. Fritz Goldschmidt starb am 19. Juli 1935 nach langer Krankheit in Berlin. Seine Witwe Helene Goldschmidt führte fortan eine eigene Kunsthandlung in der Sybelstraße 53 in Charlottenburg. Dort verkaufte sie vermutlich vor allem die private Kunstsammlung. Ihre beiden Söhne Peter und Rudolf, 1923 und 1926 geboren, überlebten die NS-Zeit versteckt in Holland.

Victor Wallerstein eröffnete zunächst eine Kunsthandlung in der Dörnbergstraße 7. Im Oktober 1936 folgte er seiner Frau Vera nach Italien. Sie wohnten zunächst in Marina di Massa und spätestens 1941 in Florenz. Das letzte, 1943 von Rudolf Levy gemalte Porträt zeigt den Kunsthändler weißhaarig und mit tiefen Falten um den Mund. Levy wurde kurz darauf deportiert, und Victor Wallerstein starb 1944 während eines alliierten Angriffs zur Befreiung der Stadt in einem Krankenhaus, wo er gerade operiert werden sollte. Die damals in Florenz lebende Emy Roeder nahm trotz Verbots an seiner Beerdigung teil.

Rudolf Levy, »Porträt des Kunsthändlers Dr. Victor Wallerstein«, 1943, Öl auf Leinwand, 64 x 52 cm [12]

PATRICK GOLENIA

PAUL GRAUPE

STARAUKTIONATOR, DEVISENBESCHAFFER, VERFOLGTER

Sensationell gestaltete sich die Auktion […] auch äußerlich insofern, als das Auktionspublikum immer eleganter wurde und die Privatautos in der Lützowstraße sich zuweilen stauten. Solch eine Auktion ist eben jetzt ein ähnliches gesellschaftliches Ereignis wie früher eine Theaterpremiere.

Paul Sternaux, 1923 [1]

Paul Graupe während der Versteigerung des Nachlasses von Ernst Graf zu Rantzau am 15./16. Mai 1931 [2]

»Auktion bei Graupe«, Illustration von Emil Orlik vom 10. November 1922 [4]

Am 29. Mai 1881 in Neu-Trebbin, Regierungsbezirk Potsdam, geboren, besuchte ich das Gymnasium und erlernte den Buchhandel, hauptsächlich das Antiquariat, in der Firma Joseph Jolowicz, Posen. Nach Beendigung meiner Lehrzeit war ich in den Firmen Buchhandlung Gustav Fock, Leipzig, Jaques Rosenthal, München, Martin Breslauer, Berlin, Lipsius & Tischer, Kiel, und Friedrich Cohen, Bonn, tätig. Dann etablierte ich mich und pflegte, meiner Liebhaberei entsprechend, das bibliophile Antiquariat. Im Jahre 1916 begann ich mit Versteigerungen von Büchersammlungen, denen ich auch später Versteigerungen von Graphiken und Gemälden folgen ließ.

Paul Graupe, 1926 [3]

Der jüdische Kunsthändler Paul Graupe (1881–1953) stammte aus einfachen Verhältnissen. Dennoch baute er sein Antiquariat Paul Graupe zu einem der wichtigsten international operierenden Auktionshäusern in Deutschland vor 1937 aus: Innerhalb von 20 Jahren veranstaltete er rund 160 Auktionen.[5] Dem Buchhandel stets verbunden, erweiterte er sein Angebot zunächst um Grafiken, später um den Handel mit Gemälden und anderen Kunstgegenständen. Bereits Mitte der 1920er Jahre konnte Graupe auf eine Reihe bedeutender Buch- und Grafikauktionen zurückblicken, die von der internationalen Presse positiv kommentiert wurden.[6]

Einer der führenden Werbegrafiker, Erich M. Simon, der für den S. Fischer Verlag Illustrationen lieferte, entwarf ein Werbeplakat für eine Weihnachtsausstellung bei Graupe (vor 1927).[7]

DAS DUO BALL & GRAUPE – DIE »GOLDENEN ZWANZIGER«

1927 erweiterte Graupe sein Portfolio und schloss sich mit der Dresdener Firma Hermann Ball zusammen – fortan arbeitete er auch auf dem Gebiet Kunst und Antiquitäten. Im Zentrum des Berliner Kunsthändlerviertels, in der Tiergartenstraße 4, wo Hermann Ball bereits sein Geschäft hatte, bezog Graupe zwei Obergeschosse der Villa. Bedingt durch die Weltwirtschaftskrise gelangten wertvolle Sammlungen auf den Markt, die unter dem gemeinsamen Namen »Ball & Graupe« an ein internationales Publikum versteigert wurden, wie zum Beispiel Sammlungen aus dem Besitz von Castiglioni, Erich Baron von Goldschmidt-Rothschild, Ernst Graf zu Rantzau, Prinz Friedrich Leopold von Preußen oder Max Emden.[8]

Paul Bohne Berlin W

Ich versteigere im März:
Die Bibliothek eines Herzogs

im April:
Die Bibliothek eines Großherzogs

im Juni:
Die Bibliothek eines Kaisers

im Juli:
Die vatikanische Bibliothek Rom Teil I

im August:
Dieselbe Rest

Für den Winter schweben an allerhöchster Stelle

Verhandlungen wegen Versteigerung

der Himmlischen Psalmensammlung.

Parodie des »Verein[s] Berliner Buch- und Kunstantiquare e.V.« vom 27. Februar 1929 auf eine Anzeige von Paul Graupe

Ansicht der Villa in der Tiergartenstraße 4. Im oberen Stockwerk hatte Graupe seine Geschäfts- und Ausstellungsräume, im unteren befand sich die Firma Hermann Ball, mit der Graupe zusammenarbeitete.
Berüchtigt wurde die Villa einige Jahre später, als sie 1940 von der »Kanzlei des Führers« zum Stützpunkt für die Planung der »Euthanasie«-Morde (»Aktion T4«) umfunktioniert wurde.[9]

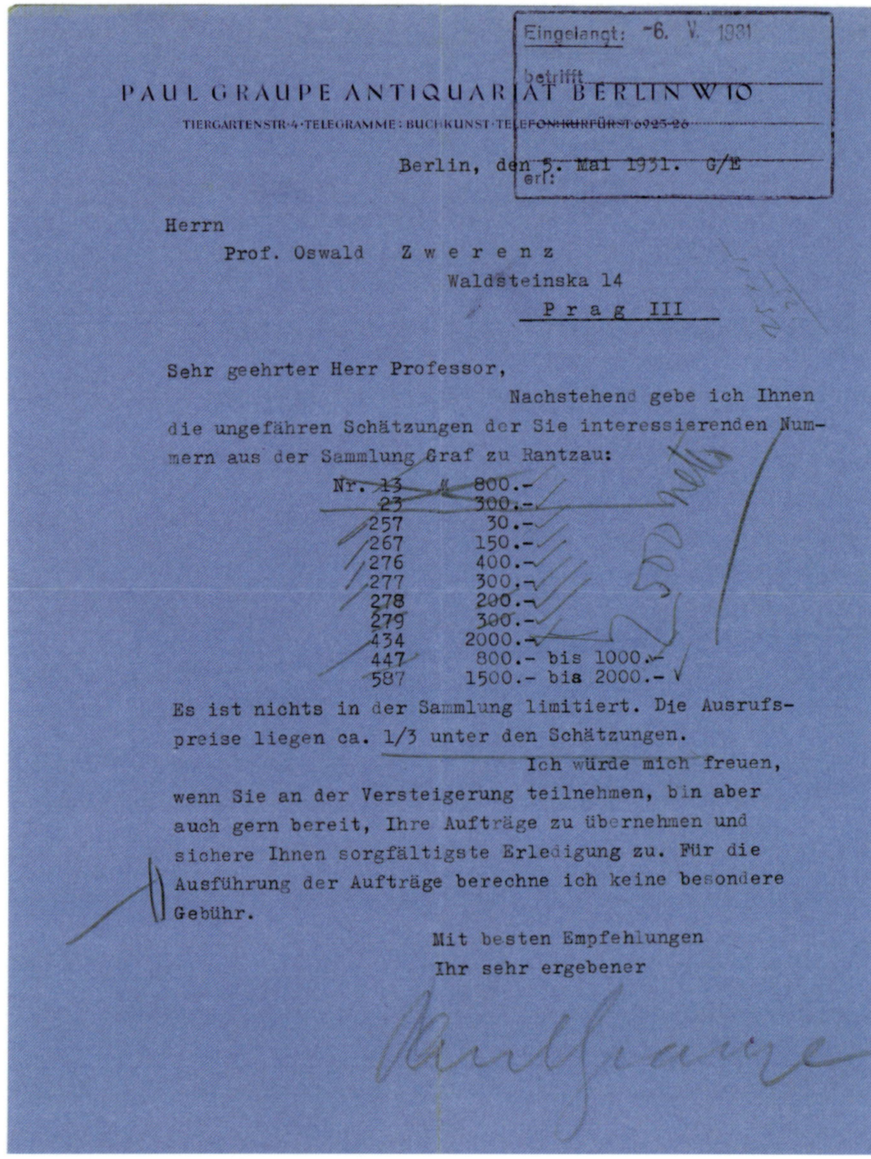
PAUL GRAUPE ANTIQUARIAT BERLIN W10

TIERGARTENSTR·4·TELEGRAMME: BUCHKUNST·TELEFON: KURFÜRST 6925-26

Eingelangt: -6. V. 1931
betrifft
erl:

Berlin, den 5. Mai 1931. G/E

Herrn
Prof. Oswald Z w e r e n z
Waldsteinska 14
P r a g III

Sehr geehrter Herr Professor,

Nachstehend gebe ich Ihnen die ungefähren Schätzungen der Sie interessierenden Nummern aus der Sammlung Graf zu Rantzau:

Nr. 13	" 800.-
23	300.-
257	30.-
267	150.-
276	400.-
277	300.-
278	200.-
279	300.-
434	2000.-
447	800.- bis 1000.-
587	1500.- bis 2000.-

Es ist nichts in der Sammlung limitiert. Die Ausrufspreise liegen ca. 1/3 unter den Schätzungen.

Ich würde mich freuen, wenn Sie an der Versteigerung teilnehmen, bin aber auch gern bereit, Ihre Aufträge zu übernehmen und sichere Ihnen sorgfältigste Erledigung zu. Für die Ausführung der Aufträge berechne ich keine besondere Gebühr.

Mit besten Empfehlungen
Ihr sehr ergebener

Paul Graupe

Brief Graupes auf einem für ihn signifikanten blauen Briefbogen mit seiner typischen, in Bleistift ausgeführten Signatur vom 6. Mai 1931 [10]

Innenausstattung der Ausstellungsräume bei Paul Graupe. Die Gestaltung der Räume übernahm der renommierte jüdische Innenarchitekt Paul Huldschinsky. Nach seiner Internierung 1938 im KZ Sachsenhausen gelang ihm die Flucht in die USA, wo er als Set Designer in Hollywood bekannt wurde. [11]

DIE ZEIT NACH 1933

Nach der Machtübernahme durch die Nationalsozialisten 1933 sahen sich immer mehr Sammler gezwungen, ihren Besitz zu veräußern, um sich und ihre Familien in Sicherheit bringen zu können. Wegen seines internationalen Renommees galt Graupe als erste Adresse für diese Notverkäufe: Die unter Druck stehenden Sammler und liquidierten Kunsthandlungen lieferten ihre Bestände bei ihm ein und hofften, bei ihm möglichst hohe Erlöse zu erzielen. In den folgenden Jahren bot Graupe zahlreiche Kunstwerke aus jüdischem Besitz an. Hierunter befanden sich berühmte Sammlungen wie die des ehemaligen Direktors der Dresdener Bank, Herbert M. Gutmann oder auch Bestände der zum Margraf-Konzern gehörenden Galerie van Diemen & Co. mit hochrangigen Werken von Rubens und Rembrandt.[12]

Eine halbseitige Anzeige in der »Weltkunst« machte auf die Auktionen bei Graupe aufmerksam. Am 22./23. März 1935 wurden die Bestände der zum Margraf-Konzern gehörenden Galerie Dr. Otto Burchard & Co. versteigert. Ebenfalls am 23. März 1935 kam die hochrangige Moderne-Sammlung des jüdischen Kaufmanns Max Silberberg unter den Hammer. Viele der wertvollen chinesischen Kunstwerke wurden damals in gutem Glauben von Förderern des Ostasiatischen Museums in Berlin erworben. Aus der Sammlung Silberberg erwarb die Berliner Nationalgalerie das »Selbstportrait mit dem gelben Hut« des Malers Hans von Marées. Das Selbstporträt wurde 1999 an Silberbergs Schwiegertochter restituiert und 2000 für die Nationalgalerie wieder erworben.[14]

Graupes Markenzeichen waren die unauffällig blau eingeschlagenen Kataloge, auf deren Deckblatt nicht sein Name, sondern der der Sammlung erschien. Die Objekte wurden sachlich beschrieben und vielfach im Bildteil mit einer Fotografie abgebildet. Die wissenschaftliche Aufarbeitung der Objekte übernahmen oft anerkannte Experten aus den Berliner Museen.[13]

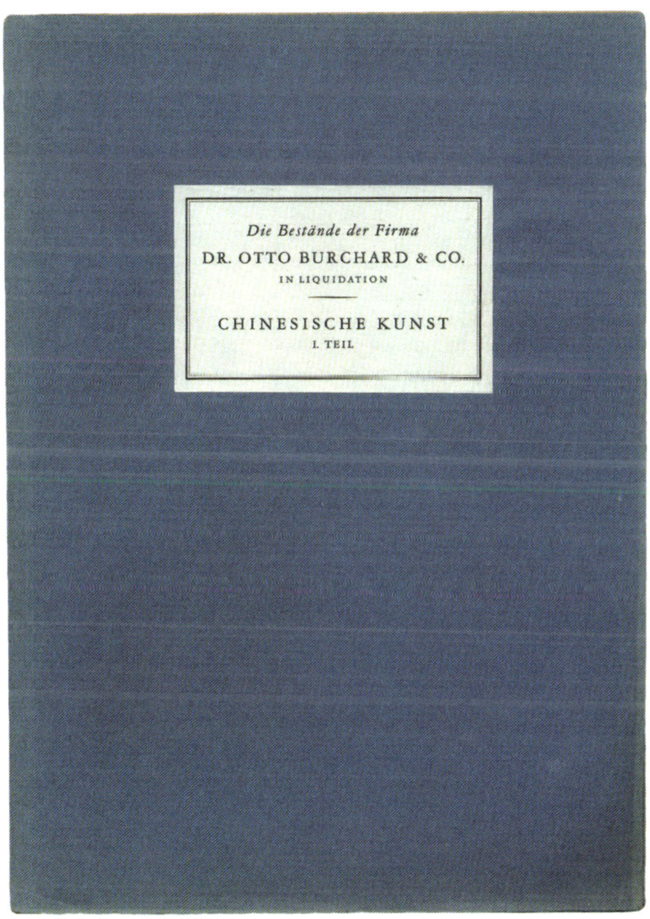

DIE FLUCHT AUS DEUTSCHLAND

Graupe, als »Volljude« in den Akten geführt,[15] wurde Ende 1935 aus der Reichskulturkammer ausgeschlossen.[16] Weil sein internationaler Ruf ungebrochen war, nahm man ihn per Sondergenehmigung als wichtigen Devisenbringer wieder in die Kammer auf.[17] Andere Kunsthändler beschwerten sich jedoch über seine Wiederaufnahme, sodass Graupe in den Fokus neidischer Kollegen und der Reichskulturkammer geriet.[18]

Schon während der Vorarbeiten zur großen Auktion des Nachlasses der Hamburger Sammlerin Emma Budge im Sommer 1937 gründete Graupe zur Vorbereitung seiner Flucht die Firma »Paul Graupe & Cie« am Place Vendôme in Paris.[19] Sein Berliner Unternehmen verkaufte er heimlich über einen in der Schweiz abgeschlossenen Vertrag an seinen langjährigen Mitarbeiter Hans W. Lange, der es unter eigenem Namen weiterführte.[20] Bis 1939 in Paris, floh Graupe anschließend nach New York, wo er bis 1947 als Kunsthändler arbeitete – 1945 erhielt er sogar die US-Staatsangehörigkeit. Zurück in Europa lebte Graupe wieder in Paris, erreichte jedoch seinen einstigen Ruf nie wieder. Er starb am 9. Februar 1953 in Baden-Baden.

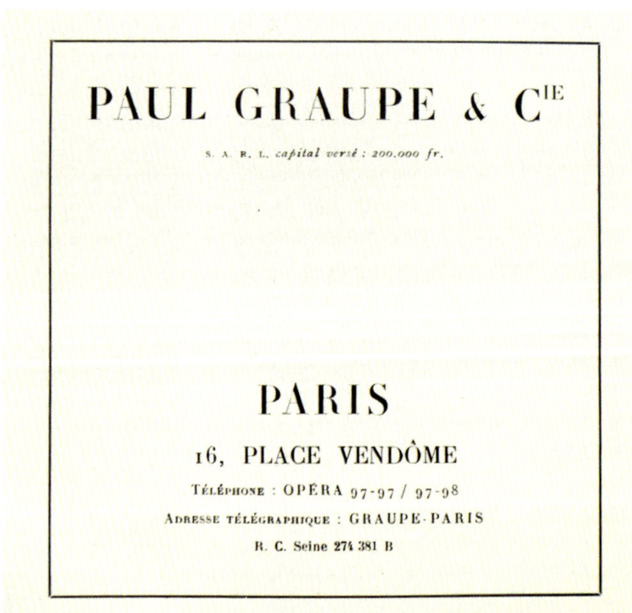

Die einzige Anzeige, die auf Graupes neues Geschäft in Paris verwies, war gleichzeitig seine letzte Anzeige in der »Weltkunst« vom 17. April 1938.[21]

MARION GOERS, CHRISTINE KÜHNL-SAGER

GALERIE HABERSTOCK

KARL HABERSTOCK – VON HITLER GESCHÄTZTER KUNSTHÄNDLER

In den Jahren 1911, 1912 und 1913 hatte ich ein Nettojahreseinkommen von 200 – 300 000 Goldmark. Ich habe mich damals hauptsächlich mit den grossen Deutschen Meistern des 19. Jahrhunderts beschäftigt, mit Leibl, Trübner, Thoma, Böcklin, Feuerbach, deren Handel ich zum grossen Teil in meiner Hand monopolisierte. […] Im Jahre 1919 ging ich von den neuen Meistern zu den alten Meistern über. Ich kaufte wesentliche Teile der damals in Auflösung begriffenen Sammlungen. Unter anderem […] eine Tapisserie aus dem Besitz von James Simon […].

Karl Haberstock, 1946 [1]

Wilhelm Trübner, »Karl Haberstock«, 1914, Öl auf Leinwand, 91,5 x 77,5 cm, Ausschnitt [2]

FRÜHE ERFOLGE IN BERLIN

Karl Haberstock (1878 – 1956) begann nach einer Banklehre seinen Kunsthandel im Jahr 1900 mit Kunstwerken aus dem Erbe des Vaters. Die Fachkenntnisse erwarb er autodidaktisch. 1907 ließ er sich in Berlin nieder und verlegte schon 1912 Galerie und Wohnung in die noble Bellevuestraße. Sein Schwerpunkt war deutsche Malerei des 19. Jahrhunderts, ab 1919 konzentrierte er sich auf alte Meister. 1939 kaufte Haberstock als Geschäfts- und Wohnsitz eine Villa in der Kurfürstenstraße.[3] Neben Kunsthändlern und wohlhabenden Sammlern aus dem In- und Ausland zählten führende deutsche Museen zu seinen Geschäftspartnern, darunter das Berliner Kaiser-Friedrich-Museum und die Dresdner Gemäldegalerie. Mit Museumsdirektoren und leitenden Mitarbeitern pflegte Haberstock intensiven Kontakt, oft durch wertvolle Geschenke. Diese Form des Umgangs dehnte er ab 1936 auf Entscheidungsträger im staatlichen Verwaltungsapparat und in der NSDAP aus, der er im April 1933 beitrat.[4]

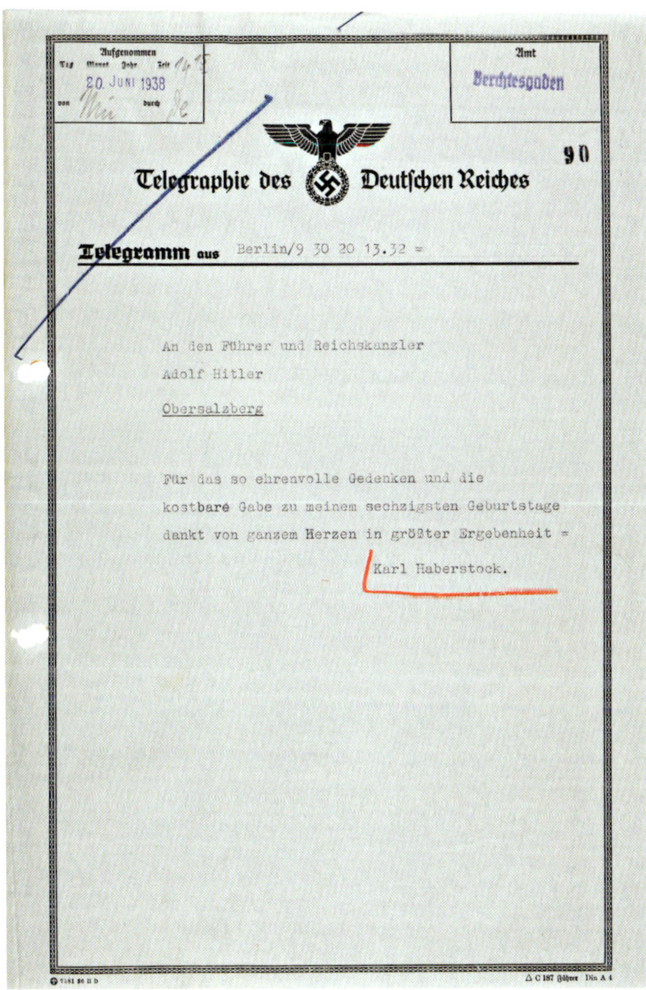

Aufgenommen
20 JUNI 1938

Amt
Berchtesgaden

90

Telegraphie des Deutschen Reiches

Telegramm aus Berlin/9 30 20 13.32 =

An den Führer und Reichskanzler
Adolf Hitler
Obersalzberg

Für das so ehrenvolle Gedenken und die kostbare Gabe zu meinem sechzigsten Geburtstage dankt von ganzem Herzen in größter Ergebenheit =

Karl Haberstock.

Telegramm von Karl Haberstock an Adolf Hitler vom 20. Juni 1938 [5]

Bereits 1912 konnte Haberstock in einem repräsentativen Gebäude in der Bellevuestraße 15 die gesamte erste Etage mieten, für die er eine Jahresmiete von 14 000 Goldmark zahlte. Gustav Pauli, Direktor der Hamburger Kunsthalle, schreibt 1916 über diese Räume: »[…] man wird hier, wie in ein Privathaus, nur nach vorheriger Meldung zugelassen. Diese geflissentlich betonte Exclusivität soll in Verbindung mit der opulenten Einrichtung die enormen Preise motivieren helfen, die hier für deutsche Kunst verlangt werden.«[6] Die Galerie lag direkt neben dem Luxushotel Esplanade. 1935 bezog der Volksgerichtshof das im hinteren Teil des Grundstücks gelegene Gebäude, die Durchfahrt zu diesem berüchtigten Ort befand sich direkt unter den Geschäftsräumen Haberstocks.[7]

Karl und Magdalene Haberstock, hier eine Aufnahme um 1944, heirateten 1919. Magdalene Haberstock unterstützte ihren Mann bei seinen Geschäften.[8]

Hannelore Holtz, von 1941–1944 Sekretärin der Galerie Haberstock, veröffentlichte 1947 ihren Roman »Wir lebten in Berlin«. Karl Haberstock lieferte das Vorbild für den Kunsthändler Sauermilch. Hannelore Holtz schreibt sehr realistisch: »[...] eine Kunsthandlung im Alten Westen. Keine gewöhnliche Kunsthandlung. Bewahre. Eine weiße Villa ist es, Baujahr 1870. Sehr weiß, sehr vornehm, sehr dezent. Der Inhaber heißt Herr Sauermilch. Und seine Frau heißt Helene. Es ist eine große, dunkle, üppige Frau. Sehr elegant. Liebenswürdig, sehr liebenswürdig. […] Herr Sauermilch ist klein und rund […]. Er neigt zu Wutanfällen und wirkt dann sehr komisch […]. Außerdem trinkt er gern Wein. Guten Wein. Am liebsten französische Weine, alte Rotweine. Chateau Lafitte und Beaujolais, Herr Sauermilch liebt guten Wein und gute Kunst. In einem der Bücherschränke seines Arbeitszimmers im Hochparterre stehen mehr als zehn schweinslederne Foliobände, in die seine Sekretärinnen fein säuberlich große Fotos von all den Bildern eingeklebt haben, die im Laufe der Jahre durch seine Hände gegangen sind.«[9]

KUNST FÜR DAS NS-REGIME

Den ersten Verkauf an Hitler persönlich tätigte er 1936. »Von diesem Augenblick ab schätzte Hitler mich als Kunsthändler«, schrieb Haberstock Ende 1945.[10] Seine guten Beziehungen ermöglichten ihm persönliche Fürsprachen bei Hitler: So konnte er 1938 die Wiedereinsetzung seines langjährigen Geschäftspartners Hans Posse als Direktor der Dresdner Gemäldegalerie erreichen.[11] Bis Ende 1944 verkaufte Haberstock zahlreiche Kunstwerke nicht nur an Hitler, sondern auch an andere NS-Größen wie Göring, Goebbels und Bormann sowie deren Dienststellen.[12] Er zog daraus enormen finanziellen Gewinn. Die Nähe zum NS-Regime nutzte Haberstock später allerdings auch, um seinen Einfluss zugunsten Verfolgter geltend zu machen.[13]

1938 wurde Haberstock in die »Kommission zur Verwertung der Produkte entarteter Kunst« berufen. Hier trat er gegen die Vernichtung und für die kommerzielle Verwertung der betroffenen Kunstwerke auf. Und er erreichte, dass sein Geschäftspartner Theodor Fischer aus Luzern 1939 den Zuschlag für die große Auktion mit Kunstwerken aus den »Säuberungsaktionen« erhielt.[14] 1939 begann auch Haberstocks Tätigkeit für den »Sonderauftrag Linz«, zu dessen Leiter Hitler Posse ernannte. Bis zu Posses Tod war Haberstock einer der Hauptlieferanten für das geplante »Führermuseum« in Linz. Er agierte über viele Unterhändler, erwarb, hauptsächlich in Frankreich, unzählige Kunstwerke[15] und beteiligte sich damit auch am Kunstraub des NS-Regimes. Das änderte sich im Frühjahr 1943: Posses Nachfolger Hermann Voss bevorzugte andere Kunsthändler.[16]

Bis zum Frühjahr 1943 war Haberstock der bedeutendste Berliner Kunsthändler für das NS-Regime, ohne dass er die nationalsozialistische Ideologie aktiv vertreten hätte.[17] Ende 1943 trat er nach eigenen Angaben aus der NSDAP aus.[18] Karl Haberstock kann als Opportunist charakterisiert werden, für den der geschäftliche Erfolg Maßstab seines Handelns war.

In der »Weltkunst« erschienen an werbewirksamer Stelle regelmäßig Berichte über die Geschäftstätigkeit der Galerie Haberstock. So informierte die Redaktion ihre Leser am 5. Februar 1939 darüber, dass das Gemälde »Maria mit Kind und dem kleinen Johannes« von Andrea Previtali durch die Galerie Haberstock in »deutschen Privatbesitz übergegangen« sei. Haberstock kaufte das Gemälde im März 1938 für 20 000 Reichsmark und verkaufte es gut drei Monate später für 56 000 Reichsmark an Adolf Hitler.[19]

Ab Februar 1937 warb die Galerie Haberstock in jeder Ausgabe der Fachzeitschrift »Weltkunst« auf der ersten Seite mit einer auffälligen Anzeige – bis zu deren letzter Ausgabe im September 1944. Außerdem inserierte Haberstock regelmäßig, oft mit ganzseitigen Anzeigen, in der ab 1938 in Wien erscheinenden Monatsschrift »Kunst dem Volk«.[20]

1939 kaufte Haberstock als Galerie und Wohnung eine Villa in der Kurfürstenstraße 59, die er aufwendig umbauen und ebenfalls luxuriös einrichten ließ.[21]

NUR GROSSZÜGIGER STIFTER UND MÄZEN?

Nach Kriegsende verbrachte Haberstock zehn Monate in US-amerikanischer Haft, es folgten mehrere Spruchkammerverfahren, 1951 wurde das gesamte Verfahren aufgehoben.[22] In seiner Heimatstadt Augsburg gründete er mit seinem privaten Kunstbesitz die »Karl und Magdalene Haberstock-Stiftung«. So gelang es ihm bis in die 1990er Jahre hinein, ausschließlich als »hochherziger Mäzen« und »wahrer Humanist« gewürdigt zu werden. Seine Rolle als Kunsthändler im Nationalsozialismus wurde verschwiegen.[23] Magdalene Haberstock trieb den Aufbau der Stiftung voran und erhielt später dafür das Bundesverdienstkreuz. Nach dem Tod ihres Mannes 1956 sichtete sie den umfangreichen Nachlass und entfernte zahlreiche Dokumente.[24] Erst nach den Recherchen eines US-amerikanischen Historikers Mitte der 1990er Jahre begann – sowohl in der Stiftung als auch in der wissenschaftlichen Diskussion – eine kritische Auseinandersetzung mit Leben und Wirken Karl Haberstocks.[25]

Haberstocks Tätigkeit in Paris und sein Einfluss auf NS-Machthaber waren durchaus bekannt, denn Hannelore Holtz schreibt dazu 1947: »Herr Sauermilch ist ein eifriger Kunsthändler. Er fährt alle zwei Monate nach Paris. Versehen mit vielen, vielen Genehmigungen und Einreisepapieren und Empfehlungen. In Paris wohnt er im Ritz und geht im Hotel Majestic, dem Sitz der deutschen Militärregierung ein und aus. […] [Die Pariser Kunsthändler Herr Herz und Herr Löw] sind auch sehr tüchtige Geschäftsleute. Weil sie sehr tüchtig sind, brauchen sie keinen gelben Stern zu tragen, den sie eigentlich tragen müssten laut den Bestimmungen aus Berlin. Aber Herr Sauermilch kann nicht mit Leuten zusammen arbeiten, die den gelben Stern auf der Brust tragen. Das kann er nicht, weil er für die höchsten Stellen des Reiches arbeitet.«[26]

Der Militärbefehlshaber in Frankreich
Verwaltungsstab Abt. Wi I Az. 7654

Paris, den 17. Juni 1941.
Hotel Majestic, Avenue Kleber 19
Fernsprecher: Kle 6800/09

Herrn
Karl Haberstock
z.Ht. Hotel Ritz
P a r i s

Aus den besonderen von Ihnen vorgetragenen Gründen wird gegen eine gelegentliche Heranziehung des Juden Hugo E n g e l zur Abgabe gutachtlicher Äußerungen über französischen Kunstbesitz, insbesondere an alten Gemälden, keine Bedenken bestehen, wenn wie Sie angeben, auf diesem Gebiet der Genannte eine besonders umfangreiche Sachkenntnis und auch die zur Abgabe derartiger Gutachten erforderlichen Unterlagen besitzt. Bei Abgabe derartiger gelegentlicher Gutachten wird auch ein nach dem Einzelfall zu berechnendes Honorar an den Genannten erstattet werden können. Eine gelegentliche Gutachtertätigkeit auf Grund einzelner Aufträge, z.B. von Ihnen, würde außerhalb des gewerblichen Kunsthandels der jetzt unter Verwaltung stehenden Firma Engel liegen.

Ich muß allerdings darauf hinweisen, daß eine solche Gutachtertätigkeit keinesfalls wieder einen gewerblichen Charakter annehmen, also nicht ständig und auch nicht einem unbeschränkten Personenkreis gegenüber zum Zwecke des Erwerbs ausgeübt werden darf. Auch darf sie nicht den Charakter eines Anstellungsverhältnisses annehmen.

Für den Militärbefehlshaber
Der Chef des Verwaltungsstabes
Im Auftrage

Der Militärbefehlshaber in Frankreich
Verwaltungsstab Abt. Verw. Az. V 1/2 kult.
OKVR Dr. Felix Kuetgens

Paris den 15.September 1942

Herrn
Generaldirektor Dr. Posse
Staatliche Galerie
D r e s d e n

Sehr verehrter Herr Kollege,

ich erhalte soeben vom Befehlshaber der Sicherheitspolizei des SD im Bereich des Militärbefehlshabers in Frankreich auf meine diesbezügliche Eingabe folgende Antwort, die Sie bitte auch an Herrn Haberstock weitergeben wollen:

"Die Bescheinigung über die Befreiung des H. Engel vom Tragen des Judensterns habe ich inzwischen bis zum 30.11. 1942 (allgemein festgesetzter Stichtag) verlängert.

Die Befreiung des Kunsthändlers Loebl vom Tragen des Judensterns ist abgelehnt worden.

Mit den besten Grüssen und Wünschen für Ihre Gesundheit und

Heil Hitler
Ihr
gez. Unterschrift

Bei einem Bombenangriff Ende Januar 1944 wurde das Haus Kurfürstenstraße 59 weitgehend zerstört. Wertvolle Kunstgegenstände waren zuvor bereits ausgelagert worden, die Geschäfte wurden von einem Nebengebäude aus weitergeführt. Karl Haberstock selbst fand für einige Monate Unterkunft beim Hausintendanten von Joseph Goebbels, Wilhelm Rohrssen, der 1945 durch eine »eidesstattliche Erklärung« Haberstocks Austritt aus der NSDAP bestätigte.[27] Anschließend übersiedelte Haberstock ins oberfränkische Aschbach, wo Gerhard von Pölnitz das Ehepaar Haberstock in seinem Schloss beherbergte, bis sie 1950 nach München zogen.[28] Pölnitz, im Krieg als Offizier in Paris stationiert, war zu Beginn der 1940er Jahre ein wichtiger Mittelsmann Haberstocks beim Ankauf von Kunstgegenständen in Frankreich. Die jüdischen Vorbesitzer der Villa Kurfürstenstraße 59 betrieben ab 1950 ein Wiedergutmachungsverfahren, dem Haberstock sich vehement widersetzte und das erst 1957, nach Haberstocks Tod, mit einem Vergleich endete.[29]

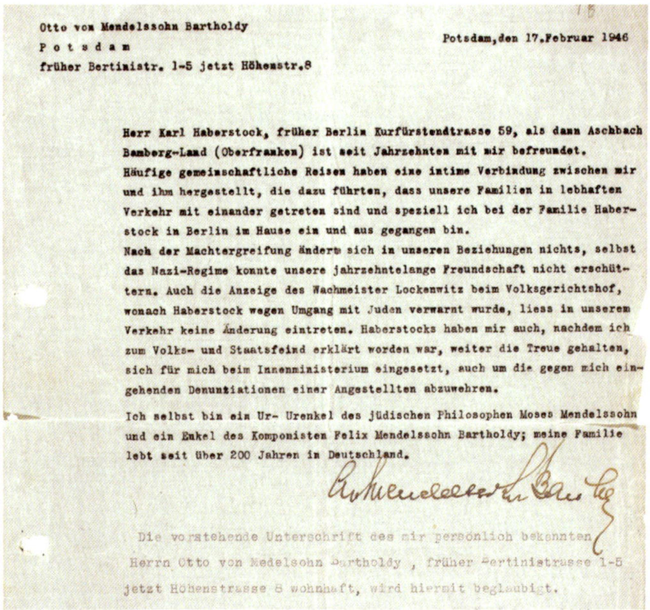

Otto vom Mendelssohn Bartholdy
P o t s d a m
früher Bertinistr. 1-5 jetzt Höhenstr.8

Potsdam, den 17.Februar 1946

Herr Karl Haberstock, früher Berlin Kurfürstendtrasse 59, als dann Aschbach Bamberg-Land (Oberfranken) ist seit Jahrzehnten mit mir befreundet.
Häufige gemeinschaftliche Reisen haben eine intime Verbindung zwischen mir und ihm hergestellt, die dazu führten, dass unsere Familien in lebhaften Verkehr mit einander getreten sind und speziell ich bei der Familie Haberstock in Berlin im Hause ein und aus gegangen bin.
Nach der Machtergreifung änderte sich in unseren Beziehungen nichts, selbst das Nazi-Regime konnte unsere jahrzehntelange Freundschaft nicht erschüttern. Auch die Anzeige des Wachmeister Lockenwitz beim Volksgerichtshof, wonach Haberstock wegen Umgang mit Juden verwarnt wurde, liess in unserem Verkehr keine Änderung eintreten. Haberstocks haben mir auch, nachdem ich zum Volks- und Staatsfeind erklärt worden war, weiter die Treue gehalten, sich für mich beim Innenministerium eingesetzt, auch um die gegen mich eingehenden Denunziationen einer Angestellten abzuwehren.

Ich selbst bin ein Ur- Urenkel des jüdischen Philosophen Moses Mendelssohn und ein Enkel des Komponisten Felix Mendelssohn Bartholdy; meine Familie lebt seit über 200 Jahren in Deutschland.

Die vorstehende Unterschrift des mir persönlich bekannten Herrn Otto von Medelsohn Bartholdy , früher Bertinistrasse 1-5 jetzt Höhenstrasse 8 wohnhaft, wird hiermit beglaubigt.

Otto von Mendelssohn Bartholdy, Enkel des Komponisten Felix Mendelssohn Bartholdy, berichtet im Februar 1946 über die Freundschaft mit Karl Haberstock und über die Hilfe, die dieser ihm während der NS-Zeit zukommen ließ. Ähnliche Aussagen sind von anderen politisch oder »rassisch« Verfolgten überliefert.[30]

Nach Kriegsende war Haberstock in ein Aufsehen erregendes Restitutionsverfahren verwickelt: Es ging um das Gemälde »Kreuztragung« von Jacopo Tintoretto, das 1940 durch das Auktionshaus Achenbach direkt in der Grunewald-Villa der Besitzerin versteigert wurde. Einrichtung und Kunstwerke waren als »Kunstbesitz Fr. M. F. aus der Sammlung Harry F.« angekündigt und damit als Zwangsverkauf jüdischen Besitzes kenntlich. Haberstock ersteigerte das Gemälde zu einem Spottpreis von 1 176 Reichsmark als Werk eines angeblich unbekannten Malers, registrierte es bereits sechs Tage später in seinen Geschäftsbüchern als Tintoretto und verkaufte es anschließend für 90 000 Reichsmark an die Städtischen Kunstsammlungen Düsseldorf.
Er beharrte 1950 auf der Version des zunächst unerkannten Malers und führte an, von den Verfolgungsumständen der Vorbesitzerin nichts gewusst zu haben. Der Klage auf Rückgabe wurde schließlich entsprochen, das Regressverfahren gegen Haberstock endete mit einem Vergleich. Zu seiner Rechtfertigung veröffentlichte Haberstock 1951 auf eigene Kosten eine umfangreiche, höchst polemische Gegendarstellung.[31]

CAROLINE FLICK

HANS W. LANGE

ANTIQUITÄTEN ALS LEBENSINHALT

Morgen früh fahre ich für drei Tage nach Leipzig zur Börnerschen Graphik Auktion und danach sehr wahrscheinlich nach Kassel, fein, was? Sonst ist weiter nichts zu berichten. In der letzten Zeit gab es im Geschäft viel zu tun mit der Vorbereitung einer großen modernen Graphik-Auktion, was aber durch langes Fortsein Graupes wieder sehr angenehm kompensiert wurde.

Hans W. Lange an seine Schwester Erika, ca. 1925 [1]

Große Versteigerer, wie der viel zu früh verstorbene Berliner Hans W. Lange, waren Meister darin, Kunstwerke für die Vorbesichtigung gefällig zu placieren.

Hans Georg von Studnitz, nach 1945 [2]

Hans Wolfgang Lange, ca. 1925. Etwa um diese Zeit begann er bei Graupe zu arbeiten und sagte zwanzig Jahre später: »das Geschäft war seit 1928, seit der ersten Antiquitäten-Auktion […] völlig mein Lebensinhalt«.[4]

Blick in den Hauptsaal zur Vorbesichtigung der Auktionen vom Juni 1940, unter anderem mit historischen Waffen und Kunstgewerbe der Firma Kahlert. Die unsystematische, »gefällige« Platzierung der Stücke stellt die persönliche Atmosphäre des antiquarischen Sammelns nach, die Lange etwa mit der Verwendung stets desselben Teppichs zu unterstreichen wusste.[3]

Leute haben doch noch Geschmack. Ich war nicht weniger betroffen als meine reizende Begleiterin, die sich keinen Augenblick mehr für das interessierte, was sonst noch unter den Hammer kam, sondern nur noch grübelte und sann, was sie alles für diese siebentausend Mark hätte anfangen können: Autos, Pelzmäntel, Reisen bewegten sich in rasendem Ablauf hinter ihrer lockigen Stirn. Das Leben hatte für sie einen Augenblick seinen Sinn verloren. Ein kleiner silberner Löffel hatte ihren Verstand aus dem Gleichgewicht gebracht . . .

Wie zu den meisten Dingen, so gibt es zur Kunstauktion zwei Einstellungen. Der Schaffende, der Künstler wird sie mitunter als einen Einbruch in seine persönlichste Welt verwerfen, als den Versuch, seinen Genius krämerisch zu erdrosseln. Der Betrachtende, der auch als Käufer in Frage kommt, wird in ihr einen willkommenen Maßstab erblicken, der ihm erlaubt, ein Kunstwerk auch in seinem zahlenmäßigen Wert verstehen zu lernen. Denn er geht von der nicht immer, aber doch meist richtigen Voraussetzung aus, daß ein hoher Preis auch hohen künstlerischen Gehalt bedeutet. Beide Einstellungen haben etwas für sich, aber sie leiden darunter, daß sie die Imponderabilien nicht genügend berücksichtigen. Denn gerade das Unberechenbare ist es, was das Wesen der Kunstauktion ausmacht. Das spekulative Moment ist niemals ganz ausgeschaltet. Da gibt es Bieter, denen es weniger um den Besitz von Kunst als um den Besitz von Dingen geht, die auch in krisenhaften

Das Parkett der Sachverständigen

Der große Moment! D[…] Leiter der Versteige[…] rung H. W. Lange e[…] teilt den Zuschlag. Obe[…] ein großer Kronleuchte[…] holzgeschnitzt, nac[…] einem Entwurf Schinke[…]

Großes Zylinderbureau von David Koentgen, Hauptwerk aus der Zeit um 1780, das für den Preis von 28 000 Mark in den Besitz des Germanischen Museums, Nürnberg, ging. Darüber: Bildnis von Joseph Highmore, um 1760

KUNSTWERKE WANDERN…

Von der Versteigerung einer Kunstsammlung

Vor gut einem Jahr gingen wir einmal zu einer Auktion alten englischen Silbers bei Christies in London. Die Preise bewegten sich auf schwindelnder Höhe, aber als ein einziger silberner Eßlöffel um viertausend Mark ausgeboten wurde und schließlich für siebentausend einen Käufer fand, da hielt man selbst in diesem Forum von Millionären einen Augenblick den Atem an. Und Lord Duveen, Englands größter Kunsthändler, sprach gelassen die Worte: Die

Auch er ist ein Kenn[…] im Umgang mit Kuns[…] werken ● Sonderau[…] nahmen für den Silbe[…] spiegel in der Kuns[…] handlung H. W. Lang[…] von Zoll-Scherl

Hans Wolfgang Lange (1904–1945) übernahm 1937 den Antiquitätenhandel des jüdischen Buch- und Kunsthändlers Paul Graupe. Wenn auch in beiderseitigem Einvernehmen, wurde hier ein renommiertes Geschäft weit unter Wert von einem Juden an einen Nichtjuden verkauft: eine »Arisierung«.[6]

Hans W. Lange hatte als 18-Jähriger eine Lehre im Antiquitätenhandel angefangen, durfte dort aber nur Staub wischen und machte stattdessen eine Banklehre. Auf ein Inserat stellte er sich bei dem Buchantiquar Paul Graupe vor, dessen rechte Hand er wurde.

Die Vorbe-

sichtigung

Große Cassapanca, reich intarsiert, Anfang 16. Jahrhundert, Oberitalien ● Im Vordergrund: Holzskulptur eines Bischofs im Ornat mit Mitra, Mainfranken um 1500, Schule des Tilman Riemenschneider

Zeiten ihren Stand halten. Da sind andere, die einen bestimmten Gegenstand suchen und willens sind, jeden Preis dafür zu geben. Sie besitzen zu Hause eine französische Kommode oder einen Augsburger Schrank und haben nun auf der Vorbesichtigung etwas entdeckt, was sie niemals zu hoffen vermeinten — das Gegenstück, aus der Werkstatt des gleichen Meisters oder doch wenigstens der gleichen Schule. Und endlich sind da die Kunstbeflissenen, die sich in ein Werk mit einer Innigkeit, einer Leidenschaft verlieben, die auch einem Menschen gelten könnte. Sie trennen sich lieber von anderem Gut, als daß sie auf den Besitz gerade dieses einen Stückes verzichten. Voller Erregung fiebern sie dem Tag der Versteigerung entgegen, der ihnen wie eine Hochzeit erscheint. Schluß auf Seite 885

Links: Bildnis des friderizianischen Generals Henri Auguste de la Motte-Fouqué, gemalt von Antoine Pesne (1683—1757) ● Unten: Bei der Prüfung eines Teppichs ● Sonderaufnahmen für den Silberspiegel von Zoll-Scherl

Ein Feuilletonartikel in der Modezeitschrift »Der Silberspiegel« aus dem Jahr 1939 wurde mit Fotos einer Auktion bei Lange illustriert. Die Auktion bot auch Stücke der verstorbenen Sammlerin Hermine Feist an, die ihrem bereits emigrierten Sohn entzogen worden waren.[5]

TRADITION GRAUPES: STATTHALTER ODER USURPATOR?

Paul Graupe versteigerte seit 1927 Kunstgegenstände. An seiner Seite hatte Lange langjährig Kontakte knüpfen können. Der Inhaberwechsel kurz vor der großen Auktion des Nachlasses der Hamburger Sammlerin Emma Budge garantierte Lange das gewohnte Publikum in der Bellevuestraße 3.[7] Vor allem Privatsammler und Händler besuchten seine Auktionen. Mit der politischen und rassistischen Diskriminierung durch die Nationalsozialisten kamen weitere Auftraggeber hinzu, die das Eigentum der Verfolgten verwerteten, und Käufer, die sich diesen Besitz aneigneten. Zu seinen Kunden gehörten Regimeanhänger wie -gegner.

Ganz in der Tradition Graupes präsentierte Lange hochwertige Kunst und Antiquitäten in systematischen Katalogen und wohl arrangierten Vorbesichtigungen. Bis Ende 1943 hielt er 35 Auktionen mit über 15 000 Objekten. Allein das Devisenaufkommen seines Vorgängers Graupe wurde 1937 auf 1,25 Millionen Reichsmark geschätzt.[8] Langes Jahresumsatz lag laut Fachgruppe der Versteigerer 1940 bei über 2 Millionen Reichsmark. Mehr als ein Viertel des Umsatzes, rund 650 000 Reichsmark, sollte aus Zwangsverkäufen nach Steuerschulden stammen.[9]

ANKAUF UND ANWEISUNG: RAUBKUNST

Hans W. Lange profitierte von Beständen, die Emigranten, Ausgebürgerten und Deportierten abgezwungen wurden. Mit dem »Anschluss« Österreichs waren zudem Kunstwerke dortiger Sammler verfügbar.[10] Auch am Ausverkauf spezialisierter Firmen – etwa Rüstungen der Firma Ernst Kahlert & Sohn – oder berühmter Spezialsammlungen – so die Porzellane der verstorbenen Berliner Sammlerin Hermine Feist – verdiente das Auktionshaus.[11]

Lange kaufte bei Sammelversteigerungen, bei denen die Behörden eingezogenes Eigentum verschleuderten. Er erwarb Kunstobjekte bei Zwangsversteigerungen einzelner Sammler, später auch bei Kunsthändlern in den besetzten Ländern. Die Margen waren erheblich. Banken setzten auf seinen Ruf und übergaben ihm verpfändete Bestände zur Versteigerung.[12] Auch das Finanzamt Moabit-West, das reichsweit für die Verwertung verfallenen Besitzes zuständig war, beauftragte Lange. Im März 1941 ordnete der Amtsleiter an, dass »wertvolle Gegenstände« bei Lange zu versteigern seien.[13] Weder die Stückzahl, die Lange direkt mit dem Amt abrechnete, noch deren Besitzer lassen sich bisher genau angeben.

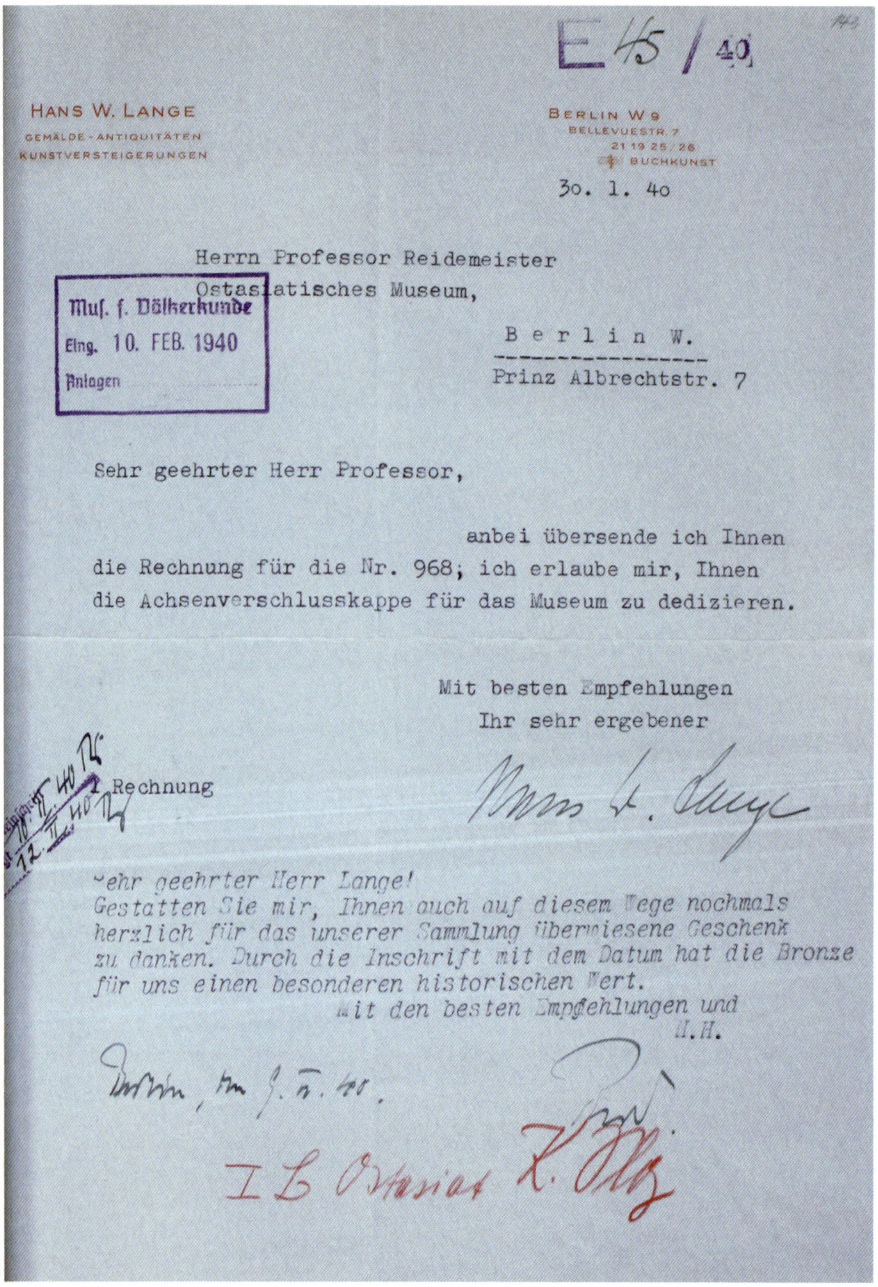

E 45 / 40

HANS W. LANGE
GEMÄLDE-ANTIQUITÄTEN
KUNSTVERSTEIGERUNGEN

BERLIN W 9
BELLEVUESTR. 7
21 19 25/26
BUCHKUNST

30. 1. 40

Herrn Professor Reidemeister
Ostasiatisches Museum,
Berlin W.
Prinz Albrechtstr. 7

Mus. f. Völkerkunde
Eing. 10. FEB. 1940
Anlagen

Sehr geehrter Herr Professor,

anbei übersende ich Ihnen die Rechnung für die Nr. 968; ich erlaube mir, Ihnen die Achsenverschlusskappe für das Museum zu dedizieren.

Mit besten Empfehlungen
Ihr sehr ergebener

Hans W. Lange

1 Rechnung

Sehr geehrter Herr Lange!
Gestatten Sie mir, Ihnen auch auf diesem Wege nochmals herzlich für das unserer Sammlung überwiesene Geschenk zu danken. Durch die Inschrift mit dem Datum hat die Bronze für uns einen besonderen historischen Wert.
Mit den besten Empfehlungen und
H.H.

Berlin, den 9. II. 40.

I L Ostasiat

Statt eine Rechnung zu schreiben, schenkte Lange der Abteilung für Ostasiatische Kunst der Staatlichen Museen zu Berlin ein auf 150 Reichsmark geschätztes antikes Stück, das Leopold Reidemeister in einer Auktion Anfang 1940 erworben hatte. Mit den blauen Briefbögen führte Lange Graupes Markenzeichen fort.[14]

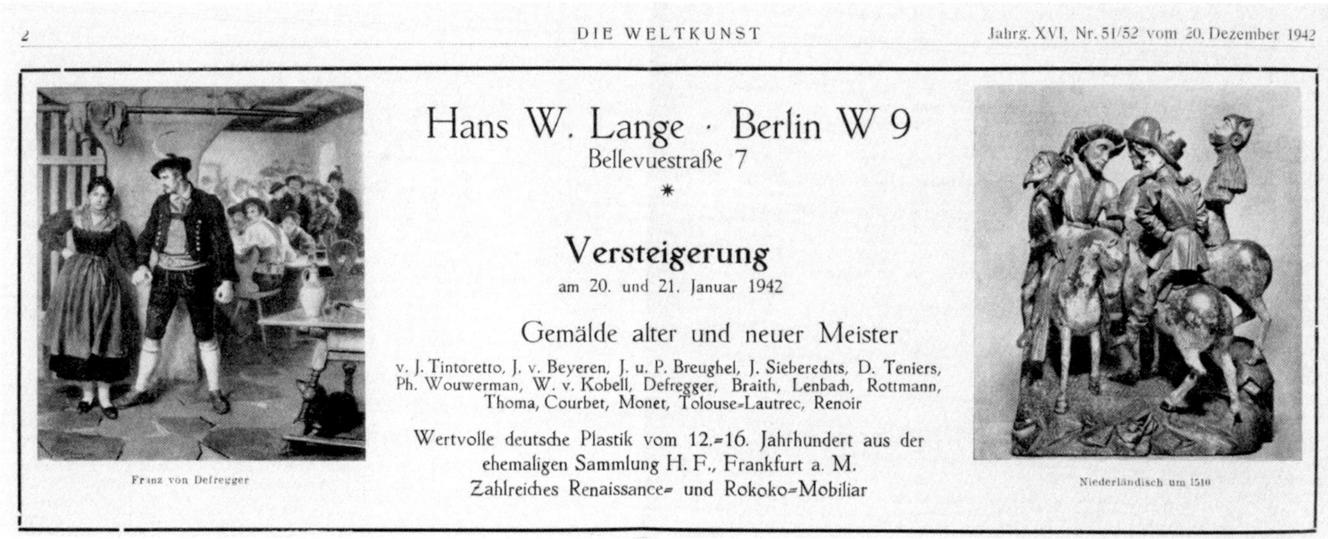

2 DIE WELTKUNST Jahrg. XVI, Nr. 51/52 vom 20. Dezember 1942

Hans W. Lange · Berlin W 9
Bellevuestraße 7
*

Versteigerung
am 20. und 21. Januar 1942

Gemälde alter und neuer Meister
v. J. Tintoretto, J. v. Beyeren, J. u. P. Breughel, J. Sieberechts, D. Teniers, Ph. Wouwerman, W. v. Kobell, Defregger, Braith, Lenbach, Rottmann, Thoma, Courbet, Monet, Tolouse-Lautrec, Renoir

Wertvolle deutsche Plastik vom 12.-16. Jahrhundert aus der ehemaligen Sammlung H. F., Frankfurt a. M.
Zahlreiches Renaissance- und Rokoko-Mobiliar

Franz von Defregger

Niederländisch um 1510

Typische Anzeige des Hauses in der Fachzeitschrift »Weltkunst«, welche die kommende Auktion bekannt gab und besondere Stücke bewarb. Diese ist bemerkenswert, weil Lange zu dieser Auktion ein einziges Mal mit Initialen auf die Herkunft eines Großteils des Angebots verwies: der ehemaligen Sammlung Harry Fuld.[15]

Im Hauptsaal des Hauses ist hinten links Tintorettos »Venezianer« ausgestellt, der im Januar 1943 statt geschätzter 30 000 nur 10 000 Reichsmark erzielte. Cranachs »Sibylla von Kleve« (darunter) erbrachte 36 000 statt 15 000 Reichsmark. Zahlreiche Kunstwerke stammten aus der ehemaligen Sammlung Harry Fuld, aus dem Erbteil, der dem ältesten Sohn geraubt worden war. Der große Renaissancetisch im Vordergrund wurde für den »Sonderauftrag Linz« für 42 000 Reichsmark gekauft und den Nacherben 2009 restituiert.[16]

Diese späte Aufnahme vom Auktionshaus, seit 1938 in der Bellevuestraße 7 ansässig, war nicht zur Veröffentlichung bestimmt. Wahrscheinlich wollte man keine Aufmerksamkeit auf die Kunden lenken, denn die Preise des Kunsthandels hatten in den Kriegsjahren schon allgemein Anstoß erregt:[17]

Das große Interesse an der Versteigerung habe sich außer der Vorbesichtigung auch daran gezeigt, daß eine halbe Stunde vor Beginn eine Schlange von über 20 m auf der Straße am Eingang stand. Wer sich nicht vorher angemeldet habe, sei überhaupt nicht zugelassen worden. Im übrigen sei viel ›elegantes Publikum‹ vertreten gewesen. Ganz offensichtlich war der übertriebene Andrang zu dieser Versteigerung aus den ungünstigen Wehrmachtsberichten der letzten Zeit zu erklären, die in diesen Kreisen eine Katastrophenstimmung erzeugt haben. Denn diese Leute sind jene, die schon vor 3 Jahren gesagt haben, daß wir den Krieg verlieren würden, und nun ihre Ansicht bestätigt zu finden glauben. Deshalb wollen sie möglichst viel Geld noch in Sachwerten anlegen. In einer Einzeläußerung heißt es dazu, es sei ›tief beschämend gewesen‹, daß ›während die letzten Kämpfer von Stalingrad ihr Leben für uns opferten, in der Bellevuestraße in Berlin die reichen Globetrotter sich drängten‹, um aus dem ›vermeintlich drohenden Schlamassel‹ ihr Vermögen zu retten.

Meldungen aus dem Reich, 22. März 1943[18]

Blick in den Hauptsaal, zur Auktion vom 12. März 1941 umgebaut. Die Auktion war gut besucht, weil hier unter anderen der Finanzier Alois Miedl über ein Bankhaus 76 Gemälde der Kunsthandlung Jacques Goudstikker einlieferte. Diese Amsterdamer Kunsthandlung hatte Miedl sich 1940 angeeignet und führte sie weiter.[19]

GROSSE KUNDEN: ALT- UND NEUREICHE

Zu den Käufern bei seinen Auktionen gehörten »fast sämtliche deutschen Museen«, alteingesessene Sammler und Händler, Auswärtige in der Hauptstadt, altes und neues Geld.

Auch NS-Funktionäre bedienten sich seiner, so Hermann Göring, der unter anderen bei Lange kaufte und verkaufte.[20] Der finanzkräftigste Abnehmer war der »Sonderauftrag Linz«. Für das geplante »Führermuseum« erwarben die Zuständigen viel bei Lange, allein in seinen letzten beiden Auktionen 42 Objekte. Sie zahlten auch den Spitzenpreis in seinem Auktionshaus: 270 000 Reichsmark für Arnold Böcklins »Hochzeitsreise«.[21]

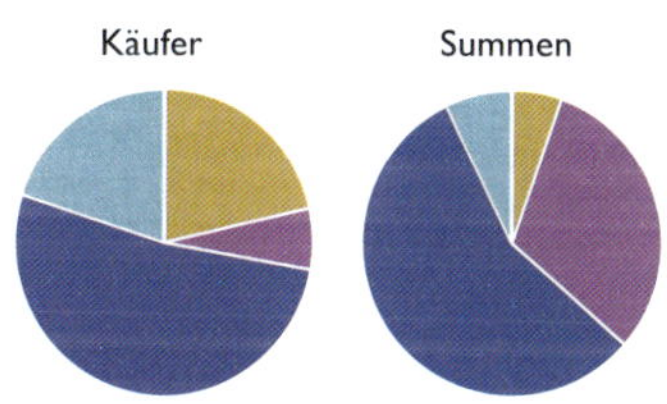

	Käufer	Summen
Händler	24	80 870
Museen	7	457 020
Private	58	829 640
Unbekannte	22	104 720
gesamt	111	1 172 250

Eine Zuordnung der namentlich bekannten Käufer einer Auktion von 1941 zeigt, dass Museen und Privatpublikum – Unternehmer, Bildungsbürger und Privatiers – die größten und finanzkräftigsten Käufergruppen stellten. Zusammen mit dem Handel trugen sie das System der Umverteilung von Raubkunst.[22]

»Käufer der Firma sind fast sämtliche deutschen Museen, zahlreiche Mitglieder der in Berlin niedergelassenen Gesandtschaften, von ausländischen Persönlichkeiten auch der König von Schweden. Die kulturpolitische Bedeutung der Firma folgt u.a. auch daraus, dass die bekanntesten und hervorragendsten Persönlichkeiten Deutschlands zu den Kunden der Firma gehören, von Behörden u.a. die Reichskanzlei.«
Edgar Lach, Fachgruppe »Versteigerer«, an das Wehrmeldeamt VI, 1940[23]

Hans W. Lange wurde im Mai 1943 zur Wehrmacht eingezogen. Als Gefreiter in der Flakabwehr des Luftfahrtministeriums konnte er eingeschränkt weiter als Kunsthändler arbeiten. Berlin war kriegsbedingt sehr gefährdet, und Lange organisierte im Oktober 1943 zwei letzte Auktionen in Wien.[24] Am 22./23. November 1943 brannte nach einem Luftangriff seine Wohnung, in der folgenden Nacht das Geschäftshaus aus.

Als Zivilist bei einem Bombenangriff verletzt, starb Lange am 17. Mai 1945 in einem russischen Lazarett. Sein Außenlager in Franken wurde von Amerikanern geräumt, die Objekte in den Münchner »Central Collecting Point« gebracht und restituiert. Ein Rest wurde seinen Eltern ausgehändigt.

Heute morgen fand im Schloßmuseum eine kleine Gedenkfeier für Charles Foerster statt, es wurde eine sehr hübsche Rede gehalten, auch Foersters Tätigkeit im Hause Hans W. Lange wurde gedacht, das er bei seiner Gesundung ebenfalls nicht vorgefunden hätte, auch seine Vernichtung gehöre zu den schmerzlichen Verlusten Berlins. Alles war sehr niedergeschlagen und deprimiert, es war auch für den Berliner Kunsthandel eine Abschiedsfeier.

Lange an seine Eltern, 1944[25]

Das Foto von Lange in Uniform ist vermutlich das letzte, das von ihm aufgenommen wurde. Im April 1945 wurde ihm bei einer Dienstreise ein Besuch seines Außenlagers in Franken genehmigt.[26]

SIBYLLE EHRINGHAUS

GALERIE DR. W. A. LUZ

DEUTSCHE MEISTER FÜR MUSEEN

Caspar David Friedrich, »Vision der christlichen Kirche«, um 1812, Öl auf Leinwand, 66,5 x 51,8 cm, unbezeichnet. Im Jahr 1945, am Ende von Krieg und NS-Herrschaft, machte der Kunsthändler den Direktor der Nationalgalerie Paul Ortwin Rave auf dieses Bild aufmerksam.[2]

Dr. Wilhelm August Luz, um 1950[1]

15. Adolph v. Menzel, Prosit Neujahr! 17

Nr. 72: Carl Spitzweg, Die lange Litanei

23

Durch regelmäßige Ausstellungen warb die Galerie für ihre Sammlung. Spitzenangebote wurden im dazugehörigen Katalog abgebildet, so Bilder von Carl Spitzweg oder Adolph Menzel.[3]

Ansicht der Straßenflucht Viktoriastraße 21-29 (v. r. n. l.), März 1938. In der Nummer 26a hatte die Galerie Luz bis Ende 1937 ihr Quartier.[4]

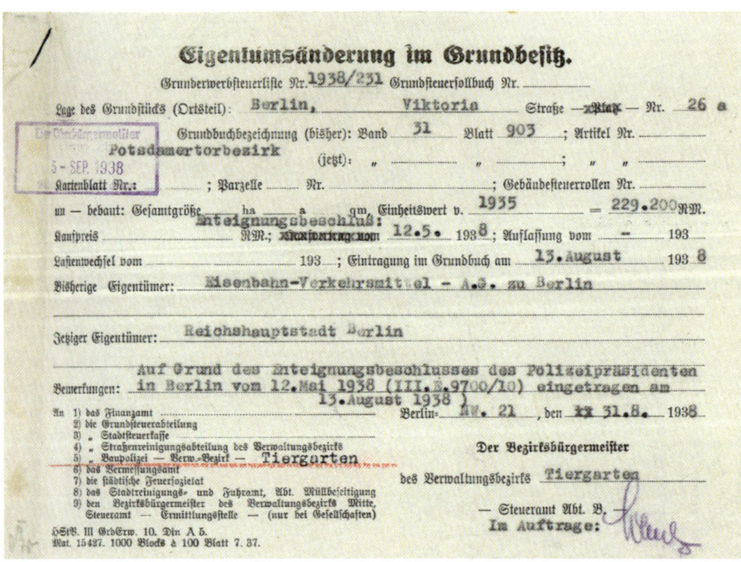

Eigentumsänderung im Grundbesitz.

Grunderwerbsteuerliste Nr. 1938/231 Grundsteuersollbuch Nr. ....

Lage des Grundstücks (Ortsteil): Berlin, Viktoria Straße — ~~Platz~~ — Nr. 26 a

[Stempel:] Der Oberbürgermeister [illegible] 5 - SEP. 1938

Grundbuchbezeichnung (bisher): Band 31 Blatt 903 ; Artikel Nr. ....

Potsdamertorbezirk

(jetzt): " .... " .... ; " " ....

Kartenblatt Nr.: .... ; Parzelle .... Nr. .... ; Gebäudesteuerrollen Nr. ....

un — bebaut: Gesamtgröße .... ha .... a .... qm, Einheitswert v. 1935 = 229.200 RM.

Kaufpreis .... RM.; ~~[illegible]~~ Enteignungsbeschluß: vom 12.5. 1938; Auflassung vom - 193..

Lastenwechsel vom .... 193.. ; Eintragung im Grundbuch am 13.August 1938

Bisherige Eigentümer: Eisenbahn-Verkehrsmit[illegible]el - A.G. zu Berlin

Jetziger Eigentümer: Reichshauptstadt [illegible]erlin

Bemerkungen: Auf Grund des Enteignungsbeschlusses des Polizeipräsidenten in Berlin vom 12.Mai 1938 (III.E.9700/10) eingetragen am 13.August 1938)

Berlin- NW. 21, den [illegible] 31.8. 1938

An 1) das Finanzamt ....
2) die Grundsteuerabteilung
3) " Stadtsteuerkasse ....
4) " Straßenreinigungsabteilung des Verwaltungsbezirks
5) " Baupolizei — Verw.-Bezirk — Tiergarten
6) das Vermessungsamt
7) die städtische Feuersozietät
8) das Stadtreinigungs- und Fuhramt, Abt. Müllbeseitigung
9) den Bezirksbürgermeister des Verwaltungsbezirks Mitte, Steueramt — Ermittlungsstelle — (nur bei Gesellschaften)

Der Bezirksbürgermeister
des Verwaltungsbezirks Tiergarten
— Steueramt Abt. B.
Im Auftrage: [Unterschrift]

HStB. III GrdErw. 10. Din A 5.
Mat. 15427. 1000 Blocks à 100 Blatt 7. 37.

Grundbuchauszug zum Besitzerwechsel des Grundstücks Viktoriastraße 26a im Mai 1938, als die Straße für die geplante Nord-Süd-Achse der Reichshauptstadt aufgegeben wurde.[5]

Lageskizze der Galerie, Ausstellungskatalog 1939[6]

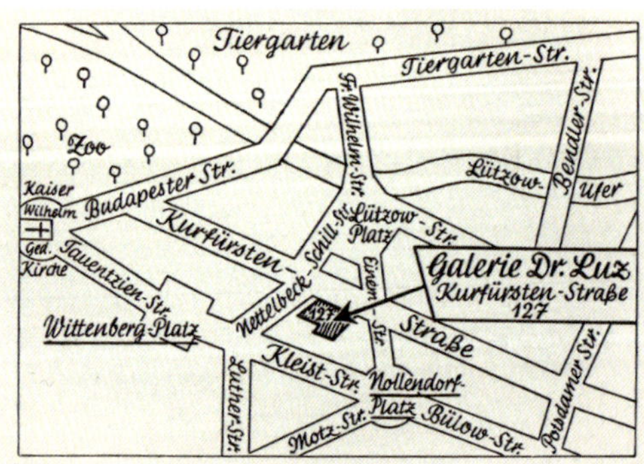

Die Ausstellungsräume der Galerie Dr. W. A. Luz, Berlin W 62, Kurfürstenstraße 127, sind bequem in einigen Gehminuten vom Lützowplatz, Nollendorfplatz und Wittenbergplatz zu erreichen. U-Bahn-, Straßenbahn- und Autobusverbindung von allen Seiten

IN BESTER LAGE: VIKTORIA- UND KURFÜRSTENSTRASSE, 1935–1943

Das Gebäude Viktoriastraße 26a in Tiergarten gehörte 1935 der »Eisenbahn-Verkehrsmittel-Aktiengesellschaft« zu Berlin. Es bestand aus den Seitenflügeln, um die das Haus Viktoriastraße 27 durch dessen Vorbesitzer, den Architekten und Baurat Hermann Wentzel, nach der Jahrhundertwende erweitert worden war. Bereits seit Ende des Ersten Weltkriegs betrieb an dieser Stelle Carl Nicolai eine Galerie für deutsche Kunst des 19. und frühen 20. Jahrhunderts. Die Kunsthandlung Nicolai zog 1935 an den Lützowplatz, sodass die Räume in der Viktoriastraße frei wurden. Damit war dem früheren Mitarbeiter und Kunsthändler Dr. Wilhelm August Luz (1892–1959) die Gelegenheit geboten, sich endlich selbständig zu machen. Der 44-jährige promovierte Kunsthistoriker eröffnete hier seine eigene Galerie.[7]

Die »Galerie Dr. W. A. Luz – Gemälde deutscher Meister« hatte ihren ersten Standort im Berliner Galerienviertel gefunden. Sie blieb bis zum Tod des Kunsthändlers 1959 in seiner Hand und gehörte bis in die Nachkriegszeit zu den führenden deutschen Kunsthandlungen für die Malerei des 18. und 19. Jahrhunderts.

Ende 1937 musste die Adresse Viktoriastraße 26a aufgegeben werden. Die Speer'sche Hauptstadtplanung verlangte den Abriss dieses wie aller Gebäude der Straße.[8] Die Kunsthandlung zog um, in die Kurfürstenstraße 127. In acht repräsentativen Räumen im Erdgeschoss bot seit März 1938 auf ca. 600 qm die Gemäldegalerie Dr. W. A. Luz ihre Ware dar.[9] Der Kunsthändler vermeldete dem Finanzamt fortan kontinuierlich Steigerungen des Umsatzes, der sich 1943 gegenüber 1938 fast versiebenfacht hatte.[10]

Die Galerie in der Kurfürstenstraße bestand bis zu dem verheerenden Fliegerangriff, bei dem am 23. November 1943 das Gebäude wie weite Teile der westlichen Innenstadt zerstört wurden. Bis Kriegsende befand sich die Kunsthandlung Luz in der Wohnung des Galeristen in Zehlendorf.

WARE UND WERBUNG

Mit der Ausstellung »Deutsche Landschaftsmalerei aus zwei Jahrhunderten« trat Dr. Luz im Herbst 1935 an die Öffentlichkeit.[11] Er versammelte unter 64 Nummern, neben anderen, Bilder von Ernst Fries, Carl Blechen, Carl Rottmann und Philipp Hackert und positionierte sich damit unter den Ersten der Berliner Kunsthändler. Alljährlich folgten zuerst thematisch orientierte, später durch »Neuerwerbungen« begründete Schauen.[12] Der Kunsthändler kaufte und verkaufte mit Bildungsanspruch: »Außerhalb der Reihe der

Deckblatt des ersten Ausstellungskatalogs der Galerie Luz. Die Galerieeröffnung in der Viktoriastraße wurde im Herbst 1935 mit einer Ausstellung über Landschaftsmalerei gefeiert.[13]

Deckblatt des Ausstellungskatalogs der Galerie Luz, 1938. Die Ausstellung markierte den Umzug in die Kurfürstenstraße 127, wo ab März 1938 in acht Räumen Kunst angeboten werden konnte.[14]

ANKÄUFE

Liebhaber-Sammlung
Suche Mannheimer Drucke bis 1820, Mannheimer Ansichten, Blätter Mannheimer Stecher.
Dr. Fritz Bassermann
Mannheim L. 9. 3 1448

Aquarelle, Handzeichnungen 2110
1. Hälfte 19. Jahrhundert zu kaufen gesucht von
L. FRIEDERICHSEN & CO.
HAMBURG, Alsterdamm 10/11

Ich kaufe **Orient-Teppiche u. Brücken** (auch def. Stücke)
EDGAR L. HECHT, HAMBURG 36
Esplanade 15 2067

Miniaturen
auf Pergament vor 1200
gegen Kassa gesucht.
Angebote unter 2134 durch die KAR.

Aquarelle
Handzeichnungen
Graphik
von G. Dillis, J. A. Koch, C. W. Kolbe, Chr. Nathe, Carl Rottmann, H. Reinhold, Fr. Preller d. Ä., Bon. Genelli, zu kaufen gesucht.
Angebot unter 1222 an die KAR.

Berliner Eisen
als Büsten, Plaketten, Statuetten, Gruppen, Figuren, Schmuck usw. auch Werke anderer Gießereien, sowie Nußbaum-Barock-Kleiderschrank, kauft 2113
BEHREND DESSAU, Böhmische Straße 37

2094
Suche
Kommissionsware
wie gute Kupferstiche
Biedermeier und Barock, Klein-Möbel
Porzellan alt u. neu m. Marken
Böhmische Gläser
China- und Japan-Vasen
Pendulen
Fayence (Krüge), Waffen
Zinn, sowie sonstige Klein-Antiquitäten
Gust. Röhl, Bad Ems
Handelsmuseum
Konto: Dresdener Bank 2008

Kaufe stets
BAROCK- u. ROKOKO-MÖBEL in bester Qualität
Spezialität: farbige Möbel etc. gutbürgerlicher und höfischer Herkunft, Beleuchtungskörper, Spiegel, antike Teppiche, Fayencen (Tiere, Figuren und Früchte), Plastiken etc. etc.
WILHELM BÖHLER MÜNCHEN Briennerstr. 3
INHABER KARL FISCHER)

Kaufe erstrangige Gemälde erster Meister gegen Cassa
Angebote unter 102 durch die KAR.

Aquarelle deutscher Meister laufend zu kaufen gesucht von Galerie
DR. LUZ, BERLIN W 35, Victoriastr. 26a

Alles über **Heidelberg** 2073
besonders Handzeichnungen Gemälde und Stiche **englischer Künstler**
Kurpfälzisches Museum, Heidelberg

Kinderbildnisse und Kinderdarstellungen
kauft Galerie
DR. LUZ, BERLIN W 35, Victoriastr. 26a

Geräumiger, gut erhaltener 2088
Galawagen (Glaskarosse)
18. Jahrhundert — zu kaufen gesucht.
Angebote mit Bild umgehend erbeten an
Verkehrsverein Krefeld, Schneiderstraße 24

Kaufe erstklassige *Barock- und Rokokomöbel meisterliche Plastik und Bilder*
des 15.—19. Jahrhunderts, nach Lichtbild
2087
C. GEBHARDT — Alte Kunst — MÜNCHEN, Lenbachplatz 1

FRIEDRICH DER GROSSE
Skulpturen oder erstklassige Gemälde, möglichst zeitgenössisch, dringend zu kaufen ges. von Galerie
DR. LUZ, BERLIN W 35, Victoriastr. 26a

6 Stühle u. 4 Sessel
L. XV oder Übergang L. XVI
für Speisezimmer, nicht notwendig antik, zu kaufen ges.
Ang. unt. 2101 an die KAR. erb.

STILLEBEN
von Georg FLEGEL
kauft Liebhaber.
Anbebote mit näherer Beschreibung, äußerstem Preis, evtl. Photo unter 2099 an die KAR. erbeten.

Antike Metallmörser
gesucht.
Angeb. unter 2086 an die KAR.

Empireleuchter
(auch Louis XVI) 1–2 kerzig, Einzelstück ca. 35 cm, Silber oder Bronze, kauft
G. H., München, Ebersbergerstr. 27

Buchdeckel
mit getriebenen Ornamenten oder Vorstellungen.
Alte Elfenbeintafeln
gegen Kassa gesucht.
Angeb. unter 2135 durch die K R.

Ich kaufe immer:
gutes altes Zinn, Delfter Fayencen, Walzenkrüge, sächsisches u. thüringisches Steinzeug, Renaissance- und Barockmöbel, echte Orient-Teppiche und Brücken.
2096
Heinrich Kästner, Zwickau/Sa.
Kunst- und Antiquitätenhändler · Brunnenstraße 25

2097
Rubin größerer Stein
zu kaufen gesucht
Kunst- und Auktionshaus
FERD. WEBER, Mannheim
P 7, 22

Proskau und Glienitz
nur gute Figuren, keine Tiere gegen Kasse stets gesucht.
W. HEYNE-DRESDEN
KARCHER ALLEE 27
2081

Gemälde
alter und neuerer Meister
zu kaufen gesucht unter 2083 an die Expedition d. KAR.

In den ersten Jahren veröffentlichte die Galerie Luz Anzeigen in Fachzeitschriften wie der in Berlin erscheinenden »Kunstrundschau. Monatsschrift für alte und neue Kunst, Innendekoration, Kunsthandwerk, Baukunst«.[15]

Bilder von Friedrich dem Großen, wie dieses Porträt aus dem 18. Jahrhundert von Reinhold Liszewski, bildeten einen Sammelschwerpunkt von Dr. Luz. Deckblatt des Galeriekatalogs, 1939.[16]

Aus dem Ausstellungskatalog »Neuland für Sammler«, 1936. Mit der zweiten Ausstellung der Galerie verfolgte der Kunsthändler die Absicht, »die Namen der größten Deutschen Meister aufleuchten zu lassen« und daneben die Künstler des 18. Jahrhunderts ins Blickfeld zu rücken.[17]

Hier hat der Kunstfreund, der in seinem Urteil unabhängig ist, die beste Gelegenheit, mit kleinen Mitteln eine achtunggebietende Sammlung von bleibendem Werte zustande zu bringen.
W. A. Luz, 1936[18]

anerkannten Meister gibt es [...] vorzügliche Künstler, welche durch zufällige Umstände unentdeckt geblieben sind. [...] Bei solchen unerkannten Werten liegt die Zukunft.«[19] Mit Werken von Johann Christian Klengel, Georg Melchior Kraus oder Johann Conrad Seekatz machte Dr. Luz sein Publikum auf das 18. Jahrhundert aufmerksam. Zu den heute berühmten, durch ihn vertretenen Künstlern gehören Caspar David Friedrich, Adolph Menzel und Carl Spitzweg.

Der Erfolg der Galerie Luz fußte auf Seriosität und Fachkenntnis über die Malerei des 18. und 19. Jahrhunderts. Der Kunsthändler warb für sich außer durch Ausstellungen auch durch das Versenden von Angeboten. Für seine Klientel waren daneben allenfalls Kleinanzeigen oder Beiträge in Kunstzeitschriften angebracht, um auf sich aufmerksam zu machen. Seine Reputation war bald gesichert durch die große Gruppe von Museumsleuten, die sich mit ihm austauschten, allen voran dem Direktor der Berliner Nationalgalerie Paul Ortwin Rave.

An Stelle einer Empfehlung!

Die folgenden **öffentlichen Kunstsammlungen** haben Kunstwerke aus meinem Besitz erworben:

Berlin, Bremen, Breslau, Chemnitz, Coblenz, Cottbus, Danzig, Dessau, Düsseldorf, Duisburg, Eckernförde, Eisenach (Wartburg), Essen, Flensburg, Frankfurt/Main, Greifswald, Halle (Saale), Hamburg, Hannover, Heidelberg, Karlsruhe i. B., Kiel, Köln/Rhein, Köslin, Konstanz, Lübeck, Marbach, München, Münster, Nürnberg, Oldenburg, Potsdam, Saßnitz, Speyer, Stralsund, Stettin, Strelitz, Stuttgart, Trier, Ulm a. D., Weimar, Wernigerode, Wuppertal, Zittau.

Dr. W. A. Luz.

Zum Kundenkreis der Galerie gehörten zahlreiche Museen. Ausstellungskatalog der Galerie Luz, 1938[21]

DER EXPERTE

Schon zwei Jahre nach der Eröffnung war die Galerie so erfolgreich, dass sich Dr. Luz durch Ankäufe in öffentlichen Sammlungen empfehlen konnte. Mindestens 44 Museen hatten zu diesem Zeitpunkt bereits Kunst durch ihn erworben.[20] Sein Sammlungsschwerpunkt, die deutsche Malerei des 18. und 19. Jahrhunderts, schien den nationalsozialistischen Kunstideologen unverdächtig.

Der Kunsthändler, der sich erfolgreich als Sachverständiger bei der Reichskammer der bildenden Künste beworben

Johann Erdmann HUMMEL (1769 Kassel-1859 Berlin), BILDNIS DES GRAFEN GUSTAV ADOLF WILHELM VON INGENHEIM (1789-1855), Oel auf Pappelholz, 57,5 x 44,7 cm rückseitig alte Zuschrift nebst Herkunftsvermerk aus dem Besitz des Grafen von INGENHEIM, Goldrahmen, vorzügliche Erhaltung.
Der elegante Herr mit den modischen Vatermördern trägt zum dunklen Rock und gemusterter Weste ein rotes Halstuch, Sein Einglas hängt an goldener Kette. Im Hintergrund durch Lorbeerbüsche gesehen, St. Peter in Rom.
Das Bild dürfte wie die SCHACHPARTIEN im Hause des Grafen INGENHEIM in der NATIONAL GALERIE, Berlin und im Landesmuseum HANNOVER um 1820 entstanden sein. Das Bildnis ist vorbereitet durch die Wiedergabe des Grafen bei der Schachpartie. Auf allen 3 Bildern ist der Kopf in fast gleicher Haltung und Bewegung wiedergegeben. Die rechte hält das Einglas. Eine Zeichnung für ein offenbar nicht ausgeführtes Bildnis des Grafen Ingenheim am Spinett befindet sich im Kronprinzen-Palais Berlin.
DR. W. A. LUZ
Neg. 25948/1 phot

Der Kunsthändler war Hobbyfotograf. Seinen Angeboten fügte er üblicherweise Fotografien bei, auf deren Rückseite er einen Aufkleber mit Bildbeschreibung anbrachte. Johann Erdmann Hummel, »Bildnis des Grafen Gustav Adolf Wilhelm von Ingenheim«, erste Hälfte 19. Jahrhundert.[22]

hatte, war nie Mitglied der NSDAP.[23] Er galt als Experte mit unzweifelhaftem Ruf.

Im ersten Nachkriegsjahr fand die Kunsthandlung ein provisorisches Unterkommen im ehemaligen Warenhaus Rudolph Hertzog in der Brüderstraße in Mitte.[24] Am Ende kehrte die Galerie mit der Adresse Fuggerstraße 33 nach Schöneberg zurück, an den Ort ihrer erfolgreichsten Zeit. Am 25. Juli 1959 starb Wilhelm August Luz in Berlin. Sein Grabmal befindet sich auf dem Waldfriedhof Dahlem.

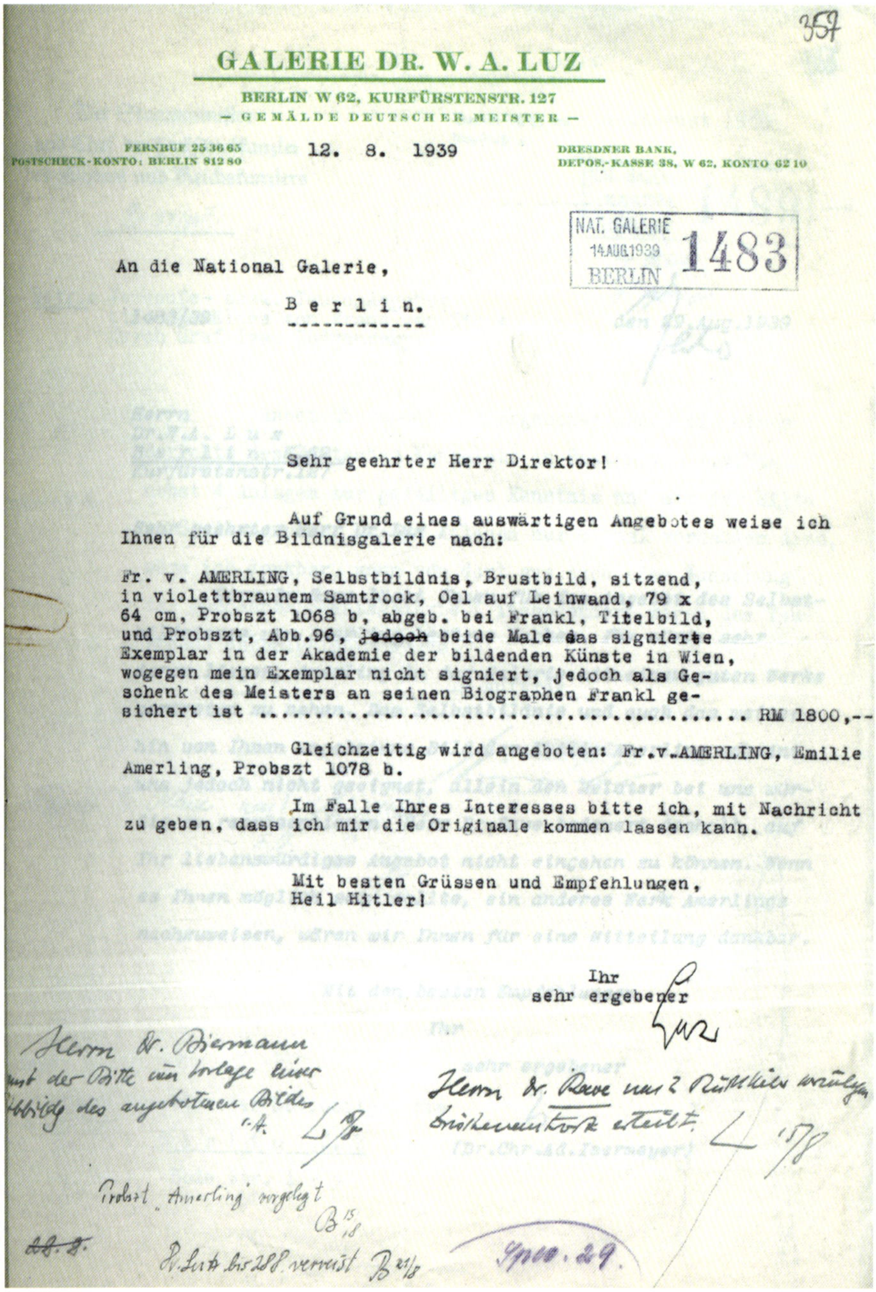

357

GALERIE DR. W. A. LUZ

BERLIN W 62, KURFÜRSTENSTR. 127

— GEMÄLDE DEUTSCHER MEISTER —

FERNRUF 25 36 65
POSTSCHECK-KONTO: BERLIN 812 80

12. 8. 1939

DRESDNER BANK,
DEPOS.-KASSE 38, W 62, KONTO 62 10

NAT. GALERIE 14.AUG.1939 BERLIN 1483

An die National Galerie,

B e r l i n.

Sehr geehrter Herr Direktor!

Auf Grund eines auswärtigen Angebotes weise ich Ihnen für die Bildnisgalerie nach:

Fr. v. AMERLING, Selbstbildnis, Brustbild, sitzend, in violettbraunem Samtrock, Oel auf Leinwand, 79 x 64 cm, Probszt 1068 b, abgeb. bei Frankl, Titelbild, und Probszt, Abb.96, ~~jedoch~~ beide Male das signierte Exemplar in der Akademie der bildenden Künste in Wien, wogegen mein Exemplar nicht signiert, jedoch als Geschenk des Meisters an seinen Biographen Frankl gesichert ist .... RM 1800,--

Gleichzeitig wird angeboten: Fr.v.AMERLING, Emilie Amerling, Probszt 1078 b.

Im Falle Ihres Interesses bitte ich, mit Nachricht zu geben, dass ich mir die Originale kommen lassen kann.

Mit besten Grüssen und Empfehlungen,
Heil Hitler!

Ihr
sehr ergebener
Luz

Angebot an die Nationalgalerie, 1939[25]

NINA SENGER

GALERIE MATTHIESEN

FRANZ CATZENSTEIN – ANERKANNTER KUNSTHÄNDLER AUF INTERNATIONALEM PARKETT

Franz M. Zatzenstein alias Francis M. Matthiesen (1897–1963)[1]

Edouard Manet, »Emile Zola«, 1868, Öl auf Leinwand, 146 x 114 cm. Das Porträt Zolas war auf der viel beachteten Ausstellung »Edouard Manet, 1832–1883: Gemälde, Pastelle, Aquarelle, Zeichnungen« in der Galerie Matthiesen vom 6. Februar bis 18. März 1928 zu sehen.[2]

STANDORT-SUCHE: HANNOVER – MÜNCHEN – BERLIN

Franz Catzenstein (alias Zatzenstein) wurde am 24. Juli 1897 in Hannover geboren. Sein Vater Dr. med. Leo Louis Catzenstein[3] engagierte sich als Mäzen am dortigen Kunstmuseum, seine Mutter Anna Meta (geb. Gottschalk) entstammte einer jüdischen Bankiersfamilie. Catzenstein studierte Kunstgeschichte und Literaturwissenschaften und heiratete 1920 Mara (Maria?) Matthiesen.[4] Er verwandelte das »C« in ein »Z« und nannte sich fortan Franz Zatzenstein-Matthiesen, bis er seinen Namen in Francis M. Zatzenstein änderte. Erste Versuche als Kunsthändler führten ihn 1922 nach München, wo er unter dem Namen Zatzenstein neben Impressionisten auch Werke alter Meister zeigte.[5] Bereits ein Jahr später verließ er die Stadt wieder, um 1923 in Berlin die Galerie Matthiesen GmbH in der Friedrich-Ebert-Straße 8 zu eröffnen, wechselte jedoch abermals den Standort und war von 1926 bis 1931 in der Bellevuestraße 14 ansässig. 1927 konnte die Neugestaltung der Räume durch den Architekten Brandl mit der Ausstellung »Einzelwerke französischer Impressionisten und alte Meister« gefeiert werden.[6] Es folgte 1928 eine fulminante Schau mit Werken Edouard Manets. Für das Ausstellungskomitee konnte Zatzenstein bedeutende Persönlichkeiten des aktuellen Kunstgeschehens wie Max J. Friedländer, Max Liebermann, Curt Glaser, Ludwig Justi

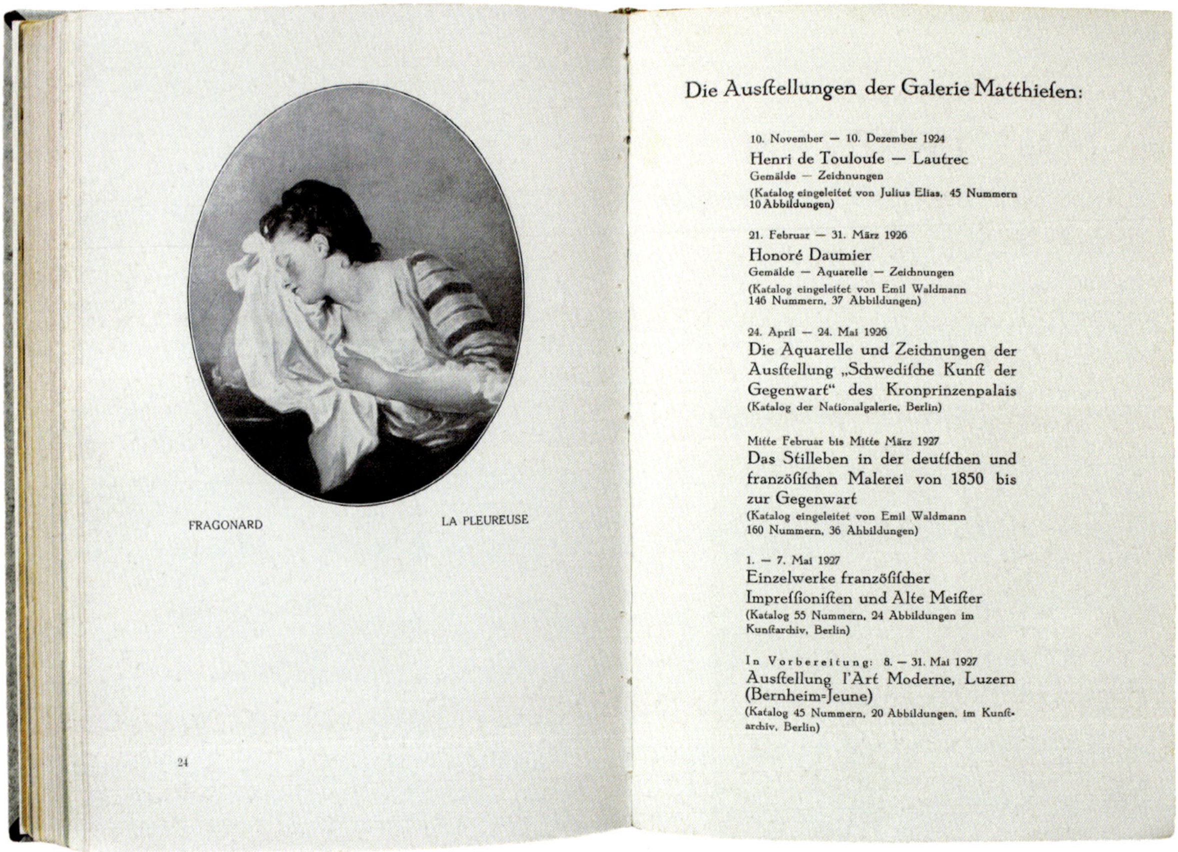

FRAGONARD LA PLEUREUSE

24

Die Ausſtellungen der Galerie Matthieſen:

10. November — 10. Dezember 1924
Henri de Toulouſe — Lautrec
Gemälde — Zeichnungen
(Katalog eingeleitet von Julius Elias, 45 Nummern 10 Abbildungen)

21. Februar — 31. März 1926
Honoré Daumier
Gemälde — Aquarelle — Zeichnungen
(Katalog eingeleitet von Emil Waldmann 146 Nummern, 37 Abbildungen)

24. April — 24. Mai 1926
Die Aquarelle und Zeichnungen der Ausſtellung „Schwediſche Kunſt der Gegenwart“ des Kronprinzenpalais
(Katalog der Nationalgalerie, Berlin)

Mitte Februar bis Mitte März 1927
Das Stilleben in der deutſchen und franzöſiſchen Malerei von 1850 bis zur Gegenwart
(Katalog eingeleitet von Emil Waldmann 160 Nummern, 36 Abbildungen)

1. — 7. Mai 1927
Einzelwerke franzöſiſcher Impreſſioniſten und Alte Meiſter
(Katalog 55 Nummern, 24 Abbildungen im Kunſtarchiv, Berlin)

In Vorbereitung: 8. — 31. Mai 1927
Ausſtellung l'Art Moderne, Luzern (Bernheim=Jeune)
(Katalog 45 Nummern, 20 Abbildungen, im Kunſtarchiv, Berlin)

Aus dem Katalog »Einzelwerke französischer Impressionisten und alte Meister«: Ausstellung zur Eröffnung der neuen Räume der Galerie Matthiesen, 1. bis 7. Mai 1927 [7]

und Julius Meier-Graefe gewinnen.[8] Weitere Ausstellungen waren dem Werk von Henri Toulouse-Lautrec (1924), Honoré Daumier (1926) oder Wilhelm Leibl (1929) gewidmet, die Herausgabe eines Kataloges stets obligatorisch. Unterstützt wurde Zatzenstein bei seinem ambitionierten Galerie-Programm und den kunsthändlerischen Tätigkeiten von seinen Mitarbeitern Heinz Mansfeld (seit 1923) sowie der Kunsthistorikerin Dr. Margarethe Noelle.[9]

MEISTERWERKE AUS DER EREMITAGE IN LENINGRAD

Als die russische Regierung Ende der 1920er Jahre Meisterwerke alter Kunst aus der Leningrader Eremitage gegen harte Währung in das westliche Ausland verkaufte, war Zatzenstein, in Moskau vertreten durch den KPD-nahen Mansfeld, gemeinsam mit den Kunsthändlern P. &. D. Colnaghi & Co., London, und Knoedler, New York, maßgeblich beteiligt. Hauptabnehmer war der millionenschwere amerikanische Industrielle Andrew W. Mellon (1855–1937), dessen Ankäufe 1937 den Grundstock der Sammlung der neu gegründeten National Gallery in Washington, D.C. bildeten, darunter Botticellis »Anbetung der Könige«, Jan van Eycks »Ankündigung«, Raphaels »Alba Madonna«, Tizians »Venus mit Spiegel« oder Veroneses »Auffindung Moses«. Mit diesem hochsensiblen Deal spielte sich Zatzenstein in die oberste Liga der international agierenden Kunsthändler und wurde zu einem verlässlichen Geschäftspartner.[10] Und auch für Heinz Mansfeld hatte sich das erfolgreiche Geschäft ausgezahlt. Im Sommer 1931 schrieb George Grosz während eines Aufenthaltes bei Mansfeld an der Ostsee an den Kunsthistoriker und Kunsthändler Eduard Plietzsch (1886–1961) über dessen Berufskollegen Mansfeld, dass dieser »[…] ja eine noch viel sensationellere Karriere gemacht [hat] als Du, denn er begann als Kommunist und Klippschüler und Gehilfe von Pfemfert (Packer- und Adressenschreiber) und ist heute der erste Herr Direktor von Matthiesen, neben Zatzenstein…, hat seit einiger Zeit sogar ein kleines Landgütchen im Mecklenburgischen, hält sich Pferd und der Mode ent-

Sandro Botticelli, »Anbetung der Könige«, ca. 1478/1482, Tempera und Öl auf Holz, 68 x 102 cm. Das Gemälde gehörte zu den Meisterwerken aus der Eremitage, die der millionenschwere amerikanische Industrielle Andrew W. Mellon (1855–1937) durch die Vermittlung der Galerie Matthiesen erwarb. Mellons Sammlung bildete 1937 den Grundstock der neu gegründeten National Gallery in Washington, D.C. [12]

sprechend einen kostspieligen Traktor und lädt nunmehr nur noch die Aristokraten mit ›von‹ aus der Umgebung dort ein.« [11] Was Mansfeld sein Traktor, war Franz Zatzenstein sein Horch, mit dem er, wie sich der mit ihm befreundete Gottfried Benn (1886–1956) erinnerte, Reisen nach Frankreich unternahm:

> *Einmal, etwa um 1930, hatte ich einen Patienten, dem ich das Angenehmste verdanke, nämlich mehrere große Reisen. Er war Kunsthändler, Inhaber einer bekannten Gemäldegalerie, wir fuhren in seinem großen Horch von Berlin über Paris, Biarritz nach Spanien, aber vor allem in Südfrankreich herum und in den Pyrenaen. Es waren Geschäftsreisen. Wir gingen dann in kleine Orte in die entsprechenden Etablissements, auch in Schlösser und mit besonderer Vornehmheit in einige Klöster, und dann begann unsere Litanei: ›Nous cherchons des antiquités surtout des Primitifs et des tableaux de grand valeur‹ – sah mein Bekannter dann etwas, wovon er sich etwas versprach, und in seiner Karriere hatte er einige kostbaren Trouvaillen gemacht, schlenderte er zunächst weiter durch die Räume, kritisierte dies und das, drehte dies und jenes hin und her, und schließlich, schon in der Tür, sagte er, er habe Sie so lange aufgehalten, ich will nicht ganz ohne etwas fortgehen, tun Sie mir bitte das in meinen Wagen – und wie gesagt, hin und wieder – er war ein großer Experte – stellten sich dann in Berlin die schönsten Seltenheiten heraus.*
>
> Gottfried Benn über Franz Zatzenstein, 1950 [13]

Die Galerie Matthiesen war 1931 aus der Bellevuestraße 14 in die Viktoriastraße 33 umgezogen.[14]

GALERIE MATTHIESEN
Gemälde

BERLIN W 35

VIKTORIASTR. 33
TELEFON: 21 39 46

Anzeige in der »Weltkunst« vom 17. März 1940 ohne den späteren Zusatz: »Heinz Mansfeld – Dr. Margarethe Noelle«[15]

EMIGRATION 1933

Franz Zatzenstein verließ Deutschland 1933, ging erst nach Zürich, schließlich ins Londoner Exil.[16] Laut Handelsregister war er jedoch noch am 1. Juli 1935 alleiniger Geschäftsführer, wurde aber am 21. Dezember 1935 als solcher entlassen.[17] Diese Position übernahm sein langjähriger Mitarbeiter Mansfeld, und auch Dr. Noelle wurde Prokura erteilt. An der Zusammensetzung der Teilhaber der Galerie Matthiesen GmbH änderte sich vorerst nichts. Es waren dies die Kunsthändler Gottfried Tanner (Zürich) und P. &. D. Colnaghi & Co. (London), Zatzensteins Tochter Maren Beate Matthiesen (Schweiz/London) sowie Dr. Hilde Claassen, die jedoch am 1. November 1939 ausgeschieden war. Auch Zatzenstein hielt weiterhin seine Geschäftsanteile. Obwohl er um 1936/37 seine Londoner Galerie am Carlos Place eröffnete, zog er Ende März 1938 in die New Bond Street 142 und veranstaltete hier unter anderem die Ausstellung »A Century of French Drawings from Prud'hon to Picasso« und »Venetian Paintings and Drawings held in aid of Lord Baldwin's Fund for refugees«. Zwischen Einrichtung und Eröffnung seiner Londoner Galerie reiste Zatzenstein quer durch Europa:

Von London nach Florenz, über Turin, Mailand, Zürich nach Paris. Von hier schrieb er seiner Schwester Ellen in Berlin im Januar 1938 über die neuen verschärften Judengesetze: »Es ist eine Schande, um die sich die von so vielen Krisen abgestumpfte übrige Welt kaum kümmert«.[18] Wieder in London unterschrieb Zatzenstein am 18. Juli 1938 die sogenannte Judenvermögensabgabe, die ihm als deutschem Staatsbürger von den Behörden aus Berlin zugestellt worden war.[19] Am selben Tag berichtete er seiner Schwester von der umfangreichen »Familien- und Behördenkorrespondenz: zeitraubend – langsam – deprimierend. […] Man ist kein Mensch mehr in diesen Zeiten. Ich habe nicht geglaubt, daß man in ein paar Wochen so auf den Hund kommen kann.«[20]

Am 1. November 1938 schenkte er seinen Angestellten Mansfeld, Noelle und dem Kaufmann Karl Gralow seine Geschäftsanteile von nominell 30 000 Reichsmark. Nach Prüfung durch die IHK Berlin, den NSDAP-Gauwirtschaftsberater und den Polizeipräsidenten wurde die Schenkung jedoch nicht genehmigt. Am 29. Mai 1939 wurde beschlossen, die GmbH zu liquidieren.[21]

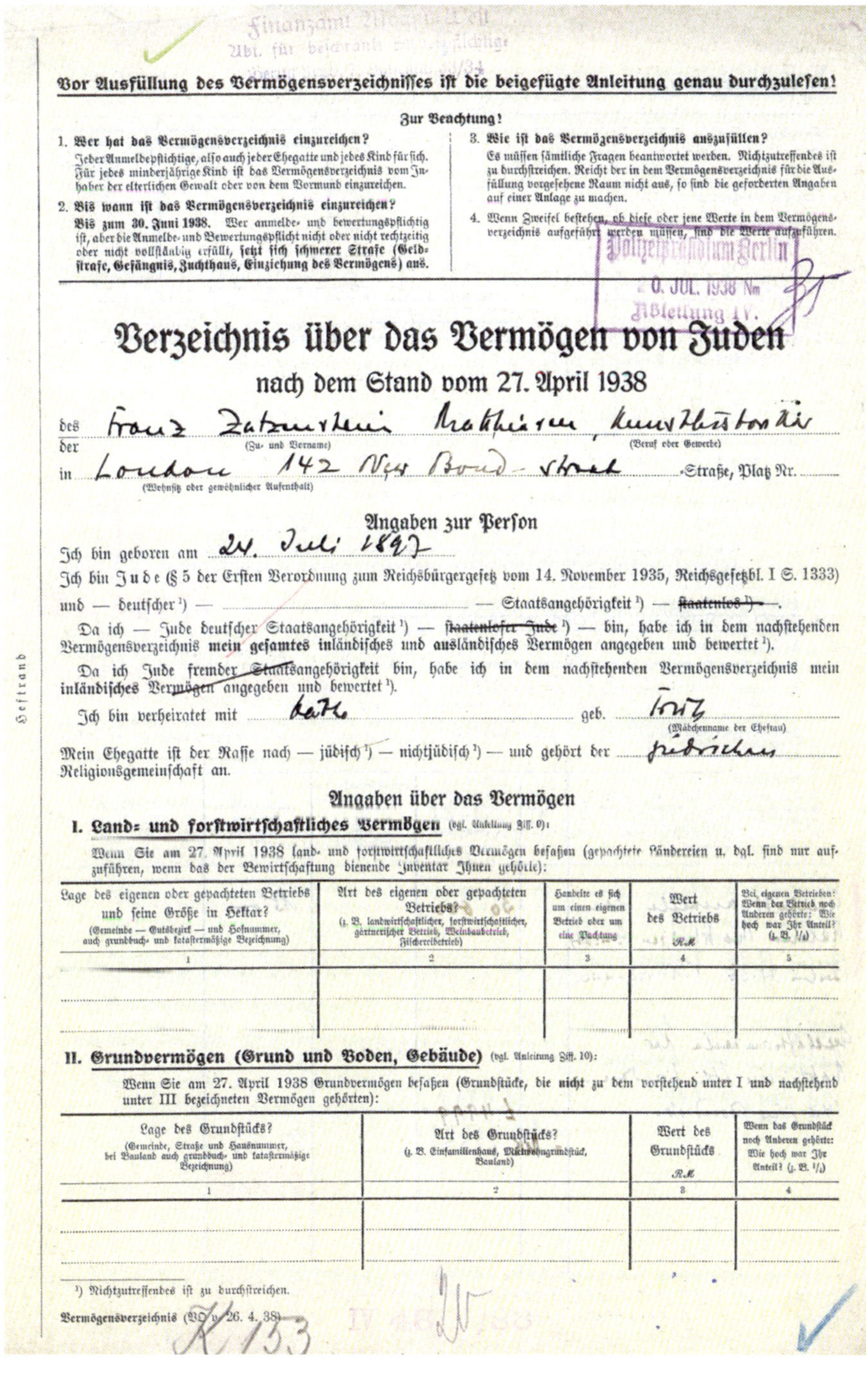

Finanzamt ...
Abt. für beschränkt ...pflichtige

Vor Ausfüllung des Vermögensverzeichnisses ist die beigefügte Anleitung genau durchzulesen!

Zur Beachtung!

1. **Wer hat das Vermögensverzeichnis einzureichen?**
Jeder Anmeldepflichtige, also auch jeder Ehegatte und jedes Kind für sich. Für jedes minderjährige Kind ist das Vermögensverzeichnis vom Inhaber der elterlichen Gewalt oder von dem Vormund einzureichen.

2. **Bis wann ist das Vermögensverzeichnis einzureichen?**
Bis zum 30. Juni 1938. Wer anmelde- und bewertungspflichtig ist, aber die Anmelde- und Bewertungspflicht nicht oder nicht rechtzeitig oder nicht vollständig erfüllt, **setzt sich schwerer Strafe (Geldstrafe, Gefängnis, Zuchthaus, Einziehung des Vermögens) aus.**

3. **Wie ist das Vermögensverzeichnis auszufüllen?**
Es müssen sämtliche Fragen beantwortet werden. Nichtzutreffendes ist zu durchstreichen. Reicht der in dem Vermögensverzeichnis für die Ausfüllung vorgesehene Raum nicht aus, so sind die geforderten Angaben auf einer Anlage zu machen.

4. Wenn Zweifel bestehen, ob diese oder jene Werte in dem Vermögensverzeichnis aufgeführt werden müssen, sind die Werte aufzuführen.

Polizeipräsidium Berlin
20. JUL. 1938 Nm
Abteilung IV.

Verzeichnis über das Vermögen von Juden

nach dem Stand vom 27. April 1938

des Franz Zatzenstein Matthiesen, Kunsthistoriker
(Zu- und Vorname) (Beruf oder Gewerbe)

in London 142 New Bond-street Straße, Platz Nr.
(Wohnsitz oder gewöhnlicher Aufenthalt)

Angaben zur Person

Ich bin geboren am 24. Juli 1897

Ich bin Jude (§ 5 der Ersten Verordnung zum Reichsbürgergesetz vom 14. November 1935, Reichsgesetzbl. I S. 1333) und — deutscher¹) — ……… — Staatsangehörigkeit¹) — ~~staatenlos¹)~~.

Da ich — Jude deutscher Staatsangehörigkeit¹) — ~~staatenloser Jude¹)~~ — bin, habe ich in dem nachstehenden Vermögensverzeichnis **mein gesamtes inländisches** und **ausländisches** Vermögen angegeben und bewertet¹).

Da ich Jude ~~fremder Staatsangehörigkeit bin, habe ich in dem nachstehenden Vermögensverzeichnis mein **inländisches** Vermögen~~ angegeben und bewertet¹).

Ich bin verheiratet mit Käthe geb. Fritz
(Mädchenname der Ehefrau)

Mein Ehegatte ist der Rasse nach — jüdisch¹) — nichtjüdisch¹) — und gehört der jüdischen Religionsgemeinschaft an.

Angaben über das Vermögen

I. Land- und forstwirtschaftliches Vermögen (vgl. Anleitung Ziff. 9):

Wenn Sie am 27. April 1938 land- und forstwirtschaftliches Vermögen besaßen (gepachtete Ländereien u. dgl. sind nur aufzuführen, wenn das der Bewirtschaftung dienende Inventar Ihnen gehörte):

Lage des eigenen oder gepachteten Betriebs und seine Größe in Hektar? (Gemeinde — Gutsbezirk — und Hofnummer, auch grundbuch- und katastermäßige Bezeichnung)	Art des eigenen oder gepachteten Betriebs? (z. B. landwirtschaftlicher, forstwirtschaftlicher, gärtnerischer Betrieb, Weinbaubetrieb, Fischereibetrieb)	Handelte es sich um einen eigenen Betrieb oder um eine Pachtung	Wert des Betriebs RM	Bei eigenen Betrieben: Wenn der Betrieb noch Anderen gehörte: Wie hoch war Ihr Anteil? (z. B. ½)
1	2	3	4	5

II. Grundvermögen (Grund und Boden, Gebäude) (vgl. Anleitung Ziff. 10):

Wenn Sie am 27. April 1938 Grundvermögen besaßen (Grundstücke, die **nicht** zu dem vorstehend unter I und nachstehend unter III bezeichneten Vermögen gehörten):

Lage des Grundstücks? (Gemeinde, Straße und Hausnummer, bei Bauland auch grundbuch- und katastermäßige Bezeichnung)	Art des Grundstücks? (z. B. Einfamilienhaus, Mietwohngrundstück, Bauland)	Wert des Grundstücks RM	Wenn das Grundstück noch Anderen gehörte: Wie hoch war Ihr Anteil? (z. B. ½)
1	2	3	4

¹) Nichtzutreffendes ist zu durchstreichen.

Vermögensverzeichnis (VO v. 26. 4. 38)

K 133

Heftrand

Judenvermögensabgabe Franz Zatzenstein Matthiesen, 18. Juli 1938.
Auf Initiative Görings wurde den deutschen Juden am 12. November 1938 nach dem Attentat auf den deutschen Legationsrat vom Rath und der Pogromnacht eine Kontributionszahlung von einer Milliarde Reichsmark als »Sühneleistung« für »die feindliche Haltung des Judentums gegenüber dem deutschen Volk« auferlegt. Die »Durchführungsverordnung über die Sühneleistung der Juden« vom 21. November 1938 regelte den Modus der Umlage dieser Summe auf alle jüdischen Bürger auf der Grundlage der Vermögenserklärungen vom Frühjahr 1938. Alle, die mehr als 5 000 Reichsmark Vermögen angegeben hatten, mussten 20 Prozent davon bis zum 15. August 1939 in vier Raten an ihr Finanzamt abgeben; später wurde noch eine fünfte Rate verlangt, die am 15. November 1939 fällig wurde. (Siehe auch nächste Seite) [22]

— 3 —

b) Verzinsliche und unverzinsliche Kapitalforderungen jeder Art an Inländer oder Ausländer? (z. B. Hypotheken, Grundschuldforderungen, Darlehen, Einlagen als stiller Gesellschafter, solche Ansprüche auf Gehälter, Löhne, Zinsen und ähnliche Beträge, die am 27. April 1938 bereits fällig, jedoch noch nicht ausgezahlt waren, Tilgungsfonds, die zugunsten des Steuerpflichtigen angesammelt sind u. dgl.). — vgl. Anleitung Ziff. 15 —

[Spareinlagen, Bankguthaben, Postscheckguthaben und sonstige laufende Guthaben sind nicht hier, sondern nachstehend zu c anzugeben.]

Art der Forderung (z. B. Hypothek, Darlehen)	Name und Anschrift des Schuldners	Nennbetrag der Forderung	Zinssatz [1]	Vertragliche Laufzeit bis [2]	Bemerkungen (z. B. über Umrechnung einer ausländischen Währung)
1	2	3	4	5	6
Forderung an	Galerie Matthiesen G.m.b.H. Berlin, Viktoriastr. 33.	7522,79			
	45000 7522 75425 632 68672				

c) Zahlungsmittel, Spareinlagen, Bankguthaben, Postscheckguthab
(vgl. Anleitung Ziff. 16) ……………
Die Beträge in ausländischer Währung und die angewandten Umrechnungssätz

d) Geschäftsguthaben bei Erwerbs- und Wirtschaftsgenossenschaften

Name der Genossenschaft, Ort der Geschäftsleitung: ……………

e) Noch nicht fällige Ansprüche aus Lebens-, Kapital- oder Rent
der eingezahlten Prämien oder Kapitalbeiträge oder mit dem

Name der Versicherungsgesellschaft: ……………

Nr. des Versicherungscheins: ……………

f) Altenteilsrechte, Nießbrauchsrechte und sonstige Rentenrechte
hatte die einjährige Nutzung? …………… RM. Seit w
Seit …………… 19…. Bis wann stehen Ihnen die Nutzun
(Falls das Recht mit dem Ableben einer Person erlischt, sind auch Tag, Monat u
Welchen Kapitalwert hatte das Recht? ……………

g) Gegenstände aus edlem Metall, Schmuck- und Luxusgegenstände
(vgl. Anleitung Ziff. 20) Bilder u. Anteile an Bildern.

h) Edelmetalle, Edelsteine und Perlen? ……………

i) Anderes nicht unter a bis h fallendes »sonstiges Vermögen«?
(z. B. Urheberrechte, geschützte und nicht geschützte Erfindungen, solche Gewerbeberechtigung
Art der Gegenstände und Errechnung ihres Werts sind hier anzu
Schreibmaschine, Regal u. Kopie

[1]) Einschließlich eines etwa vereinbarten Verwaltungskostenbeitrags. — [2]) Bei Festzeithypotheken i
bei Kündigungshypotheken (ohne feste Mindestlaufzeit) ist die Kündigungsfrist anzugeben.

II

— 4 —

V. Abzüge, soweit sie nicht das Betriebsvermögen (oben Abschnitt III) betreffen 140600 RM

(Schulden und Lasten dürfen nur insoweit abgezogen werden, als sie bei Beginn des 27. April 1938 bereits bestanden. Sie sind nachstehend im einzelnen aufzuführen.)

a) Schulden (vgl. Anleitung Ziff. 22): dar. Ausl. 94000 RM

Art der Schuld (z. B. Hypotheken-, Darlehnschuld)	Name und Anschrift des Gläubigers	Nennbetrag der Schuld	Zinssatz [1]	Vertragliche Laufzeit bis [2]	Bemerkungen (z. B. über Umrechnung einer ausländischen Währung)
1	2	3	4	5	6
Warenschuld incl. Zinsen	Ackerler, Frankfurt	44700			
Warenschuld	Dr. H. Keil – Berlin	1900			
Darlehensschuld	P. & D. Colnaghi, London	94000			
		140600			

b) Altenteilslasten, Nießbrauchslasten und sonstige Rentenlasten (vgl. Anleitung Ziff. 23): Welchen Wert hat die einjährige Leistung? …………… RM. Seit wann sind die Leistungen zu entrichten? Seit …………… 19…. Bis wann sind die Leistungen zu entrichten? (Falls die Leistungen bis zum Ableben einer Person zu entrichten sind, sind auch Tag, Monat und Jahr der Geburt dieser Person anzugeben.) Bis …………… 19…. Welchen Kapitalwert hatte die Last? …………… RM.

VI. Bemerkungen:

Die Darlehensschuld an P. & D. Colnaghi ist seither gegen mich hier in London in Höhe von £ 8350.- geltend gemacht worden u. musste von mir anerkannt werden bei Gefahr des Verlustes meiner Niederlassung.

Ich versichere, die vorstehenden Angaben **nach bestem Wissen und Gewissen** gemacht, insbesondere mein Vermögen in diesem Vermögensverzeichnis **vollständig angegeben zu haben.** Soweit Werte in diesem Vermögensverzeichnis angegeben sind, bin ich von der Anleitung, die dem Vordruck zu diesem Vermögensverzeichnis beigelegen hat, nicht abgewichen.

London, den 18. Juli 1938

M. Schönemann-Matthiesen.
(Unterschrift des Anmeldepflichtigen oder der an seiner Stelle zur Abgabe des Vermögensverzeichnisses verpflichteten Person)

Finanzamt Moabit-West
Berlin N.W. 7, Luisenstr. 33/34
26. NOV. 1940

Vermögensverzeichnisse ohne Unterschrift gelten als nicht abgegeben

[1]) Einschließlich eines etwa vereinbarten Verwaltungskostenbeitrags. — [2]) Bei Festzeithypotheken ist der Zeitpunkt einzusetzen, an dem die Rückzahlung frühestens verlangt werden kann; bei Kündigungshypotheken (ohne feste Mindestlaufzeit) ist die Kündigungsfrist anzugeben.

2190. 38. 2C

AUFLÖSUNG DER GALERIE MATTHIESEN GMBH 1939: EINE »TYPISCHE« ARISIERUNG?

Die Galerie Matthiesen GmbH wurde schließlich durch Gesellschafterbeschluss vom 1. November 1939 aufgelöst bzw. gelöscht, die Liquidation eingeleitet, die sich aber unter anderem wegen »angeblicher«– devisenrechtlicher Schwierigkeiten immer wieder verzögerte.[23] Wie in einem Liquidationsverfahren üblich, wurde das »Warenlager realisiert«: Die Sachwerte der Firma wurden veräußert, deren Erlöse gingen den Gesellschaftern zu. Am 1. Dezember 1939 wurden die Geschäftsanteile von Zatzenstein zugunsten der Gesellschafter der Galerie Matthiesen GmbH in Liq. eingezogen und an diese proportional verteilt, sodass jetzt Gottfried Tanner in Zürich die meisten Anteile hielt. Zatzenstein stimmte der Einziehung seiner Anteile am 23. Januar 1940 aus dem Ausland – freiwillig? – zu und wusste so seine ehemaligen Anteile zumindest bei seinem langjährigen Geschäftspartner in der neutralen Schweiz in relativer Sicherheit vor dem Zugriff der deutschen Finanzbehörden.

Conrad Felixmüller, »Portrait Heinz Mansfeld«, 1918, Öl auf Leinwand, 50 x 40 cm.[24]
Heinz Mansfeld (1899–1959) war seit 1923 Mitarbeiter der Galerie Matthiesen. Spätestens 1949 ging Mansfeld nach Schwerin, wo er Direktor der Landesdenkmalpflege und des Museums in Schwerin wurde.

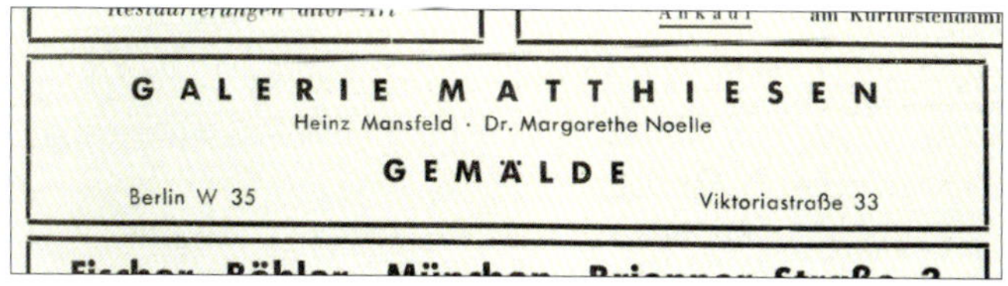

Anzeige in der »Weltkunst« vom 20. August 1943[25]

»HEINZ MANSFELD – DR. MARGARETHE NOELLE, GEMÄLDE«

Die Galerie-Mitarbeiter Mansfeld und Dr. Noelle erwarben aus der zu liquidierenden GmbH verschiedene Sachwerte, die sie laut Gesellschaftervertrag vom 14. Februar 1942 zu gleichen Anteilen in die neu gegründete oHG »Heinz Mansfeld – Dr. Margarethe Noelle, Gemälde« einbrachten[26], die die Räume der ehemaligen Galerie Matthiesen in der Viktoriastraße 33 übernahm. Regelmäßige Anzeigen in der »Weltkunst« machten auf den Kunsthandel von Mansfeld und Noelle aufmerksam.[27] So gab man sich nach außen hin den Anschein, als sei alles beim »Alten« geblieben. Ob neben dem Kunsthandel auch Ausstellungen veranstaltet wurden, ist unbekannt. Das Haus in der Viktoriastraße 33 wurde am 28./29. Januar 1944 durch einen Bombentreffer zwar weitgehend zerstört, die Galeriebestände konnten jedoch in ein Dorf in Brandenburg und nach Hinrichshof in Mecklenburg ausgelagert werden;[28] die Geschäftstätigkeit wurde nicht eingestellt. Allgemein ist über die kunsthändlerische Tätigkeit von Mansfeld und Noelle aufgrund der dürftigen Quellenlage wenig bekannt. Konkret lassen sich jedoch mindestens ein Verkauf an Hermann Göring im September 1942 sowie über den »Sonderauftrag Linz« an Adolf Hitler im Sommer 1944 und somit an die zwei größten Kunsträuber nachweisen.[29] Im September/Oktober 1944 wurde bescheinigt, dass Dr. Noelle und Mansfeld für den Sonderbeauftragten für Linz, Prof. Dr. Hermann Voss »als Vermittler beim Ankauf von Kunstgegenständen tätig gewesen und auch weiterhin im gleichen Sinne beschäftigt« waren.[30] Mansfeld und Dr. Noelle nutzten für ihre Geschäfte den Namen der international anerkannten, ehemals jüdischen Kunsthandlung Galerie Matthiesen. Ob sie noch in den Kriegjahren und nach dem erzwungenen Ausscheiden ihres ehemaligen Chefs oder nach 1945 in Verbindung mit Franz Zatzenstein gestanden haben, ist unbekannt.

Eine Personalakte der Reichskammer für bildende Kunst von Heinz Mansfeld und/oder Dr. Noelle hat sich nicht angefunden, auch ließ sich keine NSDAP-Mitgliedschaft feststellen.[31]

NACH 1945

Bis zum Ausscheiden Mansfelds aus der oHG am 31. Dezember 1948 wurde die Kunsthandlung gemeinsam mit Dr. Noelle weiter betrieben, danach führte sie die Geschäfte alleine als »Dr. Margarethe Noelle, Gemälde«, erst in der Fasanenstraße 13, dann in der Meinekestraße 11 bis zum Erlöschen der Firma am 16. August 1984 fort.[32] Einzelne Ausstellungen lassen sich für die Jahre 1948 bis 1951 nachweisen.[33]

Franz Zatzenstein nahm nach Kriegsende von London aus sofort Kontakt mit den holländischen Behörden auf, um wieder in den Besitz seiner während der deutschen Besetzung der Niederlande abhanden gekommenen Kunstwerke zu gelangen. Sie befanden sich aufgrund seiner Geschäftsbeziehungen mit holländischen Kunsthändlern in Amsterdam, Den Haag und anderswo, und er verfolgte nun ihre Spuren. Zu seinem großen Verdruss wurden seine Angelegenheiten jedoch erst 1950 endgültig geregelt: »We find that considerable time has elapsed since we last wrote to you and we should be obliged to hear from you why we should be victimised in such an extraordinary way. Practically everybody we know has had his property returned in an admirable and most efficient manner, and we simply cannot understand why we should suffer for so long a time from circumstances with which we have nothing whatsoever to do and after our claim had been fully acknowleged.«[34]

Aber auch die anfangs ablehnende Haltung der holländischen Behörden, ihn wieder über sein rechtmäßiges Eigentum von Kunstwerken verfügen zu lassen, war für Franz Zatzenstein kein Anlass zur Resignation. In London handelte Zatzenstein nach wie vor in seiner »Matthiesen Gallery« in der vornehmen New Bond Street mit »Paintings and Drawings by Old Masters and French Impressionist«.[35]

Franz Zatzenstein war bis zu seinem Tod 1963 erfolgreich als Kunsthändler Francis M. Matthiesen in London tätig und vermittelte weltweit viele bedeutende Gemälde an führende Museen. Seit 1978 wird die Galerie von seinem Sohn Patrick weitergeführt.[37]

Im Berlin der 1920er Jahre etablierte sich Franz Catzenstein alias Zatzenstein mit seiner Galerie Matthiesen zu einer festen Größe, er genoss ein hohes Ansehen auf dem deutschen wie internationalen Kunstmarkt. Enge Geschäftsverbindungen und Partnerschaften mit Kollegen in der Schweiz, England und den USA erlaubten ihm Kunsthandel auf höchstem Niveau. Als sich Zatzenstein 1933 entschlossen hatte, Deutschland zu verlassen, um in London eine neue Existenz aufzubauen, konnte er auf seine guten Verbindungen zum dortigen Kunsthandel zurückgreifen. Trotz der täglichen Herausforderungen, den Ängsten und Nöten um das eigene Leben wie um das von Familie und Freunden, dem Verlust der Berliner Galerie Matthiesen, gepaart mit den üblichen wirtschaftlichen Unsicherheiten, die ein Leben in der Emigration mit sich bringen, gelang es Franz Zatzenstein letztendlich ohne Unterbrechung weiterhin als Kunsthändler erfolgreich zu sein. So konnte er am Ende seines Lebens auf eine bewegte, den Zeitläuften geschuldete 40-jährige Karriere zurückblicken. Das Fundament hierfür schuf er während seines zehnjährigen Aufenthaltes in Berlin von 1923 bis 1933. Es war so gefestigt, dass Franz Zatzenstein trotz Vertreibung und Emigration bereits 1938 in London eine neue Kunsthandlung gründete, die nicht nur in England zu den ersten Adressen für alte Meister und Impressionisten zählte, sondern wie schon sein Berliner Geschäft internationales Renommee genoss.

Internationales Kunstadressbuch, 1954/55: Galerie Matthiesen, London[36]

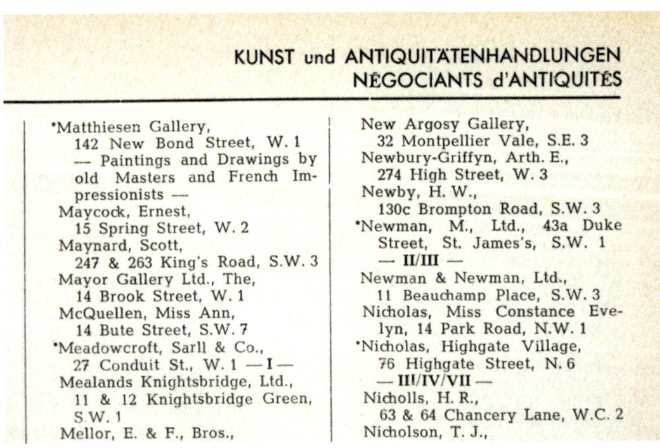

KUNST und ANTIQUITÄTENHANDLUNGEN
NÉGOCIANTS d'ANTIQUITÉS

·Matthiesen Gallery, 142 New Bond Street, W. 1 — Paintings and Drawings by old Masters and French Impressionists —
Maycock, Ernest, 15 Spring Street, W. 2
Maynard, Scott, 247 & 263 King's Road, S.W. 3
Mayor Gallery Ltd., The, 14 Brook Street, W. 1
McQuellen, Miss Ann, 14 Bute Street, S.W. 7
·Meadowcroft, Sarll & Co., 27 Conduit St., W. 1 — I —
Mealands Knightsbridge, Ltd., 11 & 12 Knightsbridge Green, S.W. 1
Mellor, E. & F., Bros.,
New Argosy Gallery, 32 Montpellier Vale, S.E. 3
Newbury-Griffyn, Arth. E., 274 High Street, W. 3
Newby, H. W., 130c Brompton Road, S.W. 3
·Newman, M., Ltd., 43a Duke Street, St. James's, S.W. 1 — II/III —
Newman & Newman, Ltd., 11 Beauchamp Place, S.W. 3
Nicholas, Miss Constance Evelyn, 14 Park Road, N.W. 1
·Nicholas, Highgate Village, 76 Highgate Street, N. 6 — III/IV/VII —
Nicholls, H. R., 63 & 64 Chancery Lane, W.C. 2
Nicholson, T. J.,

Deutsches Kunstadressbuch, 1949: Galerie Matthiesen, Dr. M. Noelle in Berlin[38]

KUNST und ANTIQUITÄTENHANDLUNGEN
ART and ANTIQUE DEALERS
Deutschland/Berlin-West

*GALERIE MATTHIESEN
DR. M. NOELLE
ALTE UND MODERNE
GEMÄLDE · PLASTIK · GRAPHIK
BERLIN - CHARLOTTENBURG 2
FASANENSTRASSE 13 · TELEFON: 32 67 46
Karl Blechen Venedig

Berlin-West: (Fortsetzung)

Max Försterling
Antiquitäten
Berlin W 30 · Keithstraße 45
Tel. 24 50 01 · an der Corneliusbrücke

Friedmann & Weber GmbH., W 15, Kurfürstendamm 217 — IV —

·Galerie Matthiesen, -Charlottenburg 2, Fasanenstr. 13 — IIa —
Galerie Schüler, W 15, Kurfürstendamm 51 — IIb —
·Galerie Springer, W 15, Kurfürstendamm 16 — IIb/III —

ANTIQUITÄTEN
*GAWANKE
seit 1910
Kleinmöbel — Gemälde
Silber — Porzellan
Berlin-Steglitz

CHRISTINE FISCHER-DEFOY

GALERIE NIERENDORF

MIT ZEITGENÖSSISCHER KUNST IM NEW YORKER EXIL

Karl Nierendorf mit einer mexikanischen Skulptur, 1934 [1]

Was weiß ich von mir? Mein Spiegelbild zeigt einen kleinen, weichen, rundlichen Herrn mit großer Glatze und Bauchansatz. Unter den Augen beginnt es zu fälteln, und mein Alter wird von jedem richtig geschätzt. Ich müßte also ein reifer, ruhiger, ausgeglichener und seines Wesens sicherer Mensch sein. Statt dessen: zerfahren, unsicher und von tausend Möglichkeiten träumender Wirrkopf. Ohne festen Plan und ohne inneres Ziel.

Karl Nierendorf, 1931 [2]

Otto Dix, »Gruppenbild mit Günther Franke, Paul Ferdinand Schmidt und Karl Nierendorf«, 1923, Öl auf Leinwand, Ausschnitt [3]

Innenräume der Galerie Neumann-Nierendorf in der Lützowstraße 32, vermutlich während der Eröffnungsausstellung »Werke lebender deutscher Künstler«, 1925 [4]

Außenaufnahme der Galerie Neumann-Nierendorf, 1925 [5]

Innenraum der Galerie Neumann-Nierendorf während der ersten Gesamtausstellung von Otto Dix, 1926 [6]

Wie man täglich hofft, wie man aufatmet, wenn ein noch so kleiner Kauf zustande kommt… und doch ist alles so von tiefem Glück erfüllt, wenn man an den Wänden entlang schaut, wo die lebendigen Werke geliebter Künstler in ihrer Kraft und Stille zu atmen scheinen und sich dem Blick öffnen, der sie zärtlich trifft und ihr Geheimnis erkennt.

Karl Nierendorf an J.B. Neumann, 1929 [7]

VON KÖLN NACH BERLIN

Im April 1920 eröffnete Karl Nierendorf[8] (1889–1947) mit der Ausstellung »Der Blaue Reiter« in Köln die Galerie Nierendorf Köln – Neue Kunst. Zu den von ihm vertretenen Künstlern gehörte Otto Dix, was Nierendorf rasch den Spitznamen »Nierendix« einbrachte. Im Oktober 1923 übernahm er in Berlin das Graphische Kabinett am Kurfürstendamm 232, das Jsrael Ber Neumann 1911 gegründet hatte. 1924 eröffnete Nierendorf weitere Ausstellungsräume mit einer Dix-Ausstellung und veröffentlichte dessen Mappe »Der Krieg«. 1925 gab Nierendorf die Galerie in Köln auf und gründete mit J. B. Neumann die Galerie Neumann-Nierendorf GmbH in der Lützowstraße 32 in Berlin-Tiergarten. Nierendorf holte seinen Bruder Josef zur Unterstützung nach Berlin. Sie eröffneten die neuen Räume am 18. Oktober mit der Ausstellung »Werke lebender deutscher Künstler«. Von Oktober 1930 bis April 1932 zogen sie in die Königin-Augusta-Straße 22. Schließlich wechselte die Galerie 1932 in Räume am Lützowufer 19a, die mit einer Ausstellung des sozialkritischen Künstlers Josef Scharl eröffnet wurden.

»EIN GLÜCK, DASS DU KEIN JUDE BIST...«[9]

1933 war Karl Nierendorf nicht unmittelbar bedroht, da er weder politisch links engagiert noch – wie sein Geschäftspartner J. B. Neumann – jüdischer Abstammung war. Doch standen am 1. April 1933, dem »Judenboykott Tag«, auch vor der Galerie Neumann-Nierendorf SA-Posten. Karl Nierendorf übernahm noch an diesem Tag »im Einvernehmen« Neumanns Geschäftsanteil. Am 20. Oktober 1933 wurde Karl Nierendorf als alleiniger Gesellschafter der Galerie Nierendorf GmbH im Handelsregister eingetragen.[10]

Otto Dix, »Bildnis des Kunsthändlers Karl Nierendorf«, 1923, Öl auf Leinwand, im Krieg bei Auslagerung verschollen [11]

Unter Beobachtung stand Nierendorf jedoch als prominenter Händler der Moderne, die nun als »entartet« oder »kulturbolschewistisch« galt. Obwohl es für ihn immer schwieriger wurde, seine Geschäfte abzuwickeln, mietete er im September 1933 weitere Räume am Schöneberger Ufer 38 an. 1935 gelang ihm dort noch eine Ausstellung mit Werken von Otto Dix, der bereits an der Dresdner Akademie entlassen worden war. Im Jahr der Olympischen Spiele konnte Nierendorf im Mai 1936 eine Gedächtnis-Ausstellung für Franz Marc zeigen. Die zeitgleich erscheinende Monografie des Kunsthistorikers Alois Schardt[12] wurde jedoch bei der Eröffnung von der Gestapo beschlagnahmt. Es wurde Nierendorfs Abschiedsausstellung in Berlin, bei der noch einmal das an der Moderne interessierte Berliner Publikum zusammenkam. Sein Bruder Josef Nierendorf führte die Geschäfte in Berlin bis zur Liquidation 1938 fort.

Innenansicht während der »Franz Marc-Gedächtnisausstellung« in der Galerie Nierendorf, Lützowufer 19a, 1936. Von links nach rechts: »Springendes Pferd« (1912, heute im Franz Marc Museum, Kochel), »Der weiße Stier« (1911, heute im Guggenheim Museum, New York) und »Der Tiger« (1912, heute in der Städtischen Galerie im Lenbachhaus, München)[13]

Zur »Franz Marc-Gedächtnisausstellung« erschien eine Monografie von Alois Schardt, die bei der Eröffnung von der Polizei beschlagnahmt wurde.[14]
»An die Kunsthandlung Nierendorf, Berlin, Lützowufer 19a. Gemäß § 1 der Verordnung vom 28.2.1933 werden hiermit die für die Zeit vom 26. bis 28. Mai 1936 in Ihrer Kunsthandlung vorgesehenen Vorträge des Prof. Alois Schardt über den Maler Franz Marc verboten, weil die Person und das von Prof. Schardt gewählte Thema geeignet sind, die nationalsozialistische Kulturpolitik und somit die öffentliche Sicherheit und Ordnung zu gefährden.
Gez.: Im Auftrage: Dr. Weimann
Überreicht 26. – B 52 Geheimes Staatspolizeiamt«[15]

Der Kunsthistoriker und Museumsleiter Alois Schardt (1889–1955) wurde 1933 als Nachfolger von Ludwig Justi Direktor der Neuen Abteilung der Berliner Nationalgalerie. Als NSDAP-Mitglied verteidigte er den »nordischen Expressionismus«. Die von ihm veranlasste neue Hängung der Bestände wurde jedoch vom zuständigen preußischen Kultusminister Bernhard Rust abgelehnt. Alois Schardt wurde am 20. November 1933 entlassen. Er kehrte nach Halle zurück und schrieb eine Monografie über Franz Marc, die zur Eröffnung der Marc-Ausstellung in der Galerie Nierendorf 1936 erschien. Schardt wurde nach der Eröffnungsrede von der Gestapo verhaftet, die Bücher beschlagnahmt. Nachdem ihm 1937 in Halle auch die Lehrerlaubnis entzogen wurde, emigrierte er 1939 nach Los Angeles.[16]

Gestern Abend spät kam ich in New York an, wanderte bis 2.00 Uhr nachts durch diese faszinierenden Lichtwunder zwischen erleuchteten Türmen, wie in einem Traum von Kathedralen und Feuersäulen.

Karl Nierendorf an Wassily Kandinsky, 1936 [17]

GALERIST IN NEW YORK

Im Mai 1936 reiste Karl Nierendorf nach Amerika. Er erneuerte seine Zusammenarbeit mit J. B. Neumann. Aus dem befristet geplanten Aufenthalt wurde das Exil: Nierendorf ließ sich von seinem Bruder Kunstwerke nach New York schicken, um sich dort eine neue Existenz aufzubauen. 1937 eröffnete er in der 20 West 53rd Street die »Nierendorf Gallery« mit der Ausstellung »Contemporary Art«.

Es folgten kurz darauf in der 57th Street weitere Ausstellungen mit Künstlern, deren Werke in deutschen Museen nicht mehr gezeigt wurden, weil sie als »entartet« galten, etwa Kandinsky, Klee, Feininger, Hofer, Lehmbruck und Arp. Mit in Deutschland beschlagnahmter Kunst zu handeln, lehnte Nierendorf jedoch ab. Im Mai 1946 kam Karl Nierendorf als einer der ersten Zivilisten aus den USA nach Europa zurück und bemühte sich vergeblich um eine Wiedereröffnung seiner Berliner Galerie. Im September 1947 reiste er wieder nach Amerika und starb kurz darauf, am

Passfotos von Karl Nierendorf in den USA [18]

Ich beginne hier neu, in 2 Räumen, wovon der eine abends in ein Schlafzimmer verwandelt wird, indem ich auf dem Sofa mein Bettzeug ausbreite. Lüftung hat der Raum nicht, er ist also als Schlafraum noch ungünstiger als der kleine, lichtlose Raum in Berlin. Er hat überhaupt keine Fenster. Meine Anfänge sind denkbar primitiv hier.

Karl Nierendorf an Josef Nierendorf, 1937 [19]

»Nierendorf Gallery« in New York, 20 West 53rd Street, 1937 [20]

25. Oktober 1947 in New York. Da sich die USA formell noch im »Kriegszustand« mit Deutschland befanden, wurde sein Nachlass einschließlich der Kunstwerke vom Staat New York übernommen, der einen Großteil 1948 an die Guggenheim Foundation verkaufte. Am 21. Juni 1949 starb Josef Nierendorf in Berlin. Im Sommer 1955 eröffnete seine Witwe zusammen mit dem Stiefsohn Florian Karsch die Galerie Meta Nierendorf in der Manfred-von-Richthofen-Straße 14 in Berlin-Tempelhof, die seit dem Umzug 1963 in die Hardenbergstraße 19 wieder den Namen Galerie Nierendorf trägt.

Florian Karsch, Meta Nierendorf und Inge Karsch, 1970[21]

Florian Karsch in der Galerie Nierendorf, Hardenbergstraße 19, 2010

Karl Nierendorf war unerhört rührig. In meiner Erinnerung war es das lebendigste kleine Männchen, dem ich begegnet bin, flink und eifrig und enthusiastisch.
Er trug eine übergroße Brille, so wie sie jetzt wieder bei den jungen Leuten modern ist, und dahinter bewegten sich seine kleinen Äuglein mit Raketengeschwindigkeit.
Er sah ein Bild praktisch, bevor man es ihm hinhielt. Er erinnerte mich an die Männer auf den amerikanischen Jahrmärkten, die einem sein genaues Gewicht sagten, ohne dass man auf die Waage stieg, und wenn es stimmte (es stimmte immer), einen halben Dollar einsteckten. Karl konnte sozusagen das ›Gewicht‹ eines Bildes bestimmen, bevor er hinschaute.

Heinz Berggruen, 1970[22]

LAURA MEIER-EWERT

EDUARD PLIETZSCH

DEM ZEITGEIST STETS ZU DIENSTEN

Jugendporträt um 1911 [1]

George Grosz, »Porträt Doktor Eduard Plietzsch«, 1928, Öl auf Leinwand, 110 x 79 cm [2]

Ich freue mich für Dich Ete, dasz Du, ein nördlich gemässigter unruhiger Geist, schliesslich deinen ›Frieden‹ gemacht hast [...] und das Geschick Dir die Gabe geschickter Wandlung gab, und eine nutzvolle gläubige Übereinstimmung mit den dortigen historischen Ereignissen und Tatsachen.

George Grosz an Eduard Plietzsch, 1936 [3]

SAMMLER UND LITERAT

Voll »geschickter Wandlung« war das Leben des 1886 in Altenburg geborenen Eduard Plietzsch in der Tat. Nach einem Studium der Kunstgeschichte wurde er 1912 Assistent bei Wilhelm Bode und Max Friedländer an der Gemäldegalerie des Kaiser-Friedrich-Museums Berlin. Als Kunsthistoriker auf die holländische Malerei des 17. Jahrhunderts spezialisiert, war er gleichwohl der Moderne zugetan. Plietzsch sammelte Gemälde der Brücke-Künstler und Werke befreundeter Künstler – George Grosz, Max Pechstein und Otto Schmalhausen –, die ihn auch porträtierten. Im »Café des Westens« am Kurfürstendamm traf er sich mit Literaten, mit Else Lasker-Schüler und Kurt Tucholsky verbanden ihn freundschaftliche Beziehungen. Den Sommer 1940 verbrachte Plietzsch mit Gerhart Hauptmann auf Hiddensee. Unter dem Pseudonym »Jan Altenburg« veröffentlichte er literarische Artikel in der »Weltbühne«, der »Vossische[n] Zeitung«, später in der »Deutsche[n] Zukunft«.

Sehr verehrter Herr Doktor, Wenn ich die Weltbühne aufmache, finde ich Jan Altenburg, wenn ich das Stachelschwein aufmache, finde ich Jan Altenburg. Wann finde ich Jan Altenburg in der Vossischen Zeitung?

Walter Jacobs, Redakteur der »Vossischen Zeitung«, an Eduard Plietzsch, 1924 [4]

Innenräume der Wohnung in der Kaiserin-Augusta-Straße, in der das Ehepaar Plietzsch bis Anfang der 1930er Jahre wohnte, um 1930, aus der Sammlung Martha Huth[5]

[…] wie oft haben wir an Dich gedacht und an die alten längst vergangenen Zeiten, als dein gemütliches Heim der Treffpunkt eines netten kleinen Kreises war und wir manche Stunde dort bis tief in die Nacht hinein, ich möchte sagen echt deutsch »dischkutieret« haben […]

George Grosz an Eduard Plietzsch, 1936[6]

Geschäftsanzeigen aus der »Weltkunst« vom 28. März 1937 und 10. Dezember 1939[7]

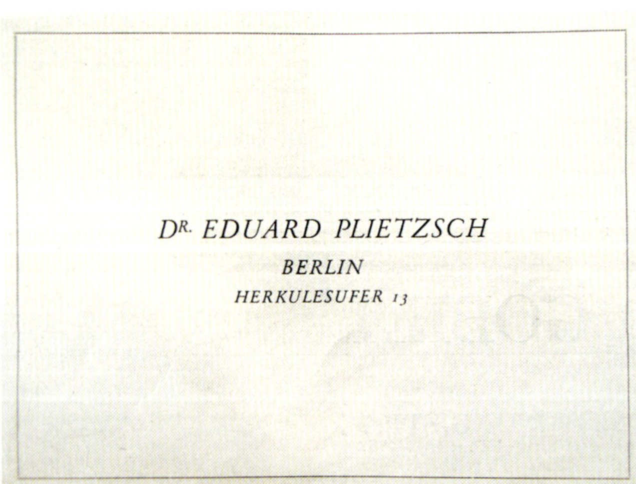

VOM KUNSTHISTORIKER ZUM KUNSTHÄNDLER

Ab 1919 arbeitete Plietzsch als Kunsthändler für die Gemäldegalerie van Diemen, Unter den Linden 21, deren Geschäfte er bald leitete. 1922 fand hier die »Erste russische Kunstausstellung« mit Werken von Marc Chagall, El Lissitzky und Kasimir Malewitsch statt. Im März 1929 schloss sich die Galerie van Diemen & Co. mit der Galerie Dr. Benedict & Co. zusammen. Deren Leiter, der Kunsthändler Curt Benedict, und Eduard Plietzsch führten von nun an gemeinsam die Galerie, die Ausstellungsräume in der Bellevuestraße 11a bezog.

Van Diemen gehörte zu dem 1912 von dem Juwelier Albert Loeske gegründeten Margraf-Konzern. Loeske starb 1929 und vererbte sämtliche Geschäftsanteile dem jüdischen Ehepaar Rosa und Jakob Oppenheimer. Als »jüdischer Besitz« wurde der Margraf-Konzern ab 1935 liquidiert. Die Bestände der Galerie van Diemen wurden am 25./26. Januar und am 26./27. April 1935 bei dem Kunsthändler Paul Graupe versteigert.

Plietzsch eröffnete daraufhin im Mai 1935 seine eigene Kunsthandlung in zwei Räumen seiner Privatwohnung am Herkulesufer 13. Er spezialisierte sich auf den Handel mit Gemälden alter Meister. Der Geschäftsumsatz belief sich 1936 auf 128 832 Reichsmark, 1938 bereits auf 296 484 Reichsmark.[9] Im Januar 1939 zog Plietzsch in die Meinekestraße 9 um. Statt als »Kaufmann« ließ er sich nun als »Kunsthändler« in das Handelsregister eintragen.[10]

Hoffentlich belebt sich nun auch dein Geschäft und ich wünsche Dir, dasz Du recht recht viele Rembrandts und Tizians verkaufst. Denn nun, wo die jüdische Schleuderkonkurrenz abgehängt wurde… wird doch auch der Altkunsthandel aufblühen.

George Grosz an Eduard Plietzsch, 1933 (nicht abgeschickt)[8]

Wohn- und Geschäftsräume von Eduard Plietzsch ab 1939 (Haus auf der linken Seite). Ab 1942 diente seine Wohnung auch als Berliner Dienstsitz der Dienststelle Mühlmann.[11]

Lieber Herr Scheffler,
[...] Wie geht es Ihnen? Ich habe – fast klingt diese Feststellung in den heutigen Zeiten unmoralisch – nicht zu klagen. Ich hatte im Sommer sechs unvergeßliche Wochen auf Hiddensee. [...] Sehr eindrucksvoll war das Zusammensein mit dem verehrten Gerhart Hauptmann, den ich persönlich bisher kaum kannte. [...] Gleich bei der Rückkehr fand ich die völlig überraschende Aufforderung vor, nach dem Haag zu kommen, wo ich als Kunstexperte im Amt des Reichskommissars beschäftigt bin, zwischendurch aber immer wieder für einige Wochen in Berlin sein kann. Die Tätigkeit auf dem mir vertrauten und lieben Gebiet der holländischen Malerei befriedigt mich sehr, zumal meine engeren Mitarbeiter und Vorgesetzten ohne Ausnahme sehr sympathische Oesterreicher [gemeint ist unter anderem Kajetan Mühlmann, Direktor der Dienststelle Mühlmann] sind und die Lebensbedingungen, die allerdings allmählich auch mäßiger werden, recht angenehme sind. Ich fahre ständig mit dem Auto in Holland und Belgien umher, komme demnächst auch nach Paris, und habe Herbstwochen dort verlebt von einer Schönheit, wie ich selten einen Herbst sah.

Eduard Plietzsch an Karl Scheffler, 1940 [12]

KUNSTEXPERTE IM DIENSTE HITLERS

Nach der Besetzung der Niederlande durch die Nationalsozialisten im Mai 1940 bot Plietzsch Hans Posse, der dort als Sonderbeauftragter Hitlers für das geplante »Führermuseum« Kunstwerke ankaufen sollte, seine Dienste an.[13] Man schlug ihm eine Stelle als Kunstsachverständiger bei der Dienststelle Mühlmann vor, die in den besetzten Niederlanden, in Belgien und Frankreich beschlagnahmte Kunstobjekte begutachtete und an Hitler, Göring und andere NS-Größen weiterverkaufte. Plietzsch akzeptierte zu folgenden Bedingungen: Er blieb Zivilist und Kunsthändler, erhielt eine Provision von 15 Prozent für jedes Bild, das durch seine Hände ging, ein monatliches Gehalt von 10 000 Reichsmark sowie die Erstattung aller Reisekosten.[14] Am 7. September 1940 nahm Plietzsch seine Arbeit auf. Gemäß dem Auftrag der Dienststelle erstellte er Studien über den holländischen Kunstmarkt und bedeutende Privatsammlungen und schätzte den Wert tausender Gemälde, sowohl alter Meister als auch neuerer Werke. Er nutzte seine Kontakte, um versteckte Kunstsammlungen aufzuspüren, die in der Folge beschlagnahmt wurden, etwa die im Museum von Leiden versteckte Berliner Sammlung des Juden Alfons Jaffé.[15] Dank vertraulicher Informationen konnte Plietzsch für die Dienststelle günstige Ankäufe von Kunstwerken anbahnen.[16]

Noch im Januar 1945 war er für die Dienststelle in den Niederlanden unterwegs und traf – wie häufig in dieser Zeit – den Kunsthistoriker Max Friedländer, der dort im Exil lebte.[17]

Wir standen uns anders gegenüber in Berlin als in Holland, 1933 u. danach. In Berlin gehörte ich zu den Siegern, in Holland zu den Besiegten. Daß Sie mir unter so veränderten Umständen Ihre wohl-wollende Gesinnung bewiesen haben, konnte ich dankbar feststellen.
Mit besten Grüßen Ihr alter M. J. Friedländer

Max Friedländer, 1955 [18]

Auszug aus einem als geheim eingestuften Bericht von Jean Vlug, Hauptmann der Königlich niederländischen Armee, über die Tätigkeit der Dienststelle Mühlmann vom 25. Dezember 1945 [19]

PREFACE.

This report is based on interrogations conducted by special invit
at S.S.U. Special Interrogation Center, Alt Aussee, Austria; in Ber
through the courtesy of British Element C.C. (M.F.A. & A.), and in
land and France.

The following are the most important persons interrogated :

Kajetan Mühlmann	at Alt Aussee, August-Sept. 1945.
Rosa Bauer	secretary to Kajetan Mühlmann.
Joseph Mühlmann	Half-brother of Kaj. Mühlmann. at Uttendorf, Austria, 5/10 Sept.
Madame Jaremtchenko	(called "Nicole"), secretary to Joseph Mühlmann----Uttendorf, 5- Sept. 1945.
Hilda Ziegler Mühlmann	Second wife of Kaj. Mühlmann; at am Attersee, Austria, on three o sions during Sept. 1945.
Wildenhofer	Transport-agent for Kajetan Müh mann; at Salzburg, Austria, 10-13 1945.
Eduard Plietzsch	Art-expert, second in command of Dienststelle Mühlmann; at Berlin Meineckestrasse 9; 1-8 November, 1
	Chauffeur and confidential man the Dienststelle Mühlmann; at T Hague, Stuyvesantstraat 300915-1 November, 1945.
	Principal middleman and agent f the Dienststelle Mühlmann; at T

- 3 -

CONTENTS.

The Dienststelle Mühlmann needed an expert for paintings, as Mühlmann did not know anything about Art and Kieslinger had been appointed as expert for art-objects.

Plietsch started his work on the 7th. September 1940. On the 12th of September he handed the following report to Mühlmann:

TRANSLATION:

STAATSSEKRETÄR DR. MUELMANN.
Den Haag.

For your private information I herewith report on my impressions of the Art-market in Holland:

It must first be recalled that Holland has been for more than two centuries an art export country. In the 18th century there was the famous Netherlands Gallery in Kassle, Salzdahlum; from the Brunswick Gallery developed; further the Munich Pinakothek, founded by Elector Karl Theodor von der Pfalz, and above all the most famous Dutch and especially Rembrandt collection of the world: the Lichtenstein Gallery in Vienna, the Count Schönborn Collection in Pommersfelden, Nostiz in Prague etc. An enormous quantity of art treasures went to England, which in spite of the dissolution of most important private collections afotr the world war is still in possessi of an impressive public and private treasure of Dutch masters. When the last third of the 19th century, Bode acquired the Dutch pictures for the Kaiser Friedrich Museum, already then he depended like the European and American public collections, almost exclusively on the English art-market. From the Netherlands market themselves only relatively little could still be acquired.

The two last private collections which had remained in Holland were the Steengracht Gallery in the Hague and the famous Six Collection in Amsterdam. When the Steengracht collection was sold at auction in 1913 in Paris, Dutch art circles finally almos too late became aware of the situation. A number of the most important pictures were purchased for Dutch museums. Due to the economic consequences of the world war, this recently started activity had to be discontinued for some years.

When the Six collection was dissolved in 1928, important objects could be obtained for the Dutch museums through

Während seiner Tätigkeit für die Dienststelle veröffentlichte Plietzsch weiterhin kunstwissenschaftliche Studien. Nach dem Krieg in Berlin ansässig, war er als Kunsthistoriker tätig und gab seine Memoiren heraus – allerdings nur über die Zeit bis 1933.[20] 1955 zog er nach Köln, wo er 1961 starb.

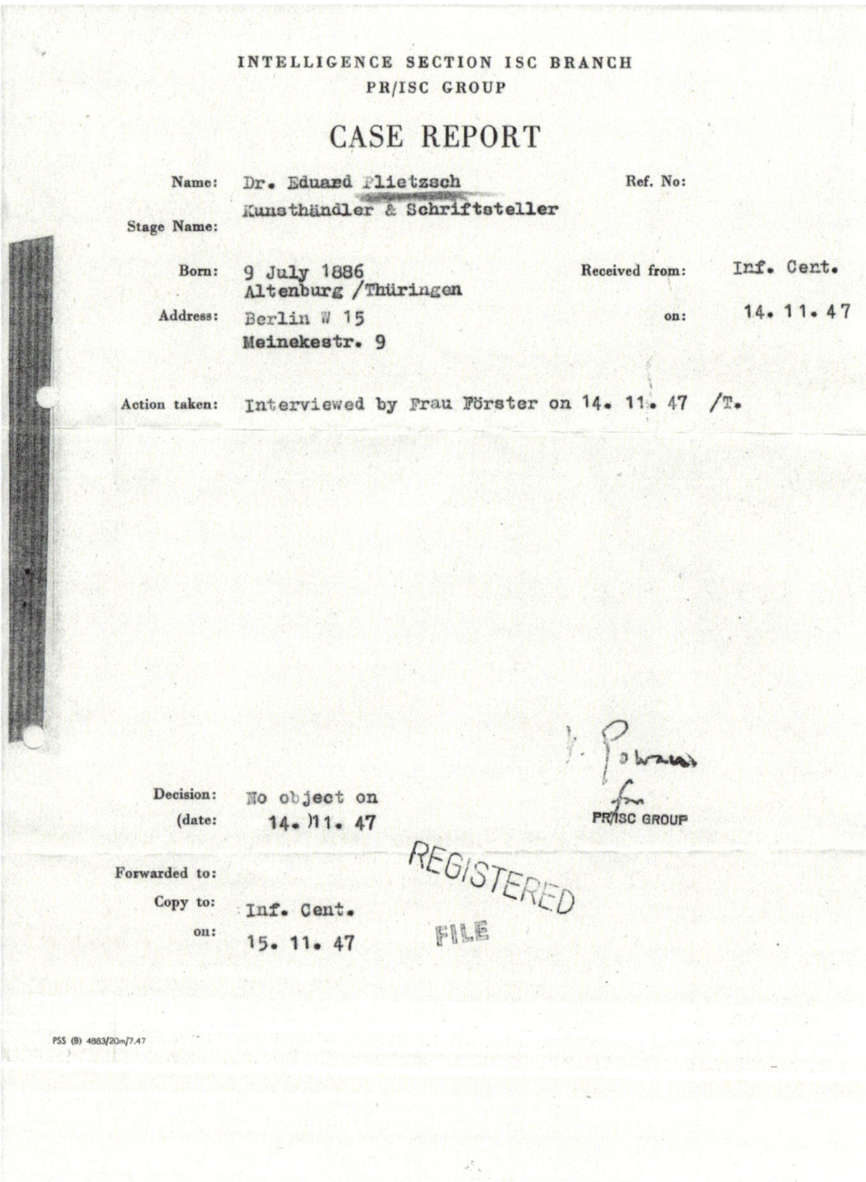

INTELLIGENCE SECTION ISC BRANCH
PR/ISC GROUP

CASE REPORT

Name: Dr. Eduard Plietzsch
Kunsthändler & Schriftsteller
Ref. No:

Stage Name:

Born: 9 July 1886
Altenburg /Thüringen
Received from: Inf. Cent.

Address: Berlin W 15
Meinekestr. 9
on: 14. 11. 47

Action taken: Interviewed by Frau Förster on 14. 11. 47 /T.

Decision: No object on
(date: 14. 11. 47

for
PR/ISC GROUP

REGISTERED

Forwarded to:

Copy to: Inf. Cent.
on: 15. 11. 47

FILE

PSS (B) 4883/20m/7.47

Entnazifizierungsakte von Eduard Plietzsch ohne weitere Eintragungen. Vom 1. bis zum 9. November 1945 wurde Plietzsch von der »Control Commission for Germany (British Element), Monuments, Fine Arts and Archives Branch« zu Tätigkeiten der Dienststelle Mühlmann befragt. Trotz seines Engagements für das »Dritte Reich« war er kein Mitglied der NSDAP. [21]

Plietsch [sic] is the proto-type of the sort of thin German with the manner of a »chef-comptable«. [...] Like all Germans, Plietsch feels no guilt.

Jean Vlug, 1945 [22]

Plietzsch während eines Italienurlaubes 1955 [23]

URSULA BÜCHAU

HANSJOACHIM QUANTMEYER

EIN KUNSTHÄNDLER FÜR DIE PARTEI

DER VÄTERLICHE BETRIEB

Die Grundlage seines Erfolges hatte Hansjoachim Quantmeyer (1894–1945) geerbt. »Quantmeyer & Eicke«, die Firma seines Vaters, war spezialisiert auf den Handel mit Linoleum und Innendekoration.[1] Als Firmengründer Wilhelm Quantmeyer 1934 starb, ging sie an seinen ältesten Sohn Hansjoachim über. Der war schon kurz nach Hitlers Machtübernahme 1933 in die NSDAP eingetreten. Als Betriebsleiter war er Mitglied in der Deutschen Arbeitsfront geworden und engagierte sich in Berufsverbänden und in der Handelskammer. 1936 wurde seine Firma zum NS-Musterbetrieb erklärt.[2]

Passbild von Hansjoachim Quantmeyer im Aufnahmeantrag für die Reichskammer der bildenden Künste, 1940[3]

Aus der Werbebroschüre »Schöne Räume« von »Quantmeyer & Eicke« in der Kronenstraße, wohl aus dem dritten Kriegsjahr 1941/42. In der Broschüre wurden auch Produkte für Verdunkelung angeboten. unten: »Ein Damenzimmer«[4]

QUANTMEYER & EICKE

DRAHTANSCHRIFT. KORKTEPPICH. BERLIN
POSTSCHECK-KONTO BERLIN 11029
REICHSBANK-GIRO-KONTO
DEUTSCHE BANK W 9. POTSDAMER STR. 5
DRESDNER BANK. DEPOS.-KASSE 52
W 9. POTSDAMER STR 24
BANK DER DEUTSCHEN ARBEIT A.G.
BERLIN SW 19 MÄRKISCHES UFER 26/34

BERLIN W 8
KRONENSTRASSE 61-63
AN DER FRIEDRICHSTRASSE
FERNRUF: 116991

GARDINEN
DEKORATIONS-
MÖBELSTOFFE
DEUTSCHE, ORIENT-
TEPPICHE / LÄUFER
LINOLEUM

Titl.
Der Landeskulturwalter
Gau Berlin
Landesleiter für bildende Künste,
Berlin - Nikolassee
Kirchweg 33.

Eing.: 19. MRZ. 1940
Beantw.:
Erl.:

BERLIN, den 18. März 1940.
Sa.

Aktenzeichen B.K./VII-KA.

Wir nehmen Bezug auf Ihr an unseren Herrn H.J. Quantmeyer gerichtetes Schreiben vom 8.ds.Mts. und müssen Sie bitten, sich mit der Einreichung des Abstammungsnachweises (Grosseltern der Ehefrau väter- und mütterlicherseits) noch etwas zu gedulden, da diese erst besorgt werden müssen. Sobald die Taufscheine vorliegen, lassen wir Ihnen diese zukommen.

Gleichzeitig überreichen wir Ihnen RM. 0,46 in Briefmarken für das Porto des Einschreibebriefes vom 8.3.cr.

Wir empfehlen uns Ihnen

Heil Hitler
ppa. Quantmeyer & Eicke.

RM. 0,46 in Marken
anbei.

NATIONALSOZIALISTISCHER
MUSTERBETRIEB

10000. 9. 39. Rp. & Co.

Brief mit dem Briefkopf der Firma »Quantmeyer & Eicke« vom 18. März 1940. Antwort auf ein Schreiben des Landesleiters für bildende Künste hinsichtlich Quantmeyers Aufnahmeantrag in die Reichskammer der bildenden Künste. Unten links ist das Signet für den NS-Musterbetrieb.[5]

Schon in den 1930er Jahren machte Hansjoachim Quantmeyer gemeinsam mit seinem Vetter Josef Angerer Geschäfte mit Hitler, Göring, Goebbels und Speer sowie mit Institutionen der Regierung und der nationalsozialistischen Partei. Auch privat hatte er gute Kontakte. So schrieb er 1940 in einem Brief an einen Freund: »Gottseidank habe ich bessere Freunde, wie z.B. den Herrn Reichsmarschall«; der hatte ihm je einen Hirsch in der Steiermark und in der Schorfheide zum Abschuss freigegeben. In der »Wirtschaftsgruppe Einzelhandel, Fachgruppe Bekleidung, Textil und Leder« arbeitete er im November 1938 an einer Liste von jüdischen Unternehmen, die »arisiert« oder liquidiert werden sollten. Kurz darauf wurde die Verordnung und Durchführung zur »Ausschaltung« der Juden aus dem deutschen Wirtschaftsleben beschlossen.

Anzeige von »Quantmeyer & Eicke« in der Zeitschrift »Kunst dem Volk«, April 1939 [6]

Nach dem glorreichen 1940 gehen wir mit den grössten Hoffnungen in das neue Jahr 1941 hinein, das uns den Sieg auf der ganzen Linie bringen soll. Wir geloben, dass wir mit dem ganzen Herzen treue Gefolgsleute unseres großen Führers Adolf Hitler bleiben wollen, dem wir zur Jahreswende wünschen möchten, dass ein gütiges Geschick ihn erhalten möchte zur Lösung aller seiner Aufgaben für ein friedvolles Großdeutschland.

Quantmeyer, 1941 [7]

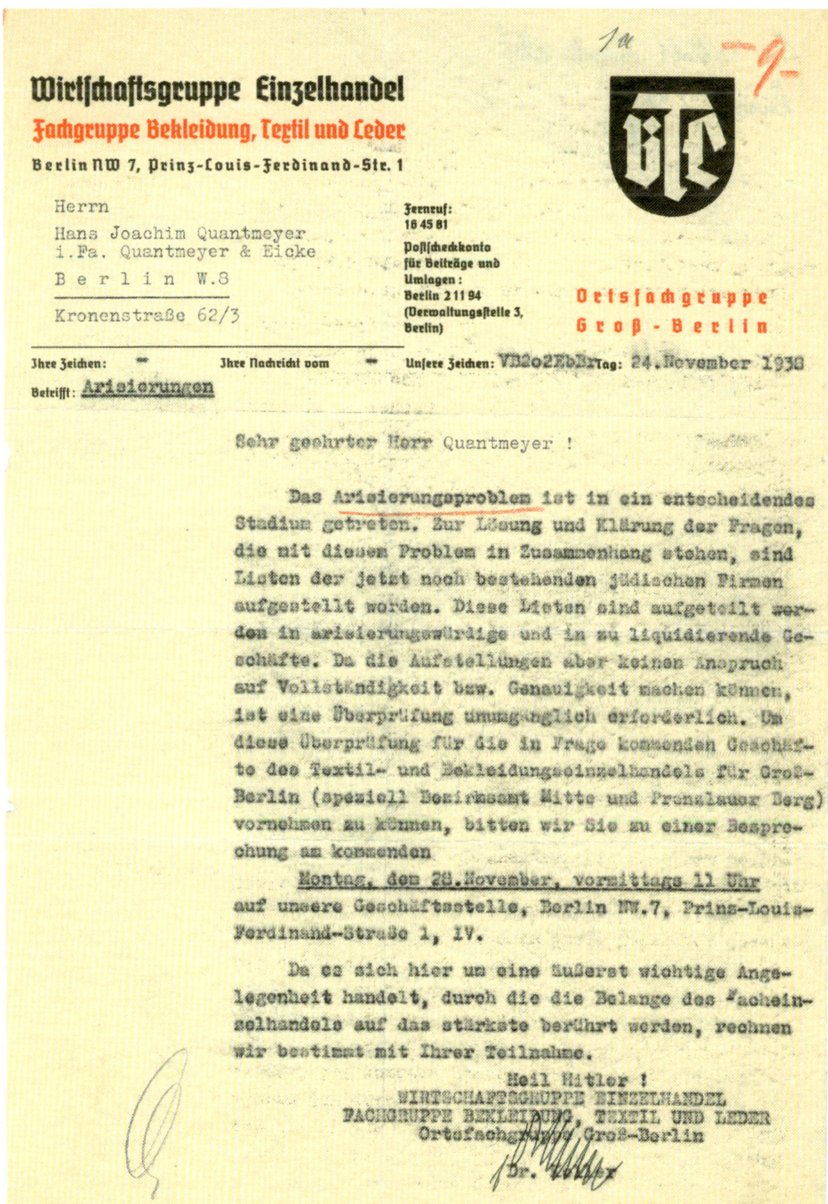

1a

-9-

Wirtschaftsgruppe Einzelhandel
Fachgruppe Bekleidung, Textil und Leder
Berlin NW 7, Prinz-Louis-Ferdinand-Str. 1

Herrn
Hans Joachim Quantmeyer
i.Fa. Quantmeyer & Eicke
Berlin W.8
Kronenstraße 62/3

Fernruf: 16 45 81
Postscheckkonto für Beiträge und Umlagen: Berlin 211 94 (Verwaltungsstelle 3, Berlin)

Ortsfachgruppe Groß-Berlin

Ihre Zeichen: – Ihre Nachricht vom – Unsere Zeichen: VB2o2EbBr Tag: 24.November 1938

Betrifft: Arisierungen

Sehr geehrter Herr Quantmeyer !

Das Arisierungsproblem ist in ein entscheidendes Stadium getreten. Zur Lösung und Klärung der Fragen, die mit diesem Problem in Zusammenhang stehen, sind Listen der jetzt noch bestehenden jüdischen Firmen aufgestellt worden. Diese Listen sind aufgeteilt werden in arisierungswürdige und in zu liquidierende Geschäfte. Da die Aufstellungen aber keinen Anspruch auf Vollständigkeit bzw. Genauigkeit machen können, ist eine Überprüfung unumgänglich erforderlich. Um diese Überprüfung für die in Frage kommenden Geschäfte des Textil- und Bekleidungseinzelhandels für Groß-Berlin (speziell Bezirksamt Mitte und Prenzlauer Berg) vornehmen zu können, bitten wir Sie zu einer Besprechung am kommenden

Montag, den 28.November, vormittags 11 Uhr

auf unsere Geschäftsstelle, Berlin NW.7, Prinz-Louis-Ferdinand-Straße 1, IV.

Da es sich hier um eine äußerst wichtige Angelegenheit handelt, durch die die Belange des Facheinzelhandels auf das stärkste berührt werden, rechnen wir bestimmt mit Ihrer Teilnahme.

Heil Hitler !
WIRTSCHAFTSGRUPPE EINZELHANDEL
FACHGRUPPE BEKLEIDUNG, TEXTIL UND LEDER
Ortsfachgruppe Groß-Berlin
Dr.

Brief der »Wirtschaftsgruppe Einzelhandel, Fachgruppe Bekleidung, Textil und Leder« vom 24. November 1938 an Quantmeyer zum »Arisierungsproblem«. Es wurde eine Liste der jüdischen Firmen erstellt, die liquidiert werden sollten. [8]

KUNSTHANDEL IN DER NS-ZEIT

1940 gründete Quantmeyer die Firma »Hansjoachim Quantmeyer«, die mit Kunstgegenständen, insbesondere antiken Teppichen und Gobelins handelte. Im gleichen Jahr wurde er in die Reichskammer der bildenden Künste aufgenommen, eine Voraussetzung für den Handel mit Kunstwerken in der NS-Zeit. Während der Kriegsjahre verkaufte Quantmeyer Kunstwerke aller Art, vornehmlich Raubkunst aus Frankreich und Italien. Eine Waggonladung mit Möbeln, Gemälden und Skulpturen aus Rom und Florenz war für Görings Landsitz Carinhall bestimmt, versichert mit 1 250 000 Reichsmark. Zudem vermittelte er den Kauf von mehreren Skulpturen durch den Kunsthändler Theodor Fischer aus Luzern für »das Staatsamt des Reichsmarschalls« in Berlin.[9]

Immer wieder erhielt Quantmeyer Aufträge von leitenden Regierungsmitgliedern und Parteigrößen. Man beauftragte ihn, Kunstwerke im Ausland, besonders in Paris, aus jüdischem Besitz zu erwerben. Staatsrat Turner von der Militärverwaltung in Frankreich stellte ihm dazu zwei französische Polizeibeamte zur Verfügung, welche die Adressen der jüdischen Familien lieferten und ihn bei der Beschlagnahme begleiteten; die Polizeibeamten wurden von Göring persönlich bezahlt.[10] »Es werden nur Lieferungen i.A. hoher und höchster Staatsstellen zur Ausstattung staatspolitisch wichtiger Räume und Gebäude ausgeführt«, gab Quantmeyer 1942 in einem Fragebogen für die Reichskammer der bildenden Künste an. Er allein führte drei Firmen in Personalunion am Standort Kronenstraße 61-63 in Mitte. Hier beschäftigte er selbst in Kriegszeiten 103 Angestellte, 15 Vertreter und 163 Arbeiter, »alle arisch«, wie er betonte.[11]

Noch kurz vor Kriegsende wurde ihm als Hauptmann im Reichsluftfahrtministerium am 30. Januar 1945 das Kriegsverdienstkreuz I. Klasse verliehen.

Fragment einer Kundenliste. Aufstellung aus der »Enteignungsakte Hansjoachim Quantmeyer« des Magistrats von Berlin, Abteilung Finanzen, undatiert.[12]

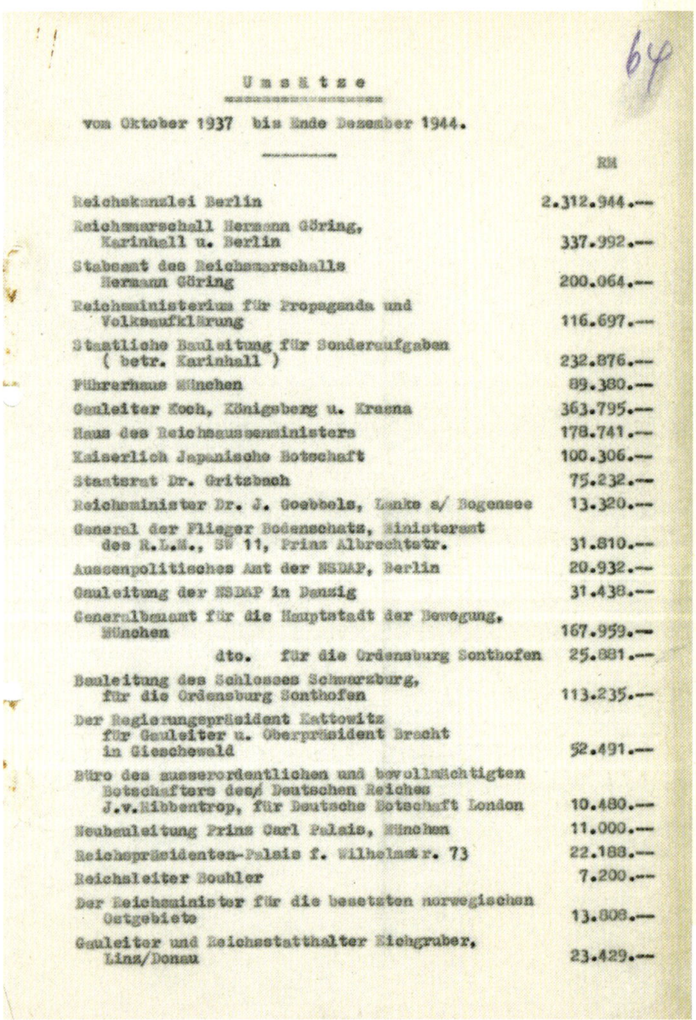

64

U m s ä t z e

vom Oktober 1937 bis Ende Dezember 1944.

	RM
Reichskanzlei Berlin	2.312.944.--
Reichsmarschall Hermann Göring, Karinhall u. Berlin	337.992.--
Stabsamt des Reichsmarschalls Hermann Göring	200.064.--
Reichsministerium für Propaganda und Volksaufklärung	116.697.--
Staatliche Bauleitung für Sonderaufgaben (betr. Karinhall)	232.876.--
Führerhaus München	89.380.--
Gauleiter Koch, Königsberg u. Krasna	363.795.--
Haus des Reichsaussenministers	178.741.--
Kaiserlich Japanische Botschaft	100.306.--
Staatsrat Dr. Gritzbach	75.232.--
Reichsminister Dr. J. Goebbels, Lanke a/ Bogensee	13.320.--
General der Flieger Bodenschatz, Ministeramt des R.L.M., SW 11, Prinz Albrechtstr.	31.810.--
Aussenpolitisches Amt der NSDAP, Berlin	20.932.--
Gauleitung der NSDAP in Danzig	31.438.--
Generalbauamt für die Hauptstadt der Bewegung, München	167.959.--
dto. für die Ordensburg Sonthofen	25.881.--
Bauleitung des Schlosses Schwarzburg, für die Ordensburg Sonthofen	113.235.--
Der Regierungspräsident Kattowitz für Gauleiter u. Oberpräsident Bracht in Gieschewald	52.491.--
Büro des ausserordentlichen und bevollmächtigten Botschafters des Deutschen Reiches J.v.Ribbentrop, für Deutsche Botschaft London	10.480.--
Neubauleitung Prinz Carl Palais, München	11.000.--
Reichspräsidenten-Palais f. Wilhelmstr. 73	22.188.--
Reichsleiter Bouhler	7.200.--
Der Reichsminister für die besetzten norwegischen Ostgebiete	13.808.--
Gauleiter und Reichsstatthalter Eichgruber, Linz/Donau	23.429.--

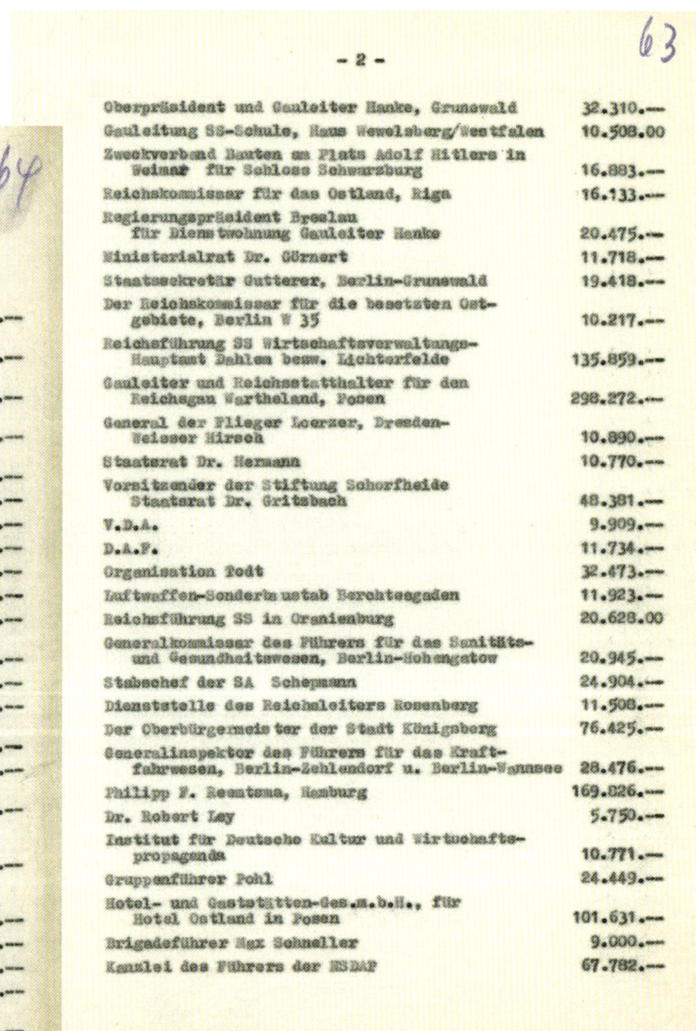

63

- 2 -

Oberpräsident und Gauleiter Hanke, Grunewald	32.310.--
Gauleitung SS-Schule, Haus Wewelsberg/Westfalen	10.508.00
Zweckverband Bauten am Platz Adolf Hitlers in Weimar für Schloss Schwarzburg	16.883.--
Reichskommissar für das Ostland, Riga	16.133.--
Regierungspräsident Breslau für Dienstwohnung Gauleiter Hanke	20.475.--
Ministerialrat Dr. Görnert	11.718.--
Staatssekretär Gutterer, Berlin-Grunewald	19.418.--
Der Reichskommissar für die besetzten Ostgebiete, Berlin W 35	10.217.--
Reichsführung SS Wirtschaftsverwaltungs-Hauptamt Dahlem bzw. Lichterfelde	135.859.--
Gauleiter und Reichsstatthalter für den Reichsgau Wartheland, Posen	298.272.--
General der Flieger Loerzer, Dresden-Weisser Hirsch	10.890.--
Staatsrat Dr. Hermann	10.770.--
Vorsitzender der Stiftung Schorfheide Staatsrat Dr. Gritzbach	48.381.--
V.D.A.	9.909.--
D.A.F.	11.734.--
Organisation Todt	32.473.--
Luftwaffen-Sonderbaustab Berchtesgaden	11.923.--
Reichsführung SS in Oranienburg	20.628.00
Generalkommissar des Führers für das Sanitäts- und Gesundheitswesen, Berlin-Hohengatow	20.945.--
Stabschef der SA Schepmann	24.904.--
Dienststelle des Reichsleiters Rosenberg	11.508.--
Der Oberbürgermeister der Stadt Königsberg	76.425.--
Generalinspektor des Führers für das Kraftfahrwesen, Berlin-Zehlendorf u. Berlin-Wannsee	28.476.--
Philipp F. Reemtsma, Hamburg	169.026.--
Dr. Robert Ley	5.750.--
Institut für Deutsche Kultur und Wirtschaftspropaganda	10.771.--
Gruppenführer Pohl	24.449.--
Hotel- und Gaststätten-Ges.m.b.H., für Hotel Ostland in Posen	101.631.--
Brigadeführer Max Schneller	9.000.--
Kanzlei des Führers der NSDAP	67.782.--

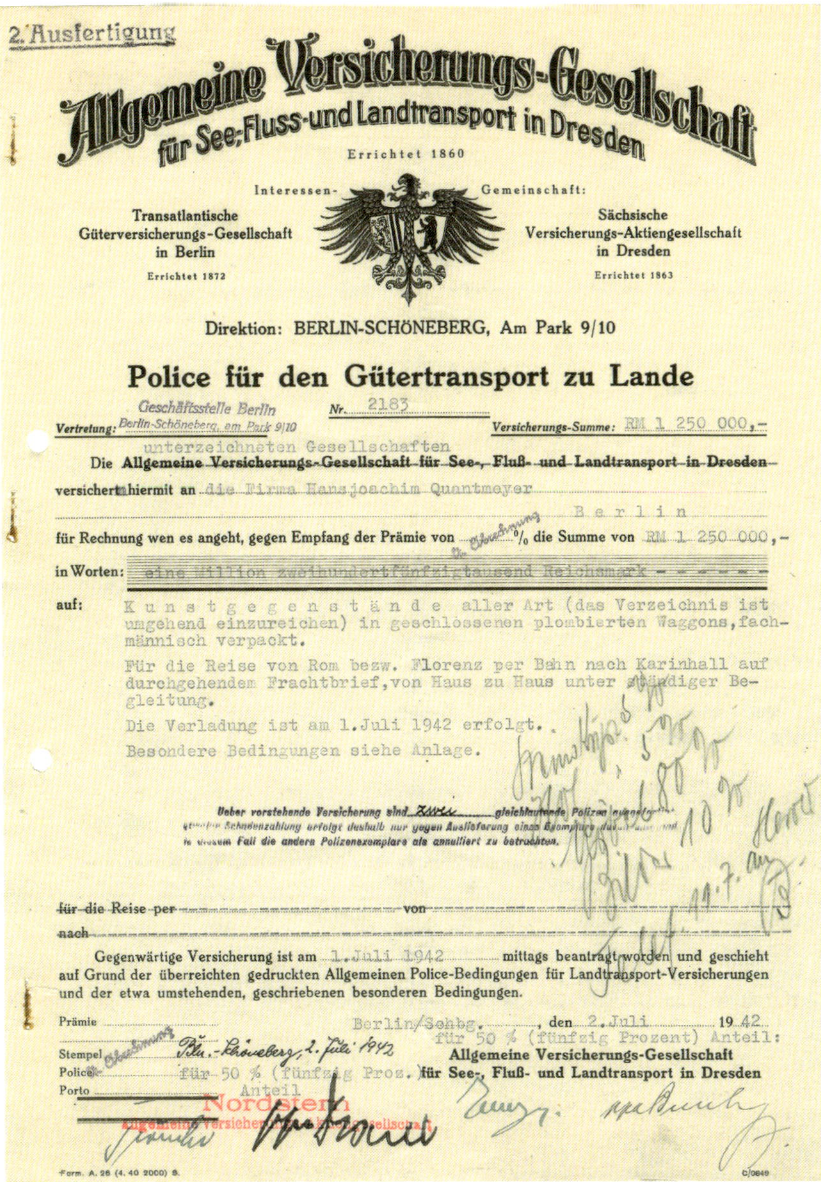
2. Ausfertigung

Allgemeine Versicherungs-Gesellschaft für See-, Fluss- und Landtransport in Dresden

Errichtet 1860

Interessen-Gemeinschaft:

Transatlantische Güterversicherungs-Gesellschaft in Berlin
Errichtet 1872

Sächsische Versicherungs-Aktiengesellschaft in Dresden
Errichtet 1863

Direktion: BERLIN-SCHÖNEBERG, Am Park 9/10

Police für den Gütertransport zu Lande

Vertretung: Geschäftsstelle Berlin Berlin-Schöneberg, am Park 9/10 Nr. 2183 Versicherungs-Summe: RM 1 250 000,-

Die ~~Allgemeine Versicherungs-Gesellschaft für See-, Fluß- und Landtransport in Dresden~~ unterzeichneten Gesellschaften

versichert hiermit an die Firma Hansjoachim Quantmeyer
Berlin

für Rechnung wen es angeht, gegen Empfang der Prämie von lt. Abrechnung % die Summe von RM 1 250 000,-

in Worten: eine Million zweihundertfünfzigtausend Reichsmark - - - - - -

auf: Kunstgegenstände aller Art (das Verzeichnis ist umgehend einzureichen) in geschlossenen plombierten Waggons, fachmännisch verpackt.

Für die Reise von Rom bezw. Florenz per Bahn nach Karinhall auf durchgehendem Frachtbrief, von Haus zu Haus unter ständiger Begleitung.

Die Verladung ist am 1. Juli 1942 erfolgt.

Besondere Bedingungen siehe Anlage.

Ueber vorstehende Versicherung sind zwei gleichlautende Polizen ausgefertigt. ... Schadenzahlung erfolgt deshalb nur gegen Auslieferung eines Exemplars ... in diesem Fall die andern Polizenexemplare als annulliert zu betrachten.

~~für die Reise per~~ ---------- von ----------

~~nach~~ ----------

Gegenwärtige Versicherung ist am 1. Juli 1942 mittags beantragt worden und geschieht auf Grund der überreichten gedruckten Allgemeinen Police-Bedingungen für Landtransport-Versicherungen und der etwa umstehenden, geschriebenen besonderen Bedingungen.

Prämie ....
Stempel lt. Abrechnung
Police ....
Porto ....

Bln.-Schöneberg, 2. Juli 1942
für 50 % (fünfzig Proz.) Anteil
Nordstern Allgemeine Versicherungs-Aktiengesellschaft

Berlin/Schbg., den 2. Juli 1942
für 50 % (fünfzig Prozent) Anteil:
Allgemeine Versicherungs-Gesellschaft für See-, Fluß- und Landtransport in Dresden

Form. A. 26 (4. 40 2000) S. C/0849

Versicherungspolice über »Kunstgegenstände aller Art« der »Allgemeine[n] Versicherungs-Gesellschaft für See-, Fluß- und Landtransport Dresden« und der »Nordstern Allgemeine[n] Versicherungs- und Aktiengesellschaft« vom 2. Juli 1942 (Wert: 1 250 000 Reichsmark) [13]

Ein antiker Wandteppich von Guasparri de Bartolommeo Papini: »Helios übergibt dem Phaeton die Zügel des Sonnenwagens«, Herstellung in Florenz, 1585. Der Teppich wurde 1942 von »Quantmeyer & Eicke« nach Auskunft von Josef Angerer, dem ehemaligen Geschäftsführer der Firma, aus Rom an Hermann Göring geliefert. [14]

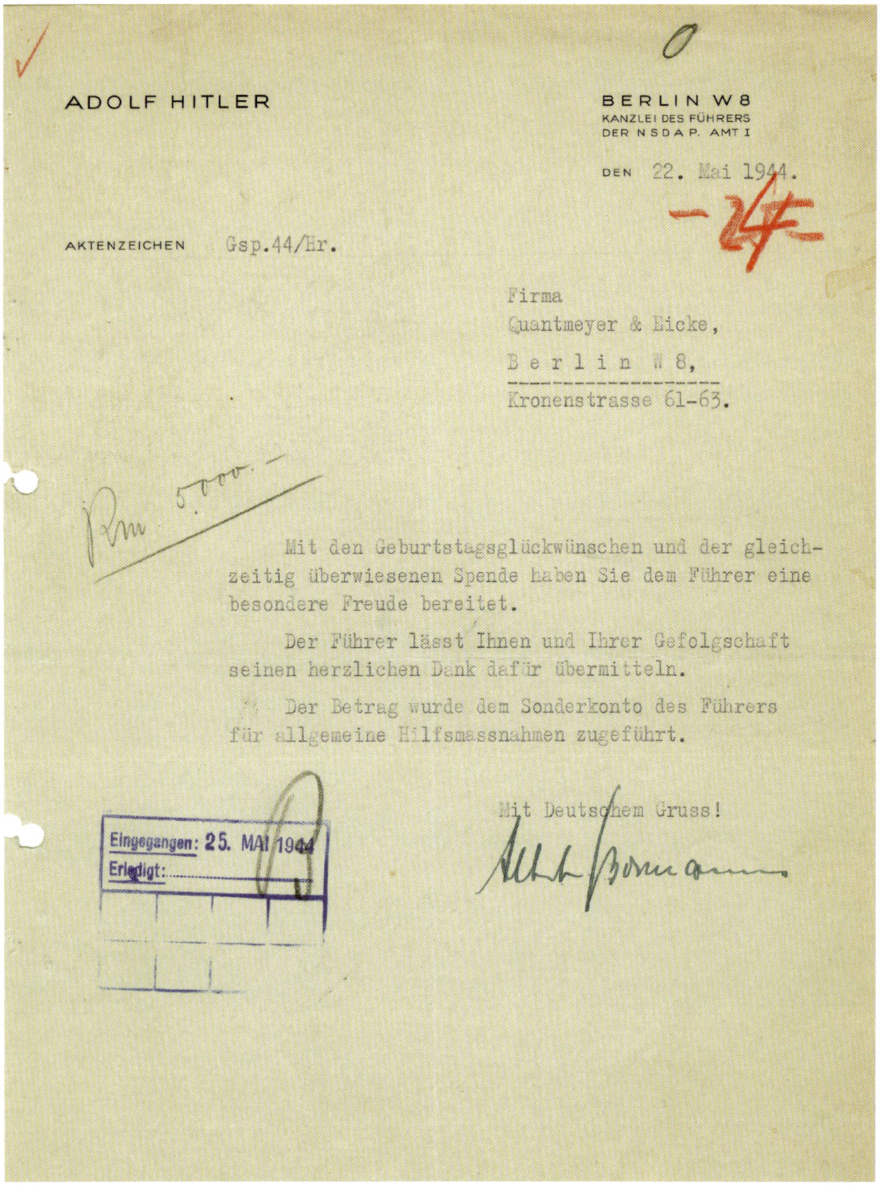

ADOLF HITLER

BERLIN W 8
KANZLEI DES FÜHRERS
DER NSDAP. AMT I

DEN 22. Mai 1944.

AKTENZEICHEN Gsp.44/Hr.

Firma
Quantmeyer & Eicke,
Berlin W 8,
Kronenstrasse 61-63.

Rm 5000.–

Mit den Geburtstagsglückwünschen und der gleichzeitig überwiesenen Spende haben Sie dem Führer eine besondere Freude bereitet.

Der Führer lässt Ihnen und Ihrer Gefolgschaft seinen herzlichen Dank dafür übermitteln.

Der Betrag wurde dem Sonderkonto des Führers für allgemeine Hilfsmassnahmen zugeführt.

Eingegangen: 25. MAI 1944
Erledigt:

Mit Deutschem Gruss!
Albert Bormann

Brief vom 22. Mai 1944 von Albert Bormann (Kanzlei des Führers der NSDAP, Amt I) an die Firma »Quantmeyer & Eicke«. Albert Bormann, der Bruder Martin Bormanns, war seit dem 3. Juni 1938 Adjutant des Führers und Reichshauptamtsleiter der NSDAP.[15]

DAS ENDE 1945

Die letzten Kriegstage verbrachte Quantmeyer in Zühlsdorf bei Berlin. In der Nacht des Einmarsches der Roten Armee versuchte er zu fliehen, kehrte aber zurück. In der folgenden Nacht wurde er von russischen Offizieren zum Verhör geholt und kam nicht wieder. Er starb am 28. September 1945 in einem sowjetischen Gefangenenlager bei Landsberg an der Warthe, vermutlich an Diphterie.

Seine Firmen wurden nach Kriegsende enteignet. Im Handelsregister erschienen im Mai bzw. Juni 1949 alle drei Firmen mit dem Vermerk: »Auf Grund des Gesetzes des Magistrats von Groß-Berlin vom 8. Februar 1949 in das Eigentum des Volkes übergegangen. Die Firma ist erloschen.«[16]

HEIKE STANGE

HELENE SCHEDUIKAT

EINE DER WENIGEN FRAUEN IN DER VERSTEIGERUNGSBRANCHE

Erst zwei Monate lag der Tod ihres Mannes zurück, da gründete Helene Scheduikat am 7. Juni 1934 ihr Unternehmen als Versteigerin und Taxatorin.[1] Ihr Mann Arthur war vereidigter öffentlicher Versteigerer und Auktionator gewesen, ihre Ehe war eine langjährige Arbeitsgemeinschaft, in der Helene Scheduikat den Beruf ihres Mannes kennen und ausüben lernte. In den 1920er Jahren war Arthur Scheduikat, dem »Zug nach dem Westen« folgend, vom Bezirk Lichtenberg in die Potsdamer Straße nach Schöneberg gezogen. Seine Witwe eröffnete ihr Büro und die Auktions- und Ausstellungsräume schließlich am Kurfürstendamm 122.

Passfoto, vor 1935 [2]

Helene Scheduikat hatte an ihrem Büro- und Lagerhaus Reklameschilder und Schaukästen angebracht, für die sie keine Genehmigung der Baupolizei besaß.[3]

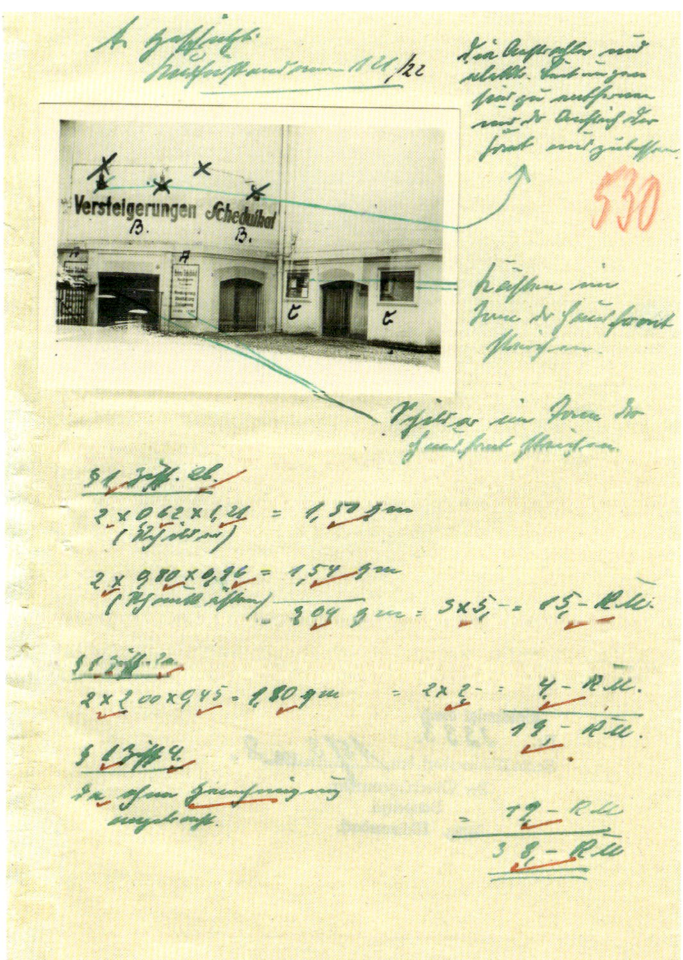

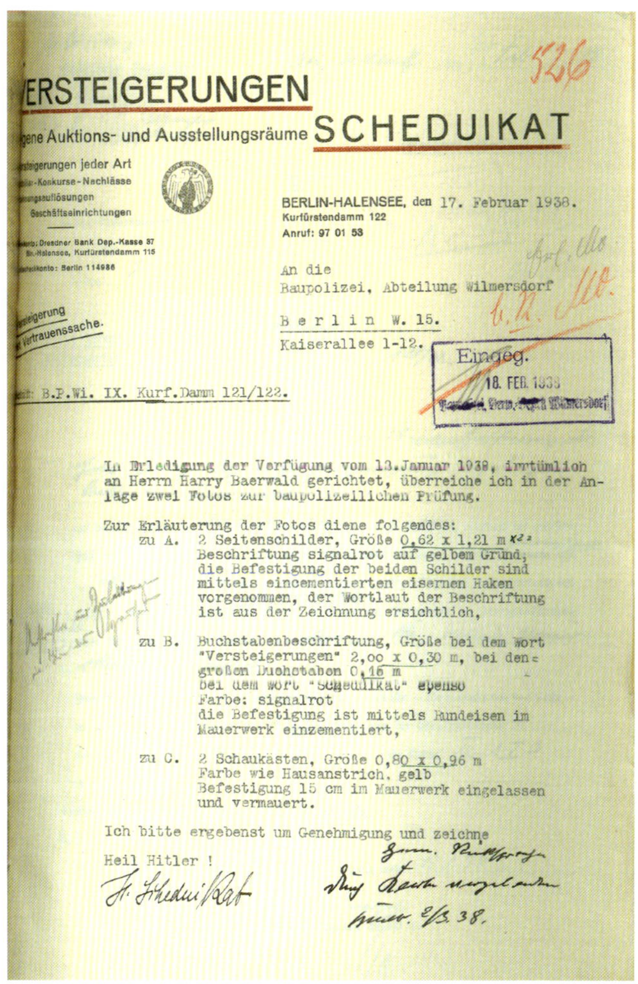

VERSTEIGERUNGEN
...gene Auktions- und Ausstellungsräume SCHEDUIKAT

...steigerungen jeder Art
...-Konkurse-Nachlässe
...ungsauflösungen
Geschäftseinrichtungen

...: Dresdner Bank Dep.-Kasse 37
...-Halensee, Kurfürstendamm 115
...konto: Berlin 114986

...steigerung ... Vertrauenssache.

526

BERLIN-HALENSEE, den 17. Februar 1938.
Kurfürstendamm 122
Anruf: 97 01 53

An die
Baupolizei, Abteilung Wilmersdorf

Berlin W. 15.
Kaiserallee 1-12.

Eingeg. 18. FEB. 1938

...: B.P.Wi. IX. Kurf.Damm 121/122.

In Erledigung der Verfügung vom 13.Januar 1938, irrtümlich an Herrn Harry Baerwald gerichtet, überreiche ich in der Anlage zwei Fotos zur baupolizeilichen Prüfung.

Zur Erläuterung der Fotos diene folgendes:

zu A. 2 Seitenschilder, Größe 0,62 x 1,21 m
Beschriftung signalrot auf gelbem Grund,
die Befestigung der beiden Schilder sind mittels eincementierten eisernen Haken vorgenommen, der Wortlaut der Beschriftung ist aus der Zeichnung ersichtlich,

zu B. Buchstabenbeschriftung, Größe bei dem Wort "Versteigerungen" 2,00 x 0,30 m, bei den großen Buchstaben 0,16 m
bei dem Wort "Scheduikat" ebenso
Farbe: signalrot
die Befestigung ist mittels Rundeisen im Mauerwerk einzementiert,

zu C. 2 Schaukästen, Größe 0,80 x 0,96 m
Farbe wie Hausanstrich, gelb
Befestigung 15 cm im Mauerwerk eingelassen und vermauert.

Ich bitte ergebenst um Genehmigung und zeichne

Heil Hitler !

H. Scheduikat

DIE AUSEINANDERSETZUNG UM IHRE QUALIFIKATION

Helene Scheduikat, 1890 in Berlin geboren, erhielt 1935 ihre Konzession als Versteigerin von Mobiliar, Konkursen, Nachlässen, Wohnungsauflösungen und Geschäftseinrichtungen. In den ersten zweieinhalb Jahren veranstaltete sie nach eigenen Angaben 222 Versteigerungen mit einem Umsatz von 60 000 Reichsmark. 20 Prozent der Ware bezifferte sie als Kulturgut. Diese Aufträge musste sie zurückstellen, da der Handel nur Mitgliedern der Reichskammer der bildenden Künste gestattet war. Daher beantragte sie die Aufnahme. Als Referenz nannte sie den »Einheitsverband der Versteigerer Deutschlands e.V.«, den ihr Mann jahrelang geleitet hatte. Doch die Aufnahme gestaltete sich schwierig. Ihr Antrag wurde zunächst abgelehnt: Es mangele ihr an Qualifikation, hieß es. Helene Scheduikat protestierte gegen die Vorbehalte, die man ihrer fachlichen Arbeit entgegenbrachte. Erst ein Besuch vom Sachkundeprüfer und Beisitzer der Industrie- und Handelskammer W. Glosse machte ihr den Weg frei für die Aufnahme in die RdbK. Im Gespräch über Porzellan, über Holz und Gemälde, über Ornamentkunde, verschiedene Kunstepochen und Länder kam er zu dem Ergebnis, dass die für den kleinen Betrieb »erforderliche(n) Kenntnisse« vorlägen. Vorhandene Lücken versprach sie, die ihr kunsthistorisches Fachwissen autodidaktisch gewonnen hatte, durch »eifriges Studium und regen Museumsbesuch« zu ergänzen. Eine weitere Beurteilung lobte ihre Versteigerungen, »wo es so ordentlich und sauber zugeht«.[4] Am 13. April 1938 wurde Helene Scheduikat schließlich in die Reichskammer der bildenden Künste aufgenommen.

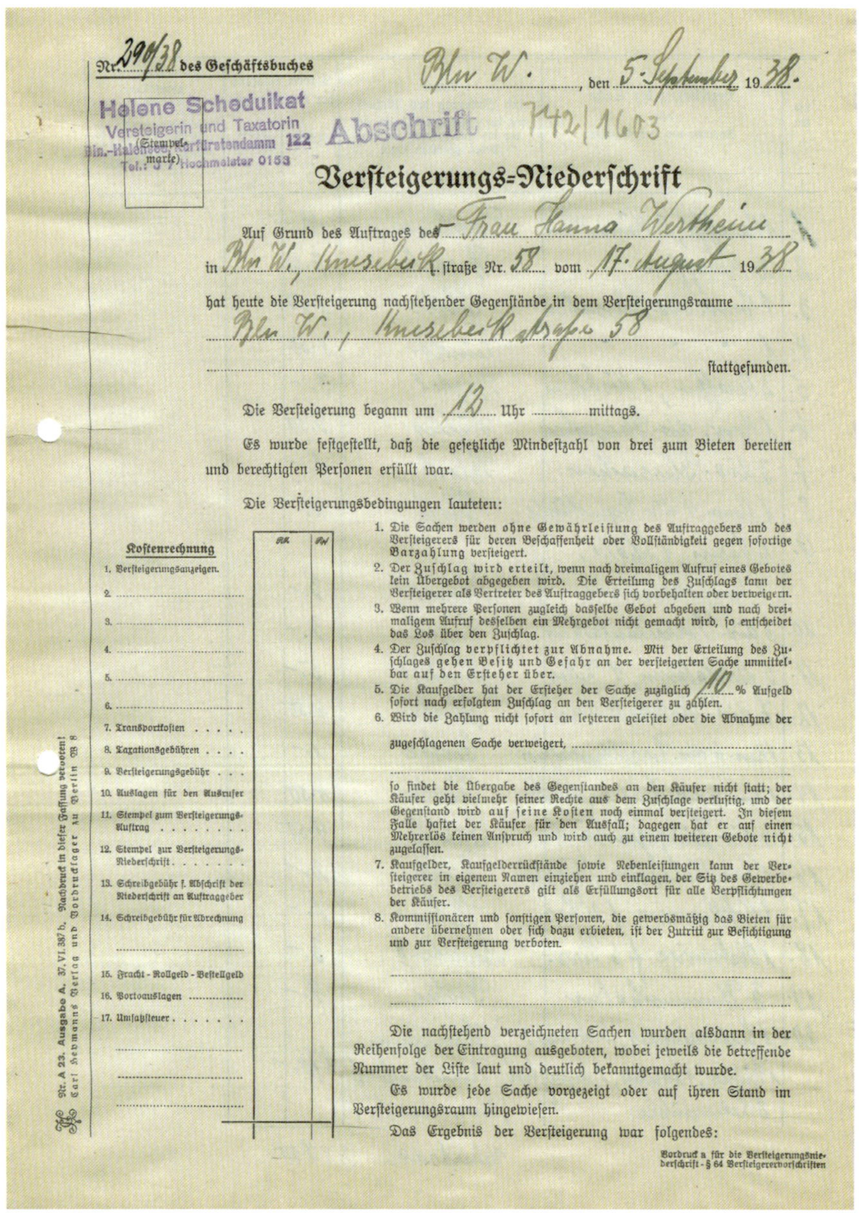

Nr. 290/38 des Geschäftsbuches

Bln W., den 5. September 1938.

Helene Scheduikat
Versteigerin und Taxatorin
Bln.-Halensee, Kurfürstendamm 122
Tel.: J 7 Hochmeister 0153

(Stempelmarke)

Abschrift 742/1603

Versteigerungs-Niederschrift

Auf Grund des Auftrages der Frau Hanna Wertheim in Bln W., Knesebeck straße Nr. 58 vom 17. August 1938 hat heute die Versteigerung nachstehender Gegenstände in dem Versteigerungsraume Bln W., Knesebeckstraße 58 stattgefunden.

Die Versteigerung begann um 12 Uhr .... mittags.

Es wurde festgestellt, daß die gesetzliche Mindestzahl von drei zum Bieten bereiten und berechtigten Personen erfüllt war.

Die Versteigerungsbedingungen lauteten:

1. Die Sachen werden ohne Gewährleistung des Auftraggebers und des Versteigerers für deren Beschaffenheit oder Vollständigkeit gegen sofortige Barzahlung versteigert.
2. Der Zuschlag wird erteilt, wenn nach dreimaligem Aufruf eines Gebotes kein Übergebot abgegeben wird. Die Erteilung des Zuschlags kann der Versteigerer als Vertreter des Auftraggebers sich vorbehalten oder verweigern.
3. Wenn mehrere Personen zugleich dasselbe Gebot abgeben und nach dreimaligem Aufruf desselben ein Mehrgebot nicht gemacht wird, so entscheidet das Los über den Zuschlag.
4. Der Zuschlag verpflichtet zur Abnahme. Mit der Erteilung des Zuschlages gehen Besitz und Gefahr an der versteigerten Sache unmittelbar auf den Ersteher über.
5. Die Kaufgelder hat der Ersteher der Sache zuzüglich 10 % Aufgeld sofort nach erfolgtem Zuschlag an den Versteigerer zu zahlen.
6. Wird die Zahlung nicht sofort an letzteren geleistet oder die Abnahme der zugeschlagenen Sache verweigert, ...
so findet die Übergabe des Gegenstandes an den Käufer nicht statt; der Käufer geht vielmehr seiner Rechte aus dem Zuschlage verlustig, und der Gegenstand wird auf seine Kosten noch einmal versteigert. In diesem Falle haftet der Käufer für den Ausfall; dagegen hat er auf einen Mehrerlös keinen Anspruch und wird auch zu einem weiteren Gebote nicht zugelassen.
7. Kaufgelder, Kaufgelderrückstände sowie Nebenleistungen kann der Versteigerer in eigenem Namen einziehen und einklagen, der Sitz des Gewerbebetriebs des Versteigerers gilt als Erfüllungsort für alle Verpflichtungen der Käufer.
8. Kommissionären und sonstigen Personen, die gewerbsmäßig das Bieten für andere übernehmen oder sich dazu erbieten, ist der Zutritt zur Besichtigung und zur Versteigerung verboten.

Kostenrechnung	RM	Rpf
1. Versteigerungsanzeigen.		
2.		
3.		
4.		
5.		
6.		
7. Transportkosten		
8. Taxationsgebühren		
9. Versteigerungsgebühr		
10. Auslagen für den Ausrufer		
11. Stempel zum Versteigerungs-Auftrag		
12. Stempel zur Versteigerungs-Niederschrift		
13. Schreibgebühr f. Abschrift der Niederschrift an Auftraggeber		
14. Schreibgebühr für Abrechnung		
15. Fracht - Rollgeld - Bestellgeld		
16. Portoauslagen		
17. Umsatzsteuer		

Die nachstehend verzeichneten Sachen wurden alsdann in der Reihenfolge der Eintragung ausgeboten, wobei jeweils die betreffende Nummer der Liste laut und deutlich bekanntgemacht wurde.

Es wurde jede Sache vorgezeigt oder auf ihren Stand im Versteigerungsraum hingewiesen.

Das Ergebnis der Versteigerung war folgendes:

Vordruck a für die Versteigerungsniederschrift - § 64 Versteigerervorschriften

Nr. A 23. Ausgabe A. 37. VI. 387 b. Nachdruck in dieser Fassung verboten!
Carl Heymanns Verlag und Vordrucklager zu Berlin W 8

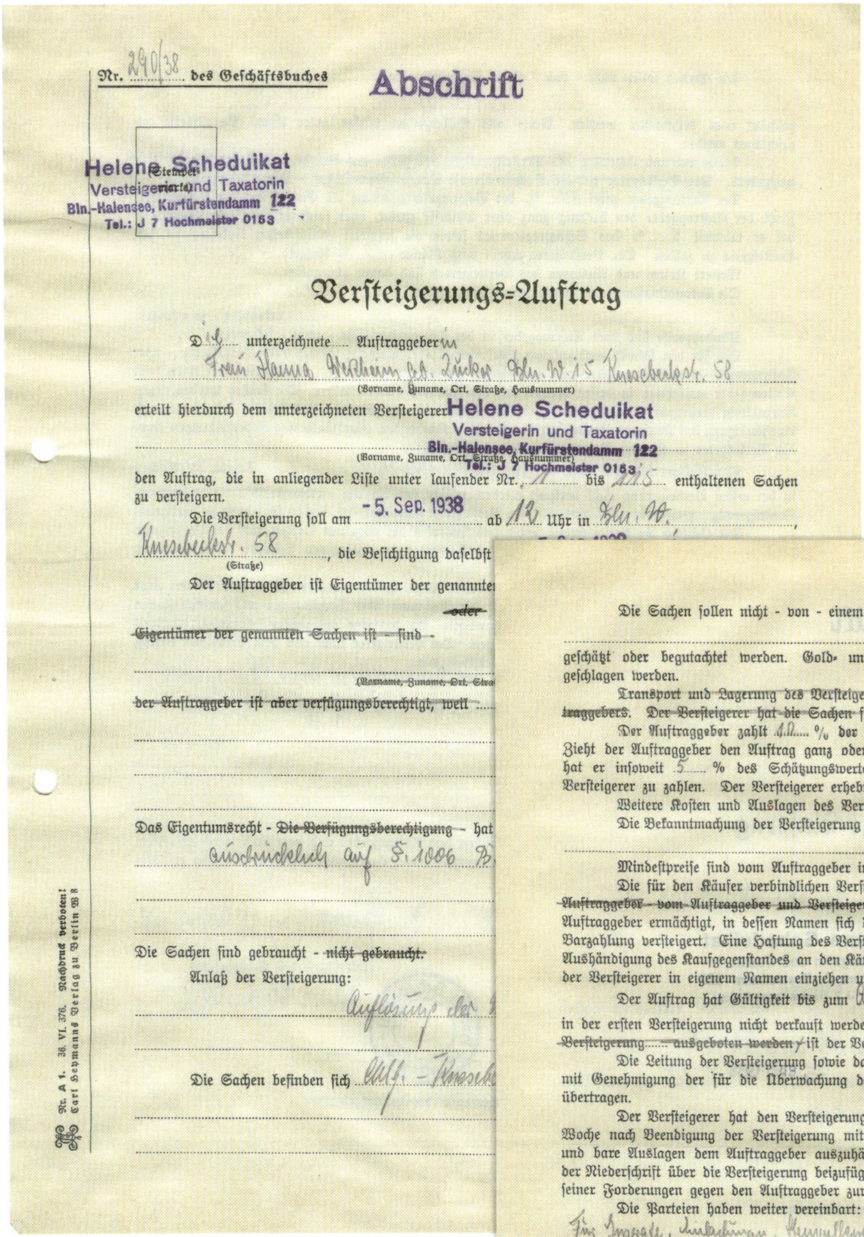
Nr. 290/38 des Geschäftsbuches

Abschrift

Helene Scheduikat
Versteigerin und Taxatorin
Bln.-Halensee, Kurfürstendamm 122
Tel.: J 7 Hochmeister 0153
(Stempel-
vermerk)

Versteigerungs-Auftrag

Die unterzeichnete Auftraggeberin
Frau Hanna Wertheim geb. Zucker Bln. W. 15 Knesebeckstr. 58
(Vorname, Zuname, Ort, Straße, Hausnummer)
erteilt hierdurch dem unterzeichneten Versteigerer Helene Scheduikat Versteigerin und Taxatorin Bln.-Halensee, Kurfürstendamm 122 Tel.: J 7 Hochmeister 0153
(Vorname, Zuname, Ort, Straße, Hausnummer)
den Auftrag, die in anliegender Liste unter laufender Nr. 1 bis 245 enthaltenen Sachen zu versteigern.
Die Versteigerung soll am - 5. Sep. 1938 ab 12 Uhr in Bln. W.,
Knesebeckstr. 58, die Besichtigung daselbst
(Straße)
Der Auftraggeber ist Eigentümer der genannten
~~oder~~
~~Eigentümer der genannten Sachen ist - sind -~~
(Vorname, Zuname, Ort, Straße
~~der Auftraggeber ist aber verfügungsberechtigt, weil~~

Das Eigentumsrecht - ~~Die Verfügungsberechtigung~~ - hat

Die Sachen sind gebraucht - ~~nicht gebraucht.~~
Anlaß der Versteigerung:

Die Sachen befinden sich

Nr. A 4. 38. VI. 378. Nachdruck verboten! Carl Heymanns Verlag zu Berlin W 8

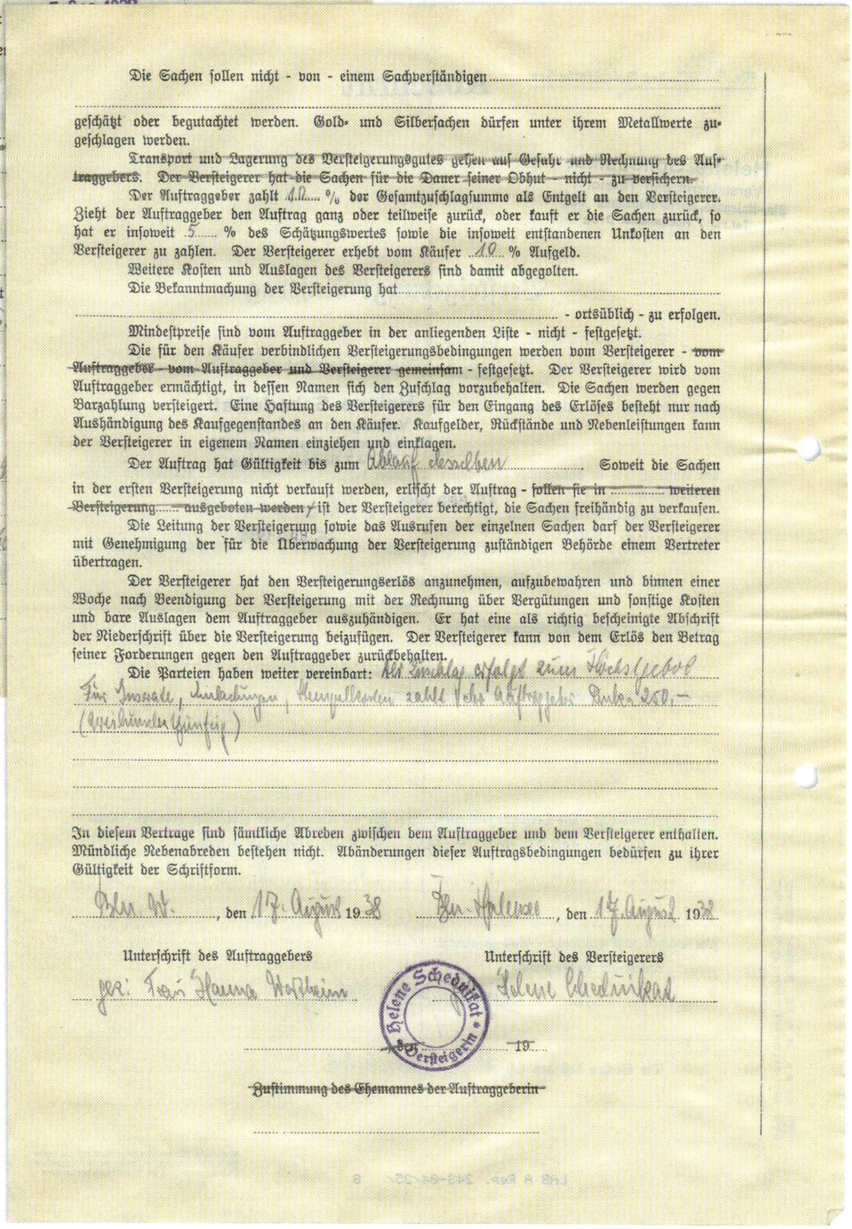
Die Sachen sollen nicht - von - einem Sachverständigen geschätzt oder begutachtet werden. Gold- und Silbersachen dürfen unter ihrem Metallwerte zugeschlagen werden.

~~Transport und Lagerung des Versteigerungsgutes gehen auf Gefahr und Rechnung des Auftraggebers. Der Versteigerer hat die Sachen für die Dauer seiner Obhut - nicht - zu versichern.~~

Der Auftraggeber zahlt 10 % der Gesamtzuschlagsumme als Entgelt an den Versteigerer. Zieht der Auftraggeber den Auftrag ganz oder teilweise zurück, oder kauft er die Sachen zurück, so hat er insoweit 5 % des Schätzungswertes sowie die insoweit entstandenen Unkosten an den Versteigerer zu zahlen. Der Versteigerer erhebt vom Käufer 10 % Aufgeld.

Weitere Kosten und Auslagen des Versteigerers sind damit abgegolten.

Die Bekanntmachung der Versteigerung hat - ortsüblich - zu erfolgen.

Mindestpreise sind vom Auftraggeber in der anliegenden Liste - nicht - festgesetzt.

Die für den Käufer verbindlichen Versteigerungsbedingungen werden vom Versteigerer - ~~vom Auftraggeber - vom Auftraggeber und Versteigerer gemeinsam~~ - festgesetzt. Der Versteigerer wird vom Auftraggeber ermächtigt, in dessen Namen sich den Zuschlag vorzubehalten. Die Sachen werden gegen Barzahlung versteigert. Eine Haftung des Versteigerers für den Eingang des Erlöses besteht nur nach Aushändigung des Kaufgegenstandes an den Käufer. Kaufgelder, Rückstände und Nebenleistungen kann der Versteigerer in eigenem Namen einziehen und einklagen.

Der Auftrag hat Gültigkeit bis zum Ablauf desselben. Soweit die Sachen in der ersten Versteigerung nicht verkauft werden, erlischt der Auftrag - ~~sollen sie in .... weiteren Versteigerung .... ausgeboten werden~~ / ist der Versteigerer berechtigt, die Sachen freihändig zu verkaufen.

Die Leitung der Versteigerung sowie das Ausrufen der einzelnen Sachen darf der Versteigerer mit Genehmigung der für die Überwachung der Versteigerung zuständigen Behörde einem Vertreter übertragen.

Der Versteigerer hat den Versteigerungserlös anzunehmen, aufzubewahren und binnen einer Woche nach Beendigung der Versteigerung mit der Rechnung über Vergütungen und sonstige Kosten und bare Auslagen dem Auftraggeber auszuhändigen. Er hat eine als richtig bescheinigte Abschrift der Niederschrift über die Versteigerung beizufügen. Der Versteigerer kann von dem Erlös den Betrag seiner Forderungen gegen den Auftraggeber zurückbehalten.

Die Parteien haben weiter vereinbart: Der Zuschlag erfolgt zum Höchstgebot

In diesem Vertrage sind sämtliche Abreden zwischen dem Auftraggeber und dem Versteigerer enthalten. Mündliche Nebenabreden bestehen nicht. Abänderungen dieser Auftragsbedingungen bedürfen zu ihrer Gültigkeit der Schriftform.

Bln. W., den 17. August 1938 Bln.-Halensee, den 17. August 1938

Unterschrift des Auftraggebers Unterschrift des Versteigerers

gez: Frau Hanna Wertheim gez. Helene Scheduikat

Helene Scheduikat Versteigerin

den 19

~~Zustimmung des Ehemannes der Auftraggeberin~~

Helene Scheduikat führte Versteigerungen für jüdische Eigentümer durch, wie für Hanna Wertheim.[5]
Hanna Wertheim, geb. Zucker, erteilte dem Auktionshaus Helene Scheduikat den Auftrag, die Zahnarztpraxis ihres Mannes Dr. Lutz (Ludwig) Wertheim und die gemeinsame Wohnung zu versteigern. Die Räume waren »gemäß des Gesetzes zur Aufhebung der jüdischen Ärztepraxis zum 30. September 1938« gekündigt worden. Die Versteigerung fand in den Räumen in der Knesebeckstraße 58 am 5. September 1938 statt. Lutz Wertheim, geboren 1887 in Göttingen, emigrierte 1939 nach Crewe in Großbritannien, dann nach Chicago in die USA. Von 1936 bis 1958 war er im britischen Zahnärzteverzeichnis registriert.[6] Ob Hanna Wertheim emigrieren konnte, ist nicht bekannt.

Selbst in einem Inserat in der »Weltkunst« im April 1940 wurde Helene Scheduikats Name falsch notiert. Daher ließ sie 1943 ihr Unternehmen in »Versteigerungshaus Halensee« ändern.[7]

DER WEG ZUM »VERSTEIGERUNGSHAUS HALENSEE«

Mit den Jahren liefen die Geschäfte immer besser. Für das Kriegsjahr 1941 gab Helene Scheduikat als Umsatz 70 000 Reichsmark und für das Jahr 1942 sogar 100 000 Reichsmark an. 1942 beantragte die Versteigerin beim Handelsregister die Umbenennung des Auktionshauses. Als Grund nannte sie, dass sich ihr Name »als wenig sprachgeläufig erwiesen hat und häufig zu Mißverständnissen führte.«[8] Schließlich wurde ihr Unternehmen am 19. Februar 1943 als »Versteigerungshaus Halensee« ins Handelsregister eingetragen. Helene Scheduikat zählte zu den wenigen Frauen in diesem Gewerbe. Sie profitierte vom Ansehen ihres Mannes in der Versteigerungsbranche und – wenn auch in geringem Maßstab – von der wirtschaftlichen Entrechtung und Verfolgung der jüdischen Bevölkerung.

SPÄTE HINWEISE

In den Adressbüchern und Archivalien finden sich nur spärlich Informationen zu Helene Scheduikat und ihrem Unternehmen. Um 1940 zog sie aus ihrer Wohnung in der Droysenstraße 14 in Charlottenburg nach Kleinmachnow, mit einer Postadresse in Zehlendorf. Das Auktionshaus am Kurfürstendamm wurde während des Krieges zerstört, 1944 betrieb sie es von der Schloßstraße 96 in Steglitz weiter.[9] Der letzte Hinweis nach dem Zweiten Weltkrieg war eine Annonce in der Zeitschrift »Der Weg«, die als Beilage zur Berliner Ausgabe der »Allgemeinen Wochenzeitung der Juden in Deutschland« erschien. Gemeinsam mit dem Kunsthändler Harry Baerwald inserierte sie unter dem Namen »Versteigerungshaus Halensee« am Kurfürstendamm 119, auf dem Nachbargrundstück der ehemaligen Adresse. Danach verliert sich ihre Spur.

rechte Seite: In der Fachzeitschrift »Der deutsche Versteigerer« inserierte Helene Scheduikat im März 1943 auf der letzten Seite.[10]

Reichsmark, Wilh. Utpott, Berlin, 400,— RM; Oberfw. Klapper, Frankenstein, 10,— RM; Edgar Mohrmann, Hamburg, 100,— RM; Ch. Th. Frey, Freiburg, 50,— RM; Paul Mülverstedt, Mühlhausen, 10,— RM; Erich Meitzen, Königsberg, 20,— RM; Wilh. Herrmann, Memmingen, 5,— RM; Hubert Strauch, Aachen, 30,— RM; Albert Landgraf, Bad Frankenhausen, 10,— RM; Frz. Mackenschins, Wachtendonk, 5,— RM; Hans Kämmerer, Sondershausen, 10,— RM; Hub. Holthoff, Kleve, 5,— RM; Herm. Vasen, Jülich, 20,— RM; Jak. Labriaire, Aachen, 10,— RM; Hub. Esser, Düren, 15,— RM; J. Tenbieg, Büderich, 10,— RM; Theod. Arend, Kleve, 10,— RM; J. Bettray, Kalkar, 5,— RM; Hans Grobe, Hannover, 500,— RM; Aug. W. Drahn, Köln, 250,— RM; Gust. Larisch, München, 500,— RM; Edgar Mohrmann, Hamburg, 500,— RM; Alb. Bock, Dresden, 200,— RM; Rich. Borek, Braunschweig, 500,— RM; Dorotheum, Wien, 1000,— RM; Ch. Th. Frey, Freiburg, 500,— RM; Heinr. Köhler, Berlin, 500,— RM; Charl. Oellerich, Berlin, 16,50 RM; Michael Pesch, Düren, 30,— RM; Wilh. Krüger, Greußen, 10,— RM; M. Meyendrisch, Moers, 10,— RM; Carl Hübbers, Xanten, 10,— RM; Maria Klütsch, Köln, 20,— RM; Willy Hauer, Berlin, 10,— RM; Rich. Altendorff, Berlin, 30,— RM; Karl Dingelthal, Berlin, 100,— RM; Zinsgutschrift 44,83 RM; 12 Spenden von je unter 5, —RM, zusammen 28,76 RM. — Unterstützung wurde in drei Fällen im Betrage von 300,— RM gewährt; für Feldpostpäckchen an unsere Soldaten wurden 1245,08 RM ausgegeben, so daß ein Bestand von 14 518,81 RM. verbleibt. Die Fachgruppe dankt allen Gebern herzlichst und bittet um weitere Ueberweisungen auf das Postscheckkonto Fachgruppe Versteigerer, Berlin 990 84.

Lach.

Abgeschlossen am 25. Mäz 1943.

Selbstverlag der Fachgruppe „Versteigerer", Berlin C 2, Oranienburger Straße 3. Hauptschriftleiter i. V.: Edgar Lach, Berlin C 2, Oranienburger Str. 2. Anzeigenleiter: Edgar Lach, Berlin C 2.
Erscheint monatlich. Bezugsgebühr Vierteljahr 1,68 RM., einschl. 0,18 RM. Zustellungsgebühren. Z. Z. gilt Pl. Nr. 3.
Druck: Otto Meusel Buchdruckerei und Verlag, Berlin SW 29, Urbanstr. 71.

NUMMER 8 „DER WEG" 19. APRIL 1946

Ankauf von Verkauf
ANTIQUITÄTEN
Hellfeldt — Olbrich
Berlin W 50, Rankestraße 3
an der Gedächtniskirche / 3 Minuten von U-Bahn Zoo
Antike Möbel · Gemälde · Teppiche · Gobelin · Petit Point · Brokate · Porzellane · Fayencen · Antiker Schmuck, Gold- und Silbergeräte
Keine Kommission

In philatelistischen Angelegenheiten wenden sie sich an das langjährige Fachgeschäft
Briefmarkenhaus CONTINENTAL
Inh. Hermann Hirschfeld
BERLIN W 50, Augsburger Straße 34

BELEUCHTUNGSKÖRPER
ECKSTEIN — HERTZOG
Berlin-Charlottenburg 2, Kantstraße 147
am Savignyplatz

JÜDISCHE GASTSTÄTTE
Inhaber: Regina Josephsohn
MITTAG- UND ABENDTISCH
Empfehle meine Räume für Festlichkeiten
GEÖFFNET VON 12—18 UHR
BERLIN C 2, Neue Schönhauser Str. 101

Nach kurzer schwerer Krankheit verstarb am 11. April 1946 mein über alles geliebter Mann der Apotheker
Nathan Liebermann
im 73. Lebensjahre.
In tiefer Trauer
Clara Liebermann
Bln.-Wilmersd., Zähringerstr. 25

Am 20. April 1945 verstarb nach kurzer schwerer Krankheit mein lieber Mann
Friedrich Wilhelm Engel
prakt. Arzt
im Alter von 57 Jahren.
Ferner beklage ich das Ableben meines Schwiegervaters
Max Engel
und unseres Schwagers
Bruno Engel
beide in Theresienstadt im Jahre 1942.
Erna Engel
Bln.-Charlbg., Gervinusstr. 20b

Schmerzliches Gedenken.
Heut vor einem Jahr fiel unser geliebter, unvergeßlicher Sohn
Gerhard Silbermann,
geb. 3. 4. 21,
am 24. 4. 45, einem tragischen Geschick zum Opfer. Er wird immer bei uns sein.
Die Eltern
Max Rückert und Frau Wally
geb. Silbermann,
Bln.-Neukölln, Mahlower Str. 15 a.

Danksagung.
Hierdurch sagen wir allen, die uns anläßlich der Beisetzung unseres lieben Bruders, Schwagers und Onkels
Sally Rogasinski
so überaus herzlich ihre Teilnahme bewiesen, unseren innigsten Dank.
Im Namen der Hinterbliebenen
Elly Taubert,
Berlin N 4, Brunnenstr. 154.

Ich suche meine Eltern und Geschwister:
Karl u. Selma Schwartz, geb. Hecht, letzte Nachricht Auschwitz, Februar 1942,
Käthe Schwartz, geb. 13. 7. 03, letzte Nachricht ZA.-Lager Trautenau Januar 1945,
Heinz Schwartz, geb. 23. 8. 1912, letzte Nachricht Dezember 1941 aus dem Donbas (UdSSR.).
Zweckdienliche Nachrichten erbittet
Kurt Schwartz,
Frankfurt (Oder), Hellweg 57 a.

Wer kann Auskunft geben über meinen Sohn
Lothar Jacobus,
geb. 6. 7. 1918, Königsberg,
in KZ-Lägern Riga u. Buchenwald über
Frau Minna Lemmel, Königsberg,
Isbert Riesenburger und Frau
aus Müncheberg und
Familie Rosenbaum aus Ohligs und
Bluhms aus Kloster Mansfeld.
Bernhard Jacobus,
Berlin N 54, Lothringer Straße 61

Wer kann Familienangehörigen Auskunft geben über den Verbleib von Justizrat
Henry Harry Silberstein
und dessen
Frau Rosa, geb. Rapperport
aus Berlin, zuletzt Maierottostr. 4
Auf Wunsch Vergütung für Mühe und Unkosten, Auskünfte erbeten an: Der Weg unter Nr. 108

Alleinstehende Dame oder Herr (anerkanntes Opfer des Faschismus) findet
2 gr. Leerzimmer m. Balkon
bei Künstler-Mischehepaar. Akademiker bevorzugt, evtl. Künstler. Persönl. Rücksprache 13—15 Uhr.
Friedenau, Bachestr. 8, III l.
(a. d. Mainauer Str.-Kaiserallee).

19jährige Blondine, vollschlank, sucht Bekanntschaft eines netten jüdischen Herrn zwecks Heirat. Zuschriften erbitte an die Exped. dieser Zeitschrift unter Nr. 110.

Martin Becker
BERLIN NO 55, Prenzlauer Allee 230/31
bis 1938 Metzer Str. 15
RADIO-ELEKTRO
Ankauf Verkauf Tausch
von Apparaten und Röhren
Reparatur aller in- und ausländischen Systeme
Bastlerquelle

Tradition und Fortschritt verbürgen Qualität und Formenschönheit unserer Fertigungserzeugnisse.
Wenden Sie sich daher bitte bei Bedarf von Gummistempeln aller Ausführungen an die
Zittauer Stempelfabrik u. Gravieranstalt
KOCH & GOLDBERG
Zittau/Sa., Frauenstr. 7
Telegrammanschrift: KOGO / Fernruf: Zittau 2342

Häuserverwaltung
übernimmt Gerhard Lantzke
gepr. Hausverwalter
BERLIN-DAHLEM, EPPINGER STRASSE 26

RESTAURANT (jüd. Inhaberin)
Erstklassige Küche / Mittag und Abendbrot
gut gepflegte Getränke
Rosa Porath
BERLIN-WILMERSDORF, HILDEGARDSTRASSE 25

Ihre Verlobung geben bekannt:
Ruth Hecht
Heinz Preiss
Borsigwalde Eichbornstr. früh. Rastenburg (Ostpreußen)
Nikolassee Beskidenstr. 48 früher Berlin SW
Pessach 5706

VERSTEIGERUNGEN
von hochwertigem Mobiliar Antiquitäten — Gemälden — Kleinkunst — Porzellanen — Teppichen — Silbergerät usw.
übernehmen in unseren
Versteigerungsräumen
und erbitten schriftliche Angebote
Versteigerungshaus „Halensee"
Inh.: Harry Baerwald und Helene Scheduikat
Versteigerer und Sachverständige
Berlin-Halensee
Kurfürstendamm 119/20

Textil-Einzelhandels-Geschäft
erbittet Angebote in allen einschlägigen Artikeln
DER TEXTIL BÄR
Kurt Braunspann
Berlin-Spandau
Breitestr. 35

Suche Lebensgefährtin
die auch meinen beiden Kindern eine liebevolle Mutter sei, Mitte 30, gute Erscheinung. Zuschrift. mit Lichtbild unter MAR 206 an die Expedition dieser Zeitschrift.

SCHREIBMASCHINEN
Rechen- u. Buchungsmaschin. Vervielfältiger / Kassen
nach wie vor Ihr Spezialist
Curt Eischleb
eigene große Fachwerkstatt
Ankauf Tausch Miete
Reinigung und Pflege auch im Abonnement
früh.: Kleiststr. 30, jetzt unter:
Eischleb & Liebers
BERLIN W 15, Pariser Str. 15
Ecke Uhlandstr.

NIVELLI
Meister der mod. Zauberkunst
NW 21, Dortmunder Str. 8

Gertrud Kanthak
ehem. Direktrice von S. Ungar, U. d. Linden
arb. Maßkleider feinsten Stils
jetzt: Charlottenburg
Schillerstraße 34

Herren- u. Damenmoden nach Maß.
Max Seidmann
Berlin-Weißensee, Langhansstr. 25.

Ankauf
von Lumpen, alt und neu, in Wolle und Baumwolle. Bestellungen auf Gummistempel übernimmt
Ludwig Sternberg,
Berlin W 50, Neue Ansbacher Str. 5.

Helfer in Steuersachen.
Habe meine Praxis wieder aufgenommen. Übernehme Buchführungsarbeiten, Abschlüsse und Bilanzen, Vertretung bei Behörden sowie Vertretung vor Gerichten.
Emanuel Bloch,
Helfer in Steuersachen,
Bln.-Steglitz, Albrechtstr. 68, v. II.

Diese Anzeige in »Der Weg. Zeitschrift für Fragen des Judentums« im April 1946 ist der letzte bekannte Hinweis auf Helene Scheduikats Tätigkeit als Kunsthändlerin.[11] Damals leitete sie das Versteigerungshaus Halensee gemeinsam mit dem Kunsthändler Harry Baerwald (1902–1963).

KASPAR NÜRNBERG

LEO SPIK

UND SEIN KUNSTVERSTEIGERUNGSHAUS »UNION«

Leo Spik bei einer Versteigerung, Kurfürstendamm 48/49, um 1955[2]

EIN RESTAURATOR WIRD AUKTIONATOR

Leo Spik, geboren am 3. Juni 1894, eröffnete bereits als junger Mann 1919 eine Kunsthandlung in der Motzstraße 9 in Schöneberg, wo er mit dem Verkauf von Kopien aus den Dresdner und Berliner Staatlichen Museen erfolgreich war. Spik hatte sich drei Jahre lang auf der Königlichen Kunstschule als Restaurator ausbilden lassen. Er war zunächst auf Antiquitäten spezialisiert, ergänzte sein Portfolio aber schon bald um ostasiatische Kunst. 1921 zog er in die Nettelbeckstraße 17 in Charlottenburg, wo er viele Jahre Erfahrung im An- und Verkauf von Antiquitäten und Kunst sammelte.

1929 war er bei der Handelskammer als Kunstexperte des Kunstauktionshauses »Continental« angemeldet. Zielstrebig baute Spik sein Geschäft aus: Im Oktober 1934 erwarb er – bis dahin stiller Teilhaber des Unternehmens – das Auktionshaus »Union« von Kurt Wacker und erweiterte damit seine Kunsthandlung zum Versteigerungshaus.[1]

Das Antiquitäten- und Kunsthandelsgeschäft von Leo Spik in der Nettelbeckstraße 17 (links Leo Spik), um 1923[3]

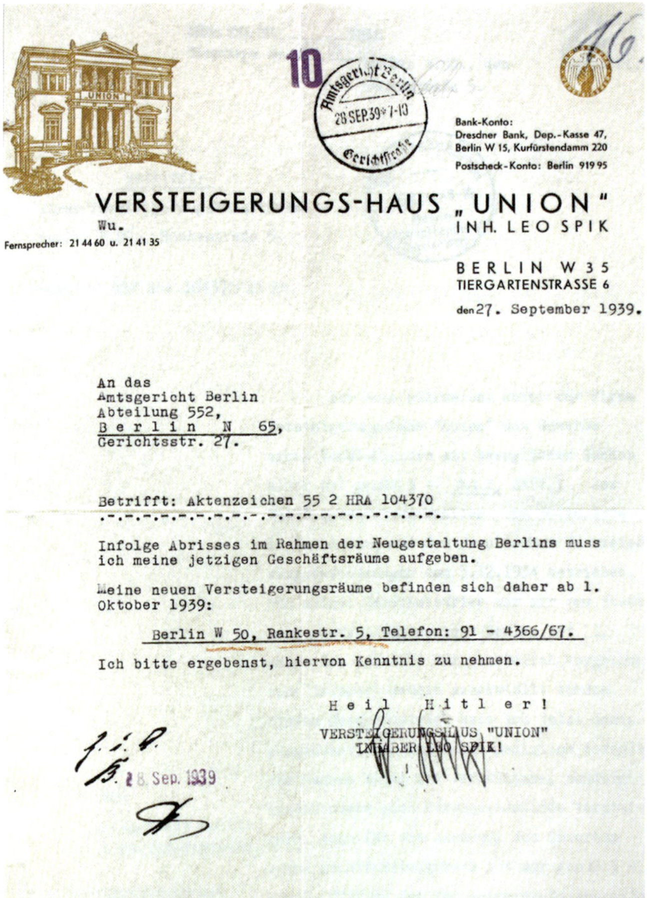

VERSTEIGERUNGS-HAUS „UNION"
INH. LEO SPIK

Wu.

Fernsprecher: 21 44 60 u. 21 41 35

Bank-Konto: Dresdner Bank, Dep.-Kasse 47, Berlin W 15, Kurfürstendamm 220
Postscheck-Konto: Berlin 919 95

BERLIN W 35
TIERGARTENSTRASSE 6

den 27. September 1939.

An das
Amtsgericht Berlin
Abteilung 552,
Berlin N 65,
Gerichtsstr. 27.

Betrifft: Aktenzeichen 55 2 HRA 104370

Infolge Abrisses im Rahmen der Neugestaltung Berlins muss ich meine jetzigen Geschäftsräume aufgeben.

Meine neuen Versteigerungsräume befinden sich daher ab 1. Oktober 1939:

Berlin W 50, Rankestr. 5, Telefon: 91 - 4366/67.

Ich bitte ergebenst, hiervon Kenntnis zu nehmen.

Heil Hitler!
VERSTEIGERUNGSHAUS "UNION"
INHABER LEO SPIK!

28. Sep. 1939

Ab 1935 firmierte er unter »Versteigerungshaus Union, Inhaber Leo Spik – Übernahme von Versteigerungen kompletter Villen- und Wohnungseinrichtungen, Kunstsammlungen, Nachlässe«. Sein Sitz war eine spätklassizistische Villa mit der noblen Adresse Tiergartenstraße 6.[4] In den kommenden Jahren wurden dort wie auch direkt vor Ort in den verwaisten Wohnungen hunderte Interieurs und Kunstgegenstände »aus nichtarischem Besitz« versteigert. Spik führte viele dieser vom Reichs- und Preußischen Finanzministerium veranlassten Zwangsversteigerungen durch und kassierte dafür 10 Prozent Versteigerungsgebühr vom Gesamtumsatz.[5]

DER UNENTWEGTE

Die Versteigerungsumsätze waren erheblich und betrugen beispielsweise allein in der ersten Jahreshälfte 1941 1 290 120 Reichsmark. Kurz darauf wandte sich Spik mit folgender Eingabe an das Handelsregister: »Diesen Gewerbebetrieb habe ich jetzt dahin ausgedehnt, dass ich nicht lediglich bewegliche Sachen aller Art versteigere, sondern insbesondere auch Kunstgegenstände. […] Ich ändere nunmehr meine Firma in Kunstversteigerungshaus ›Union‹ Inhaber Leo Spik.«

Die neuen Räume in der Rankestraße 5, in denen er seit Kriegsbeginn residierte, brachten ihm indes kein Glück:

Brief an das Amtsgericht Berlin vom 27. September 1939[6]

Auktionshaus »Union« in der Tiergartenstraße 6, um 1935[7]

8 DIE WELTKUNST Jahrg. XV, Nr. 19/20 vom 11. Mai 1941

Ein Paar Rokoko-Kommoden

Seidentapisserie, Brüssel um 1620

Süddeutsch, 18. Jahrhundert

Versteigerung

im Auftrage einer Behörde

Berlin-Dahlem, Wildpfad 3

Aus Petschek-Besitz

Besichtigung:
Montag, d. 26. 5., 10-18 Uhr
Dienstag, d. 27. 5., 10-14 Uhr

Versteigerung:
Mittwoch, d. 28. 5., ab 11 Uhr
Donnerstg., d. 29. 5., ab 11 Uhr

Mobiliar des 18. Jahrhunderts

Armlehnsessel, Satz von 35 Fuldaer Rokoko-Stühlen Tische, Schreibtische, Kommoden, Schränke, Eckschränke usw.

Sammlung Goldemaildosen

sowie weitere hochwertige Dosen und Goldemailuhren

Tapisserien des 17. Jahrhunderts

Aubusson-Teppiche, großer Savonnerie-Teppich
50 Orient-Teppiche und -Brücken

Gemälde

Holländische Meister des 17. Jahrhunderts, sowie John Crome, Defregger, W. Firle, Max Gaisser, Grützner, G. Köhler, G. v. Max, Stademann, v. Stuck, A. v. Wierusz-Kowalski u. a.

Farbstiche, Kunstgewerbe, Porzell., Sitzgarnit. usw.

Goldemaildose

Art des Wouverman

Jllustrierter Katalog auf Wunsch

Jllustrierter Katalog auf Wunsch

VERSTEIGERUNGSHAUS „Union" INHABER LEO SPIK

Berlin W 50, Rankestr. 5

Fernruf 91 43 66/67

Oesterreich, 18. Jahrhundert

Süddeutsch um 1720

Italien, Mitte 18. Jahrhundert

Annonce »Versteigerung aus Petschek-Besitz« aus der »Weltkunst« vom 11. Mai 1941 [8]

Die Familie Petschek wurde nach Zerschlagung und »Arisierung« ihres Braunkohlekonzerns zugunsten der deutschen Industrie enteignet und ihr Kunstbesitz und Mobiliar aus dem böhmischen Aussig in insgesamt fünf Auktionen in der Grunewalder Villa der Familie im Wildpfad 3 verschleudert. Nachdem der zunächst damit betraute Versteigerer Gerhard Harms wegen Verdachts auf Bestechung im März 1941 verhaftet worden war, übernahm Leo Spik die Versteigerung der verbleibenden Wertgegenstände »aus Petschek-Besitz«, unter anderem der abgebildeten Golddose. Später führte Leo Spik in der Villa auch weitere Versteigerungen im Auftrag des Oberfinanzpräsidenten durch.

146

Ovale, mit Blumen und Lorbeergewinden reich ziselierte Golddose von Charles Le Bastier, mit einer Elfenbeinminiatur »Brustbild eines jungen Herren in türkisblauem Rock« auf dem Deckel, Paris, um 1771, aus dem Katalog »Versteigerung aus Petschek-Besitz. V. Teil« von 1941 [10]

»Betr. Registersache. Beim Terrorangriff vom 15. Febr. 1944 wurden meine Geschäftsräume vollständig zerstört«, teilte Leo Spik nach einem Luftangriff am 21. März 1944 dem Amtsgericht Charlottenburg mit. Und er fuhr fort: »Hierbei ist mit den übrigen Geschäftspapieren der Handelsregisterauszug meiner Firma vernichtet worden. Ich bitte um baldestmögliche Neuausfertigung und Uebersendung eines beglaubigten Registerauszuges. Heil Hitler!«

Leo Spik wollte weiter Kunst versteigern. »Illustrierter Katalog ist anzufordern, da Anschriften nicht mehr vorhanden« musste er in einer Annonce in der »Weltkunst« vom 15. Juni 1944 vermerken. Damals kündigte er für Anfang August eine Versteigerung an, in der Rankestraße 2, seiner »vorläufigen Neuanschrift«. Gemälde alter und neuer Meister, Kunstgewerbe und Möbel sollten unter den Hammer kommen.[9] Es dürfte sich um eine der letzten Kunstversteigerungen in Berlin während des Zweiten Weltkrieges gehandelt haben.

Finanzamt Moabit-West

O.5210. Zg. 6153

Zg

Versteigerungsauftrag.

Hierdurch erteilt das Finanzamt Moabit-West, Dienststelle für die Einziehung verfallener Vermögenswerte, Berlin C 2, Münzstraße 12 dem Versteigerungshaus . . . . Union . . . .
. . . . . Berlin W.50 Rankestr. 5 . . . .
den Auftrag, die dem Reich angefallenen Einrichtungsgegenstände, früher im Eigentum des Juden . . . Dr. [illegible] Lessing . . . .
gewesen, in dem Versteigerungslokal . . . Berlin Dahlem, Wildpfad 3. . . .
. . . . zu folgenden Bedingungen zu versteigern :

1) Das Umzugsgut befindet sich in dem Lagerraum des Spediteurs Harry W. Hamacher Bln. N.W. 40 Lüneburgerstr. 22 (356641)

   Der Versteigerer ist berechtigt, das Umzugsgut vom Lagerraum des Spediteurs in Empfang zu nehmen. Der Spediteur ist benachrichtigt.

2) Das Umzugsgut ist nach dem Lagerschein in Gegenwart eines von dem Finanzamt Moabit-West gestellten Beamten zu übernehmen.

   Fehlende Posten sind dem Finanzamt Moabit-West und der betreffenden Speditionsfirma sofort schriftlich zu melden.

3) Die Kisten, Koffer und die verschlossenen Schubladen in den Schränken, sind nur in Gegenwart des Beamten des Finanzamts Moabit-West zu öffnen.

   Der Inhalt der Kisten und Koffer ist nach der Art des Inhalts zusammenzustellen.

4) Über den Wert von Teppichen, antiken Möbeln, Ölgemälden und sonstigen Kunstgegenständen sind vor der Versteigerung Gutachten von einem vereidigten Sachverständigen einzuholen. Bei Kunstschätzen (insbesondere wertvollen Kunstsammlungen ist ein eingehendes Gutachten eines der Kammer der Bildenden Künste angehörenden beeidigten Spezialsachverständigen für jeden Kunstgegenstand unverzüglich dem Finanzamt Moabit-West einzureichen und die Versteigerung bis zur Genehmigung des Reichsministers der Finanzen auszusetzen.

5) Gold- und Silberwaren sowie Juwelen sind, wenn nicht eine besondere Anweisung des Finanzamts vorliegt, von der Versteigerung auszunehmen. Liegt die Anweisung des Finanzamts vor, so ist bei der Verwertung die Anordnung Nr.17 der Überwachungsstelle für Edelmetalle vom

24.Dez.1938 ./.

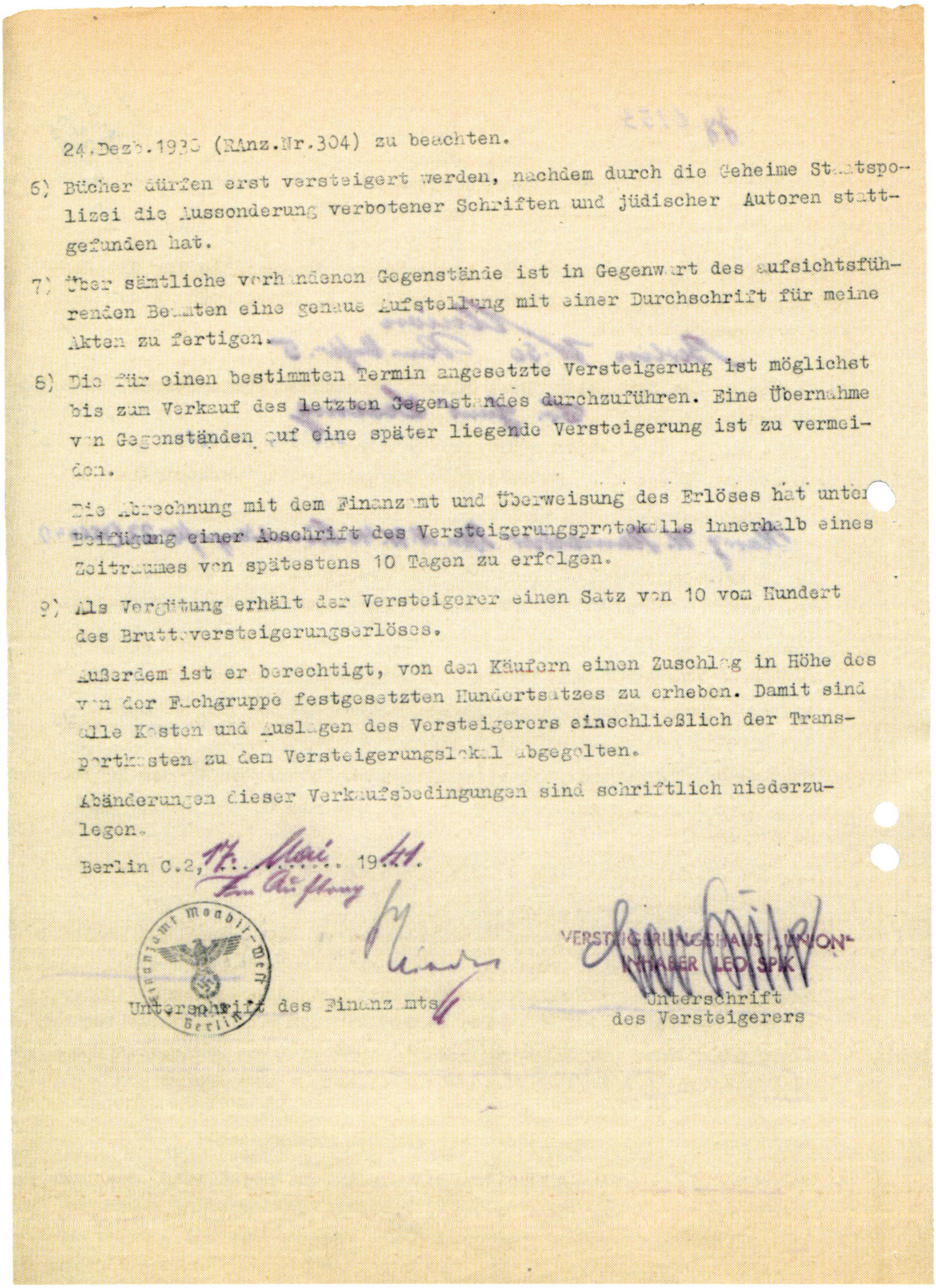

24.Dezb.1938 (RAnz.Nr.304) zu beachten.

6) Bücher dürfen erst versteigert werden, nachdem durch die Geheime Staatspolizei die Aussonderung verbotener Schriften und jüdischer Autoren stattgefunden hat.

7) Über sämtliche vorhandenen Gegenstände ist in Gegenwart des aufsichtsführenden Beamten eine genaue Aufstellung mit einer Durchschrift für meine Akten zu fertigen.

8) Die für einen bestimmten Termin angesetzte Versteigerung ist möglichst bis zum Verkauf des letzten Gegenstandes durchzuführen. Eine Übernahme von Gegenständen auf eine später liegende Versteigerung ist zu vermeiden.

Die Abrechnung mit dem Finanzamt und Überweisung des Erlöses hat unter Beifügung einer Abschrift des Versteigerungsprotokolls innerhalb eines Zeitraumes von spätestens 10 Tagen zu erfolgen.

9) Als Vergütung erhält der Versteigerer einen Satz von 10 vom Hundert des Bruttoversteigerungserlöses.

Außerdem ist er berechtigt, von den Käufern einen Zuschlag in Höhe des von der Fachgruppe festgesetzten Hundertsatzes zu erheben. Damit sind alle Kosten und Auslagen des Versteigerers einschließlich der Transportkosten zu den Versteigerungslokal abgegolten.

Abänderungen dieser Verkaufsbedingungen sind schriftlich niederzulegen.

Berlin C.2, 17. Mai 1941.
Im Auftrag

Finanzamt Moabit-West Berlin

VERSTEIGERUNGSHAUS "UNION"
INHABER LEO SPIK

Unterschrift des Finanzamts

Unterschrift des Versteigerers

Versteigerungsauftrag des Finanzamtes Moabit-West an das Versteigerungshaus »Union« vom 17. Mai 1941, in der Spedition Harry W. Hamacher lagerndes Umzugsgut betreffend [11]

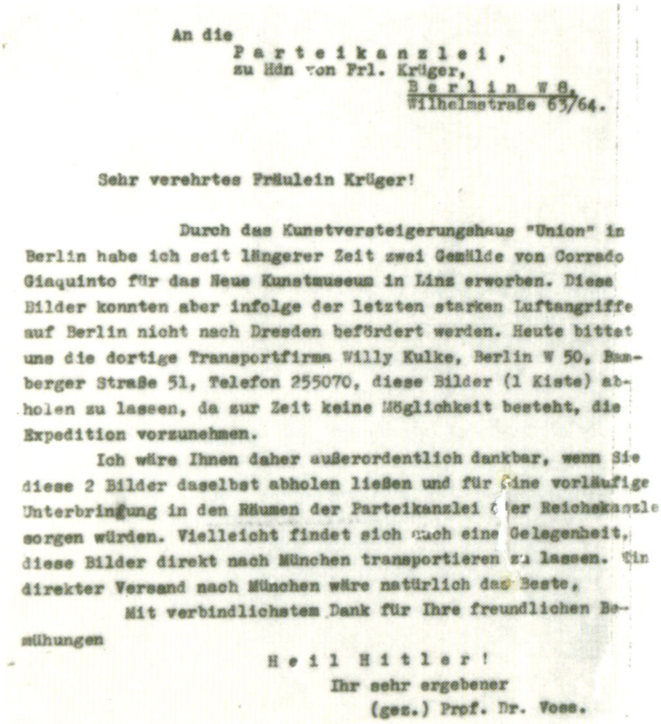
An die
Parteikanzlei,
zu Hdn von Frl. Krüger,
Berlin W 8,
Wilhelmstraße 63/64.

Sehr verehrtes Fräulein Krüger!

Durch das Kunstversteigerungshaus "Union" in Berlin habe ich seit längerer Zeit zwei Gemälde von Corrado Giaquinto für das Neue Kunstmuseum in Linz erworben. Diese Bilder konnten aber infolge der letzten starken Luftangriffe auf Berlin nicht nach Dresden befördert werden. Heute bittet uns die dortige Transportfirma Willy Kulke, Berlin W 50, Bamberger Straße 51, Telefon 255070, diese Bilder (1 Kiste) abholen zu lassen, da zur Zeit keine Möglichkeit besteht, die Expedition vorzunehmen.

Ich wäre Ihnen daher außerordentlich dankbar, wenn Sie diese 2 Bilder daselbst abholen ließen und für eine vorläufige Unterbringung in den Räumen der Parteikanzlei oder Reichskanzlei sorgen würden. Vielleicht findet sich auch eine Gelegenheit, diese Bilder direkt nach München transportieren zu lassen. Ein direkter Versand nach München wäre natürlich das Beste,

Mit verbindlichstem Dank für Ihre freundlichen Bemühungen

Heil Hitler!
Ihr sehr ergebener
(gez.) Prof. Dr. Voss.

Schreiben des Sonderbeauftragten für Linz, Prof. Dr. Hermann Voss, an die Parteikanzlei in der Wilhelmstraße 63/64 vom 6. März 1944 [12]

NUR EIN KURZES INNEHALTEN

Gegen Kriegsende geriet Leo Spik für einige Monate in russische Kriegsgefangenschaft. Am 15. März 1946 stellte er, der am 1. Mai 1933 in die NSDAP eingetreten war und seit 1939 der Nationalsozialistischen Volkswohlfahrt und dem Reichsluftschutzbund angehörte,[13] einen Antrag auf Entnazifizierung.[14] Nach einigen Monaten wurde dem stattgegeben. In der Zwischenzeit kümmerte sich Leo Spik um den schrittweisen Rücktransport von Kunstgütern und seiner Bibliothek, die im letzten Kriegsjahr in Paretz ausgelagert waren und dort unversehrt blieben.[15]

Am 8. Mai 1947, auf den Tag genau zwei Jahre nach Kriegsende, meldete Leo Spik eine neue »alte« Unternehmung in repräsentativen Räumen im Erdgeschoss des Hauses Kurfürstendamm 48/49 beim Handelsregister an: »Leo Spik Kunstversteigerungen«.[16] In den kommenden Jahren richtete Spik Dependancen in München und Bad Kissingen ein. 1965 erhielt er das Bundesverdienstkreuz für seine Verdienste um das deutsche Auktionswesen. Im September 1968 starb Leo Spik an Krebs. Er hatte zu diesem Zeitpunkt 462 Kunstauktionen geleitet.[17] Das von ihm gegründete Versteigerungshaus befindet sich bis zum heutigen Tage in Familienbesitz – im März 2011 hat die 637. Auktion bei »Leo Spik Kunstversteigerungen« stattgefunden.

Erster Standort von »Leo Spik Kunstversteigerungen« am Kurfürstendamm 48, 1948 [18]

Dokumentation des Rechtsstreites zwischen Leo Spik und Dr. Siegfried Jacob. Jacob erhob gegen Spik Rechtsansprüche in Höhe des Versteigerungshonorars, das dieser an der Versteigerung seiner Wohnungseinrichtung verdient hatte.[19]

Schreiben von Adolf Jentsch, Rechtsbeistand von Leo Spik, an das Gericht vom 10. September 1951:

»Der Antragsgegner betreibt die öffentlichen Versteigerungen als amtlich bestellter Versteigerer gewerbsmäßig. Die damals versteigerten Gegenstände sind dem Antragsgegner nicht von der Gestapo, sondern vom Oberfinanzpräsidenten übergeben worden. Welche Behörde die Beschlagnahme durchgeführt hat, bedarf in diesem Verfahren keiner Feststellung.

Die zur Versteigerung gelangten Gegenstände sind, ebenso wie in allen anderen Fällen, von den Beamten des Oberfinanzpräsidenten dem Antragsgegner übergeben worden, und die Versteigerung fand, wie immer, in Gegenwart von Vertretern des Oberfinanzpräsidenten statt, die auch den Erlös aus der Versteigerung sofort kassierten. Daraus folgt, dass der Antraggegner lediglich Handlungen im Auftrage des Oberfinanzpräsidenten durchgeführt hat, zu deren Durchführung er gegenüber dem Staate selbstverständlich verpflichtet war.
Der Antragsgegner hat mit dem Antragsteller nie in einem Vertrags- oder Rechtsverhältnis gestanden; er hat auch den Auftrag zur Versteigerung nicht von ihm erhalten. Infolgedessen kann der Antragsteller gegen den Antragsgegner keinerlei Ansprüche aus den Versteigerungshandlungen herleiten. Der Antraggegner war auch zu keiner Zeit weder Besitzer noch Eigentümer irgendwelcher Vermögenswerte, die der Antragsteller jetzt zurückfordert. Seine Tätigkeit bestand lediglich in einer Dienstleistung für den Oberfinanzpräsidenten. Da diese Dienstleistung keine unerlaubte Handlung war, konnen Dritte daraus Anspruche nicht herleiten.«

Replik von Herrn Dr. Siegfried Jacob am 24. Oktober 1951:

»Dass die Handlung eine widerrechtliche, eine dem Gesetz widersprechende und auch unsittliche war, darüber wird auch Herr Spik sich nicht im Zweifel befunden haben und auch nicht befinden. Aus diesem Gesichtspunkte wird von ihm auch der Betrag gefordert, den er für seine Bemühungen in Anspruch genommen hat, 514,14 Mk. Für eine derartige Tätigkeit, die derart krass die Mitwirkung bei einem Raub darstellt, können Gebühren nicht in Anspruch genommen werden.«

Antwort von Spiks Anwalt Adolf Jentsch am 26. März 1952, nachdem das Gericht einen Vergleich in Höhe des Streitwerts von 51,41 Mk. West (umgestellt von 514,14 Reichsmark) an die Unterstützungskasse des Berliner Anwalts-Vereins vorgeschlagen hatte:

»[...] ist der Antragsgegner nicht bereit, den Vergleichsvorschlag der Kammer anzunehmen. Der Betrag von 514,14 RM stellt nicht einen Verdienst des Antraggegners [Leo Spik] dar. In dem Betrage von 514,14 RM sind einbegriffen die Löhne, Gehälter und Sozialabgaben für das Personal, sowie die gesamten Geschäftsunkosten einschließlich der sehr hohen Inseratengebühr. Insoweit dann noch ein kleiner Rest dem Antragsgegner verblieben ist, ist dieser im Wege der Gewinnabschöpfung durch das Finanzamt eingezogen worden. Der Antraggegner würde also im Falle der Annahme des Vergleichsvorschlages sich selbst für nichts und wieder nichts bestrafen. Das lehnt er nachdrücklich ab.«

Kunsthändler Leo Spik gestorben

MR., Berlin, 13. September

Berlin wurde um eine Persönlichkeit ärmer: Leo Spik, Kunsthändler, Sammler und Auktionator, starb gestern überraschend im Alter von 74 Jahren in einem Berliner Krankenhaus. Der Tod riß ihn aus den Vorbereitungen zu seiner 463. Auktion am kommenden Donnerstag und Freitag (19. und 20. September).

Berlins Kunstsammler und Beauftragte auslän-

Leo Spik

discher Interessenten, die stets zur Stelle sind, wenn Leo Spiks vielfältiges Angebot lockte, werden nun auf seine fachmännische Beratung verzichten müssen. Nach der Devise „Kunsthandel ist Vertrauenssache" leitete Spik seine Auktionen und betreute seine Kunden selbst. Auch in Berlins dunkelsten Zeiten hielt er seiner Vaterstadt die Treue.

Nachruf auf Leo Spik in der BILD-Zeitung vom 13. September 1968

PATRICK GOLENIA

EXKURS: BERLINER MÜNZHÄNDLER

Neben den Kunsthändlern waren auch die Münzhändler von den Marktveränderungen betroffen. Anhand von vier Berliner Münzhandelsfirmen sollen beispielhaft persönliche Schicksale thematisiert werden, dessen Akteure bis in die Nachkriegszeit wirkten.

Anders als bei Kunstobjekten wie Gemälden oder Skulpturen, die neben ihrer kunsthistorischen Bedeutung gleichzeitig auch einen gewissen dekorativen Charakter haben und damit allgemein präsenter sind, scheinen Münzen und Medaillen eher einen kleinen Kreis anzusprechen. Dieser Umstand, gepaart damit, dass es sich in den seltensten Fällen um bekannte Unikate handelt – existierten doch oftmals zahlreiche Exemplare von einer Münze – führt ähnlich wie bei druckgrafischen Sammlungen zu Schwierigkeiten bei der Wiedererkennung. Die Provenienzforschung schenkte den Münzen und Medaillen entsprechend wenig Aufmerksamkeit.[1] Außerhalb der numismatischen Fachwelt standen die Berliner Münzhändler bislang nicht im Fokus einer Untersuchung.

Berlin war neben Frankfurt am Main, dem eigentlichen Hauptzentrum des deutschen Münzhandels, ein weiterer bedeutender Handelspunkt. Nicht zuletzt durch die Nähe zur staatlichen Münzsammlung und der daran angegliederten Numismatischen Gesellschaft[2] als wissenschaftlichem Informationsforum für ihre Mitglieder etablierten sich in Berlin seit der Gründung des deutschen Kaiserreiches diverse Münzhändler, die ihre Geschäfte erfolgreich bis zum Erliegen des Marktes im Zweiten Weltkrieg führten.

MÜNZHANDLUNG EDMUND RAPPAPORT, GEGR. 1872

Inh. Erich Rappaport

Eine der alten Berliner Münzhandlungen war die Firma Edmund Rappaport. Rappaport, 1845 in Breslau geboren, war spätestens ab 1901 in Berlin tätig.[3] 1904 verlegte er das Geschäft samt Wohnsitz in die Lutherstraße 9, in das zu diesem Zeitpunkt noch nicht zu Berlin gehörende, prosperierende Charlottenburg.[4]

Spätestens 1906 war auch sein 1877 geborener Sohn Erich Rappaport im Geschäft tätig. Mit dem Tod von Edmund Rappaport 1914[5] fiel die Firma an die alleinige Erbin, die Witwe Adele Rappaport, geborene Isaac. Erst 1917 entschloss sie sich, das Geschäft dem Sohn Erich Rappaport zu überschreiben.[6] Auch Erich Rappaport bereicherte das Berliner Numismatikerleben: 1927–1929 wurde er Vorsitzender der Numismatischen Gesellschaft zu Berlin,[7] 1928 ging das Organ der Münzfreunde »Die Berliner Münzblätter«, welches er zusammen mit Dr. Tassilo Hoffmann herausgab, in sein Eigentum über.[8] Ferner wirkte Rappaport bis zu seinem Ausscheiden als vereidigter Sachverständiger.[9] Nach dem Erlass der Nürnberger Rassengesetze 1935 musste die Numismatische Gesellschaft zahlreiche Austritte jüdischer Vereinskollegen verzeichnen. So verließ im Oktober 1935 schließlich auch Erich Rappaport die Gesellschaft, nicht ohne unmissverständlich seinen Unwillen zu diesem Schritt anklingen zu lassen: »…Wenn ich trotzdem heute den Entschluß fasse, auf meine Mitgliedschaft zu verzichten, werden Sie gewiß verstehen, dass dies nicht ganz freiwillig geschieht, sondern weil ich glaube, der jetzigen Zeitströmung Rechnung tragen zu müssen…«.[10] Trotz seines Austritts aus der Numismatischen Gesellschaft veröffentlichte Rappaport bis 1936 weiterhin diverse Artikel unter einem Pseudonym in den »Deutschen Münzblättern«.[11] Im Januar 1938 gab Rappaport den Umzug seiner Firma in die Düsseldorfer Straße 73 bekannt, gleichzeitig auch seine Wohnadresse;[12] ob er das Geschäft auf diese Weise weniger auffällig von seiner Wohnung aus weiter führte, bleibt unklar.

Ende des Jahres 1938 meldete er das Erlöschen der Firma an, mit der Begründung der endgültigen Einstellung

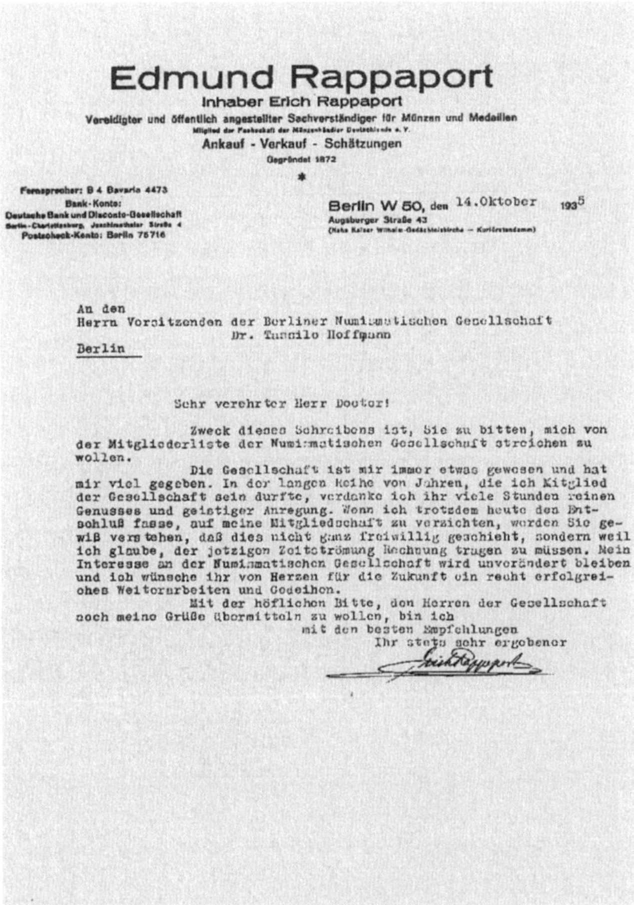

Edmund Rappaport
Inhaber Erich Rappaport
Vereidigter und öffentlich angestellter Sachverständiger für Münzen und Medaillen
Ankauf - Verkauf - Schätzungen
Gegründet 1872

Fernsprecher: B 4 Bavaria 4473
Bank-Konto:
Deutsche Bank und Disconto-Gesellschaft
Berlin-Charlottenburg, Joachimsthaler Straße 4
Postscheck-Konto: Berlin 75716

Berlin W 50, den 14. Oktober 1935
Augsburger Straße 43

An den
Herrn Vorsitzenden der Berliner Numismatischen Gesellschaft
Dr. Tassilo Hoffmann
Berlin

Sehr verehrter Herr Doctor!

Zweck dieses Schreibens ist, Sie zu bitten, mich von der Mitgliederliste der Numismatischen Gesellschaft streichen zu wollen.

Die Gesellschaft ist mir immer etwas gewesen und hat mir viel gegeben. In der langen Reihe von Jahren, die ich Mitglied der Gesellschaft sein durfte, verdanke ich ihr viele Stunden reinen Genusses und geistiger Anregung. Wenn ich trotzdem heute den Entschluß fasse, auf meine Mitgliedschaft zu verzichten, werden Sie gewiß verstehen, daß dies nicht ganz freiwillig geschieht, sondern weil ich glaube, der jetzigen Zeitströmung Rechnung tragen zu müssen. Mein Interesse an der Numismatischen Gesellschaft wird unverändert bleiben und ich wünsche ihr von Herzen für die Zukunft ein recht erfolgreiches Weiterarbeiten und Gedeihen.

Mit der höflichen Bitte, den Herren der Gesellschaft noch meine Grüße übermitteln zu wollen, bin ich
mit den besten Empfehlungen
Ihr stets sehr ergebener
Erich Rappaport

Erich Rappaports Austrittserklärung vom 14. Oktober 1935 [13]

des Geschäftsbetriebes.[14] Noch im Dezember desselben Jahres schloss Rappaport einen Vertrag mit Dr. Waldemar Wruck ab, über dessen genauen Inhalt wir leider nichts wissen. Möglicherweise handelte es sich um eine Übernahme der Ware. Doch hatte Rappaport einen Teil seines Bestandes weiterhin behalten, worüber die Reichskammer der bildenden Künste sich eine genaue Auflistung durch Wruck erbat. Ob Wruck dieser Aufforderung folgte, geht aus den überlieferten Akten nicht hervor.[15] Erich Rappaport verließ erst 1939 auf Anraten seiner Freunde Berlin und starb unter nicht näher bekannten Umständen am 1. April 1943.[16]

MÜNZHANDLUNG FELIX SCHLESSINGER, GEGR. 1928

Inh. Felix Schlessinger[17]

Eine eher junge Firma war die des aus Frankfurt am Main zugezogenen Felix Schlessinger. 1879 in Mainz geboren, firmierte er ab 1. April 1928 in Berlin. Vermutlich bereits schon in Frankfurt selbständig tätig, konnte Schlessinger bei der Gründung des Berliner Geschäftes in der Bismarckstraße 97/98 einen Jahresumsatz von 60 000 bis 90 000 Reichsmark vorweisen. Kurze Zeit später wurden der Wert seines Warenlagers und die Ausstände auf 27 000 Reichsmark veranschlagt.[18] Informationen zu Felix Schlessinger, seiner Tätigkeit und der Bedeutung für den Münzhandel für die nachfolgende Zeit sind nicht erhältlich.[19] Bereits im Oktober 1935 kündigte Schlessinger seine Mitgliedschaft in der Numismatischen Gesellschaft.[20] Im Juni 1936 verließ er Deutschland und ging nach Amsterdam, wo ihn Anfang 1937 schließlich auch die Anfragen des Berliner Amtsgerichtes erreichten.[21] Noch aus dem Exil versuchte er formal korrekt über das Generalkonsulat seine Firma in Berlin zu löschen, was letztendlich im Februar des Jahres geschah.[22] Genaue Hinweise über sein weiteres Exilleben in Amsterdam fehlen. Es besteht jedoch Grund zur Annahme einer Übereinstimmung mit einem Felix Schlessinger, der in der Datenbank von Yad Vashem als Opfer des Konzentrationslagers Auschwitz geführt wird.

MÜNZHANDLUNG ROBERT BALL NACHF., GEGR. 1887

Inh. Johanna Grünthal, geb. Gotthardt

Ein weiteres Traditionsunternehmen in Berlin war die Firma Robert Ball. 1887 gegründet, wurde sie seit 1913 von Johanna Grünthal, geborene Gotthardt, unter dem Namen Robert Ball Nachfahren weitergeführt.[23] Ihr Ehemann, der Kaufmann Hugo Grünthal, schied 1914 nach nur einem Jahr als Prokurist aus dem Unternehmen aus und wurde durch Julius Nathansohn ersetzt, der diese Position bis Ende 1935 innehatte.[24] Ob Hugo Grünthal als Teilhaber, Kenner oder gar Medailleur in der Firma tätig war, ist unbekannt; allerdings werden einige Medaillen aus dieser Zeit mit ihm in Zusammenhang gebracht. Eine 1929 von Robert Ball Nachf. herausgegebene Bronzemedaille ehrte Hugo Grünthal zu seinem 60. Geburtstag sowie seine Verdienste um die Numismatik. Auch der Sohn Heinrich Grünthal entwickelte Interesse für das Metier der Eltern. Nach seiner Emigration in die USA avancierte der nun als Henry Gruenthal bekannte Numismatiker zu einem bedeutenden Wissenschaftler und Keeper der American Numismatic Association.

In unregelmäßigen Abständen gab die Firma Lagerkataloge heraus, die die Münzen aufwendig beschrieben und die Ware reich illustrierten. So erschien 1937 zum 50. Jubiläum der Firma die Katalog-Nummer 43, in der auch ein weiterer Katalog angekündigt wurde. Zudem informierte die Firma die Numismatiker regelmäßig durch die Herausgabe des Blattes »Münze und Medaille« über wichtige Ereignisse. Ab August 1935 wurden als Prokuristen Rudolf Bahrs und der langjährige Mitarbeiter Dr. Waldemar Wruck eingestellt.[25] Trotz gut gehender Geschäfte Ende der 1930er Jahre mit einem Gewerbekapital von 51 000 Reichsmark und einem Rohumsatz von 180 000 Reichsmark[26] meldete die Inhaberin Johanna Grünthal im März 1941, vermutlich aus Altersgründen, das Erlöschen der Firma an.[27] Weitere Informationen bezüglich der Besitzer fehlen.

Der in Berlin tätige Bildhauer und Medailleur Georges Morin (1874–1950) schuf 1929 die Medaille zu Ehren des 60. Geburtstags von Hugo Grünthal. Auf der Vorderseite befindet sich das Profilbildnis des Gewürdigten, auf der Rückseite der Name der Firma und eine Hand, die eine Medaille hält. Diese stellt den Markgrafen von Ferrara Leonello d'Este dar und kann eindeutig als ein Werk des italienischen Renaissancekünstlers Antonio Pisano aus dem Jahr 1441/43 identifiziert werden. Wie ein Brückenschlag zwischen der Pflege der Medaillenkunst der Renaissance und der des 20. Jahrhunderts ehrt diese Medaille Hugo Grünthal.[28]

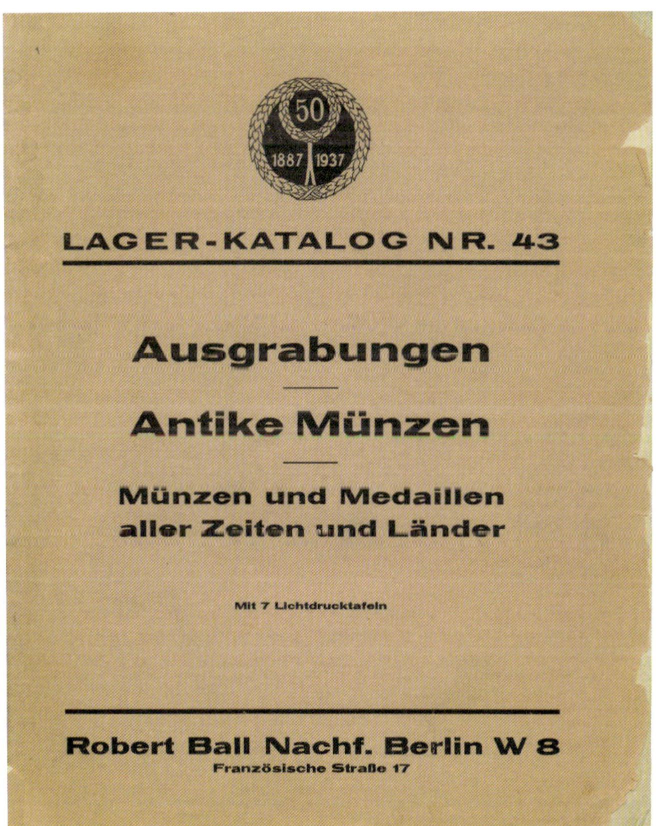

50
1887 1937

LAGER-KATALOG NR. 43

Ausgrabungen

Antike Münzen

Münzen und Medaillen
aller Zeiten und Länder

Mit 7 Lichtdrucktafeln

Robert Ball Nachf. Berlin W 8
Französische Straße 17

Nicht nur Münzen und Medaillen, sondern auch Ausgrabungsstücke des Altertums wurden von der Firma angeboten. Anlässlich des 50-jährigen Jubiläums der Firma Robert Ball Nachfahren erschien im September 1937 der Lager-Katalog Nr. 43. Auf 28 Seiten werden 786 Objekte beschrieben und auf sieben Lichtdrucktafeln 123 Objekte gestochen scharf abgebildet.[29]

Eine der sieben Lichtdrucktafeln aus dem Jubiläums-Katalog der Firma Robert Ball Nachfahren mit griechischen Münzen der Antike aus fünf Jahrhunderten. Zwischen 15 und 700 Reichsmark lagen die Preise für die bis zu 2 500 Jahre alten Münzen, die der Katalog in neun verschiedenen Erhaltungszuständen beschreibend zu unterscheiden wusste.[30]

MÜNZHANDLUNG DR. WALDEMAR WRUCK, GEGR. 1937

Inh. Dr. Waldemar Wruck

Der jüngste der hier exemplarisch vorgestellten Münzhändler ist der einzige, der auch nach dem Zweiten Weltkrieg weiterhin eine wichtige Rolle im Berliner Münzhandel spielte. Dr. Waldemar Wruck wurde 1902 in Posen geboren. Das Studium der klassischen Philologie und Geschichte in Halle schloss er 1928 mit einer Promotion ab und betätigte sich vorerst als Lehrer an diversen Instituten.[31] Seit 1929 bei Robert Ball Nachf. eingestellt, wurde er schnell zur »ersten Kraft«[32] in der Firma, sodass er ab 1935 die Prokuristenstelle erhielt.[33] Da Wruck für sich zu diesem Zeitpunkt keine weiteren Aufstiegsmöglichkeiten bei Robert Ball Nachf. sah, strebte er die Selbständigkeit an. Ausgestattet mit einem Eigenkapital von rund 12 000 Reichsmark informierte er die Reichskammer der bildenden Künste über seine Pläne.[34] Er nahm jedoch Abstand davon, nachdem die Firma Robert Ball Nachf. ihm im Juni 1936 einen Festeinstellungsvertrag mit einer Laufzeit bis 1941 und einem Jahresgehalt von 9 000 Reichsmark anbot.[35]

Das Arbeitsverhältnis bei Robert Ball Nachf. wurde allerdings Ende 1937 vorzeitig beendet und Wruck machte sich nun doch selbständig.[36] Eröffnet zuerst in Tempelhof, führte Wruck sein Geschäft ab Juni 1939 in der Niebuhrstraße 78 in Charlottenburg.[37] Ab 1937 war er als Sachverständiger vor Gericht tätig,[38] im November 1938 erhielt er die Versteigererlaubnis und begann selbständig Auktionen durchzuführen,[39] die bis 1944, wenn kriegsbedingt auch seltener, regelmäßig stattfanden.[40]

Direkt nach dem Krieg entwickelte sich rasch wieder ein numismatisches Leben. Ein geordneter Neuanfang gelang aber erst mit der Erlaubnis zur Einrichtung der Numismatischen Gesellschaft, zu deren ersten Lizenzträgern ab 1947 Wruck zählte.[41]

Dr. Waldemar Wruck starb am 1. August 1971 in Berlin.

Zwischen 1929 und 1937 in der Firma Robert Ball Nachfahren tätig, seit 1937 selbständig, führte Dr. Waldemar Wruck das Geschäft in Berlin nach dem Krieg weiter. Seit 1947 zählte er zu den fünf von den Alliierten zugelassenen Lizenzträgern, mit deren Hilfe ein geregeltes Vereinsleben der Numismatiker wieder stattfinden konnte.[42]

KONTEXTE

ANGELIKA ENDERLEIN, CHRISTINE FISCHER-DEFOY, NANA POLL

RECHTLICHE RAHMENBEDINGUNGEN

8. DEZEMBER 1931 Mit der Einführung der »Reichsfluchtsteuer«[1] mussten alle Auswanderer 25 Prozent ihrer Vermögenswerte über 200000 Reichsmark an den Staat abgeben. Mit dem »Gesetz über Änderung der Vorschriften über die Reichsfluchtsteuer«[2] vom 18. Mai 1933 senkten die Nationalsozialisten den Freibetrag für die Zahlung der Reichsfluchtsteuer auf 50000 Reichsmark. Dadurch wurden viele Kunstsammler gezwungen, Teile ihrer Sammlungen zu veräußern, wenn sie auswanderten.

14. JULI 1933 Das »Gesetz über den Widerruf von Einbürgerungen und die Aberkennung der deutschen Staatsangehörigkeit«[3] sowie das »Gesetz über die Einziehung volks- und staatsfeindlichen Vermögens«[4] legalisierten unter anderem die Enteignung von Kunstsammlungen.

7. AUGUST 1933 Das »Gesetz zur Beseitigung der Missstände im Versteigerungswesen«[5] sollte vordergründig vor falschen Zuschreibungen und ungebührlichen Preisforderungen der Beteiligten schützen. Tatsächlich sollten durch das Gesetz jüdische Kunsthändler »rechtmäßig« aus dem Kunsthandel ausgeschlossen werden.

22. SEPTEMBER 1933 Das »Reichskulturkammergesetz«[6] verpflichtete Kunsthändler zur Mitgliedschaft in der Reichskammer der bildenden Künste (RdbK). Die »Erste Verordnung zur Durchführung des Reichskulturkammergesetzes«[7] vom 1. November 1933 regelte den möglichen Ausschluss aus der Kammer.

4. AUGUST 1934 Durch die »Erste Anordnung zum Schutz des Berufes und der Berufsausübung der Kunst- und Antiquitätenhändler«[8] wurden jüdische Kunsthändler von der Ausübung ihrer Tätigkeit ausgeschlossen. Zahlreiche Ausnahmen von diesem Verbot gab es in den folgenden Jahren allerdings für diejenigen Kunsthändler, die Devisen erwirtschafteten.

16. OKTOBER 1934 Nach dem »Gesetz über das Versteigererwesen«[9] durften Kunstversteigerungen nur noch unter der Oberaufsicht der RdbK durchgeführt werden. Die »Verordnung zur Durchführung des Gesetzes über das Versteigerergewerbe«[10] vom 30. Oktober 1934 regelte die Zulassung zum Beruf des Versteigerers. Nach dem »Gesetz zur Änderung des Gesetzes über das Versteigerergewerbe«[11] vom 5. Februar 1935 durften nur noch konzessionierte Versteigerer das Gewerbe ausüben. Schließlich verbot das »Vierte Gesetz zur Änderung des Gesetzes über das Versteigerergewerbe«[12] vom 27. Februar 1938 Kunsthändlern jüdischer Herkunft jegliche Tätigkeit.

15. SEPTEMBER 1935 Das »Reichsbürgergesetz«[13] war Teil der »Nürnberger Rassengesetze« und definierte, wer als »Jude« oder »Nichtarier« galt.

22. APRIL 1938 Die »Verordnung gegen die Unterstützung der Tarnung jüdischer Gewerbebetriebe«[14] verpflichtete Kunsthändler und Auktionatoren, jüdisches Eigentum beim Verkauf durch Kennzeichnung offen zu legen. Dadurch war es Juden unmöglich, ohne Aufdeckung ihres Namens Geschäfte durchzuführen.

26. APRIL 1938 Die »Verordnung über die Anmeldung des Vermögens von Juden«[15] schuf die Voraussetzung zur systematischen Ausplünderung der jüdischen Bevölkerung.

31. MAI 1938 Das »Gesetz über [die] Einziehung von Erzeugnissen entarteter Kunst«[16] bereitete formaljuristisch den Verkauf der ein Jahr zuvor beschlagnahmten Werke moderner Kunst vor, ohne dass die Herkunftsmuseen einen Anspruch auf eine Entschädigung erheben konnten.

12. NOVEMBER 1938 Die »Verordnung über eine Sühneleistung der Juden deutscher Staatsangehörigkeit«[17] verpflichtete die jüdischen Deutschen nach den Novemberpogromen zur Zahlung von einer Milliarde Reichsmark.

3. DEZEMBER 1938 Die »Verordnung über den Einsatz des jüdischen Vermögens«[18] zwang Juden zur Abgabe von Schmuck, Kunstwerken und Wertgegenständen bei den Pfandleihanstalten, über deren Gegenwert sie jedoch nicht verfügen konnten.

16. JANUAR 1939 Die »Durchführungsverordnung zur Verordnung über den Einsatz des jüdischen Vermögens«[19] regelte die Zuständigkeit von Behörden für den Ankauf von jüdischem Besitz. Für diesen Zweck wurde eine »Öffentliche Ankaufsstelle für Kulturgut« in Berlin eingerichtet. Jedoch konnte erst durch die »Fünfte Verordnung zur Durchführung der Verordnung über den Einsatz des jüdischen Vermögens«[20] vom 25. April 1941 die RdbK im Alleinauftrag Kulturgut aus »nichtarischem« Eigentum ankaufen. Fortan vermarktete die RdbK jüdische Sammlungen im Interesse des Deutschen Reichs.

18. JANUAR 1940 Nach der »Zweiten Verordnung zur Durchführung der Verordnung über den Einsatz des jüdischen Vermögens«[21] verfiel das jüdische Eigentum bei Ausbürgerung an das Deutsche Reich.

17. SEPTEMBER 1940 Ein Befehl Hitlers wies die Wehrmacht an, den neu geschaffenen »Einsatzstab Reichsleiter Rosenberg« bei der Beschlagnahme »jeglichen herrenlosen Gutes« in den Besatzungsgebieten zu unterstützen.[22]

1. OKTOBER 1940 Die »Anordnung gegen minderwertige Kunsterzeugnisse« des Präsidenten der RdbK ermöglichte den Zugriff auf Bestände moderner Kunst in Galerien und Privatsammlungen.[23]

25. NOVEMBER 1941 Die »Elfte Verordnung zum Reichsbürgergesetz«[24] entzog allen im Ausland lebenden Reichsdeutschen die Staatsbürgerschaft und vereinfachte die Einziehung ihres in Deutschland verbliebenen Vermögens. Dies galt auch für die aus Deutschland in auswärtige Vernichtungslager deportierten Juden.

15. DEZEMBER 1941 Nach der Anordnung des Präsidenten der RdbK über die Versteigerung und den Verkauf von Kunstwerken war für einen Verkauf von Kunstwerken zum Wert über 5 000 Reichsmark eine Genehmigung der RdbK einzuholen. Diese Anordnung wurde auf Intervention des Berliner Galeristen Haberstock zurückgenommen.[25]

21. MÄRZ 1942 Ein Runderlass des Reichsfinanzministeriums wies den »Einsatzstab Reichsleiter Rosenberg« auf Befehl Hitlers an, jüdisches Schrifttum sowie sonstige kulturelle und künstlerische Erzeugnisse jüdischen Schaffens in den von Deutschland besetzten Ländern zu Forschungszwecken zur Verfügung zu stellen.[26] Grammofone und Platten waren dem Erlass nach nicht zu verkaufen, sondern dem Propagandaministerium zu überlassen. Nähmaschinen und mit Hand betriebene Maschinen waren nach Lodz zur »Beschäftigung der Ghetto-Bewohner« zu senden.

1. JULI 1943 Die »13. (und letzte) Verordnung zum Reichsbürgergesetz«[27] entzog den noch überlebenden deutschen Juden jegliche Rechte. Die Vermögensklausel legalisierte nachträglich den völligen Vermögensentzug der jüdischen Bürger, die sich unter Umständen noch im Reich befanden.

NACH 1945 Weder vom Alliierten Kontrollrat noch vom bundesdeutschen Gesetzgeber wurde das »Gesetz über Einziehung von Erzeugnissen ›entarteter‹ Kunst« vom 31. Mai 1938 aufgehoben.

NANA POLL

DIE REICHSKULTURKAMMER

Ansprache von Joseph Goebbels während einer Sitzung des Reichskultursenats im Ministerium für Volksaufklärung und Propaganda am 28. September 1936 [1]

Mitgliedsabzeichen der RKK in Form einer Anstecknadel aus Metall und eines Wappens für das Jackett mit dem Adler als Hoheitszeichen[2]

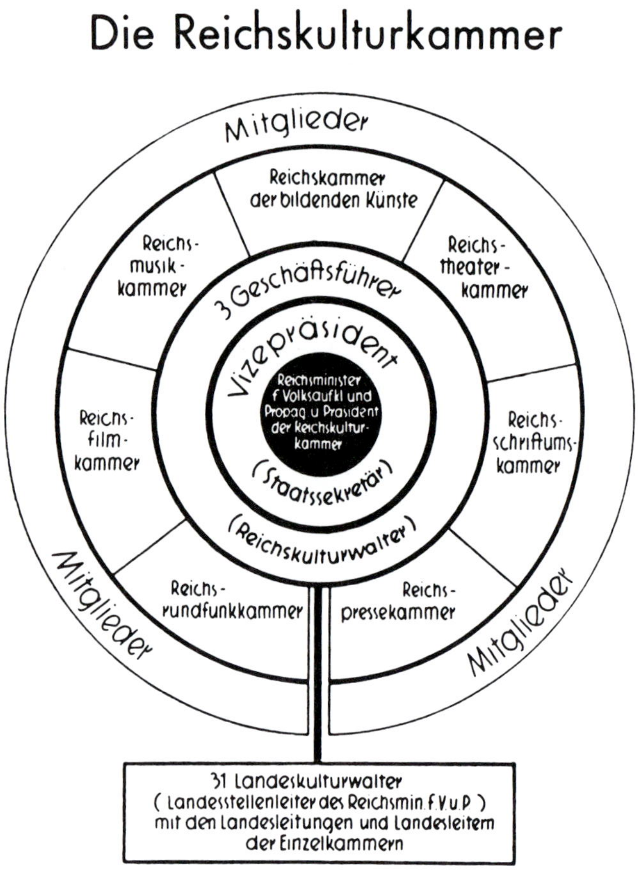

Schaubild der Organisation der RKK mit ihren einzelnen Abteilungen aus dem Ausstellungkatalog »Entartete Kunst«, Berlin 1992

DIE REICHSKULTURKAMMER

»Nicht einengen wollen wir die künstlerisch-kulturelle Entwicklung, sondern fördern. Der Staat will seine schützende Hand darüber halten; die deutschen Künstler sollen sich unter seinem Patronat geborgen fühlen und das beglückende Gefühl zurückgewinnen, daß sie im Staate ebenso unentbehrlich sind wie die, die die Werte seines materiellen Daseins schaffen.«[3]

Mit diesen Worten beschrieb Joseph Goebbels, Reichsminister für Volksaufklärung und Propaganda sowie Präsident der Reichskulturkammer (RKK), bei der Eröffnung der RKK am 15. November 1933 die Rolle, die der Kultur künftig im Deutschen Reich zuteil werden sollte.

Die Reichskulturkammer war am 22. September 1933[4] mit dem Ziel gegründet worden, alle Kultursparten und deren Interessenverbände in einer berufsständischen Institution zusammenzufassen. Die enge Bindung der RKK an das nationalsozialistische Regime drückte sich nicht nur durch die Wahl von Goebbels zu ihrem Präsidenten aus. Auch wurde der »Völkische Beobachter« 1934 zu ihrem amtlichen Publikationsorgan.[5]

Die »Erste Verordnung zur Durchführung des RKK-Gesetzes« vom 1. November 1933[6] machte die Mitgliedschaft in einer der sieben Fachkammern für alle zur Pflicht, die »bei der Erzeugung, der Erhaltung, dem Absatz oder der Vermittlung des Absatzes von Kulturgut« mitwirkten.

DIE REICHSKAMMER DER BILDENDEN KÜNSTE

Eine der Fachkammern war die Reichskammer der bildenden Künste (RdbK). Sie war wiederum in sieben Abteilungen gegliedert, die neben Verwaltung, Haushalt und Recht sowie Presse und Propaganda die spezifischen Berufsgruppen von Architekten und Gartengestaltern über Maler und Grafiker bis zu Bildhauern erfasste. Die Zuständigkeit für den Kunsthandel und das Auktionswesen lag bei der Abteilung VII.[7] Erster RdbK-Präsident war der Architekt Eugen Hönig. Er wurde am 26. November 1936 von dem Maler Adolf Ziegler abgelöst.

Das RKK-Gesetz enthielt keinen »Arierparagrafen«, sodass jüdische Künstler und Kunsthändler anfangs als ordentliche Mitglieder der RKK aufgenommen wurden und ihren Beruf weiterhin ausüben konnten. Goebbels sah sich deshalb auf der ersten gemeinsamen Tagung der Präsidenten und Präsidialräte der RKK am 7. Februar 1934 zu der Klarstellung veranlasst, dass Juden im Allgemeinen ungeeignet seien, Deutschlands Kulturgut zu verwalten. Damit sahen sich die Kammern gezwungen, den Paragrafen 10[8] der

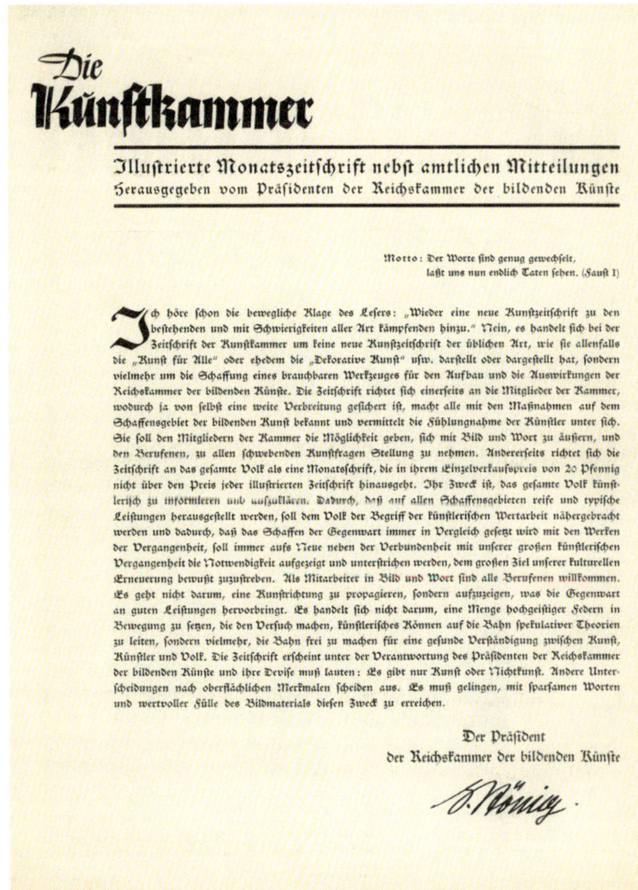

Die Kunstkammer

Illustrierte Monatszeitschrift nebst amtlichen Mitteilungen
Herausgegeben vom Präsidenten der Reichskammer der bildenden Künste

Motto: Der Worte sind genug gewechselt,
laßt uns nun endlich Taten sehen. (Faust I)

Ich höre schon die bewegliche Klage des Lesers: „Wieder eine neue Kunstzeitschrift zu den bestehenden und mit Schwierigkeiten aller Art kämpfenden hinzu.“ Nein, es handelt sich bei der Zeitschrift der Kunstkammer um keine neue Kunstzeitschrift der üblichen Art, wie sie allenfalls die „Kunst für Alle“ oder ehedem die „Dekorative Kunst“ usw. darstellt oder dargestellt hat, sondern vielmehr um die Schaffung eines brauchbaren Werkzeuges für den Aufbau und die Auswirkungen der Reichskammer der bildenden Künste. Die Zeitschrift richtet sich einerseits an die Mitglieder der Kammer, wodurch ja von selbst eine weite Verbreitung gesichert ist, macht alle mit den Maßnahmen auf dem Schaffensgebiet der bildenden Kunst bekannt und vermittelt die Fühlungnahme der Künstler unter sich. Sie soll den Mitgliedern der Kammer die Möglichkeit geben, sich mit Bild und Wort zu äußern, und den Berufenen, zu allen schwebenden Kunstfragen Stellung zu nehmen. Andererseits richtet sich die Zeitschrift an das gesamte Volk als eine Monatsschrift, die in ihrem Einzelverkaufspreis von 20 Pfennig nicht über den Preis jeder illustrierten Zeitschrift hinausgeht. Ihr Zweck ist, das gesamte Volk künstlerisch zu informieren und aufzuklären. Dadurch, daß auf allen Schaffensgebieten reife und typische Leistungen herausgestellt werden, soll dem Volk der Begriff der künstlerischen Wertarbeit nähergebracht werden und dadurch, daß das Schaffen der Gegenwart immer in Vergleich gesetzt wird mit den Werken der Vergangenheit, soll immer aufs Neue neben der Verbundenheit mit unserer großen künstlerischen Vergangenheit die Notwendigkeit aufgezeigt und unterstrichen werden, dem großen Ziel unserer kulturellen Erneuerung bewußt zuzustreben. Als Mitarbeiter in Bild und Wort sind alle Berufenen willkommen. Es geht nicht darum, eine Kunstrichtung zu propagieren, sondern aufzuzeigen, was die Gegenwart an guten Leistungen hervorbringt. Es handelt sich nicht darum, eine Menge hochgeistiger Federn in Bewegung zu setzen, die den Versuch machen, künstlerisches Können auf die Bahn spekulativer Theorien zu leiten, sondern vielmehr, die Bahn frei zu machen für eine gesunde Verständigung zwischen Kunst, Künstler und Volk. Die Zeitschrift erscheint unter der Verantwortung des Präsidenten der Reichskammer der bildenden Künste und ihre Devise muß lauten: Es gibt nur Kunst oder Nichtkunst. Andere Unterscheidungen nach oberflächlichen Merkmalen scheiden aus. Es muß gelingen, mit sparsamen Worten und wertvoller Fülle des Bildmaterials diesen Zweck zu erreichen.

Der Präsident
der Reichskammer der bildenden Künste

Die Zeitschrift »Die Kunstkammer« erschien von 1935 bis 1936 monatlich als »Illustrierte Monatszeitschrift nebst Mitteilungsblatt« der RdbK. Auf dem Titel der ersten Ausgabe vom Januar 1935 war das Relief »Badendes Mädchen« des Bildhauers Edwin Scharff (1887–1955) abgebildet. Nur zwei Jahre später wurden einige Werke Scharffs auf der Ausstellung »Entartete Kunst« gezeigt. 1940 wurde Scharff aus der RdbK ausgeschlossen. Bereits zuvor war er von seinem Lehrauftrag an der Staatlichen Kunstakademie Düsseldorf beurlaubt worden. Die rechte Abbildung zeigt das Vorwort des RdbK-Präsidenten Eugen Hönig in der ersten Ausgabe.[11]

ersten Durchführungsverordnung zum RKK-Gesetz anzuwenden, und jüdische Künstler wegen fehlender Zuverlässigkeit und Eignung nicht mehr aufzunehmen bzw. auszuschließen. Diese Vorschrift wurde jedoch nicht einheitlich praktiziert. Erst ab dem 26. Mai 1936 wurde von Mitgliedern der RdbK ein »Ariernachweis« verlangt.[9]

Die ersten Eingriffe der RdbK in das Kulturleben betrafen das Versteigerer- und das Ausstellungswesen. Mit der »Ersten Anordnung betr. die Veranstaltung von Kunstausstellungen und Kunstmessen« vom 10. April 1935[10] wurden die Veranstalter und Ausstellungsleiter verpflichtet, eine »Bestätigung durch den Präsidenten der RdbK« einzuholen. Hiernach musste eine »Zulassung« erfolgen, die nur erteilt wurde, sofern Ausstellungsleiter und Veranstalter Kammermitgliedschaft, Eignung, wirtschaftliche Leistungsfähigkeit und »die zum Betrieb der Veranstaltung erforderliche Zuverlässigkeit« nachweisen konnten.

Nikolassee, Am Kirchweg 33 (Der Mittelhof)
Fernruf: 80 65 85

Reichskammer der bildenden Künste

~~Berlin W 35, Blumeshof 5–6 / Fernsprecher: 21 92 71~~

Fachgruppe Kunstverleger und -händler

Zur Beachtung! Gemäß den §§ 4 u. 5 der Ersten Verordnung zur Durchführung des Reichskulturkammergesetzes vom 1. 11. 1933 (RGBl. I, S. 797) muß, wer Kulturgut laut beiliegender Begriffsbestimmung verbreitet, absetzt oder den Absatz vermittelt, die Mitgliedschaft der Reichskammer der bildenden Künste besitzen oder gemäß § 9 a. a. O. von der Zugehörigkeit befreit sein.

Gemäß dem § 28 a. a. O. kann der Präsident der Reichskammer der bildenden Künste Ordnungsstrafen gegen denjenigen festsetzen, der der Kammer gegenüber falsche Angaben macht.

Deutlich schreiben! Die mit *) versehenen Angaben sind nichtzutreffendenfalls durchzustreichen.

Aufnahmeantrag

Angaben zur Person (von jedem Anmeldenden auszufüllen)

Heftrand

Vor- und Zuname: (bei Ehefrauen auch Vatersname) Hansjoachim Quantmeyer

Wohnort und Wohnung: Berlin W.15, Meinekestrasse 2

Geburtstag: 6.10. 1894 Geburtsort: Berlin

Staatsangehörigkeit: Dtsch.Reich Religion (auch frühere): evang.

Sind Sie arischer Abstammung? ja

Sind Sie verheiratet, verwitwet, geschieden*) verheiratet

Vor- und Geburtsnamen der Ehefrau: Elly geb. Kickert

Ist der Ehemann, die Ehefrau arischer Abstammung?*) ja

Sind Sie Mitglied der NSDAP? ja Nr. 2594709

Seit wann? März 1933 1933

Welcher Gliederung der NSDAP gehören Sie an? --

Sind Sie Mitglied der Deutschen Arbeitsfront? ja Nr. ---

Nur für amtl. Eintragungen		
K. A.		
Landesleiter		
St.-R.		
LLStn.		
Lb.		
Kb.-Kartei		
Aufn.-Best.		
Ausweis		

Berufsbezeichnung (Titel, z. B. Geschäftsführer, Prokurist, Reisender): Betriebsführer

Welchen Beruf üben Sie aus (z. B.: Kunsthändler)? Teppichhändler

Sind Sie selbständig *) oder Angestellte(r)*) selbständig Seit wann im Kunsthandel? (Monat, Jahr)

Name der Firma:	Quantmeyer & Eicke
Form (A. G., GmbH., handelsgerichtlich eingetragen usw.:	Einzelfirma
Sitz, Anschrift und Fernsprecher der Firma:	Berlin W 8 Kronenstrasse 61/63 11 6991
Zweigniederlassungen? Wo?	keine
Datum der Gründung der Firma:	
Namen des ~~der~~ Inhaber:	Hansjoachim Quantmeyer
Anschrift des zuständigen Finanzamts:	Finanzamt Mitte, Berlin, Weidendamm 1 a.

Die Aufnahme in die RdbK konnte mit einem mehrseitigen Formular über den jeweiligen Landesleiter beim Präsidenten der RdbK beantragt werden. Zu beantworten waren unter anderem Fragen zur Abstammung sowie zur Religions- und Parteizugehörigkeit. Hansjoachim Quantmeyer beantragte am 1. März 1940 für seine neu gegründete Firma Hansjoachim Quantmeyer, die mit Kunstgegenständen aller Art handelte, die Mitgliedschaft in der Fachgruppe Kunstverleger und -händler. Mit dem Schreiben des Präsidenten der RdbK vom 6. März 1942 erhielt Quantmeyer sein Mitgliedsbuch mit der Nummer KA. 4328 zusammen mit einem Fragebogen zur Festsetzung des Mitgliedsbeitrages, der rückwirkend ab dem 1. April 1940 zu zahlen war.[12]

Lebenslauf nebst Angaben über die Berufsausbildung: Ich bin geboren am 6.10. 1894 zu Berlin als Sohn des Kaufmanns Wilhelm Quantmeyer und seiner Ehefrau Johanna geb. Wülfing. Im evangelischen Glauben erzogen, besuchte ich ab meinem 6. Lebensjahr die Vorschule und dann das Kaiser Wilhelm Realgymnasium, Berlin, Kochstrasse 66, das ich mit Ober-Sekunda-Reife (Einjährigen Zeugnis) am 30.9.1909 verliess. Nach halbjährigem Besuch der Handelsschule trat ich am 1. April 1910 in die kaufmännische Lehre in Hamburg ein und erhielt dann weiter als kaufmännischer Angestellter meine Ausbildung in der Branche meines väterlichen Geschäftes (Teppiche, Gardinen, Möbelstoffe) in Hannover, Oelsnitz/Vogtl. und London. Letzteres musste ich wegen Ausbruch des Krieges verlassen. Am 18.8. 1914 als Fahnenjunker beim 6. Garde-Feldartl.-Regt. Jüterbog ein und wurde am 22. Februar 1919 aus dem Heeresdienst entlassen. Meine berufliche Tätigkeit nahm ich im Laufe des Jahres 1919 in meinem väterlichen Geschäft auf und wurde am 1.1. 1920 von meinem Vater als Mitinhaber aufgenommen. Neben meiner Tätigkeit als Inhaber der Firma Quantmeyer & Eicke, die ich seit dem Tode meines Vaters, dem 20.1.1934 allein führe, habe ich eine grosse Reihe ehrenamtlicher Posten, Berufsverbänden, Handelskammer etc.

Sie sind Alleininhaber, ~~Mitinhaber, Gesellschafter, Vorstandsmitglied?~~ *) ja / nein *)

Seit wann?	Name und Wohnort	Arisch	Kammermitglied Nummer
Namen der Gesellschafter	1. ----	ja/nein	Nr.
Mitinhaber *)	2. ----	ja/nein	Nr.
Vorstandsmitglieder *)	3. ----	ja/nein	Nr.
stillen Teilhaber *)	4. ----	ja/nein	Nr.
Aktionäre *)	5. ----	ja/nein	Nr.
	(Falls der Raum nicht ausreicht, sind die Angaben gesondert zu machen)		
Namen der(s) Geschäftsführer(s) Prokuristen	1. Willy Bodin	ja/nein	Nr.
	2. Josef Angerer	ja/nein	Nr.
	3.		

Außer den Genannten werden z. Zt. beschäftigt:

103 Angestellte, 15 Vertreter, 16

davon sind 103 Angestellte, 15 Vertreter, 16

Im vergangenen Geschäftsjahr wurden bezahlt:

RM 404.846,- an Gehältern, RM 172,267,- an Provisionen,

Geschäftskapital des Unternehmens: Gewerbekapital laut Bila

Anteil der Teilhaber, Gesellschafter (s. o.):

Sind Sie an ausländischen Unternehmen beteiligt? nein

Name und Ort dieser Unternehmen: ------

Gehören Sie bereits einer Fachgruppe der Reichskammer der bildenden Kün

---

Gehören Sie bereits einer anderen Einzelkammer (Fachverband) der Reichs

----

Gehören Sie oder das Unternehmen einer Fachgruppe der gewerblichen W

Wirtschaftsgruppe Einzelhandel und Reichsverband handels e.V.

Gehören Sie oder das Unternehmen einer Innung des Handwerks an?

Sattler- und Tapezierer-Innung, Berlin.

Wie hoch war der Gesamtumsatz im letzten Geschäftsjahr (19 /19 39)? RM 7.370.539.-

Wie hoch war der Umsatz an Kulturgut im Geschäftsjahr (19 /19)? RM 317.266.-

Welches Einkommen hatten Sie auf Grund Ihrer Berufsausübung im Steuerjahr 19 /19 ? RM

Welcher Betrag entfiel davon auf die Vermittlung von Kulturgut? RM

Der wertmäßige Anteil beträgt gegenüber dem Gesamtumsatz beim:

Zur Beachtung! Hier ist z. B. anzugeben: Kunsthandel 60 v. H., Buchhandel 40 v. H. des Umsatzes.

Kunst- und Antiquitätenhandel a) alte Kunst | ~~b) moderne Kunst~~ | Gemäß der 1. Anordnung zum Schutze des Berufes der K.- u. A.-Händler vom 4.8.1934 ... v. H. / v. H.

Kunstverlag | Kunstblatthandel | betroffen werden: Kunstblätter, Wandsprüche, Devotionalien, Kunst-, Bildpost- und Glückwunschkarten, Plastiken (serienmäßig hergestellt) usw. ... v. H.

und Handel mit vervielfältigten Werken der bildenden Kunst ... v. H.

Handel mit Kunsthandwerk ... v. H.

Buchhandel ... v. H.

Schreibwarenhandel ... v. H.

Glaserei- und Einrahmungsgeschäft ... v. H.

bei sonstigen Unternehmen (angeben!) ... v. H.

Welches sind Ihre Spezialgebiete? (z. B. Handel mit alten Gemälden, mit moderner Kunst, Numismatik)

Antike Teppiche, Gobelins und ähnliches

Veranstalten Sie Versteigerungen, in denen Kulturgut angeboten wird? nein

a) auf welchem Spezialgebiet? ----

b) Wieviel Versteigerungen, in denen Kulturgut enthalten war, hielten Sie bis jetzt ab? ----

Veranstalten Sie öffentliche Ausstellungen? ----

Es werden dabei Werke alter / neuer / lebender Künstler *) gezeigt. ----

Ich versichere, vorstehende Angaben nach bestem Wissen und Gewissen gemacht zu haben und beantrage die Aufnahme in die Reichskammer der bildenden Künste, bezw. die Befreiung von der Zugehörigkeit.

Firmenstempel

Berlin W.15 (Wohnort) den 1. März 1940. (Datum)

Hansjoachim Quantmeyer.

Hansjoachim Quantmeyer

Vor- und Zuname des Antragstellers

Meinekestrasse 2.

Straße

Der Maler Adolf Ziegler (1892–1959), seit 1925 Mitglied der NSDAP und Sachberater für Bildende Kunst der Reichsleitung, war von 1936 bis 1943 Präsident der RdbK. 1943 musste er sein Amt niederlegen, weil er angesichts der Kriegslage Friedensverhandlungen mit England vorgeschlagen hatte. Er kam ins KZ Dachau. An seine Stelle trat der Architekt Wilhelm Kreis.[13]

VON DER BESCHLAGNAHME BIS ZUM BERUFSVERBOT

Der RdbK-Präsident Adolf Ziegler wurde am 30. Juni 1937 durch Goebbels ermächtigt, in Museen Kunstwerke für die Ausstellung »Entartete Kunst« zu konfiszieren. Die am 19. Juli 1937 in München eröffnete Ausstellung hatte in vier Monaten mehr als zwei Millionen Besucher. Anschließend erhielt der RdbK-Präsident von Hitler den Auftrag, sämtliche »deutschen öffentlichen Sammlungen von Werken entarteter Kunst zu säubern«.[14]

Den Zugriff auf Bestände moderner Kunst in Galerien und Privatsammlungen sollte die »Anordnung gegen minderwertige Kunsterzeugnisse« des RdbK-Präsidenten vom 1. Oktober 1940 ermöglichen. Die Anordnung wurde jedoch wegen des Krieges nicht oder nur teilweise umgesetzt.[15]

Anders als bei ihrer Gründung proklamiert, dienten die RKK und ihre Einzelkammern nicht dazu, die »Berufsstände in freier Selbstverwaltung« zusammenzufassen. Sie sollten vielmehr politisch unerwünschte oder aus ästhetischen Gründen abgelehnte Kulturschaffende und Kulturvermittler überwachen und daran hindern, ihren Beruf auszuüben, indem sie aus der Kammer ausgeschlossen oder gar nicht erst aufgenommen wurden.[16]

Die RKK wurde durch den Alliierten Kontrollrat im Oktober 1945 aufgelöst.

ANGELIKA ENDERLEIN

ÜBERWACHUNG UND BÜROKRATISIERUNG: DIE SCHLEICHENDE VERDRÄNGUNG DER JUDEN AUS DEM BERLINER KUNSTHANDEL

ABLAUF EINER VERSTEIGERUNG

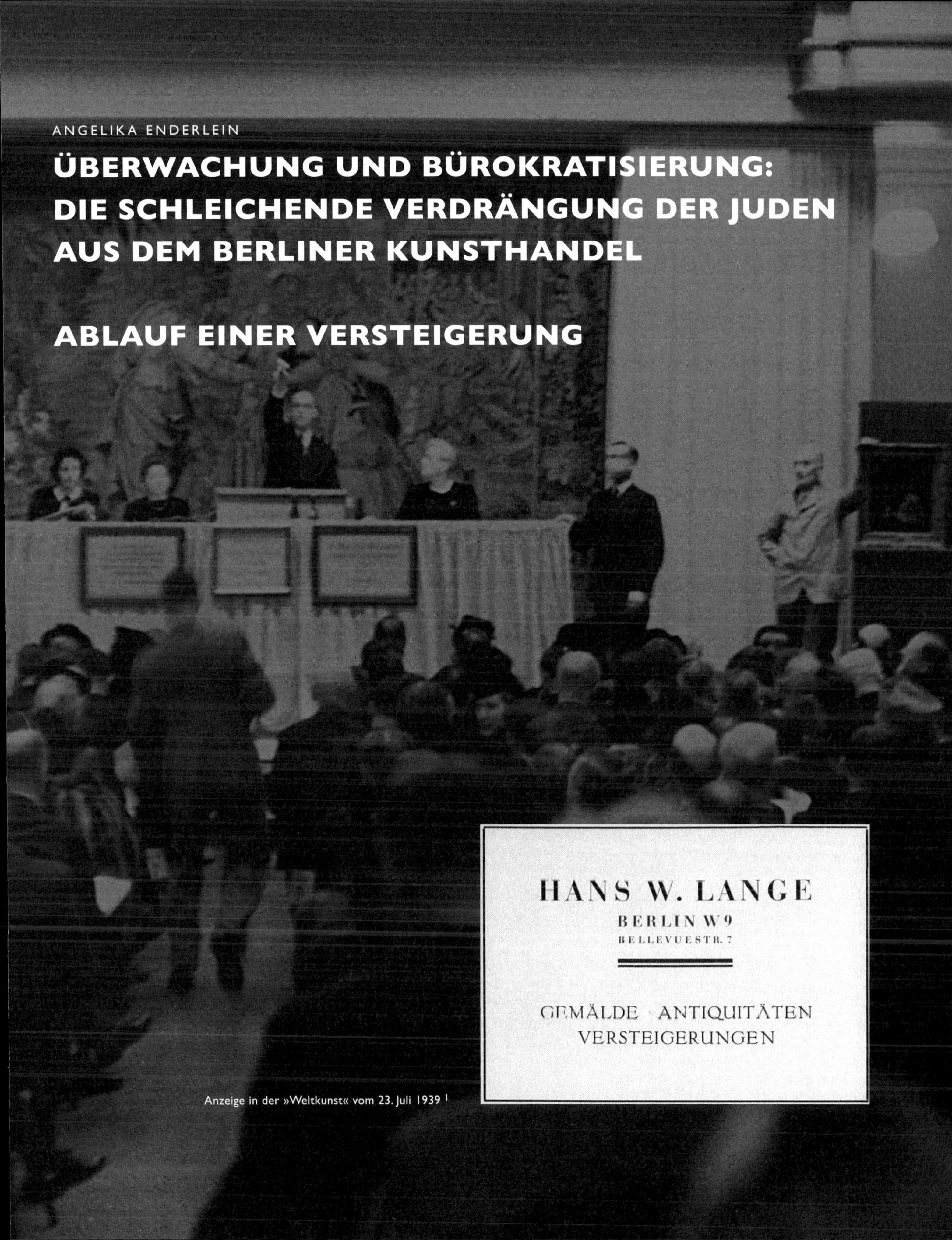

Anzeige in der »Weltkunst« vom 23. Juli 1939 [1]

PAUL GRAUPE / BERLIN W 9

BELLEVUESTRASSE 3

Kunstversteigerer HANS W. LANGE

Freiwillige Versteigerung
Ende September 1937

im Auftrage der Testamentsvollstrecker wegen Erbteilung

Die Sammlung

Frau Emma Budge †, Hamburg

Wertvolle Gemälde, u. a. von Corot, Greuze, Hoppner, Lavreince, Nattier, Romney u. Reynolds / Ca. 70 der schönsten englischen Farbstiche / Eine Sammlung von hervorragendem deutschem, englischem und holländischem Renaissance- und Barocksilber / Eine umfassende Porzellansammlung fast aller Deutschen Manufakturen (vor allem Meißen, Fürstenberg, Höchst, Frankenthal, Fulda u. Nymphenburg,) Porzellan-Broncemonturen / Italienische Majoliken / Kostbare französische Louis XV- u. Louis XVI-Goldemaildosen (Blarenberghe, Ducrollay) / Deutsche und Italienische Renaissance-Broncen / Zahlreiches Sitzmobiliar mit Tapisserie- u. Pointbezügen / Buchs- und Elfenbeinschnitzereien / Eine umfangreiche Textiliensammlung (Stickereien, deutsche und flandrische Tapisseriekissen, kostbare Renaissance- und Barockkaseln, alte Stoffe, Norddeutsche Gewebe) / 18 deutsche, französische und flandrische Tapisserien vom 16.—18. Jahrhundert) / Teppiche

Katalog mit ca. 130 Tafeln, bearbeitet vom Schloßmuseum Berlin, erscheint Mitte August

Raeburn — Nattier — Farbstich v. Ward — Farbstich v. Ward — Meißen, 1728 — Augsburg, um 1720 — Brüssel, um 1730 — Carle van Loo — Brüssel, um 1730 — Nürnberg, 1565 — Farbstich von Ward — England, 1550 — Farbstich von Ward — Frankfurt, 1600 — Meißen, 1725 — Nürnberg, 1570 — Böttger, 1715 — Nymphenburg, 1760 — Amsterdam, Jan Lutma, 1650 — 18. Jahrh. — Caspar Netscher — 18. Jahrh. — London, 1585

»Weltkunst« vom
18. Juli 1937 2

Der Präsident der Reichskammer der bildenden Künste (RdbK) war konsterniert: »Ich habe festgestellt, dass in der Ausstellung der in obiger Versteigerung enthaltenen Gegenstände verschiedene jüdische Kommissionäre anwesend waren, denen ich die Vermittlung von Kulturgut untersagt habe.«[3] Der Polizeipräsident von Berlin, so forderte er in einem Schnellbrief vom 18. August 1936, müsse sicherstellen, dass die abgelehnten Kommissionäre überwacht und am nächsten Tag von der Versteigerung im Auktionshaus Gerhard Harms fernbleiben werden.

VORAUSSETZUNGEN FÜR EINEN NEU ORGANISIERTEN KUNSTHANDEL

Die ständige Überwachung und Verschärfung der Maßnahmen gegen jüdische Versteigerer bestimmten inzwischen den Alltag in dem einst so lebendigen Berliner Auktionshandel. So erfolgte bereits im Jahr der Machtübernahme durch die Nationalsozialisten die Gründung der Reichskammer der bildenden Künste, die weit reichende Veränderungen im Kunsthandel nach sich zog.[4] Erklärtes Ziel von Joseph Goebbels, dem Präsidenten der Reichskulturkammer, war es, unliebsame, das hieß in erster Linie jüdische Kunsthändler sukzessive vom Kunsthandel auszuschließen. Grundlage für einen im nationalsozialistischen Sinne straff organisierten und kontrollierten Kunsthandel bildete das am 16. Oktober 1934 verabschiedete Gesetz über das Versteigerergewerbe.[5] Im Vorfeld dieser Gesetzesänderung setzte sich die Industrie- und Handelskammer zu Berlin mit den Mitgliedern des an die Kammer angegliederten »Fachausschusses für den Handel in Gegenständen der Kunst und des Kunstgewerbes sowie für das Versteigerungswesen« zusammen.[6] Dessen Stellungnahmen beispielsweise zur Bildung verschiedener Gruppen von Versteigerern sollten in der geplanten Neuregelung des Versteigerungswesens Berücksichtigung finden. Heftig diskutiert wurde hierbei ebenfalls die Frage der Zulassung bzw. Konzessionserlaubnis, um als Versteigerer arbeiten zu können. So befürwortete beispielsweise der Regierungspräsident von Hannover in seiner Stellungnahme ausdrücklich die Einführung neuer Vorschriften für Versteigerer. So sei es möglich, »die unsauberen Elemente, die sich in dieses Gewerbe gedrängt haben, daraus wieder zu entfernen«.[7] Dies war bereits ein Hinweis auf den Ausschluss jüdischer Versteigerer aus dem öffentlichen Leben.

Mit der Einführung des erwähnten Gesetzes durften fortan Kunstversteigerungen nur noch unter der Oberaufsicht der Reichskammer der bildenden Künste von einem besonderen Kreis von Versteigerern abgehalten werden, die zudem Mitglied in der Kammer sein mussten.[8] Da der »Ariernachweis« Voraussetzung war, wurden jüdische Versteigerer fortan verdrängt. Eine schlagartige »Ausschaltung« dieser Gruppe, die den Kunstmarkt bislang dominiert hatte, konnte jedoch nicht unmittelbar durchgesetzt werden, da ein Zusammenbruch des deutschen Kunsthandels zu befürchten war. Aus diesem Grund durften »devisenbringende« Juden zunächst in der Reichskulturkammer verbleiben.[9] Per Gesetz war eine Lücke gelassen, sodass wichtige jüdische Kunsthändler weiterhin mit Kunst handeln konnten. Eine Ausnahme wurde ab 1935 allerdings nur noch unter bestimmten Umständen gemacht, etwa im Fall Paul Graupes, der über Kontakte verfügte und daher noch bis 1937 sein Unternehmen unbehelligt führen konnte. Doch dies blieben Einzelfälle, denn die Ministerien propagierten zunehmend gegen Juden im Kunsthandel. Ende 1935 forderte der Sächsische Wirtschafts- und Arbeitsminister die endgültige »Ausschaltung« von jüdischen Versteigerern mit der Begründung, dass die Ausübung eine besondere Vertrauensstellung voraussetze, die von »Nichtariern« nicht erfüllt werde.[10] Diese Ansicht vertrat der Reichs- und Preußische Wirtschaftsminister jedoch nicht, denn in seinem Antwortschreiben äußerte er, dass »einem Juden auch nicht die Zuverlässigkeit abgesprochen werden [kann], weil er Jude ist«.[11] Diese Auseinandersetzungen innerhalb der Ministerien wurden letztendlich zuungunsten der jüdischen Beteiligten im Kunsthandel beschieden, denn die Repressalien gegen sie nahmen stetig zu. Dies zeigte sich nicht nur gegenüber den Versteigerern, sondern auch gegenüber den Einlieferern.

Zur Überwachung des Kunsthandels hatte die Reichskammer der bildenden Künste ein aufwendiges Genehmigungs- und Durchführungsprocedere entwickelt, das von allen Beteiligten strengstens eingehalten werden musste. Wurden die Auflagen nicht beachtet, erfolgte die Genehmigung erst, wenn die Gründe beseitigt waren. In einigen Fällen konnten die Versteigerungen auch kurzfristig abgesagt werden. Der Oberfinanzpräsident (OFP) Berlin-Brandenburg nahm hierbei eine zentrale Rolle ein, denn er war reichsweit für die Beschlagnahmung und Verwertung aller Vermögenswerte und somit auch für Kunstgegenstände zuständig. Dieser Machtzuwachs resultierte aus der im Jahre 1934 durchgeführten Gleichschaltung aller Länder, die fortan unmittelbar dem Reichsfinanzministerium als Oberfinanzbezirke unterstellt waren.[12]

Villa Graetz, Robert Graetz im Herrenzimmer, ca. 1930.[13]
Der erfolgreiche Berliner Textilunternehmer Robert Graetz (1878–1945), umgeben von Kunst und Büchern im Herrenzimmer seiner Villa in Berlin-Grunewald, im Vordergrund die Porträtbüste seiner Tochter von Georg Leschnitzer. Die weiteren Fotos zeigen einen Teil seiner Kunstwerke, die 1941 im Auktionshaus Harms versteigert wurden. Die Gemälde in der Veranda wurden dagegen nicht bei Harms angeboten, sondern möglicherweise bei Freunden untergestellt.

Villa Graetz, Veranda, Speise- und Herrenzimmer im Erdgeschoss (in Uhrzeigerrichtung), vor 1936[14]

ABLAUF EINER VERSTEIGERUNG AM BEISPIEL DER WOHNUNGSVERSTEIGERUNG VON BLUMA GRAETZ IN BERLIN-GRUNEWALD AM 25. FEBRUAR 1941

Auf Veranlassung des OFP wandte sich Bluma Graetz, die pro forma geschiedene Ehefrau des ehemals erfolgreichen jüdischen Textilfabrikanten Robert Graetz, Anfang des Jahres 1941 an den Versteigerer Gerhard Harms, um ihre Wohnungseinrichtung zu veräußern.[15] Harms gehörte bereits vor Inkrafttreten des Gesetzes über das Versteigerergewerbe zu den aktiven Versteigerern Berlins. Sein Geschäft in Wilmersdorf hatte sich seit Jahren auf das Versteigern von Wohnungseinrichtungen spezialisiert. Da sich innerhalb der zu versteigenden Wohnungseinrichtungen auch häufig Kulturgut befand, hatte sich Harms im Sommer 1936 um die Aufnahme in die Reichskammer der bildenden Künste bemüht.[16] Obwohl sein Antrag durch den Präsidenten der RdbK abgelehnt wurde,[17] scheint er sich darüber hinweg gesetzt zu haben, denn nicht nur vor diesem Antrag, sondern auch danach gab er in seinen Anzeigen in der »Weltkunst« an, dass er neben den Wohnungseinrichtungen auch Kunstbesitz versteigerte.[18]

Am 10. Februar 1941 schickte Harms den Antrag auf Versteigerung im Auftrag von Bluma Graetz an den Präsidenten der RdbK. Er fügte dem Antrag in dreifacher Ausfertigung eine Liste der zu versteigernden Gegenstände mit Schätzpreisen, die Versteigerungsbedingungen, den Entwurf des Inserates und die Bestätigung der Wohnungskündigung bei. Die üblicherweise vorgeschriebene Dreiwochenfrist vor dem Versteigerungstermin hielt Harms nicht ein. Offenbar war dies der erhöhten Anzahl an Deportationen und den damit einhergehenden erhöhten Versteigerungen geschuldet.[19] Nach erfolgter Überprüfung des Versteigerers Harms, der Einlieferin Bluma Graetz und der Schätzpreisliste durch die Reichskulturkammer meldete die Dienststelle die Versteigerung der Berliner Landesleitung der RdbK und dem örtlichen Polizeipräsidium, um deren Zustimmung zu erhalten. Da es keine Einwände gab, inserierte Harms im »Völkischen Beobachter« die »Versteigerung einer gepflegten Wohnungseinrichtung [in] Grunewald, Erdener Straße 15«, die am 25. Februar 1941 stattfinden sollte.[20] Harms kennzeichnete die Versteigerung, wie es seit dem Versteigerergesetz vom 16. Oktober 1934 Vorschrift war, als »nichtarischen Besitz«.[21] Zum Aufruf gelangten 289 Posten in der Villa Graetz. Darunter befanden sich Mobiliar, Hausratsgegenstände, Skulpturen, Keramiken, Chinoiserien und Kunstobjekte wie Gemälde weniger bedeutender Maler. Die eingelieferten Objekte entsprachen dem Charakter der üblicherweise durchgeführten Versteigerungen im Auktionshaus Harms. Die hochwertigen zeitgenössischen Gemälde und Grafiken von so bedeutenden Künstlern wie Karl Schmidt-Rottluff oder Conrad Felixmüller in der Sammlung Graetz wurden hier jedoch nicht angeboten. Nach der Versteigerung schickte Harms das Protokoll mit den erzielten Verkaufspreisen und der Nennung der Käufer in dreifacher Ausfertigung innerhalb von drei Wochen an die bereits beteiligten Instanzen zurück. Erst nach erneuter Genehmigung war die Versteigerung abgeschlossen. Nach Zahlung der Versteigerungsgebühren in Höhe von 1 545,45 Reichsmark bei einem Gesamterlös von 9 942 Reichsmark überwies Harms am 4. März 1941 Bluma Graetz den Restbetrag.[22] Es ist jedoch sehr unwahrscheinlich, dass sie das Geld tatsächlich abheben konnte.

Nach dem Verkauf mussten Robert und Bluma Graetz ab dem 1. März 1941 in eine sogenannte Judenwohnung in der Wissmannstraße 11, in unmittelbarer Nähe ihrer Villa, ziehen.[23] Das war die Endstation dieses einst in der Berliner Gesellschaft angesehenen und erfolgreichen Ehepaares. Bluma Graetz wurde Ende August 1941 in die Sowjetunion deportiert, wo sie bis zum Kriegsende in einem Arbeitslager arbeiten musste.[24] Robert Graetz wurde am 14. April 1942 in das Vernichtungslager Trawniki bei Lublin deportiert und nach Kriegsende für tot erklärt.[25] Das Schicksal des Ehepaares steht für Millionen Juden.

Robert und Betty (Bluma) Graetz mit einem Freund in Marienbad, 1936[26]

Schätzpreisliste des Versteigererhauses Gerhard Harms für die Wohnungseinrichtung der Villa Graetz, Erdener Straße 15, vom 5. Februar 1941 (Versteigerung am 25. Februar 1941) [27]

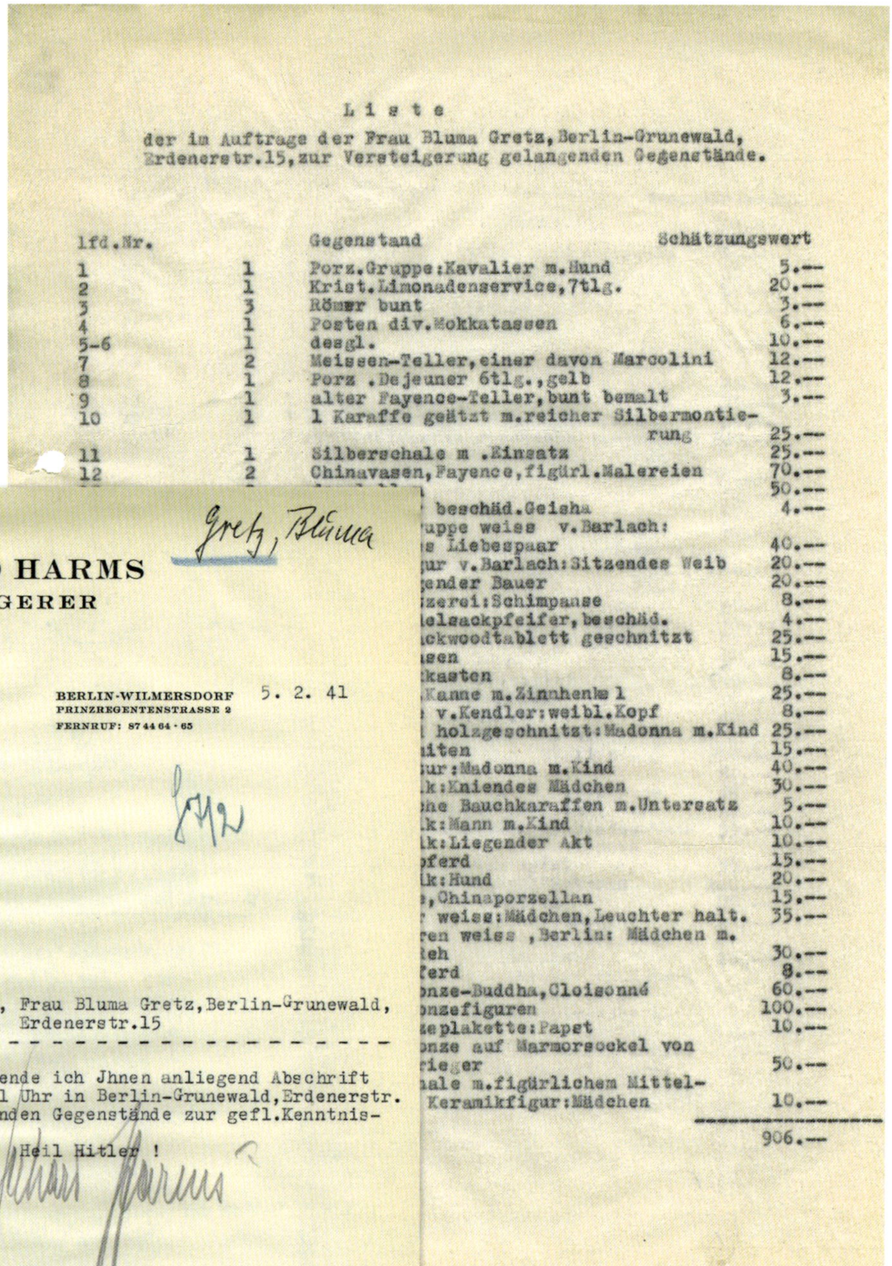

L i s t e

der im Auftrage der Frau Bluma Gretz, Berlin-Grunewald, Erdenerstr.15, zur Versteigerung gelangenden Gegenstände.

lfd.Nr.		Gegenstand	Schätzungswert
1	1	Porz.Gruppe:Kavalier m.Hund	5.--
2	1	Krist.Limonadenservice,7tlg.	20.--
3	3	Römer bunt	3.--
4	1	Posten div.Mokkatassen	6.--
5-6	1	desgl.	10.--
7	2	Meissen-Teller,einer davon Marcolini	12.--
8	1	Porz .Dejeuner 6tlg.,gelb	12.--
9	1	alter Fayence-Teller,bunt bemalt	3.--
10	1	1 Karaffe geätzt m.reicher Silbermontierung	25.--
11	1	Silberschale m .Einsatz	25.--
12	2	Chinavasen,Fayence,figürl.Malereien	70.--
			50.--
		beschäd.Geisha	4.--
		uppe weiss v.Barlach: s Liebespaar	40.--
		gur v.Barlach:Sitzendes Weib	20.--
		gender Bauer	20.--
		zerei:Schimpanse	8.--
		elsackpfeifer,beschäd.	4.--
		ckwoodtablett geschnitzt	25.--
		sen	15.--
		kasten	8.--
		Kanne m.Zinnhenkel	25.--
		v.Kendler:weibl.Kopf	8.--
		holzgeschnitzt:Madonna m.Kind	25.--
		iten	15.--
		ur:Madonna m.Kind	40.--
		k:Kniendes Mädchen	30.--
		he Bauchkaraffen m.Untersatz	5.--
		k:Mann m.Kind	10.--
		k:Liegender Akt	10.--
		pferd	15.--
		k:Hund	20.--
		,Chinaporzellan	15.--
		weiss:Mädchen,Leuchter halt.	35.--
		ren weiss ,Berlin: Mädchen m. Reh	30.--
		ferd	8.--
		onze-Buddha,Cloisonné	60.--
		onzefiguren	100.--
		eplakette:Papst	10.--
		onze auf Marmorsockel von rieger	50.--
		ale m.figürlichem Mittel- Keramikfigur:Mädchen	10.--
			906.--

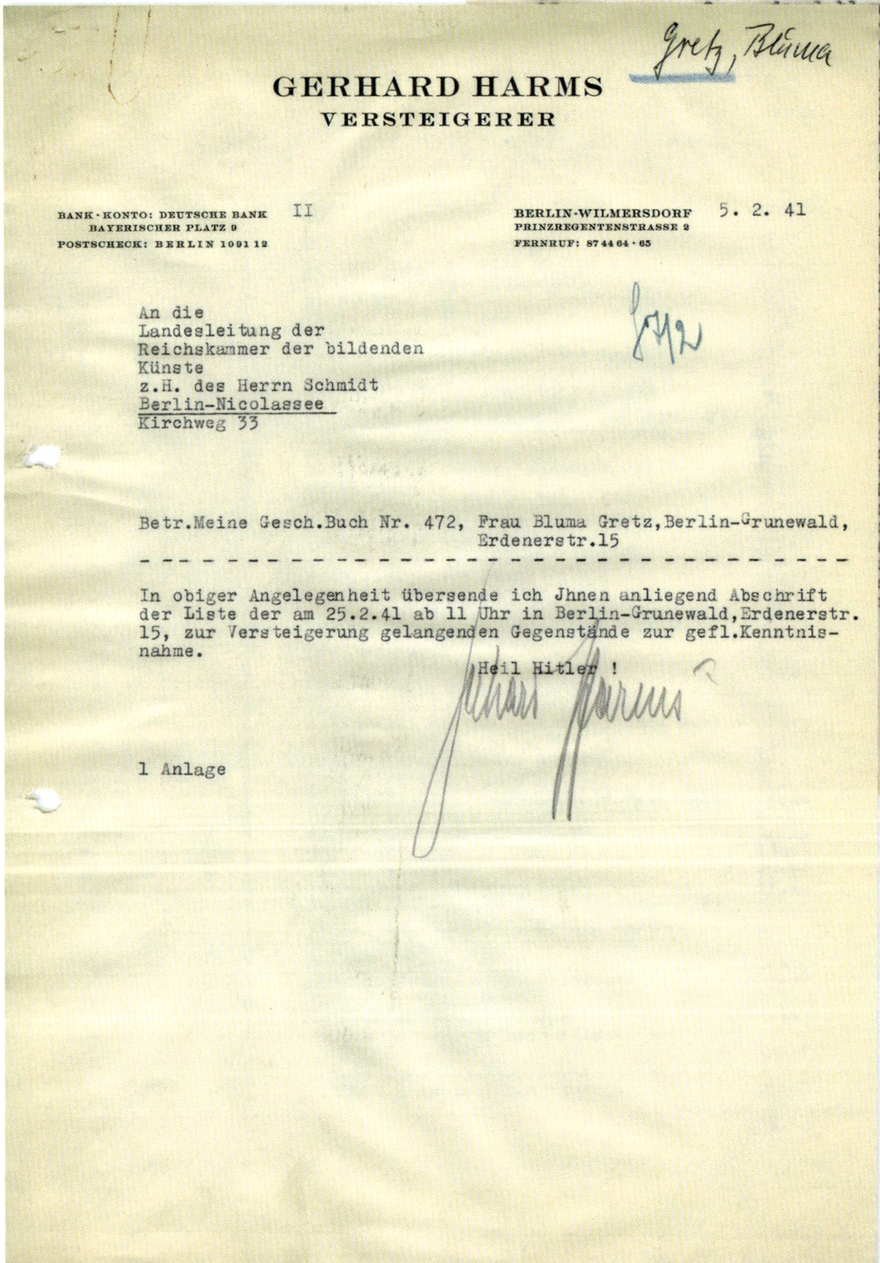

GERHARD HARMS
VERSTEIGERER

BANK-KONTO: DEUTSCHE BANK II
BAYERISCHER PLATZ 9
POSTSCHECK: BERLIN 109112

BERLIN-WILMERSDORF
PRINZREGENTENSTRASSE 2
FERNRUF: 874464-65

5. 2. 41

An die
Landesleitung der
Reichskammer der bildenden
Künste
z.H. des Herrn Schmidt
Berlin-Nicolassee
Kirchweg 33

Betr.Meine Gesch.Buch Nr. 472, Frau Bluma Gretz, Berlin-Grunewald, Erdenerstr.15

In obiger Angelegenheit übersende ich Jhnen anliegend Abschrift der Liste der am 25.2.41 ab 11 Uhr in Berlin-Grunewald, Erdenerstr. 15, zur Versteigerung gelangenden Gegenstände zur gefl.Kenntnisnahme.

Heil Hitler !

1 Anlage

- 2 -

Lfd.Nr.	Gegebstand	Schätzungswert
	Uebertrag	906.--
43	1 silberne Jardinière m.Glaseinsatz	60.--
44	1 Bronzefigur China:Buddha	35.--
45	1 Bronzekoro auf Untersatz	50.--
46	1 kl.chines.Bronzevase	10.--
47	2 indische Götterfiguren Bronze: Zeugung	50.--
48	1 alte asiatische Bronzefigur: weibliche Gottheit	25.--
49	1 desgl.:Priester	25.--
50	1 alte Steinfigur:	
51-52	3 Bronzefiguren:Äg	
53	1 Holzbuddha im ge häuse	
54	1 Asiatische Götte	
55	1 desgl.vergoldet	
56	1 desgl.	
57	1 japanische Bron Samurai m.Schirm	
58	2 jap.Porz.Figuren	
59	1 gross.jap.Teller	
60	2 Chinadeckelvasen	
61	2 Karaffen reich	
62-63	2 gr.japanische Sa	
64	1 chines.Seidenst	
65	2 alte Cloisonnéte	
66	1 grosse antike Ho	
67	1 Bronzefigur:Affe	
68	1 Cloisonnéfigur;	
69	1 Cloisonné-Zigare	
70	1 mod.Bronze v.All	
71	1 desgl. Eva mit d	
72	1 kl.Bronzefigur v	
73-77	1 Posten Kunstdruc	
78	1 kl.jap.Bronzegar	
79	2 Wandplastiken ho goldet:Tänzer u.	
80	1 jap.Porz.Figur:	
81	1 chines.Porz.Figu	
82	1 Porz.Deckeldose:	
83	1 rd.Cloisonnédeck	
84-99	1 gr.Posten kleine	
100-107	1 Posten Tabatière	
108-112	1 Posten Miniature	
113	1 antike Cloisonné	

- 3 -

lfd.Nr.	Gegenstand	Schätzungswert
	Uebertrag	3130.--
114-116	4 kl.Porzellanfiguren Wien	12.--
117-136	1 Posten Vitrinen-Nippes	30.--
137	2 kl.Cloisonnévasen	8.--
138-145	1 Posten China-Elfenbeinschnitzereien	40.--
146-161	1 grosser Posten asiatischer Kleinkxxxx kunst	60.--
162	1 Porz.Figur weiss:Amazone auf Pferd	40.--
163	2 echte Jadeschalen im Etui	300.--
164	1 altes Ölgemälde: Vater, Sohn u.Hlg. Geist	150.--
165	1 desgl. Heilige Scene	200.--
166	1 Ölbild:Mädchen m.Apfel u.Rose	10.--
167	1 desgl.von Eric Richrer: Ruhe auf der Flucht in einem Dorf	25.--
168	1 Aquarell:Mädchenbildnis	10.--
169	1 Zeichenstudie v.Corinth:Hände	10.--
170	1 Radierung von Rops:Akt	8.--
171	2 kl.Ölbilder von Breitbach:Bauernpaar	50.--
172	1 kl.Ölbild v.Breitbach:Dachauer Bäuerin	25.--
173-175	2 gr.Pastellbilder v.Hagemeister: Am Seeufer	70.--
176	1 gr.Ölgemälde v.M.Grosche:Notre Dame u.Seine	75.--
177	1 Ölgemälde v.Albert Hete:Capri	40.--
178	1 Ölgemälde v.Schneiders:Landschaft m.Windmühle	30.--
179	1 desgl.v.Heckendorf:Blumenstück	40.--
180	2 desgl.v.Annot:Blumenstücke	50.--
181	1 Radierung v.Vandervelde:Landschaft	30.--
182	1 Ölgemälde v.Kindt:Der Mühlendamm	30.--
183	1 desgl.von Koethke:Segelboote	20.--
184	1 desgl.v.Steinhardt:Nordsee	10.--
185	1 Perserteppich Corassan ca.6x9 besch.	150.--
186	1 gr.Perserbrücke Schiras	350.--
187	1 Perser Galerie Hamedan	500.--
188	1 Perserbrücke kl.Muster	300.--
189	1 Perserbrücke	300.--
190	1 desgl.Schiras	300.--
191	1 kl.Perserbrücke	130.--
192	1 desgl.	75.--
193	1 Messingkrone (Speisez.)	30.--
194	2 holzgeschnitzte Wandappliquen	30.--
195	2 Armlehnsessel, Bezug beschäd.	40.--
196	2 desgl.	30.--
197	1 Grammophonschrank, Eiche	25.--
198	1 rechteckiges Tischchen	10.--
199	1 rd.Tisch auf Balustradenfuss	120.--
200	1 Speisezimmer Eiche m.Nussbaum: 1 Buffet, 2 Seitenvitrinen, 1 Kredenz, 1 rd.Ausziehtisch, 1 Standuhr, 10 Stühle	750.--
		7643.--

Führende deutsche Kunstversteigerer

Dr. W. Achenbach
Auktionshaus an der Gedächtniskirche
Hardenbergstraße 29 a-e

Versteigerer: Dr. W. Achenbach und Ph. Wüest

Übernahme von Sammlungen und Einzelobjekten zur Versteigerung · Gemälde und Antiquitäten
Jederzeit unverbindliche Besichtigung der großen Ausstellungsräume

---

Übernahme von Sammlungen und Einzelobjekten, sowie Villen- und Wohnungseinrichtungen zur Versteigerung
Laufende Ausstellungen täglich

Alfred Berkhan
Auktionshaus für Kunst und Mobiliar, Hotel- und Geschäftsinventar
Berlin, Spichernstraße 3 — Tel. 26 17 17

C. G. Boener, Leipzig
Universitätsstraße 26

Handzeichnungen des 15.-19. Jahrh.
Alte Graphik - Dürer - Rembrandt

Gegründet 1826 · Telegr.-Adr.: Boernerkunst

Ant. Creutzer vorm. M. Lempertz
KUNST-AUKTIONS-HAUS
Bad Aachen
Hindenburgstraße 49

Übernahme ganzer Sammlungen, Nachlässe und guter Einzelstücke zu den Auktionen

ANKAUF VERKAUF

Die Versteigerungsanstalt des Dorotheums
Wien I., Dorotheergasse 17

übernimmt zur freiwilligen Versteigerung

GANZE KUNSTSAMMLUNGEN

(Gemälde, Antiquitäten, Münzen und Medaillen), sowie wertvolle Einzelstücke. Ganze Wohnungseinrichtungen (Versteigerung auch an Ort und Stelle), Silber, Juwelen (Brillant- und Perlenschmuck), Briefmarken und Bücher (Bibliotheken)

Auskünfte bereitwilligst und kostenlos

Wien I., Dorotheergasse 17 Ruf: 25 5 50

KUNSTHAUS WILHELM ETTLE
AUSSTELLUNGEN · KUNSTVERSTEIGERUNGEN
Übernahme ganzer Sammlungen und wertvoller inzelstücke
Gemälde Plastik Kunstgewerbe
Kunstberatung · Abschätzungen

Beeidigter Sachverständiger der Industrie- und Handelskammer Frankfurt am Main für das Rhein-Mainische Wirtschaftsgebiet

Frankfurt a. M. Eschenheimer Anlage 35
Fernruf: 55 3 17

KUNSTHAUS HEINRICH HAHN
Frankfurt a. M., Kaiserstraße 6 . Stammhaus gegründet 1830 . Telefon 279 95

Gemälde, Plastiken, Antiquitäten
Freihandverkauf Kunstversteigerungen

Nächste Versteigerung Ende August 1940

Hans-Thoma-Sammlung aus dem Nachlaß einer Freundin von Hans Thoma. Zwei Sammlungen Aquarelle und Zeichnungen vorwiegend Frankfurter Meister. Verschiedener Privatbesitz: Gemälde alter und neuerer Meister. Graphik, Bücher, Plastik, Keramik, Silber, Metallarbeiten, Ostasiatica, Möbel aus vier Jahrhunderten, Vorderasiatische Knüpfteppiche, darunter seltene antike Stücke. — Katalog erscheint demnächst.

Übernahme von Villen- und Wohnungseinrichtungen, Nachlässen sowie wertvoller Einzelobjekte und Sammlungen zur Versteigerung

GERHARD HARMS
Versteigerungshaus
Berlin-Wilmersdorf · Prinzregentenstraße 2 · Tel.: 87 44 64

Münzenhandlung Otto Helbing Nachf.
München 25, Plinganser Straße 132a

Ankauf Auktionen Verkauf

Mir unbekannte Sammler wollen Adresse mitteilen, damit Auktionskataloge zugesandt werden können

---

MATH. LEMPERTZ
ANTIQUARIAT . GEGRÜNDET 1846
INHABER: JOSEPH HANSTEIN
Köln . Neumarkt 3

Gemälde . Kunstversteigerungen . Antiquitäten

HANS W. LANGE
BERLIN W 9
BELLEVUESTR. 7

GEMÄLDE · ANTIQUITÄTEN

ANKAUF · VERKAUF · VERSTEIGERUNGEN

Das Mannheimer Kunst- und Versteigerungshaus

Dr. Fritz Nagel
Mannheim, O. 5,14

Antiquitäten, Gemälde, Perserteppiche, Frankentaler Porzellane
Kunstauktionen Taxationen Ankauf

Übernahme von Sammlungen sowie Einzelobjekten der Kunst und des Kunstgewerbes zur Versteigerung

Carl Eugen Pongs
Kunstversteigerer

Bismarckstraße 22 **; Düsseldorf;** Fernruf 26001

VERSTEIGERUNGSHAUS „Union"
INHABER LEO SPIK

BERLIN W 50
RANKESTRASSE 5
RUF: 91 43 66-67

ZUNEHMENDE REPRESSALIEN GEGENÜBER JÜDISCHEN VERSTEIGERERN

Seit der Machtübernahme durch die Nationalsozialisten vollzog sich ein tiefgreifender Wandel auf dem Kunstmarkt, der mit der Liquidation oder »Arisierung« zahlreicher, häufig alteingesessener, Kunsthandlungen und Auktionshäuser einherging. Zu den spektakulärsten Versteigerungen gehörte die Liquidation des Berliner Margraf-Konzerns im Jahre 1935.[28] Entsprechend der »Liste der seit 1933 aus der Reichskammer der bildenden Künste ausgeschlossenen Juden, jüdischen Mischlingen und mit Juden Verheirateten« schloss die RdbK zwischen 1933 und 1938 reichsweit 1 629 Mitglieder aller Sparten aus »rassischen« Gründen aus.[29] Unter diesen Ausschlüssen war die Gruppe der Kunsthändler mit 698 Mitgliedern die mit Abstand größte, von denen knapp die Hälfte (312) ihr Geschäft in Berlin betrieben hatten. Diese Zahlen verdeutlichen, in welchem hohen Ausmaß der Kunsthandel bis 1938 reichsweit und im Besonderen in Berlin eine Domäne jüdischer Händler gewesen war. Ende des Jahres war der Berliner Kunstmarkt schließlich vollständig von nichtjüdischen Kunsthändlern übernommen worden.

Neben den »Arisierungen« und Liquidierungen kam es gleichzeitig in beträchtlichem Umfang zu Neugründungen nichtjüdischer Versteigererhäuser.[30] So stieg zwischen 1935 und 1937 im Deutschen Reich die Zahl der registrierten Kunst- und Antiquitätenhändler von 1 575 auf 2 277.[31] Derartige Geschäfte hatten sich vorrangig auf den Verkauf von Wohnungseinrichtungen und weniger auf Kunst spezialisiert, die den erhöhten Auswanderungszahlen oder wirtschaftlichen Zwangslagen geschuldet waren.[32] Aufgrund ihrer zahlreich veranstalteten Auktionen waren sie daher im Berliner Kunstmarkt wesentlich präsenter als bislang renommierte (Kunst-)Auktionshäuser wie beispielsweise Rudolph Lepke und Paul Graupe. In die Versteigerungen mit Wohnungseinrichtungen gelangten, wenn überhaupt, zumeist Kunstobjekte minderer Qualität, die häufig nur äußerst niedrige Preise erzielten. So war es keine Seltenheit, dass Gemälde wenig bekannter Künstler für gerade einmal 10 bis 50 Reichsmark den Besitzer wechselten.[33] Ab 1935 nahmen mit Fortschreiten der Repressalien gegenüber der jüdischen Bevölkerung Versteigerungen kompletter Wohnungseinrichtungen zahlenmäßig außerordentlich zu.

Kunsthistorisch wertvolle Gemälde gelangten dagegen nur selten auf den Markt, da die nun veräußerten Sammlungen zumeist ohne fachliche Hilfe während der Nachkriegs- und Inflationszeit entstanden waren. Die damals ungerechtfertigt hohen Preise hatten sich bei ihrem erneuten Verkauf in den 1930er Jahren nun auf ein normales Preisniveau eingependelt. In den seltenen Fällen, in denen hochrangige Werke auf den Markt gelangten und nahezu ausschließlich in

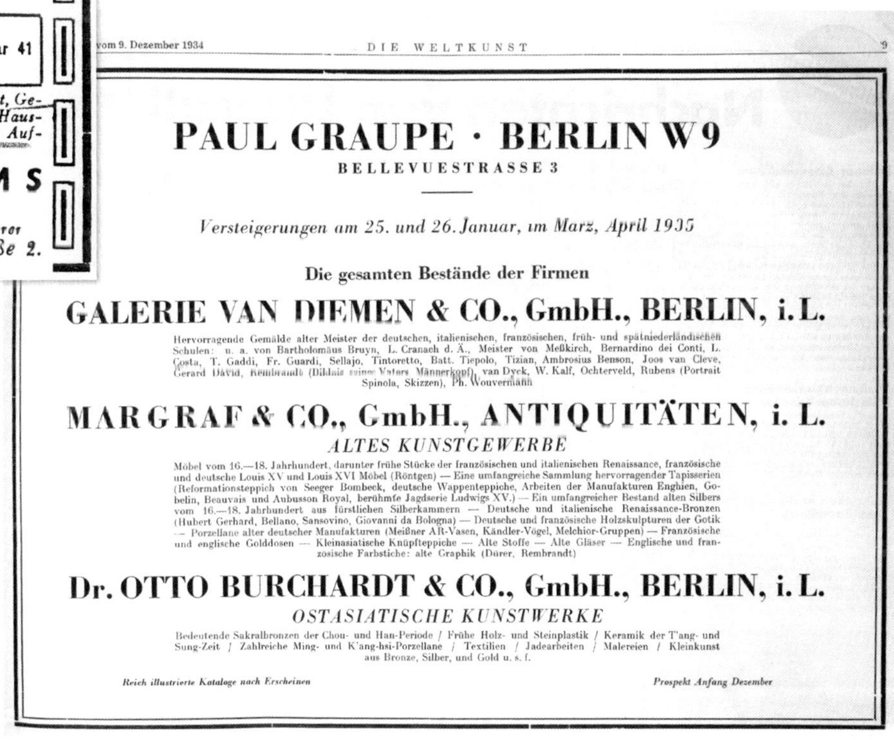

linke Seite: »Weltkunst« vom 21. Juli 1940
oben: »Völkischer Beobachter« vom 23. Februar 1941
rechts: »Weltkunst« vom 9. Dezember 1934[31]

darauf spezialisierten Auktionshäusern zum Angebot kamen, erzielten diese dann auch entsprechend hohe Summen. Dies änderte sich bis zum Beginn des Zweiten Weltkrieges nicht wesentlich.

Erst im Verlauf des Krieges kam es zu großen Veränderungen auf dem Berliner Kunstmarkt. Die anfänglich stabilen Preise zogen ab 1940 stark an, da finanzkräftige Investoren das reichlich vorhandene Geld auch in Kunst anlegten. Während die offizielle Presse erfreut über die Belebung des Kunstmarktes berichtete, befürchtete der Sicherheitsdienst der Nationalsozialisten, der den deutschen und ausländischen Kunstmarkt beobachtete, eine »ausgesprochene Flucht in die Sachwerte«.[35] Um die rasante Preisentwicklung unter Kontrolle zu bekommen – Verkaufserlöse über 20 000 Reichsmark waren keine Seltenheit mehr –, hatte die Reichsregierung daher im Herbst des Jahres einen Erlass über die Preisbildung bei Versteigerungen verabschiedet.[36] Demzufolge mussten Versteigerer auf Anweisung des Reichskommissars für Preisbildung das weitere Bieten durch rechtzeitigen Zuschlag zu einem angemessenen Gebot beenden, um so überhöhten Preisen entgegenzuwirken. Bei Zuwiderhandlung konnte ihnen die weitere Tätigkeit verboten werden.[37] Trotz dieser Drohgebärden gelang es den Nationalsozialisten nicht, den Kunstmarkt zu regulieren. Ganz im Gegenteil: Der 1936 eingeführte Preisstopp auf allen Wirtschaftsgebieten, mit Ausnahme des Kunsthandels, und der Lohnstopp aus dem Jahre 1938 bewirkten einen ständig größer werdenden Geldüberhang, dem keine Ware mehr gegenüberstand.[38] Der Kunstmarkt bot daher ein willkommenes Ventil, sein Geld in wertbeständiger Kunst anzulegen. Die Folge war ein weiterer Anstieg der Auktionspreise in bislang unerreichte Höhen, der durch den Rückgang des Angebotes und eine unvermindert starke Nachfrage nach Kunstwerken noch verstärkt wurde.[39] Höhepunkt dieser Entwicklung war die Zahlung des bis dahin auf dem Berliner Kunstmarkt nicht vorgekommenen Spitzenpreises von 270 000 Reichsmark für das Gemälde »Die Hochzeitsreise« von Arnold Böcklin im Jahr 1943.[40] Hitlers Sonderbeauftragter Hans Posse hatte dieses Gemälde zusammen mit sieben weiteren Kunstwerken zu hohen Preisen in der April-Versteigerung bei Hans W. Lange für das in Linz geplante »Führermuseum« erworben.[41] Mit diesen Ankäufen konterkarierten die nationalsozialistischen Machthaber ihre eigene Preispolitik. Diese sah seit Sommer 1944 nicht nur eine Preisbildung für »Güter und Leistungen jeder Art nach den Grundsätzen einer kriegsverpflichteten Volkswirtschaft« vor, sondern auch für Gegenstände mit einem Kunst- oder Sammlerwert.[42] Obwohl bei einer übermäßigen Forderung ein Strafbestand beim Verkäufer vorlag, fand die Kriegswirtschaftsverordnung im Kunsthandel wenig Beachtung.[43] Bevor jedoch weitere Maßnahmen zur Stabilisierung der Preise bei Versteigerungen erlassen werden konnten, wurde der Kunsthandel aufgrund des katastrophalen Kriegsverlaufs im September 1944 schließlich eingestellt.

FAZIT

Der einst florierende deutsche Kunsthandel, in dem viele jüdische Händler tätig waren, existierte durch die antijüdische Gesetzgebung binnen weniger Jahre nicht mehr. Konnten in den ersten Jahren einzelne, für die Wirtschaft wichtige, jüdische Kunsthändler noch relativ ungestört ihren Geschäften nachgehen, war dies ab 1938 nicht mehr möglich. Im Ergebnis gab es ab Ende diesen Jahres keinen jüdischen Geschäftsmann mehr, der ein Auktionshaus oder eine Galerie führte.

Während Kunstversteigerungen im Verlauf der Jahre aus Mangel an Kunstwerken immer seltener wurden, stieg hingegen die Zahl der Versteigerungen von kompletten Wohnungseinrichtungen stark an. Geschuldet war dies vor allem den verschärften Repressalien gegenüber der jüdischen Bevölkerung. Auf diesen Auktionen kamen jedoch kaum Kunstwerke, sondern vorrangig Haushaltsgegenstände zum Verkauf; jeweils zu sehr geringen Preisen. Neben der mangelnden Qualität lag dies vor allem daran, dass die Einlieferer unter Zeitdruck ihren restlichen Besitz zu Bargeld machen mussten, um die anfallenden Steuern und die Kosten der Auswanderung bezahlen zu können. Zeit, um ein geeignetes Auktionshaus zu finden, blieb den Emigranten nicht mehr, weswegen sie jede Möglichkeit zur Veräußerung ihres Besitzes annehmen mussten.

MEIKE HOFFMANN

HANDEL MIT »ENTARTETER KUNST«

Sammeldepot »Entartete Kunst« im Victoria-Speicher, Köpenicker Straße, Berlin 1938: Adolf Hitler (Mitte), Joseph Goebbels (vierter von links), Franz Hofmann (erster von links).[1]

Zwischen Juli und Dezember 1937 beschlagnahmten Nationalsozialisten in 101 Museen aus ganz Deutschland den gesamten Bestand an moderner Kunst. Die konfiszierten Werke wurden nach Berlin-Kreuzberg transportiert und dort in einem Getreidespeicher der BEHALA (Berliner Hafen und Lagergesellschaft) in der Köpenicker Straße 24 eingelagert. Am 13. Januar 1938 besichtigte Adolf Hitler mit Gefolge das Depot und verfügte ausnahmslos die Enteignung der Werke.

Franz Hofmann, Geschäftsführer der »Verwertungskommission«, bat Goebbels wiederholt um die Genehmigung zur Verbrennung der unverkäuflichen Werke und bot sich an, eine »gepfefferte Leichenrede« zu halten.[2] Im März 1939 fand in der Hauptfeuerwache in Berlin-Kreuzberg die Verbrennung unter Ausschluss der Öffentlichkeit statt. Wie viele Werke tatsächlich den Flammen zum Opfer fielen, ist bis heute nicht geklärt. Immerhin konnten mehr als 150 der zur Verbrennung vorgesehenen Objekte von der Forschungsstelle »Entartete Kunst« an der Freien Universität Berlin wieder aufgefunden werden.

Ausstellungsführer »Entartete Kunst« mit Otto Freundlichs Bildwerk »Der neue Mensch« von 1912, November 1937.[3]
Die Avantgarde ließ sich nicht für die Ideologie der Nationalsozialisten instrumentalisieren – forthin galt sie als »entartet« in deutlicher Anspielung auf den negativ konnotierten biologischen Sinn des Wortes: degeneriert, krankhaft, aus der (deutschen) Art geschlagen. Vor der angeblich negativen Wirkung, die von ihr ausging, sollte die Öffentlichkeit bewahrt werden.

Ausstellung »Entartete Kunst«, München 1937, Werke von Lovis Corinth, Franz Marc und Wilhelm Lehmbruck.
Rund 600 beschlagnahmte Objekte waren von Juli bis November 1937 in der Ausstellung »Entartete Kunst« in München zu sehen. Nach der ersten Station wanderte die Femeschau bis 1941 in variierender Zusammenstellung durch mindestens 13 weitere Städte Deutschlands und Österreichs. Durch Zuspitzung der politischen Lage dienten die Auswahl der Exponate und die Art ihrer Präsentation zunehmend dem Zweck, die rassistischen und antikommunistischen Feindbilder zu schärfen. Der Angriff auf die moderne Kunst ging weit über rein kunstpolitische Belange hinaus.[4]

Ausstellung »Entartete Kunst«, München 1937, »Dada-Wand« und Werke von Wassily Kandinsky, Lyonel Feininger, Ernst Ludwig Kirchner, Otto Dix, Emil Nolde und anderen.
Die Werke hingen in der Ausstellung dicht gedrängt über- und nebeneinander versetzt. Dadurch entstand ein Eindruck von Chaos und Unordnung, in dem das einzelne Kunstwerk nicht isoliert wahrgenommen werden konnte und die ästhetische Wirkung unterging. Einzelne Räume oder Wandteile erhielten Leitsätze, wie zum Beispiel »Verrückt um jeden Preis« oder »So schauten kranke Geister die Natur«. Unter den Werken waren Künstlername, Titel sowie das Herkunftsmuseum, das Ankaufsjahr und die Ankaufssumme genannt. Darunter klebte ein roter Zettel mit der Aufschrift »Bezahlt von den Steuergroschen des arbeitenden deutschen Volkes«.[5]

DIE VERSTOSSENEN BILDER

Berlin-Kreuzberg, 13. Januar 1938: In einem Getreidespeicher stapelt sich moderne Kunst, darunter Meisterwerke von Ernst Barlach, Oskar Kokoschka, Emil Nolde und vielen anderen. Wenige Monate zuvor sind sie aus deutschen Museen beschlagnahmt worden. Als Adolf Hitler sie besichtigt, hält Joseph Goebbels in seinem Tagebuch fest: »Kein Bild findet Gnade«![6] Welches Schicksal erwartete die Kunstwerke?

VERFEMUNG UND BESCHLAGNAHME »ENTARTETER KUNST«

Im Sommer 1937 schlug die letzte Stunde der modernen Kunst im »Dritten Reich«. Vier Jahre nach der Machtübernahme durch die Nationalsozialisten war die »Gleichschaltung« auf der politischen, gesellschaftlichen und kulturellen Ebene weitgehend abgeschlossen und die Popularität des »Führers« innerhalb Europas auf dem Höhepunkt. In dieser gefestigten Position begann die Regierung einen regelrechten Feldzug gegen die Moderne. Binnen kurzer Zeit ließ Joseph Goebbels mit einer Vollmacht von Adolf Hitler in zwei Beschlagnahmeaktionen mehr als 20 000 Werke aus deutschen Museen räumen.[7] Damit war den öffentlichen Sammlungen die moderne Kunst fast vollständig entzogen. Ein Teil war für die Ausstellung »Entartete Kunst« in München vorgesehen und wurde dort quasi an den Pranger gestellt. Die Femeschau wanderte bis 1941 durch weitere Städte Deutschlands und Österreichs. Die übrigen Werke kamen zur Depotlagerung in einen Getreidespeicher nach Berlin und wurden dort inventarisiert.

Lovis Corinth, »Ecce Homo« 1925, Öl auf Leinwand 189 x 148 cm.
Beschlagnahmt am 7. Juli 1937 in der Nationalgalerie Berlin (Kronprinzen-Palais), heute Kunstmuseum Basel.

Franz Marc, »Turm der Blauen Pferde«, 1913, Öl auf Leinwand, 200 x 130 cm.
Beschlagnahmt am 7. Juli 1937 in der Nationalgalerie Berlin (Kronprinzen-Palais), heute verschollen.

Otto Mueller, »Zigeunerkind mit Esel«, 1929, Tempera auf Leinwand, 115,5 x 88 cm.
Beschlagnahmt 1937 im Schlesischen Museum der Bildenden Künste, Breslau, heute Privatbesitz.

Paul Klee, »Sumpflegende«, 1919, Öl auf Karton, 47 x 40,8 cm.
Beschlagnahmt am 5. Juli 1937 im Provinzial-Museum Hannover, heute in der Städtischen Galerie im Lenbachhaus, München.

Emil Nolde, »Stillleben mit Holzfigur«, 1911, Öl auf Leinwand, 77 x 65 cm.
Beschlagnahmt am 6. Juli 1937 im Museum Folkwang, Essen, heute durch Rückerwerb im Museum Folkwang, Essen.[8]

612 Reichsgesetzblatt, Jahrgang 1938, Teil I

§ 3

Innerhalb des vom Reichsarbeitsminister bestimmten Gebiets (§ 1 Abs. 2) sind alle von Staats- oder Parteistellen beabsichtigten Maßnahmen, die die Aufgabe des Generalinspektors für das deutsche Straßenwesen berühren, diesem vor ihrer Ausführung zur Kenntnis zu bringen; die Ausführung bedarf seiner Zustimmung.

Berlin, den 31. Mai 1938.

Der Führer und Reichskanzler
Adolf Hitler

Der Reichsminister und Chef der Reichskanzlei
Dr. Lammers

Gesetz über Einziehung von Erzeugnissen entarteter Kunst*).
Vom 31. Mai 1938.

Die Reichsregierung hat das folgende Gesetz beschlossen, das hiermit verkündet wird:

§ 1

Die Erzeugnisse entarteter Kunst, die vor dem Inkrafttreten dieses Gesetzes in Museen oder der Öffentlichkeit zugänglichen Sammlungen sichergestellt und von einer vom Führer und Reichskanzler bestimmten Stelle als Erzeugnisse entarteter Kunst festgestellt sind, können ohne Entschädigung zu Gunsten des Reichs eingezogen werden, soweit sie bei der Sicherstellung im Eigentum von Reichsangehörigen oder inländischen juristischen Personen standen.

§ 2

(1) Die Einziehung ordnet der Führer und Reichskanzler an. Er trifft die Verfügung über die in das Eigentum des Reichs übergehenden Gegenstände. Er kann die im Satz 1 und 2 bestimmten Befugnisse auf andere Stellen übertragen.

(2) In besonderen Fällen können Maßnahmen zum Ausgleich von Härten getroffen werden.

§ 3

Der Reichsminister für Volksaufklärung und Propaganda erläßt im Einvernehmen mit den beteiligten Reichsministern die zur Durchführung dieses Gesetzes erforderlichen Rechts- und Verwaltungsvorschriften.

Berlin, den 31. Mai 1938.

Der Führer und Reichskanzler
Adolf Hitler

Der Reichsminister für Volksaufklärung und Propaganda
Dr. Goebbels

*) Betrifft nicht das Land Österreich.

»Gesetz über [die] Einziehung von Erzeugnissen entarteter Kunst« vom 31. Mai 1938 im Reichsgesetzblatt[9]

DIE »VERWERTUNG DER PRODUKTE ENTARTETER KUNST«

Im Frühjahr 1938 schlug Reichsmarschall Hermann Göring vor, die »Entartete Kunst« außerhalb Deutschlands zu verkaufen, um so »noch Geld mit dem Mist zu verdienen«, wie Goebbels es formulierte.[10] Kurz darauf trat das »Gesetz über [die] Einziehung von Erzeugnissen entarteter Kunst« in Kraft, das die entschädigungslose Enteignung der Museen zugunsten des Reichs verfügte. Es schuf die juristische Grundlage für den internationalen Handel mit den beschlagnahmten Werken. Die »Entartete Kunst«, die bisher von der Reichskammer der bildenden Künste verwaltet wurde, ging nun in den Amtsbereich des Reichsministeriums für Volksaufklärung und Propaganda über. Hier koordinierte die neu einberufene »Kommission zur Verwertung der Produkte entarteter Kunst« die anfallenden Aufgaben. Joseph Goebbels entschied als Präsident des Ministeriums in letzter Instanz über alle Angelegenheiten. Zuerst wählte man aus dem Gesamtbestand die für »international verwertbar« eingestuften Werke aus und verlagerte sie in repräsentativere Räume ins Schloss Schönhausen (Berlin-Pankow). Daneben gab es Konvolute, die für Schulungs- und Ausstellungszwecke sowie zur Rückgabe vorgesehen waren. Der »unverwertbare Rest« – annähernd 5 000 Gemälde, Plastiken und Arbeiten auf Papier – wurde zur Verbrennung im Hof der Berliner Hauptfeuerwache im Stadtteil Kreuzberg verurteilt.

Schauräume »Entartete Kunst« im Schloss Schönhausen, Berlin-Pankow 1938/39, Werke von Otto Dix, George Grosz, Edvard Munch und anderen.[11]
In den repräsentativen Räumen des barocken Schlosses Schönhausen lagerten ab Herbst 1938 die für »international verwertbar« eingestuften Werke der »Entarteten Kunst«. Hier wurden sie interessierten Sammlern präsentiert. Zunächst war geplant, die Werke nur auf Kommissionsbasis den Händlern zur Weitervermittlung zu überlassen. Infolge des Kriegsausbruchs und den damit verbundenen erschwerten Verkäufen ins Ausland konnten die Händler »Entartete Kunst« jedoch auch im Tausch gegen Werke anerkannter Kunst oder durch Kauf erwerben. Insgesamt erzielte die Verkaufsaktion laut offizieller Angaben Deviseneinnahmen in Höhe von 10 294 Englischen Pfund, 43 395 US-Dollar, 75 070 Schweizer Franken und 2 350 Norwegischen Kronen.[12]

Auktion »Gemälde und Plastiken moderner Meister aus deutschen Museen«, Galerie Fischer, Luzern 1939.
Versteigerung von Vincent van Goghs »Selbstbildnis«, 1888, Öl auf Leinwand, ehemals Bayerische Staatsgemäldesammlungen München, heute Fogg Art Museum, Cambridge/MA.
Das Gemälde wurde erst nach der eigentlichen Beschlagnahmeaktion im März 1938 eingezogen, um den Verkauf der deutschen Moderne durch international anerkannte Werke aufzuwerten. Bei Fischer ging es als teuerstes Los für 175 000 Schweizer Franken an einen Privatbesitzer nach New York.[13]

DIE KUNSTHÄNDLER

Viele Kunsthändler bewarben sich um den Handel mit der »Entarteten Kunst« beim Propagandaministerium, jedoch erhielten nur wenige die Berechtigung dazu. Spektakulär war die Auktion »Gemälde und Plastiken moderner Meister aus deutschen Museen«. Sie fand am 30. Juni 1939 in der neutralen Schweiz statt. Der Luzerner Galerist Theodor Fischer, damals einer der wichtigsten international tätigen Kunsthändler, hatte sie ausgerichtet und dafür 125 Spitzenwerke aus dem Beschlagnahmegut ausgewählt. Die Liquidation der übrigen Bestände sollte im Einzelverkauf der Werke vollzogen werden. In Berlin waren drei Kunsthändler damit beschäftigt: Ferdinand Möller, Karl Buchholz und Bernhard A. Böhmer. Für jede Übernahme musste ein Gebot eingereicht werden. Die Verwertungskommission beratschlagte darüber und verhandelte die Preise. Offiziell erlaubt war der Verkauf nur ins Ausland gegen Devisen. Der Kunde hatte den Betrag auf das Sonderkonto »EK« bei der Reichsbank einzuzahlen. Nach Eingang erhielten die Händler ihre Provision – je nach Aufwand für die Vermittlung zwischen 5 und 25 Prozent der Verkaufssumme – in Reichsmark. Die Verwertungsaktion endete offiziell am 30. Juni 1941. Rund 9 000 Werke konnten abgesetzt werden, nur von ungefähr einem Drittel davon ist der aktuelle Standort bekannt. Bis heute haben sich die ehemals glanzvollen Sammlungsbestände moderner Kunst in Deutschland von der systematischen Beschlagnahme, Verwertung und Vernichtung »Entarteter Kunst« nicht erholt.

Bernhard A. Böhmer (1892–1945)
Güstrow/Berlin[14]

Karl Buchholz (1901–1992)
Berlin[15]

Ferdinand Möller (1882–1956)
Berlin[16]

Hildebrand Gurlitt (1895–1956)
Hamburg[17]

CHRISTINE FISCHER-DEFOY, MONIKA RICHARZ, REGINE WOSNITZA

EXIL

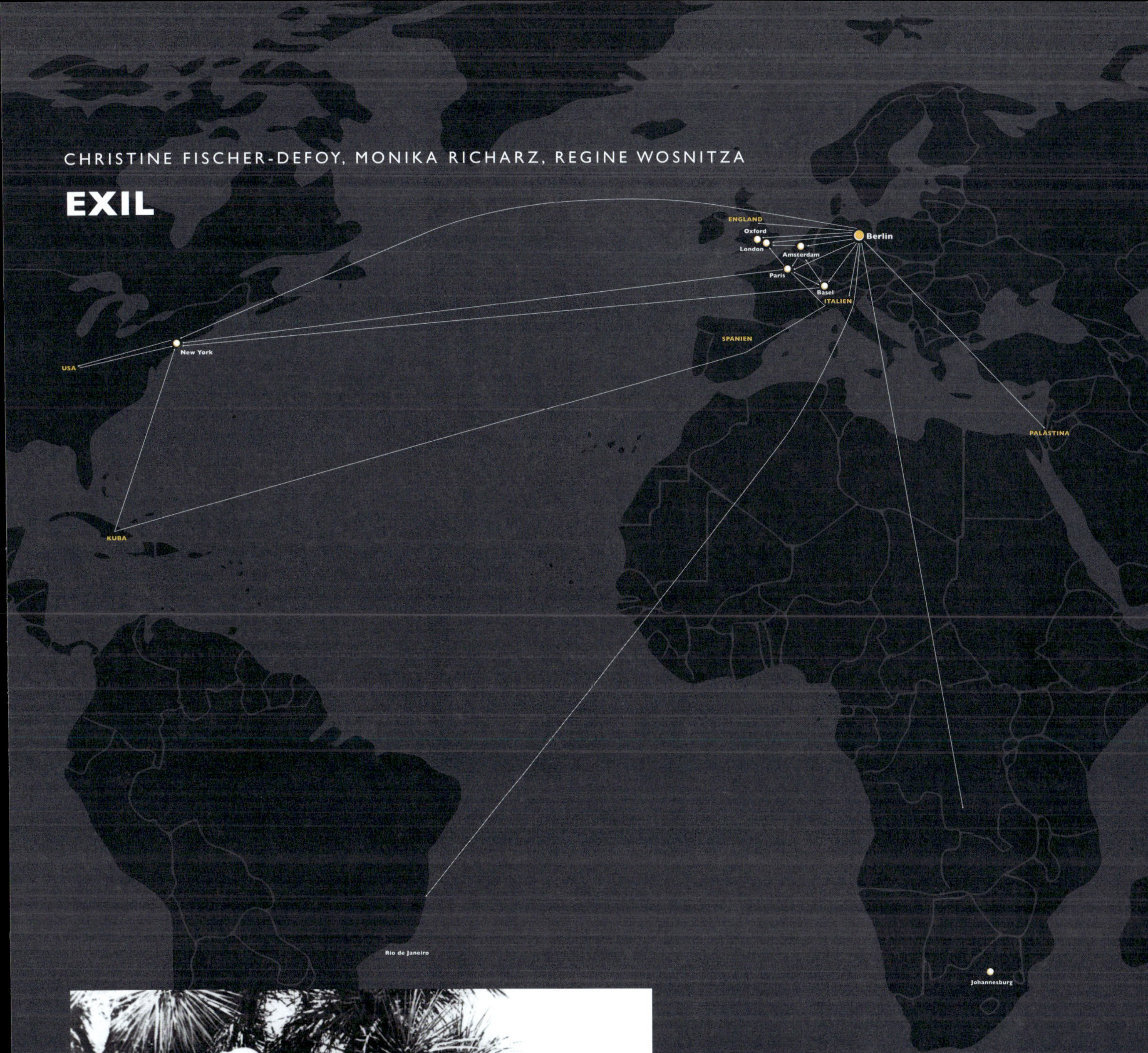

Der Berliner Kunsthändler Karl Nierendorf mit Leopoldine Konstantin und dem Ehepaar Adriani in Kalifornien, 1940er Jahre [1]

Edvard Munch, »Käte und Hugo Perls«, 1913, Öl auf Leinwand, 68,5 x 90,7 cm.[2]

Das Porträt von Edvard Munch entstand während eines mehrwöchigen Aufenthaltes des Ehepaares Perls bei Munch in Norwegen. Käte und Hugo Perls, für die Ludwig Mies van der Rohe 1910 ein Wohnhaus in Zehlendorf erbaut hatte, besaßen eine umfangreiche Munch-Sammlung und verkörperten den Typus des modernen Ehepaares aus dem gehobenen Bürgertum mit mäzenatischem Geist und Interesse an zeitgenössischer Kunst.

Der Jurist, Kunsthändler und Philosoph Hugo Perls eröffnete 1921 zusammen mit seiner Frau die Käte Perls Galerie in der Bellevuestraße 10 in Berlin. Beide gingen 1931 nach Paris, die Ehe wurde jedoch im selben Jahr geschieden. Käte Perls leitete eine Galerie in Paris. Hugo Perls wurde 1939 vom Deutschen Reich ausgebürgert. 1941 flüchteten Hugo und Käte Perls nach New York und unterstützten dort das »Emergency Rescue Committee«. Käte Perls starb 1945 in New York, Hugo Perls starb dort 1977.[3]

Ich war bis zum letzten Tage mit meinem Vater in dieser Wohnung. Ich weiß auch, dass die Gesandtschaft einen Teil der im Inventar verzeichneten Gegenstände nach Paris gesandt hat. Darunter befand sich die außerordentliche Bibliothek, die ich damals auf 6–7 000 Bände schätzte und die in manchen Gebieten einer Seminarbibliothek gewiss nicht nachstand. Ich selbst bin 1935 nach USA gegangen und habe meinen Vater vor dem zweiten Weltkrieg zweimal in Paris wiedergesehen, das letzte Mal 1938.

Klaus Perls an die Wiedergutmachungsbehörde im April 1960. In Hugo Perls' Privatwohnung zog nach seiner Emigration die Peruanische Gesandtschaft.[4]

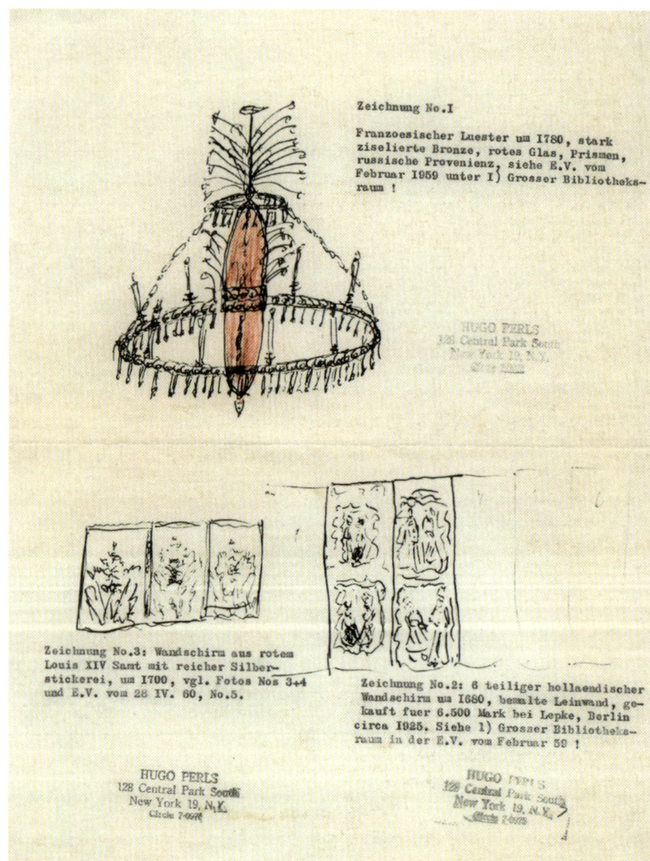

Zeichnung No.I

Franzoesischer Luester um 1780, stark ziselierte Bronze, rotes Glas, Prismen, russische Provenienz, siehe E.V. vom Februar 1959 unter I) Grosser Bibliotheksraum !

HUGO PERLS
128 Central Park South
New York 19, N.Y.

Zeichnung No.3: Wandschirm aus rotem Louis XIV Samt mit reicher Silberstickerei, um 1700, vgl. Fotos Nos 3+4 und E.V. vom 28 IV. 60, No.5.

Zeichnung No.2: 6 teiliger hollaendischer Wandschirm um 1680, bemalte Leinwand, gekauft fuer 6.500 Mark bei Lepke, Berlin circa 1925. Siehe 1) Grosser Bibliotheksraum in der E.V. vom Februar 59 !

HUGO PERLS
128 Central Park South
New York 19, N.Y.

HUGO PERLS
128 Central Park South
New York 19, N.Y.

Zeichnung eines Lüsters und zweier Wandschirme aus der Bibliothek von Hugo Perls in Berlin. Diese Zeichnungen fertigte Hugo Perls in New York für seinen Wiedergutmachungsantrag an.[5]

AUSWANDERUNG VOR 1933

Einige Kunsthändler verließen Berlin aus beruflichen Gründen schon in den 1920er Jahren. Ab 1933 wurde die Wahlheimat für viele von ihnen zum Exil. Zu ihnen gehörte etwa J. B. Neumann, der seit 1923 in New York arbeitete. Der Kunsthändler Helmuth Lütjens war 1923 als Filialleiter der renommierten Galerie Paul Cassirer nach Amsterdam gegangen. Auch die Eheleute Käte und Hugo Perls lebten seit 1931 in Paris. Ihre Galerie wurde 1937 aus dem Berliner Handelsregister gelöscht.

FLUCHT AUS DEUTSCHLAND AB 1933

Unmittelbar nach der Machtübergabe an die Nationalsozialisten flohen zunächst diejenigen Berliner Kunsthändler und Auktionatoren in die Emigration, die aus rassistischen Gründen von Verfolgung und Ermordung bedroht waren. Eine zweite Emigrationswelle wurde Mitte der 1930er Jahre durch die »Arisierungen« und Liquidiationen zahlreicher Kunsthandlungen und Auktionshäuser ausgelöst. So etwa bei den Brüdern Richard und Hermann Ball, die 1937 unter dem Briefkopf »Ball Antiquités, 9, Rue Royal, Paris« nach Berlin schrieben, dass sie keine Einwände gegen die Streichung aus dem Handelsregister erhöben, da »die Firma durch die Reichskulturkammer nicht mehr arbeiten darf«.

Bedroht waren aber spätestens ab 1937 auch nichtjüdische Kunsthändler, die mit Werken der zeitgenössischen Moderne handelten, die nun als »kulturbolschewistisch« oder »entartet« galten. So übersiedelte der Galerist Karl Nierendorf nach einem USA-Besuch 1936 nach New York.

Die Kunsthistorikerin und Galeristin Grete Ring löste 1937 die Galerie Paul Cassirer in Berlin auf und ging nach London.

AUSPLÜNDERUNG BEI DER EMIGRATION

Wie alle Emigranten waren auch die Kunsthändler bei der Auswanderung zu Zahlung der »Reichsfluchtsteuer« gezwungen. Eine weitere Vermögensabgabe, die »Sühneleistung der Juden« (1938), führte zum Verkauf ihres Privateigentums. Andere Berliner Kunsthändler profitierten davon, ebenso wie von den gesetzlich geregelten Enteignungen. Zu den als »jüdisch« liquidierten Unternehmen gehörte der Kunsthandels-Konzern Margraf & Co. GmbH in Berlin, dessen Eigentümer Jacob und Rosa Oppenheimer bereits 1933 nach Frankreich emigriert waren. Die Warenbestände ihrer Galerien kamen zwischen 1935 und 1937 bei Paul Graupe und bei dem Auktionshaus Walther Achenbach unter den Hammer. 1937 »arisierte« der Kunsthändler Hans W. Lange dann das Geschäft von Paul Graupe. Hans Carl Krüger, Inhaber des Auktionshauses Rudolph Lepke, versteigerte 1935 und 1937 das Eigentum seiner ehemaligen Arbeitgeber Adolf und Gustav Wolffenberg in ihrem eigenen Auktionshaus.

KUNSTHANDEL IM EXIL

Nur wenigen Kunsthändlern gelang es, ihre berufliche Tätigkeit im Exil fortzusetzen. Rund um den heutigen Standort des Museum of Modern Art in der 53rd Street in New York wurden allein drei Berliner Kunsthandlungen ansässig: Karl Lilienfeld mit den »Van Diemen-Lilienfeld Galleries«, Karl Nierendorf mit der »Nierendorf Gallery« und Curt Valentin mit der »Buchholz Gallery – Curt Valentin«, einer Filiale der Berliner Galerie Buchholz. Auch Hanns und Käthe Schaeffer gelang es, ihre Kunsthandlung in New York fortzuführen. Frank und Klaus Perls, die Söhne von Hugo und Käte Perls, gründeten 1937 die »Perls Galleries« in New York.

Einige der Kunsthändler starben vor Kriegsende im Exil, so Victor Wallerstein, dessen gemeinsam mit Fritz Goldschmidt geleitete Galerie 1934 liquidiert wurde, 1944 in Florenz. Der 62-jährige Kunsthändler Jacob Oppenheimer starb 1941 in Frankreich – seine Witwe Rosa Oppenheimer wurde von dort 1943 nach Auschwitz deportiert und ermordet. Von den emigrierten Berliner Kunsthändlern kehrten nur wenige nach Berlin zurück.

Alfred Flechtheim in Paris, undatiert[6]

Sehr geehrter Herr Reinhold!
Ich wäre Ihnen sehr dankbar wenn Sie mir nur kurz mitteilen würden, ob nach Ihrer persönlichen Meinung mein Antrag auf Gewährung von Devisen aussichtsreich ist da ich mich in allem danach richten muss. Deutsches Kunstgewerbe wäre m. hier auch zu exportieren mit Erfolg. Mit deutschem Gruss Ihr K. Nierendorf

~~From K. Nierendorf. 20 W. 53rd Street. N. York~~ x

LA VITTORIA DEL FASCISMO
Scultore RUGGERO MICHAHELLES
Firenze 1932
Opera prescelta alla Biennale di Venezia - Anno X

x Moderne Kunst in Italien.

From K. Nierendorf 20 W. 53rd St. N. Y. C.

CARTOLINA POSTALE

UNITED STATES POSTAGE

NEW YORK, N.Y. MAY 14 PM 1937

By S.S. Europa

24 MAI 1937

An die Reichskultur…
z. H. von Herrn K…
~~Derfflingerstr.~~
Berlin W 62

23/5

ROTOCALCO ZINCOGRAFICA FIORENTINA

Postkarte (Vorder- und Rückseite) von Karl Nierendorf, New York, an die Reichskammer der bildenden Künste Berlin, 1937.[7]
Karl Nierendorf bat im August 1937 aus New York die Reichskammer der bildenden Künste, zum Aufbau einer neuen Galerie in New York 1000 $ der von ihm dort erwirtschafteten Devisen als Kredit behalten zu dürfen. Mit der Postkarte fragte er noch einmal nach. Die Devisenzuteilung wurde jedoch abgelehnt, da man Nierendorf »heute nicht zu den Kräften rechnen kann, die die Kunst des Dritten Reiches im Auslande richtig vertreten können.«[8]

BERLINER KUNSTHÄNDLER IM EXIL

Nur wenige der aus Berlin emigrierten Kunsthändler wurden vom Deutschen Reich ausgebürgert. Die Angaben zu Lebensdaten und Exilstationen sind lückenhaft. Von den im Rahmen des Projektes erfassten Kunsthändlern emigrierten:

HERMANN BALL (geboren 1857) 1936/37 nach Paris.

CHARLES A. DE BURLET (1882–1956) 1933/34 nach Basel.

BRUNO CASSIRER (1872–1941) 1938 nach Oxford.

ERICH CASSIRER (1881–1963) 1937 nach London.

KURT HANS CASSIRER (1883–1975) nach England.

WALTHER FEILCHENFELDT (1894–1953) 1933 über die Schweiz nach Amsterdam, 1934 nach London, 1940 Zürich und Ascona.

ALFRED FLECHTHEIM (1878–1937) 1933 Basel und Paris, 1934 nach London.

PAUL GLASER (1885–1946) 1946 nach Rio de Janeiro.

HUGO GRAETZ (1878–1960) 1933 nach Palästina.

PAUL GRAUPE (1881–1953) 1937 nach Paris, dann 1940 über die Schweiz nach New York.

HUGO MOSES (ab 1925 Moser) 1938 nach Holland, 1940 über Frankreich, Italien, Spanien und Kuba nach New York.

KARL NIERENDORF (1889–1947) 1936 nach New York.

JACOB OPPENHEIMER (1879–1941) und seine Frau **ROSA OPPENHEIMER-SILBERSTEIN** (1877–1943) 1933 nach Frankreich, sie wurde 1943 nach Auschwitz deportiert und ermordet.

HUGO PERLS (1886–1977) und seine Frau **KÄTE PERLS** (1889–1945) 1931 nach Paris, 1941 nach New York.

ERNST/ERNEST RATHENAU 1938 in die USA. Er kehrte 1945 wieder nach Deutschland zurück.

GRETE RING (1887–1952) 1935 nach Amsterdam, 1938 nach London.

FRITZ ROTHMANN (1893–1983) 1933 über die Niederlande nach London.

HANS SCHAEFFER und seine Frau **KÄTE SCHAEFFER** 1934 in die USA.

JULIUS SCHLESINGER (geboren 1872) 1937 nach Johannesburg, Südafrika.

JUSTIN KURT THANNHAUSER (1892–1976) 1937 über Paris und die Schweiz 1940 nach New York.

CURT VALENTIN (1902–1954) 1937 nach New York.

VICTOR WALLERSTEIN (1879–1944) 1935/36 nach Italien.

FRANZ J. MATTHIESEN-ZATZENSTEIN (1897–1963) 1933 über Zürich nach London.

Die Brüder Robert und Hugo Graetz 1935 in Safed, Palästina.[9]
Der Kunsthändler Hugo Graetz emigrierte nach seiner Enteignung 1933 nach Palästina. Die umfangreiche Kunstsammlung seines Bruders Robert Graetz wurde 1941 im Auktionshaus von Gerhard Harms in Berlin versteigert.[10]

Ausstellungsraum der »Buchholz Gallery – Curt Valentin« in New York nach ihrem Umzug in die Räume in der 32 East 57th Street. Nach dem Kriegseintritt der USA im Dezember 1941 wurde Karl Buchholz de facto von seiner Galerie in New York getrennt, die Curt Valentin dann erfolgreich allein betrieb.[11]

J. B. Neumann, Curt Valentin, Karl Nierendorf: Diesen Dreien, die, wie ich, aus Deutschland gekommen waren, verdankte ich in Amerika meinen ersten Einblick in moderne Kunst, meine erste Begegnungen mit Klee und Kandinsky. Das ganze war ein Stück Berliner Westen auf der 57. Straße. Es hatte einen entscheidenden Einfluß auf mich, oder genauer, die drei, von denen nun keiner mehr lebt, übten diesen Einfluß aus. Meine Besuche bei ihnen regten mich an, später selbst einmal – aber wann? Es war ja Krieg – Kunsthändler zu werden.

Heinz Berggruen, 1970[12]

STIMMEN ZUM EXIL

Nur einmal habe ich Alfred Flechtheim in melancholischer Stimmung erlebt. Als George Grosz schon vor dem Jahre 1933 mit seiner Familie nach New York auswanderte, war zum Abschiednehmen auf dem Bahnhof Zoo auch das Ehepaar Flechtheim erschienen. Hinterher tranken wir noch einen Schoppen, und dabei geriet Flechtheim in eine tief pessimistische Stimmung. Er wurde nicht müde, Grosz zu preisen, der in die freie und weite Welt hinausgezogen war. Nach anderthalb Jahren ward Flechtheim dasselbe Schicksal beschieden. In diesem Falle das bittere Los, weil die Auswanderung überstürzt und nicht freiwillig geschah. Er ging zunächst nach Paris. In der ihm vertrauten Stadt konnte er nicht festen Fuß fassen. Die Mätzchen und Witzchen, mit denen er sein Publikum des Berliner Westens geködert hatte, verfingen hier nicht.[13]

Eduard Plietzsch über Alfred Flechtheim, Ende 1932

Hitler ist Reichskanzler! Seine erste Rede hörte ich im Radio. Eine Stimme, die vergewaltigt, und ein Ton, der vor nichts zurückschreckt. Auch nicht vor dem unglaublichsten Vorwurf gegenüber allen vorherigen Regierungen, auch nicht vor der Anrufung des ›Allerhöchsten‹ und vor jeder Phrase. Ich habe eine Art Grippe und bin ziemlich matt. Dazu kein Geld und durch die politischen Veränderungen auch keine Aussicht auf Verkäufe. Alles ist so deprimierend und fürchterlich.[14]

Karl Nierendorf in seinem Tagebuch, 31. Januar 1933

Jeden Tag Verbote von Zeitungen, Tote und Verwundete bei Überfällen, niedrige Beschimpfungen von Andersdenkenden, Lügen und Verleumdungen. Ausschluß von Kollwitz, Mann, Wagner aus der Akademie. Allgemeine Verödung des Rundfunks und aller künstlerischen Dinge. Alles ist ›jüdisch‹, ›marxistisch‹, ›undeutsch‹. Eine Welle von stinkendem Schmutz überflutet das Land. Man kann nicht mehr atmen. Es ist fürchterlich!! Ich sehe absolut schwarz und glaube, daß wir einem Abgrund zusteuern. Kann uns noch irgend etwas davor retten??[15]

Karl Nierendorf in seinem Tagebuch, 16. Februar 1933

Gegen 11 erscheint Flechtheim, der gestern von Berlin kam. […] Am meisten entsetzt mich die Flechtheim besitzende sinnlose Angst. Im völlig leeren Lokal blickt er bei den harmlosesten Gesprächen nach rechts und links, sich zu vergewissern, dass keiner uns belauscht. Nach Italien und Russland nun also auch Deutschland dem Schauder der Diktatur ausgeliefert.[16]

Aus dem Tagebuch von Thea Sternheim, Paris, 13. Juli 1933

Ariernachweise wurden verlangt, sodaß man sich plötzlich mit seinen Ahnen zu beschäftigen hatte, die einen bis dahin herzlich wenig interessiert haben mochten. Curt Valentin fand dies alles völlig lächerlich, bis sich – zu seinem grenzenlosen Erstaunen – alle seine vier Großeltern als Juden entpuppten. Ein Großvater war Julius Stettenheim, der unter dem Pseudonym Wippchen als Journalist und Kabarettist die Berühmtheit eines echt Berliner Originals erlangt hatte. Doch auch dies zählte nun nicht mehr, und Curt mußte sich mit der Tatsache auseinandersetzen, daß man ihn als Volljuden einstufte und er Deutschland wohl besser verließ.[17]

Marianne Feilchenfeldt Breslauer in ihrer Autobiografie

12. September 1933: *Welch tragische Schicksale alle diese vom Fatum betroffenen Juden, die mit allen Fasern ihres Herzens an Deutschland hängen und härter als in ihrem Selbsterhaltungstrieb in ihrer Liebe zu dem unwürdigsten aller Vaterlande getroffen werden.*[18]
18. September 1933: *Mittagessen bei Flechtheim. Die unglücklichen Leute sind gerade dabei, das ihnen von Hitler bescherte Geschenk in seiner ganzen Bitterkeit auszukosten. Flechtheim total ruiniert, die Frau um ihren Besitz zitternd.*[19]
26. September 1934: *Fragt man Flechtheim nach seinen Eindrücken in Deutschland, antwortet er: ›Man merkt nicht viel. Den, der keine Politik macht, lässt man ganz ruhig leben.‹ Fragt man weiter: ›Was wird im Theater gespielt?‹, sagt er: ›Ins Theater wagt man sich als Jude nicht hinein.‹ Das Gleiche gälte vom Kino. Auch Bekannte sähe man nicht, um ›nicht gesehen zu werden‹. Nach einer Stunde jedoch, vom Essen erhitzt, rückt er bereits mit dem wirklichen Sachverhalt der schaurigen, schwälenden Situation heraus. Erstaunlich bleibt nur der Elan, mit welcher Selbstverständlichkeit sich der kapitalistische Jude diesem Ghettodasein anpasst.*[20]

Aus dem Tagebuch von Thea Sternheim, Paris

Ich weiß wirklich nicht, ob ich eine einzige gute Ausstellung im nächsten Winter werde veranstalten können, d.h. daß man dem Kunsthandel überhaupt die Ausstellungstätigkeit verwehren will, da Ausstellungen deutschen Kulturgutes nur von Staats wegen gemacht werden dürfen. […] Ich habe als Kunsthändler das Recht, Bilder an meine Wände zu hängen und Besucher zu ihrer Besichtigung einzuladen. Man wird künftig die Presse nicht mehr zur Besichtigung bitten und auf Kritiken, die ja heute sowieso belanglos sind, verzichten.[21]

Karl Nierendorf, Berlin, an Otto Dix, Randegg, 30. Januar 1935

But don't forget that I lost all my money and all my pictures. The only things I did not loose that are my name – my experience, my knowledge of nearly every French modern picture, my connections in Europe![22]

Alfred Flechtheim, Paris, an den Direktor des Museum of Modern Art in New York, Alfred Barr, 8. August 1935

Los Angeles ist die MODERNSTE Stadt der Welt. In 50 Jahren hat es sich über Hollywood, Beverly Hills, Santa Monica zu einer Weltstadt mit fast 3 Millionen Einwohnern entwickelt. Gepflegte, vierfach breite Autostraßen aus Beton führen zum Stillen Ozean hinab und hoch in die Bergkuppen hinauf. Alles lebt in Gärten, jeder (auch die Dienstboten und Arbeiter) fährt Auto. Es ist eine neue, junge Welt, die in voller Entwicklung begriffen ist. Vom Osten, New York, Chicago etc. […] so verschieden wie ein anderer Erdteil. Und erst von Europa!!! Die Menschen hier verstehen nicht im geringsten die politische Situation und die Verhältnisse drüben. Von Deutschland haben sie kaum eine Ahnung und haben gänzlich falsche Vorstellungen von allem. Trotz vieler Missverständnisse wird aber Deutschland als Land der Kunst und Kultur allgemein geschätzt. Es wird viel gute deutsche Musik aufgeführt und wenn man, wie ich, etwas kulturell wertvolles aufbauen will, so ist man als Deutscher überall respektiert und willkommen.[23]

Karl Nierendorf, Los Angeles, an Josef Nierendorf in Berlin, Juni 1936

Ich hörte Hitlers Rede hier, vom Sportpalast übertragen. Er sagt ja, dass Deutschland auf fünf Jahre vorbereitet sei. Sollten wir uns wirklich so lange nicht wiedersehen? Alle Deutschen, die Angehörige drüben haben und gern wieder einmal ins Heimatland reisen möchten, sind sehr traurig über die Lage in Europa. Man hofft, dass es doch nicht so lange dauern wird, aber wer weiss die Zukunft? […] Ich wünsche nur, dass wir uns nochmals alle gesund in Köln wiedersehen und glaube ganz fest daran. Trotzdem alle von einem langen Krieg sprechen, gebe ich die Hoffnung nicht auf, dass nach einiger Zeit der Frieden wieder in die Welt kommt und dass wir im nächsten Sommer schon nach Europa reisen können.[24]

Karl Nierendorf, Hollywood, an Josef Nierendorf in Berlin, 11. September 1940

CAROLINE FLICK

ENTEIGNUNG, VERTREIBUNG UND VERWERTUNG: DAS BEISPIEL MAX CASSIRER

Max Cassirer, hier porträtiert zu seinem 70. Geburtstag 1927, war ein geachteter Bürger der Stadt. Er war Unternehmer, Handelsrichter, Stadtverordneter und Stadtrat, Ehrenbürger Charlottenburgs und Mitglied wissenschaftlicher Gesellschaften. [1]

Seine 1904 in Wilmersdorf erworbene Villa ließ Cassirer nach seinen Vorstellungen umbauen. Im Erdgeschoss richtete er für seine Frau Hedwig, eine begabte Pianistin, ein Musikzimmer ein (Abb. S. 162) und legte eine Gartenterrasse an. Dieses Bild der Gartenseite zierte als Signet lange Jahre seine Privatkorrespondenz.[2]

Max und Hedwig Cassirer 1913 im Garten ihrer Villa, auf den Knien den Enkel Heiner Reinhard. Cassirer brach sein Medizinstudium ab, um 1883 Hedwig Freund (1862–1928) zu heiraten, die er als Schwester einer Schwägerin kennengelernt hatte.[3]

Cassirer richtete sich einen großen Empfangsraum als Studien- wie Besprechungszimmer ein. Dort umgab er sich mit seinen Sammlerstücken, von holländischen und italienischen Fayencen über Bronzebildwerke zu Gemälden, antiken Möbeln und vielen wertvollen Büchern.[4]

Zur Verfolgung der Juden und politischen Gegner gehörte die Verwertung der ihnen geraubten Güter. Die Interessen der ausführenden Finanzbehörden wie des Kunst- und Antiquitätenhandels waren von gegenseitigem Nutzen.

Die Verwertung des Umzugsgutes des emigrierten Industriellen und Stadtrats Max Cassirer (1857–1943) lässt anschaulich erkennen, wie die Interessen und Interventionen ineinandergriffen. Fotografien aus Cassirers Haus zeigen den Besitz, der verwertet wurde; vollständig vorhandene Akten belegen, wie damit verfahren wurde. Diese ungewöhnliche Materiallage erlaubt es, die Verwendung der Stücke aus Max Cassirers in Deutschland verbliebenem Besitz exemplarisch für die Verwertung von Kunstgut zu betrachten.

LEBEN

Max Cassirer war ein geachteter Bürger der Stadt.[5] Er war Stadtverordneter seit 1893 und ehrenamtlicher Stadtrat in Charlottenburg seit 1896. 1920 machte ihn die noch selbständige Stadt zum Ehrenbürger. Als zweitjüngstes von zwölf Geschwistern in Schwientochlowitz geboren, machte Cassirer sich nach seiner Heirat als Holzhändler in Danzig selbständig. 1887 zog er, seinen Brüdern folgend, mit seiner Frau Hedwig und drei Kindern nach Berlin. Dort avancierte er zum erfolgreichen Unternehmer, wurde Aufsichtsrat in Firmen, die er und seine Brüder gegründet hatten.

1904 erwarb er ein Landhaus auf der Wilmersdorfer Seite der Kaiserallee, der heutigen Bundesallee, und führte dort auch eine Firmenrepräsentanz. Er unterstützte seine Tochter Edith (1886–1982) und ihren Mann Paul Geheeb (1870–1961) bei der Gründung einer Reformschule, der Odenwaldschule in Ober-Hambach, deren Finanzen er fortan führte. Sein Sohn Kurt (1883–1975) war promovierter Kunsthistoriker und arbeitete zeitweise auch an der Schule, war aber auch als Kunsthändler tätig. Max Cassirer kaufte Kunst, auch bei seinem Neffen Paul (1871–1926), und war mit dem Bildhauer August Gaul (1869–1921) befreundet.

ENTEIGNUNG

Max Cassirer leitete die »Sulfit-Cellulose Fabrik Tillgner & Co. AG«, gegründet von seinen Brüdern, deren Werk im schlesischen Ziegenhals lag und bei der auch das Vermögen der Familienstiftung angelegt war. Im Februar 1938 drohte der zuständige Gauleiter der Zellstoff-Fabrik Tillgner & Co., die Rohstofflieferungen zu kürzen, wenn nicht »die verbliebenen nichtarischen Firmenbesitzer ihre Absicht bekundeten, die Firma in arische Hände zu verkaufen«. Max Cassirer leitete Verhandlungen ein und überwachte den Verkauf an die Weihendorfer Zuckerfabrik und den Amtsrat Georg von Sachsen-Meiningen selbst. Der Firmenname blieb nur bis zum 7. Mai 1938 erhalten. In »Ziegenhalser Zellstoffwerke AG« umbenannt, wurde das Werk schon 1940 stillgelegt.[6]

Max Cassirer hatte wie alle deutschen Juden seinen Besitz bei der Anmeldung seines Vermögens nach dem Stand vom 27. April 1938 beziffern müssen. Die »Judenvermögensabgabe« wurde den deutschen Juden als sogenannte Sühneleistung nach dem Attentat auf einen deutschen Diplomaten für »die feindliche Haltung des Judentums gegenüber dem deutschen Volk« zwangsweise abverlangt. Cassirer wurde auferlegt, in vier Raten insgesamt 127 400 Reichsmark zu entrichten. Am 19. Oktober 1939 wurde die Abgabe einer fünften Rate verordnet, sodass jedes Opfer schließlich 25 Prozent seines Besitzes abzugeben hatte. Ein weiteres Viertel seines Vermögens musste Cassirer schließlich als »Reichsfluchtsteuer« abgeben.[7]

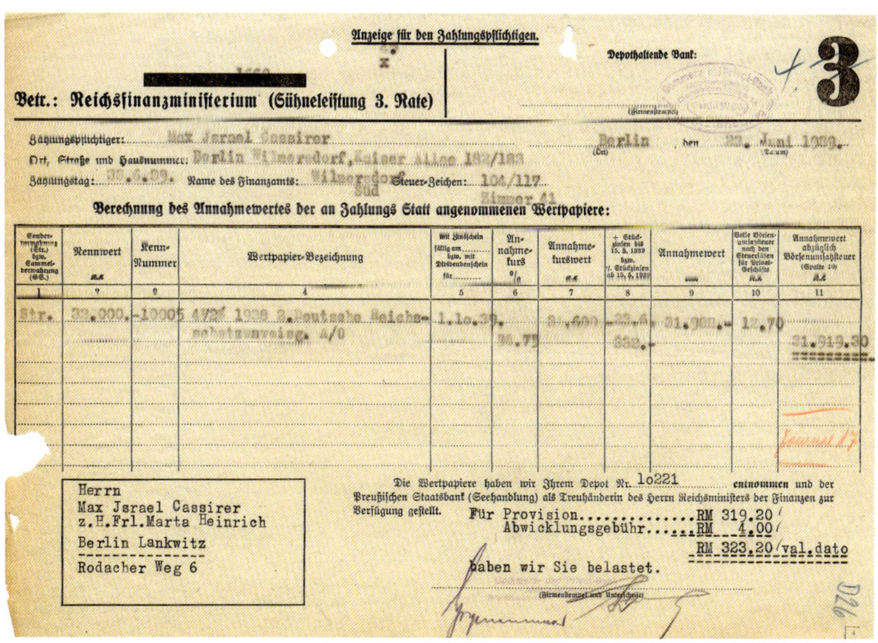

Anzeige für den Zahlungspflichtigen.

Depothaltende Bank:

4. 3

[redacted]

Betr.: Reichsfinanzministerium (Sühneleistung 3. Rate)

(Firmenstempel)

Zahlungspflichtiger: Max Jsrael Cassirer

Berlin, den 23. Juni 1939.

Ort, Straße und Hausnummer: Berlin Wilmersdorf, Kaiser Allee 182/183

Zahlungstag: 30.6.39. Name des Finanzamts: Wilmersdorf Süd Steuer-Zeichen: 104/117 Zimmer 41

Berechnung des Annahmewertes der an Zahlungs Statt angenommenen Wertpapiere:

Sonderverwahrung (Str.) bzw. Sammelverwahrung (SS.)	Nennwert RM	Kenn-Nummer	Wertpapier-Bezeichnung	mit Zinsschein fällig am ... bzw. mit Dividendenschein für ...	Annahmekurs %	Annahmekurswert RM	+ Stückzinsen bis 15. 5. 1939 bzw. ./. Stückzinsen ab 15. 5. 1939	Annahmewert	Volle Börsenumsatzsteuer nach den Steuersätzen für Privat-Geschäfte RM	Annahmewert abzüglich Börsenumsatzsteuer (Spalte 10) RM
1	2	3	4	5	6	7	8	9	10	11
Str.	32.000.-	10005	4 1/2% 1938 2. Deutsche Reichsschatzanweisg. A/O	1.10.39.	98.75	[illegible]	[illegible] 332.-	31.[illegible].-	12.70	31.919.30

Die Wertpapiere haben wir Ihrem Depot Nr. 10221 entnommen und der Preußischen Staatsbank (Seehandlung) als Treuhänderin des Herrn Reichsministers der Finanzen zur Verfügung gestellt.

Für Provision..............RM 319.20
Abwicklungsgebühr.......RM 4.00
RM 323.20 val. dato

haben wir Sie belastet.

(Firmenstempel und Unterschrift)

Herrn
Max Jsrael Cassirer
z.H. Frl. Marta Heinrich
Berlin Lankwitz
Rodacher Weg 6

D26

Im Juli 1938 verkaufte Max Cassirer seine Villa, um den Erlös in Reichsbankschatzanweisungen anzulegen, die er zur Begleichung der »Judenvermögensabgabe« dem Reich abtrat. Mit der 1939 verordneten fünften Rate hatte Cassirer weitere 31 850 Reichsmark zu zahlen, insgesamt über 150 000 Reichsmark.[8]

Nach dem Verkauf seines Hauses zur Finanzierung dieser Zwangssteuern[9] zog Cassirer im November 1938 in eine Wohnung in der nahegelegenen Tharandter Straße in Wilmersdorf. Er konnte nur einen Teil seines Mobiliars mitnehmen. Das übrige ließ er in der bekannten Kreuzberger Spedition Silberstein einlagern. Im Januar 1939, bereits in Genf, ernannte er seine langjährige Prokuristin Martha Heinrich zur Generalbevollmächtigten, die sich in der Folge aller Auflagen annahm. Das Inventar der Wohnung wurde in einer Reinickendorfer Spedition eingelagert, wahrscheinlich zur Nachsendung vorgesehen.

Als ab Februar 1939 alle jüdischen Haushalte ihr Silber bei den Städtischen Pfandleihen gegen Zahlung einer geringen Entschädigung abzugeben hatten, ließ Martha Heinrich aus der Spedition das eingelagerte Silber kommen. Sie packte die Stücke neu und es gelang ihr, nach einer riskanten Bahnfahrt nach München einen Teil des Silbers der Familie von Cassirers Schwiegersohn zu übergeben. Den Rest, darunter Tafelsilber für 72 Personen, musste sie in der Städtischen Pfandleihe abliefern lassen. Später berichtete sie, eine wertvolle Teekanne mit Absicht im abzugebenden Teil verpackt zu haben, damit »etwas Interessantes« dabei sei. Beim Zwangspreis von 2 Pfennigen pro Gramm wurden für 16,5 kg 325 Reichsmark einem Sperrkonto gutgeschrieben.[10]

AUSBÜRGERUNG

Für die Durchführung der Enteignung der ausgebürgerten Emigranten war reichsweit das Finanzamt Moabit-West in Berlin zuständig, später die Verwertungsstelle beim Oberfinanzpräsidenten (OFP) Berlin-Brandenburg. Das Amt erfasste die Emigranten, ermittelte Besitz und organisierte die Veräußerung zugunsten des Deutschen Reiches.[11]

Die Verwertung von Mobilien, für gewöhnlich das nicht mehr transportierte Umzugsgut der Emigranten, erforderte Verzeichnisse und Bewertungen. Schickte man etwa 1933 nach der Ausbürgerung des Kritikers Alfred Kerr noch einen Museumsdirektor in dessen Wohnung, der sich anschließend abschätzig äußerte, mussten später Sachverständige für den Oberfinanzpräsidenten angelieferte Umzugsgüter schätzen und Gerichtsvollzieher das Wohnungsinventar aufnehmen. Ziel war die Unterscheidung nach Gegenständen, die in behördlichen Sammelversteigerungen ausgeboten wurden, und Wertvollerem, das in Auktionshäusern höhere Erträge für den Fiskus einbringen sollte.

Für Max Cassirers Ausbürgerung könnte ein Begehren des Reichsstatthalters Hessen ausschlaggebend gewesen sein, denn er war Ende 1941 als Interessent für den Grundbesitz der Odenwaldschule vorgemerkt. Ende Juni des Jahres hatte der Reichsführer SS die Absicht bekundet, Cassirer die deutsche Staatsbürgerschaft abzuerkennen. Ende Juli wünschte der OFP Hessen eine »umgehende Regelung der Verhältnisse der Odenwaldschule«. Prompt sandte die Verwertungsstelle Anfang August einen Regierungsrat per Dienstreise zur Klärung, welche Vermögensgegenstände wo verwertet werden sollten.[12]

Bei Emigrationen zog verbliebenes Gut häufig das Begehren verschiedener Stellen auf sich, die es sich mittels zuständiger Instanzen anzueignen versuchten. So konnte Grundstücksbesitz die Verwertungsstelle beispielsweise zu Kunstbesitz führen. Oder eingelagerter Kunstbesitz ließ eine Institution bei der Verwertungsstelle insistieren, bis die Ausbürgerung des Emigranten eingeleitet war.

Mitte November 1941 forderte die Verwertungsstelle eine Vermögensaufstellung von der Bevollmächtigten Martha Heinrich an.[13] Heinrich zögerte die Abgabe über einen Monat hinaus, indem sie am 30. November zunächst einmal Formulare anforderte. Ein am 4. Dezember eingegangener Antrag des Auktionshauses Hans W. Lange auf Erteilung eines Versteigerungsauftrags für die »Sachgegenstände« Cassirers zeigt, dass Heinrich wohl zu dirigieren versucht hat. Denn den Antrag stellte der gemeinsame Rechtsanwalt Dr. Reinhold Moral, der Cassirer 1938 im Zusammenhang mit der Familienstiftung vertrat.[14] Durch die Einschaltung eines Auktionshauses erhoffte Heinrich sich vermutlich einen möglichst hohen Erlös für die nicht mehr zu haltenden Kunstgegenstände und damit eine höhere Deckung der Schulden.

Gleichermaßen ist denkbar, dass Lange gerüchteweise von der anstehenden Beschlagnahme der Werte gehört hatte und sich die Beteiligung sichern wollte. In einem anderen Beispiel war er vom Halter eines Besitzes in Kenntnis gesetzt worden, ein anderes Mal vom am Bestand interessierten Museumspersonal. Bewerbungen um den Verkauf enteigneter Güter waren keine Besonderheit. Bei einem Grundstücksmakler etwa untersagte der Amtsleiter seinem Personal, ihn überhaupt noch vorsprechen zu lassen. Auch der Kunsthandel machte sich anheischig, am Vertrieb teilzuhaben.

VERWERTUNG

Nachdem Martha Heinrich die Vermögensaufstellung Ende Dezember eingereicht hatte, verfügte die Verwertungsstelle am 5. Januar 1942 die nächsten Schritte. Doch die nicht detaillierte Anweisung führte wohl dazu, dass zunächst nur der von der Geheimen Staatspolizei ermittelte Bestand, das Umzugsgut aus Max Cassirers letzter Berliner Wohnung in der Tharandter Straße, in das Lager des Oberfinanzpräsidenten am Kottbusser Ufer gebracht wurde.[15] Am 14. Januar erschien der Sachverständige Dr. Ludwig Schmidt-Bangel im Lager, begutachtete und bewertete die angelieferten Mobilien. Schritt er mit einem Vollstreckungsbeamten der Finanzbehörde die Reihen aufgestellter Stücke ab und diktierte dem die zugemessenen Werte? Unzweifelhaft waren weit mehr Menschen an der Verwertung aktiv beteiligt als zunächst offensichtlich.

Denn das Umzugsgut gesamter Haushalte musste ausgepackt, aufgestellt, gekennzeichnet und ausgepreist werden. Der Sachverständige gab mit seiner Erklärung das besichtigte Gut frei. Er erklärte, dass »hochwertiges Kulturgut oder wertvolle Kunstschätze« im gesehenen Bestand nicht vorhanden waren. Die Freigabe war erforderlich, weil seit 1938 der sogenannte Führervorbehalt besagte, dass Kunstschätze aus beschlagnahmtem Besitz nur nach Maßgabe des Führers bzw. seiner Beauftragten verwendet werden sollten. Sie kamen daher häufig dem in Linz geplanten »Führermuseum« oder anderen Institutionen zu.[16] Zum anderen gab es einen ökonomischen Vorbehalt des Reichsfinanzministeriums, das Werte zu angemessenen Preisen abgelöst sehen wollte. Im Finanzamt Moabit-West erging im November 1940 in einer internen Verfügung die Anweisung, dass »hochwertige

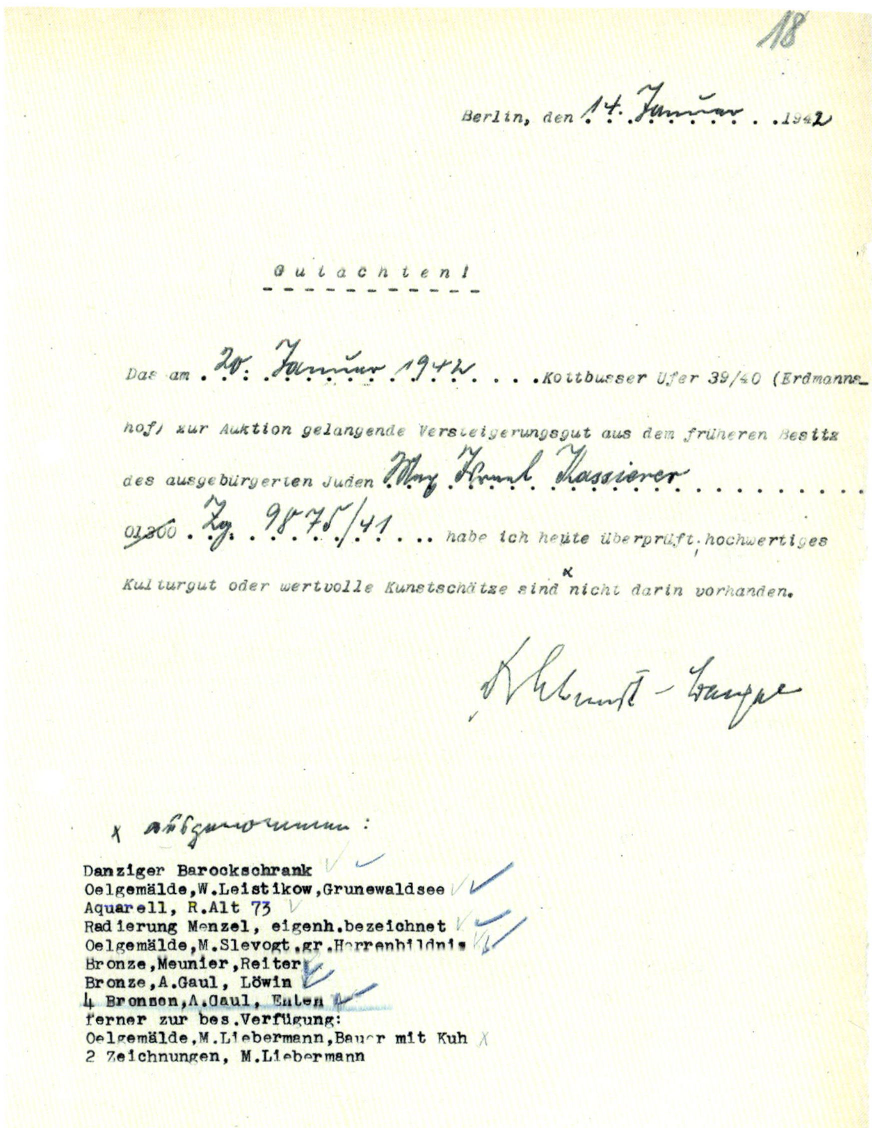

18

Berlin, den 14. Januar 1942

Gutachten!

Das am 20. Januar 1942 ... Kottbusser Ufer 39/40 (Erdmannshof) zur Auktion gelangende Versteigerungsgut aus dem früheren Besitz des ausgebürgerten Juden Max Emil Kassierer ....

O1300 . Zy. 9875/41 ... habe ich heute überprüft. hochwertiges Kulturgut oder wertvolle Kunstschätze sind nicht darin vorhanden.

Schmidt-Bangel

x ausgenommen:

Danziger Barockschrank
Oelgemälde, W. Leistikow, Grunewaldsee
Aquarell, R. Alt 73
Radierung Menzel, eigenh. bezeichnet
Oelgemälde, M. Slevogt. gr. Herrenbildnis
Bronze, Meunier, Reiter
Bronze, A. Gaul, Löwin
4 Bronzen, A. Gaul, Enten
ferner zur bes. Verfügung:
Oelgemälde, M. Liebermann, Bauer mit Kuh
2 Zeichnungen, M. Liebermann

Der Sachverständige Dr. Ludwig Schmidt-Bangel war wohl Jurist. Er hatte 1933 eine schmale Broschüre über das »Versteigerungswesen« vorgelegt und war Mitglied der »Deutschen Rechtsfront«. Schmidt-Bangel schätzte vorsichtiger als ein Kunsthändler. Hier notierte er das »hochwertige Kulturgut«, zu dem er am Folgetag eine Bewertung lieferte. Seine Bescheinigung gab den Bestand zur Versteigerung frei, die solchermaßen aufgeführten Stücke »ausgenommen«.[17]

Gegenstände« bei Lange zu versteigern seien.[18] Ging es auf der einen Seite um einen möglichst hohen ideologischen Ertrag, sollte auf der anderen ganz konkret der maximale finanzielle Erlös erzielt werden.

Am folgenden Tag gab Schmidt-Bangel die Bewertung zu jenen Stücken ab, die ihm aufgefallen waren. Das waren ein antiker Schrank, sechs Bronzeskulpturen, drei Mal- und Zeichenwerke zu insgesamt 10 500 Reichsmark. Schon am Tag darauf transportierte eine weitere Spedition einen »gr. Schrank, Bilder, Broncen, Teppiche usw.« vom Kottbusser Ufer zum Auktionshaus Lange in die Bellevuestraße 7 und die Firma quittierte die erhaltenen Stücke.

Nun stimmten die quittierten Stücke aber nicht mit denen überein, die Schmidt-Bangel aufgeführt hatte.[19] Und so standen plötzlich auch Möbel aus dem Bestand Cassirers bei Lange: eine Standuhr, vier Sessel und ein Messingkronleuchter. Wer also hatte die Objekte zum Abtransport ausgewählt? Sicher scheint nur, dass Lange wählen konnte. Entweder empfahl ihm einer der Mitarbeiter mögliche weitere Ware oder er fand sie selbst. Spätestens 1944 wurde das Lager des Oberfinanzpräsidenten auch mit regelmäßigen Sprechstunden für Käufer geöffnet, sodass Interessierte, Private wie Händler, von der Verwertung profitieren konnten.

Eine einfache Rechnung beweist den ökonomischen Nutzen der Einbindung des Kunsthandels in die Verwertung – und zwar gerade in dieser irregulären Form der Auswahl. Die Summe der Schätzungen für die dem Kunsthändler ausgelieferten Gegenstände betrug 12 650 Reichsmark. Der Erlös, den die Auktion bei Lange dafür einbrachte, lag mit 46 110 Reichsmark nahezu viermal so hoch.[20]

Darüber hinaus aber hatte Schmidt-Bangel in seiner ersten Aufnahme drei Werke »zur bes. Verfügung« notiert (Abb. S. 157). Es handelte sich um ein Gemälde und zwei Zeichnungen von Max Liebermann, die er nicht bewertete. Sehr schnell war diese »Verfügung« entschieden.[21] Fünf Tage später waren die Werke Liebermanns in der Sammelversteigerung mit »ohne Schätzung zurückgestellt (Stab Rosenberg)« verzeichnet und damit ihre Auslieferung beschlossen. Der Sachverständige musste sie gemeldet haben und als Zuträger fungieren. Schmidt-Bangel hatte etwa auch einen zur Ausfuhrgenehmigung begutachteten Bestand von Emigranten nicht nur der Devisenstelle zur Verwertung empfohlen, sondern ihn selbst einem öffentlichen Museum vorgeführt und damit die Verwertung angeheizt.

Die Zuträgerschaft brachte die Instanzen in Konkurrenz. Während die Verwertungsstelle sich in der fiskalischen Verpflichtung grundsätzlich gegen unentgeltliche Abgabe verwahrte, musste sie im Fall dieser Liebermann-Werke nachgeben. Der »Einsatzstab Reichsleiter Rosenberg« (ERR) unterhielt eine »Abteilung Auswertung«, die nach den Vorstellungen des Ideologen Alfred Rosenberg die Werke jüdischer Künstler »auswerten« sollte. Diese Abteilung ließ im Juli 1942 die ausgesonderten Werke Max Liebermanns abholen.

Am Tag nach der Bewertung setzte der Einzelverkauf ein. Am 16. Januar 1942 erschien ein Legationsrat in der Verwertungsstelle und kaufte »10 Bände Werke Friedrich d. Grossen« und »7 versch. Bücher« für 60 Reichsmark. Diese Verkäufe waren üblich und erfolgten zum Schätzpreis. Sie mussten von Finanzbeamten und Käufer gezeichnet werden und benannten auf dem Vordruck den vormaligen Eigentümer: »Max Isr. Cassierer [sic.]« . Der Käufer kannte die Herkunft der Erwerbung.

Doch wie konnte der Interessent wählen? Der Vertrag wurde in der Münzstraße, dem Sitz der Verwertungsstelle, geschlossen, das Umzugsgut aber war am Kottbusser Ufer aufgestellt, bereit für die Sammelversteigerung. Präsentierte man ausgesuchte Stücke in der Dienststelle? Dieser Verkauf im Amt entwickelte sich zu einer Attraktion für Eingeweihte. In einem anderen Verfahren kaufte ein ausländischer Journalist eine große Silberschale, wofür die Dienststelle eilig eine Schätzung heranschaffen musste. Oder ein Käufer, Antiquitätenhändler laut Branchenbuch, erwarb gleich mehrmals Gemälde zum Schätzpreis, für die er in der Sammelversteigerung weit mehr hätte bezahlen müssen. Auch Geschäfts- und Privatleute erwarben dort, teils mehrfach. Das wiederholte Erscheinen von Käufern lässt darauf schließen, dass sie Werte erkannten, die unterboten wurden.

Diese Verkaufsweise unterlief die ökonomische Rationalität der Verwertung, denn dabei konnten nicht Maximalpreise, sondern nur Taxwerte eingenommen werden. Doch beteiligte sie Eingeweihte und Privilegierte an Raub und Profit und bot ein Einfallstor zur Bereicherung von Institutionen. Denn kurz darauf forderte das Auswärtige Amt aus dem Bestand Max Cassirer ein weiteres Werk an, das jener Legationsrat gesehen haben musste. Man berief sich auf eine besondere Bibliothek, die im Auftrage des Reichsleiters Martin Bormann zusammengestellt werde, und erhielt eine wertvolle Ausgabe von Charles Antoine Jomberts Werk »Architecture Moderne« aus dem Jahr 1764 am 19. Januar 1942 ausgehändigt. Wie auch die Finanzbehörde, die aus dem Angebot der Sammelversteigerungen »für den Dienstgebrauch« abbuchte, konnten weitere Behörden auf Stücke zugreifen.

VERSTEIGERUNGEN

Versteigerung. Am Dienstag, dem 20. Januar 1942, vormittags 9 Uhr 15 Min., werden Kottbusser Ufer 39/40 (Erdmannshof): Herrenzimmer, Speisezimmer, Schlafzimmer und Polstermöbel, 1 Klavier, 1 elektr. Kühlschrank (Protos), Bücher (Klassiker, Geschichte, Romane) Orchesternoten, Bilder, Teppiche, Brücke, 1 Brillantring, 1 Brillantbrosche, Stereoskope, 1 Nivellierinstrument, 1 elektr. Eisenbahn, Koffer, Beleuchtungskörper, Wäsche, Porzellan, Glas- und Wirtschaftsartikel u. a. m. öffentlich zum zulässigen Höchstgebot versteigert. Besichtigung am gleichen Tage ab 8 Uhr 15 Min. Der Oberfinanzpräsident Berlin — Außenstelle — Münzstr. 12

Das Inserat ließ mit den angekündigten Stücken erfahrene Bieter bereits auf großbürgerlichen Hausrat schließen und der Ort der Veranstaltung machte ihnen dessen Herkunft deutlich. Bei Beginn blieb den Interessenten nur eine Dreiviertelstunde zur Besichtigung, bevor die Versteigerung eröffnet wurde. [22]

SAMMELVERSTEIGERUNG

Vor der öffentlichen Versteigerung, in die Bestände von elf Verfolgten eingingen, gab der OFP am 18. und 19. Januar 1942 im »Völkischen Beobachter« und im »Berliner Lokal-Anzeiger« Anzeigen auf.

Am Dienstag, dem 20. Januar, wurden von »1 Brücke, Chourdjin« bis »5 verschied. Kaffeedecken, 53 versch. Servietten« über 200 Positionen aus dem vormaligen Eigentum Max Cassirers ausgeboten. Die Liste der Stücke stimmt nur noch entfernt mit der fruheren Aufstellung in der Wohnung des Besitzers überein. So steht Max Slevogts Porträt von Max Cassirer zwischen »Personenwaage« und »Kühlschrank«. Die Identifizierung von Stücken ist schwierig: Skulpturen, die vielleicht auf Fotos aus Cassirers Haus zu sehen sind, heißen nur noch »3 Bronzen« und finden sich zwischen Fächern und Porzellan.

Der Hausrat wurde bis zum kleinsten Stück ausverkauft, über die Federbetten, Unter-, Ober- und Nachthemden bis zu »1 kl. Korb m. Kleiderbügel, Wäscheklammern usw.« Wertverschiebungen des Krieges ließen letzteren auf 20 Reichsmark steigen. Die »Finanzschule« eignete sich unentgeltlich mehrere Posten Bettzeug an, ebenso wie der »Dienstgebrauch« Läufer und Schreibtisch.

Unter diesen Losen befanden sich nun auch die Werke weniger bekannter Künstler, die Cassirer gesammelt hatte, die jedoch nach den Bezeichnungen nicht zu erkennen sind.[23] Mit George Mosson (1851–1933) verschwand ein bei den Berliner Sammlern geschätzter Maler aus der Wahrnehmung, in einem anderen Verfahren nicht einmal erkannt. Er verschwand aber keineswegs vom Markt. Ein »Blumenstück« Mossons sowie »Blumen in gelbem Topf« aus dem Besitz Cassirers wurden vom OFP am 20. Januar 1942 für zusammen 670 Reichsmark verkauft. Käufer beider Blumenstücke waren Händler.

Georg Hinsche war laut Adressbuch 1941 Antiquitätenhändler. Als bei der Deutschen Rechtsfront zugelassener Sachverständiger verfügte er über gute Informationen zu aufgebrachten Beständen und konnte Marktgängiges erwerben. Dass er hier von 75 Reichsmark bis zum Zuschlag von 150 Reichsmark mitging, zeigt, dass er und andere wohl zu beurteilen wussten, welche Werte ihnen vorgeführt wurden.

Friedrich Rasmussen war im Großen Jüdenhof 9 als Kunsthändler eingetragen. Er wusste, was er kaufte, weil er gegen Konkurrenz von 300 Reichsmark bis zum Zuschlag von 520 Reichsmark bot. In einer anderen Sammelversteigerung erwarb er etwa zur doppelten Taxe »1 Marmorsäule mit Bronzeschale« und steigerte wohl in direkter Konkurrenz zu dem Kunsthändler Hans W. Lange, der für ein ähnliches Objekt zu 70 Reichsmark gar 1 600 Reichsmark zahlte.[24]

Auch Hans W. Lange kaufte in dieser Sammelversteigerung. Er erwarb aus dem Anteil Cassirer eine Position »3 Bronzen, 2 Armspangen«, geschätzt auf 150 Reichsmark, zu 440 Reichsmark. Die Händler vermochten durch ihr Expertenwissen besonderen Profit aus dem Raub zu ziehen. Hinter dieser unbestimmten Angabe konnten die fehlenden »Rehe« von August Gaul stehen, die Cassirer auf dem Kaminsims seines Empfangszimmers hegte.[25] Auch in einer anderen Versteigerung wurde ein Paar der »Rehe« von Gaul, Besitz einer Deportierten, unerkannt verschleudert. Ein Kunsthändler konnte sie jederzeit veräußern, wohl wissend, dass der Tierbildhauer bei Berliner Sammlern beliebt war.

Doch Lange besuchte die Auktion auch noch zu anderen Zwecken. Er ist vier weitere Male als Käufer vermerkt, wobei er »12 kl. Miniaturen« erwarb, aber auch Handtücher und Vorhänge. Fiel das Hamstern in Kriegszeiten leichter, wenn man den Vorbesitzer kannte?

Im hinteren Zimmer, dem Musikzimmer, hängt über dem Flügel ein Blumenstück, vermutlich die »Blumenvase« von Heinrich Hübner (1869–1945), die im Protokoll als »schmales Ölbild« aufgeführt wurde, angeboten für 25 Reichsmark und zugeschlagen zu 140 Reichsmark (vgl. Abb. unten). Auf dem Tisch ein Bronzekamel von Philipp Harth (1885–1968), verschollen.[26]

Das »Oelbild: Familienporträt«, hier als Nr. 252 im Protokoll der Sammelversteigerung, vermutlich das Bildnis des Onkels Siegfried Cassirer, war nun auf 5 Reichsmark gesetzt. Systematisch abgewertet, war an anderer Stelle ein »Bild« vom »Familiengrab« als »wertlos« eingetragen worden, möglicherweise ein Gemälde von George Mosson. [27]

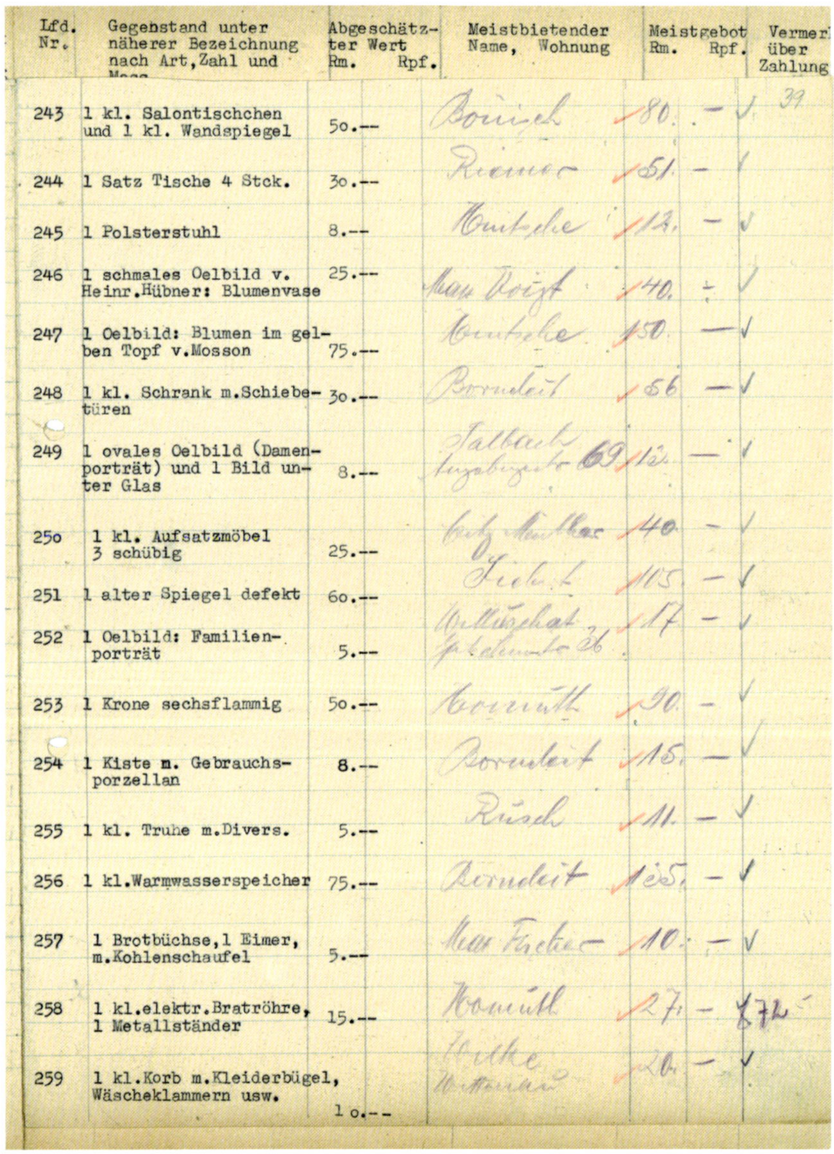

Lfd. Nr.	Gegenstand unter näherer Bezeichnung nach Art, Zahl und Mass	Abgeschätzter Wert Rm. Rpf.	Meistbietender Name, Wohnung	Meistgebot Rm.	Rpf.	Vermerk über Zahlung
243	1 kl. Salontischchen und 1 kl. Wandspiegel	5o.--	[illegible]	80.	–	√ 39
244	1 Satz Tische 4 Stck.	3o.--	Riemer	51.	–	√
245	1 Polsterstuhl	8.--	[illegible]	12.	–	√
246	1 schmales Oelbild v. Heinr. Hübner: Blumenvase	25.--	Max Voigt	140.	–	√
247	1 Oelbild: Blumen im gelben Topf v. Mosson	75.--	[illegible]	150.	–	√
248	1 kl. Schrank m. Schiebetüren	3o.--	Borndeit	56	–	√
249	1 ovales Oelbild (Damenporträt) und 1 Bild unter Glas	8.--	Salbach [illegible] 69	12.	–	√
250	1 kl. Aufsatzmöbel 3 schübig	25.--	[illegible]	40.	–	√
251	1 alter Spiegel defekt	6o.--	[illegible]	105.	–	√
252	1 Oelbild: Familienporträt	5.--	[illegible] 36	17.	–	√
253	1 Krone sechsflammig	5o.--	Kornuth	90.	–	√
254	1 Kiste m. Gebrauchsporzellan	8.--	Borndeit	15.	–	√
255	1 kl. Truhe m. Divers.	5.--	Rusch	11.	–	√
256	1 kl. Warmwasserspeicher	75.--	Borndeit	135.	–	√
257	1 Brotbüchse, 1 Eimer, m. Kohlenschaufel	5.--	Max Fischer	10.	–	√
258	1 kl. elektr. Bratröhre, 1 Metallständer	15.--	Kornuth	27.	–	872
259	1 kl. Korb m. Kleiderbügel, Wäscheklammern usw.	1o.--	Wilke [illegible]	20.	–	√

Im Musikzimmer ist neben dem Kamin Cassirers Ölgemälde »Wannseegarten« von Max Liebermann deutlich zu erkennen. Die Zeichnungen sind auf den Fotografien aus der Villa nicht zu identifizieren. Die übrigen Gemälde sind hier nicht eindeutig zuzuordnen, links unten möglicherweise eine Landschaft von Hans Purrmann (1880–1966).[28]

Einen Einblick in die Haltung der Käufer gewähren Ermittlungen in einem anderen Wiedergutmachungsverfahren. Ein Lehrer kaufte, ohne jede moralische Bemerkung, ein Paar Stiefel als Geschenk für seinen Bruder. Ein Kaufmann glaubte, Auktionen seien rechtmäßig gewesen, aber bot einen Vergleich an. Eine Käuferin teilte knapp mit, sie habe »alles für ihren Laden in Zwangsversteigerungen« erworben und ordnungsgemäß bezahlt. Man möge sich an die Behörden wenden, die das Geld vereinnahmten, die »Sachen« seien verkauft. Es entstand ein regelrechter Gebrauchtwarenhandel, gespeist aus der Umverteilung des Raubguts.

Ein Arbeitsloser der Depression hatte sich mit einem »Bilderhandel« selbständig gemacht, der Werke der Gebrauchskunst anbot. Er hatte stets nur in öffentlichen Versteigerungen gekauft, nie, wie er betonte, in Wohnungen, und die Stücke weiterverkauft. Auf all diesen Wegen wurden Kunstwerke abgewertet, verschwanden jedoch nicht vom Markt.

So auch eines der für den Stab Rosenberg zurückgestellten Gemälde: Von Schmidt-Bangel wahrscheinlich gemeldet, dann von der Stabsführung angefordert, waren schließlich vier Werke von Liebermann ohne Schätzung zurückgehalten worden, laut Protokoll die Ölbilder »Mann mit Kuh« und »Waldpartie«, dazu zwei Zeichnungen, »Wannseegarten« und »Kinder im Waisenhaus«.[29]

Als am 25. Juni die »Stabsführung, Abteilung Auswertung«, Anweisung erteilte, die bereit liegenden Stücke abzuholen, beschrieb sie den Weg, den der »Parteigenosse« kenne, der wieder einen »Stapel Bücher« abholen sollte. Die Gewohnheit, Werke jüdischer Schriftsteller zur »Auswertung« einzuziehen, erstreckte sich hier auf Werke eines jüdischen Malers, die aber noch quittiert werden mussten.

Hatte die »Abteilung Auswertung« selbst gesichtet? Sie übernahm zwei Gemälde aus Max Cassirers Musikzimmer. Der »Wannseegarten« neben dem Kamin des Musikzimmers und die Zeichnungen sind verschollen, doch der »Bauer mit Kuh« fand sich 1951 in einem Pariser Kunsthandelshaus.[30] Es war – nach »Auswertung«? – vom Einsatzstab Rosenberg in Frankreich verkauft oder zum Tausch eingesetzt worden.

87

Nationalsozialistische Deutsche Arbeiterpartei
Reichsleitung

Verwaltungsbau der NSDAP.
München, Arcisstraße 10
Briefanschrift: München 33
Fernruf: Ortsverkehr 5798 - Fernverkehr 51 881
Postscheckkonto München 23319

Zentralorgan der Partei:
„Völkischer Beobachter"
Verlag: München, Thierschstr. 11, F 221 81
Berlin, Zimmerstr. 88, Fernruf 11 00 22
Schriftleitung: München, Schellingstr. 39, F 20801
Berlin, Zimmerstr. 88, Fernruf 11 00 22

Der Beauftragte des Führers für die Überwachung der gesamten geistigen und weltanschaulichen Schulung und Erziehung der NSDAP
Einsatzstab Reichsleiter Rosenberg
für die besetzten Gebiete

Die Stabsführung
Abtl. Auswertung

Berlin W 35, 4. Juli 1942.
Margaretenstraße 17 · Fernsprecher 22 95 41
Postscheck: Verwaltungsamt der Dienststellen des Reichsleiters Rosenberg, Berlin 1701 70
Dr. Egb/Strn. 253/42.

Betrifft: [illegible]
[illegible] Cassirer
0 52 10 Zg. 9875

Quittung

Ich bestätige hiermit, folgende Gegenstände aus ehemals jüdischem Besitz vom Oberfinanzamt Kottbuser-Ufer 39/40 erhalten zu haben:

2 Gemälde von Max Liebermann (Mit Rahmen)

a) Bauer mit Kuh, Nr. 239
b) Wannseelandschaft Nr. 201

1 Zeichnung von Max Liebermann (Mit Rahmen)
Schulgang Nr. 238.

Einsatzstab Reichsleiter Rosenberg für die besetzten Gebiete

Engelbach
(Dr. Engelbach)

Höflichkeitsformeln fallen bei allen parteiamtlichen Schreiben weg.

C/0578

Nachdem der Bote die Werke bereits handschriftlich quittiert hatte, stellte die »Stabsführung, Abt. Auswertung«, eine offizielle Quittung aus. Als Dienststelle des »Einsatzstab Reichsleiter Rosenberg« gehörte sie zur Partei und sandte daher dem Oberfinanzpräsidenten ein Dankschreiben für die unentgeltliche Überlassung der Werke.[31]

Das Gemälde »Bauer mit Kuh« von Max Liebermann rechts des Fensters hatte Max Cassirer 1903 bei seinem Neffen Paul erworben, wohl für 10 000 Mark. Nach dem Verkauf oder Tausch seitens des ERR 1951 im Pariser Kunsthandel, wurde es nach Südamerika verkauft und konnte nach einer Einigung mit den Erben 2009 versteigert werden. Vor der Säule rechts die Bronze »An der Tränke« von Constantin Meunier, später in der Auktion bei Hans W. Lange verkauft.[32]

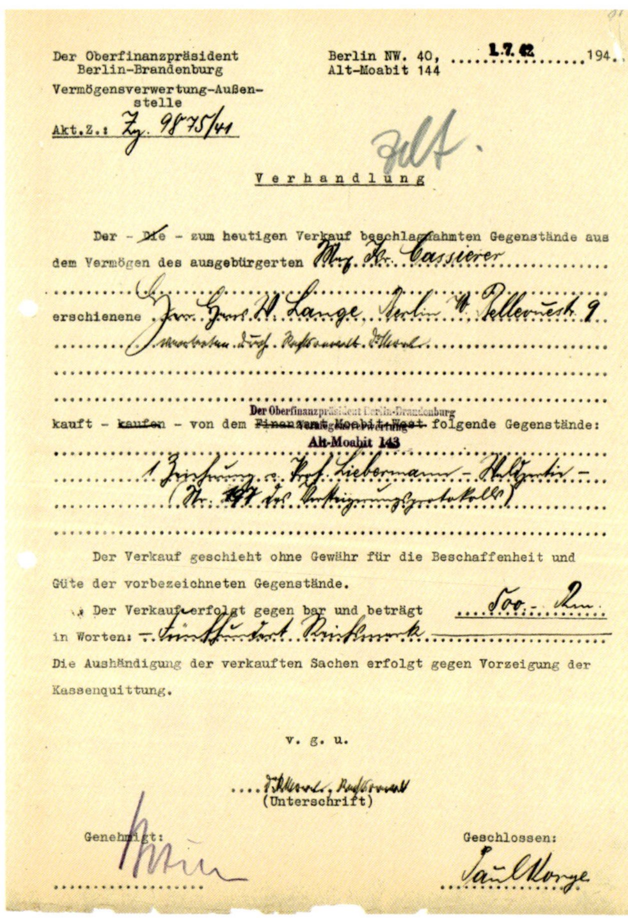

Der Oberfinanzpräsident
Berlin-Brandenburg
Vermögensverwertung-Außenstelle

Berlin NW. 40, 1.7.42 194..
Alt-Moabit 144

Akt.Z.: Zg. 9875/41

Verhandlung

Der – ~~Die~~ – zum heutigen Verkauf beschlagnahmten Gegenstände aus dem Vermögen des ausgebürgerten ....

erschienene ....

kauft – ~~kaufen~~ – von dem ~~Finanzamt Moabit-West~~ Der Oberfinanzpräsident Berlin-Brandenburg Vermögensverwertung Alt-Moabit 143 folgende Gegenstände:

....

Der Verkauf geschieht ohne Gewähr für die Beschaffenheit und Güte der vorbezeichneten Gegenstände.

Der Verkauf erfolgt gegen bar und beträgt 500.- RM
in Worten: ....

Die Aushändigung der verkauften Sachen erfolgt gegen Vorzeigung der Kassenquittung.

v. g. u.

....
(Unterschrift)

Genehmigt: ....

Geschlossen: ....

Die Zeichnung, die der Auslieferung an den ERR entging, kaufte Hans W. Lange am 1. Juli 1942 durch seinen Rechtsanwalt. Woher wusste er schon am Tage nach der Abholung, dass sie nicht ausgeliefert worden war? Er zahlte für die »Waldpartie« freiwillig – denn eine Schätzung lag laut Protokoll nicht vor – 500 Reichsmark für die Zeichnung und hatte vielleicht schon einen Interessenten.[33]

August Gaul hatte die »Schwanenküken« im Auftrag Cassirers 1908 für einen Brunnen in dessen Garten geschaffen. Die Küken wurden während des Krieges gestohlen. Sie konnten nach Umsetzung des Brunnens an den Berliner Kurfürstendamm in den 1960er Jahren jedoch nach Originalmodellen nachgegossen werden.[34]

Max Cassirer hatte einen gesamten zweiten Satz Schwanenküken angekauft, weil er diese schätzte und auch im Haus aufstellen wollte. Dieser Satz der Küken wurde bei Lange versteigert. Hier stehen sie auf dem Tisch des Herrenzimmers, im Hintergrund ein antiker Kachelofen und Ikonen, die Cassirer von Geschäftsreisen nach Russland mitbrachte. Sie tauchen in den Akten zur Verwertung nicht auf.[35]

KUNSTVERSTEIGERUNG

Hans W. Lange hielt die ersten Auktionen des Jahres 1942 im Mai. Am zweiten Tage, dem 13. Mai, kam der angewiesene Bestand Cassirers zur Versteigerung. Die erzielten Preise zeigen auch hier einen Wettstreit der Bieter. So kamen die Erlöse zustande, die Schmidt-Bangels Ansätze bei weitem überstiegen. Und so fand Cassirers Aquarell von Rudolf von Alt mit einem Motiv aus Salzburg auch einen prominenten Käufer, das in Linz geplante »Führermuseum«, in dessen Besitz das Blatt für 1 800 Reichsmark überging.[36]

Nach dem Ergebnis für den »Grunewaldsee« Walter Leistikows zu urteilen, waren die Sammler nicht gewillt, sich an ästhetische Vorgaben des Regimes zu halten. Das Gemälde stieg auf 13 000 Reichsmark. Hier mag ein weiterer Anlass zu finden sein, warum der »Einsatzstab Reichsleiter Rosenberg« Gemälde aus dem Verkehr zog. Nicht nur wollte Rosenberg Max Liebermann aus ideologischen Gründen unterdrückt sehen, sondern den erheblichen monetären Wert wollte der ERR selbst realisieren. Zudem kam in einem renommierten Auktionshaus einem missliebigen Maler erhebliche Aufmerksamkeit zu, die es zu unterbinden galt.

Die Ergebnisse für die Bronzeskulpturen des Tierbildhauers August Gaul waren erheblich. Der Sachverständige war hier wenig kompetent und Lange hatte bei besseren Marktkenntnissen die Schätzpreise bereits deutlich erhöht. Im Verhältnis zur ersten Bewertung stiegen die vermeintlichen »Entengruppen« auf das Vierfache und brachten 6 200 Reichsmark von Unbekannt ein. Tatsächlich handelte es sich um Schwanenküken.[37] Gauls Bronze »Löwin« fand bei 5 100 Reichsmark, zum Achtfachen der ersten Bewertung, einen nicht bekannten Käufer. Im Katalog hatte Lange als Einlieferer der Stücke die Chiffre »F.A.M.-W., Berlin« für das Finanzamt Moabit-West angegeben. Auch hier konnten die Kunden wissen, von wem sie kauften.

Doch Gauls »Schafe« hatte der Sachverständige bei Cassirer nicht einmal erkannt. Dennoch – auf dessen Intervention? – an Lange ausgeliefert, erzielten sie mit 4 000 Reichsmark das Dreizehnfache des ersten Ansatzes. Die »3 Bronzen«, die Lange in der Sammelversteigerung erwarb, konnten ebenfalls Werke von Gaul sein. Denn außer zwei »Rehen« von Cassirers Kamin im Empfangsraum fehlte nach Angaben seines Sohnes auch noch ein »Widder« von August Gaul.[38]

Der Markt war eher August Gaul gewogen denn Bronzen. Die eindrucksvolle Plastik des belgischen Bildhauers Constantin Meunier (1831–1905) zeigte einen Reiter mit dem Titel »An der Tränke«. Cassirer hatte die Bronze vor der Säule des Musikzimmers aufgestellt (Abb. S. 162) und die in der Versteigerungsliste nachfolgende »Holzsäule« war gewiss die, auf der sie bei Cassirer stand. H.W. Lange bot die Bronze in der Auktion vom Mai für 3 000 Reichsmark aus und konnte sie bei 6 100 Reichsmark einem unbekann-

Die »Löwin« von August Gaul schenkte der Zellstoffverband 1933 kurz vor seiner Auflösung seinem Vorsitzenden für dessen langjährige Tätigkeit. Cassirer räumte ihr einen Ehrenplatz ein und umgab sie mit Zeichnungen Menzels und Liebermanns. Als Sammlerstück wurde sie mit dem Reiter Meuniers in Langes Katalog zur Versteigerung abgebildet.[41]

ten Bieter zuschlagen. Im folgenden Jahr wurde wieder eine solche Bronze bei Lange verkauft, diesmal zu 6 500 Reichsmark. Verkaufte hier ein Spekulant die erst kürzlich erworbene Bronze Cassirers oder handelte es sich um einen anderen Guss desselben Werks, von dem sich mindestens im Jahr 1937 ein weiterer auf dem Kunstmarkt befand? Ein Spekulant hätte der Aufschläge wegen Verlust gemacht.[39]

Laut Abrechnung an den Oberfinanzpräsidenten vom 16. Mai, drei Tage nach der Auktion, nahm Lange für die Stücke aus dem Bestand Cassirers 43 400 Reichsmark ein. Bei gegenseitigem direktem Profit nutzten sich Finanzbehörden und Kunsthandel doppelt. Indem die Behörde »hochwertige« Stücke im Kunsthandel verkaufen ließ, erhöhte sie die Einnahmen und festigte den Ruf der jeweiligen Firma. Das kam der Behörde durch die großen Preiserwartungen und hohe Zahlungsbereitschaft des Publikums in der Folge wieder zugute.

NACHVERKÄUFE

Den Teil seines Haushalts, der nicht mit Max Cassirer in seine 4-Zimmer-Wohnung umziehen konnte, hatten Cassirer oder seine Generalbevollmächtigte Martha Heinrich in der Spedition Silberstein, Internationales Speditionsbüro, in Berlin-Kreuzberg einlagern lassen. Die Firma Silberstein wurde jedoch »arisiert«. Offensichtlich durch Protektion übernahm sie Fritz Roth, über den ein Nachbar später aussagte, dass er in regelmäßigen Abständen Lagergut verkaufte.[40]

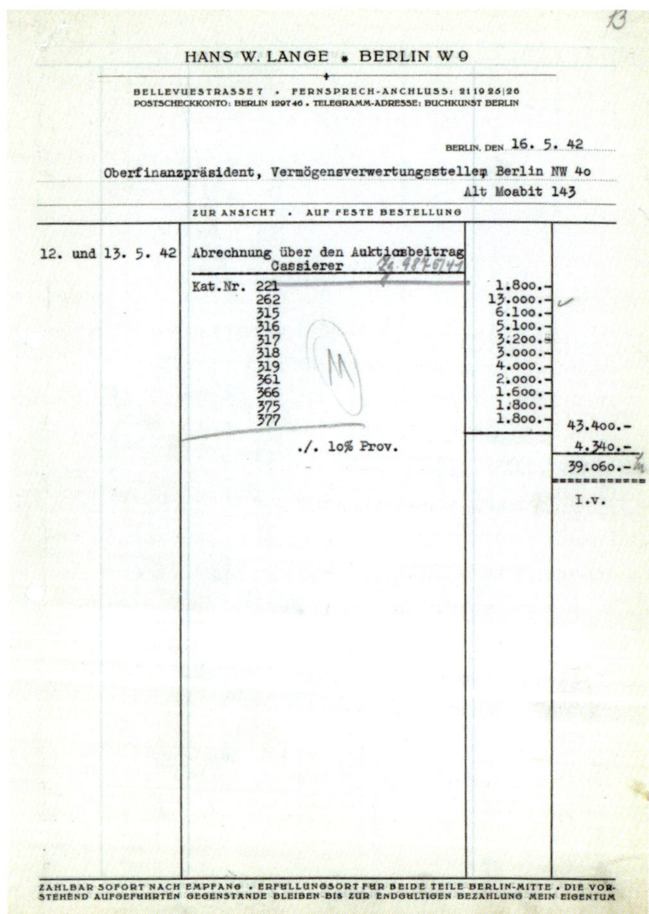

13

HANS W. LANGE • BERLIN W 9

BELLEVUESTRASSE 7 • FERNSPRECH-ANSCHLUSS: 21 19 26|26
POSTSCHECKKONTO: BERLIN 129746 • TELEGRAMM-ADRESSE: BUCHKUNST BERLIN

BERLIN, DEN 16. 5. 42

Oberfinanzpräsident, Vermögensverwertungsstelle, Berlin NW 40
Alt Moabit 143

ZUR ANSICHT • AUF FESTE BESTELLUNG

12. und 13. 5. 42	Abrechnung über den Auktionsbeitrag Cassierer		
	Kat.Nr. 221	1.800.-	
	262	13.000.-	
	315	6.100.-	
	316	5.100.-	
	317	3.200.-	
	318	3.000.-	
	319	4.000.-	
	361	2.000.-	
	366	1.600.-	
	375	1.800.-	
	377	1.800.-	43.400.-
	./. 10% Prov.		4.340.-
			39.060.-
			I.v.

ZAHLBAR SOFORT NACH EMPFANG • ERFÜLLUNGSORT FÜR BEIDE TEILE BERLIN-MITTE • DIE VORSTEHEND AUFGEFÜHRTEN GEGENSTÄNDE BLEIBEN BIS ZUR ENDGÜLTIGEN BEZAHLUNG MEIN EIGENTUM

Die Abrechnung Langes, drei Tage nach der Auktion, über 43 400 Reichsmark für den Bestand Cassirer zeigt den Profit. Die Finanzbehörde nahm fast viermal mehr ein als nach erster Schätzung. Sie hatte die Versteigerer bei der Verkäuferprovision auf zehn statt der üblichen fünfzehn Prozent gedrückt, doch kamen dazu die fünfzehn Prozent Provision von Seiten der Käufer. So nahm Lange hier weitere 6 510 Reichsmark von den Käufern ein, bei elf Objekten nahezu 10 000 Reichsmark Einnahmen vor Abzug.[42]

Cassirer ließ sich 1907 von Max Slevogt porträtieren, vermutlich ein Geschenk der Familie zu seinem 50. Geburtstag. Er wählte dafür den Empfangsraum seines Hauses als Hintergrund, dessen Säule zu erkennen ist (Abb. S. 154). In der Versteigerung von 1943 erwarb ein Hamburger Sammler das Bild, dessen Erben es 1996 einem Museum verkauften.[43]

Fritz Roth fragte im April 1942 nach, wann mit der Verwertung des »Hausrat[s] des Juden Max Israel Cassirer« zu rechnen sein werde, weil er das Lager »für Rüstungszwecke« freimachen müsse. Spesen einer Umlagerung seien vermeidbar. Roth zielte auf eine empfindliche Stelle der Behörden, die Senkung der Verwaltungskosten für Raubgut – dessen Lagerkosten er mit einer Scheinrechnung an Cassirer beim OFP abrechnete. Er brachte sich selbst ins Spiel: er besitze »ebenfalls die Versteigerungskonzession«. So beauftragte ihn am 8. Juli der OFP, das eingelagerte Gut zu versteigern.

Im Inventar des Hauses befanden sich laut Kurt Cassirer und Martha Heinrich weitere Gemälde: u.a. eine Ölskizze von Liebermanns »Samson und Delilah«, je zwei Gemälde von Hans Purrmann und George Mosson, je eines von Olaf Gulbransson, Karl Hagemeister und Heinrich Hübner, dazu mit Wouwerman ein Altmeister. Von diesen Gemälden findet sich im Protokoll Roths keine Spur. Das verzeichnet nur Zimmereinrichtungen, Möbel und Hausrat. Vielleicht aber hatte sich der Lagerbestand anhand der Einlagerungslisten erschließen lassen, sodass der vielversprechende Teil schon vorher abgefordert worden war.

Bei Roth wurde keine Schätzung verzeichnet, die Objekte wurden ohne eingetragene Taxe aufgerufen und dem Meistbietenden zugeschlagen. Friedrich Rasmussen nahm erneut teil, erwarb Stühle, dann eine Brokatdecke zu 310 Reichsmark, was den Wert der übrigen Stücke sichtbar macht. Der Antiquar, der im Januar einen Posten Bücher Cassirers zum doppelten Schätzpreis erwarb, kaufte einen Zeichnungsschrank. Er betrieb eine »Bücherschrank« genannte Firma, unter der man sich einen Antiquariatshandel en gros und en detail vorstellen kann.[44]

Dabei gingen die übrigen, als Einzelteile weniger bedeutenden Stücke Max Cassirers unter, die als Sammlung gleichwohl eigenen Wert hatten. Bei Roth erschien in der Versteigerung vom 24. Juli 1942 beispielsweise Keramik in drei Konvoluten, jedes an einen anderen Erwerber verkauft, zu 200, 180 und 40 Reichsmark. Monstranzen kamen mit einer Kaffeemühle unter den Hammer und fünf Holzfiguren wurden mit einer Bronze zu 115 Reichsmark verkauft. Dahinter konnte sich Banales wie Wertvolles verbergen.[45]

Zwei weitere Teile »1 Sammlung Keramikvasen u. Keramikkrüge« und »1 Sammlung Keramik, Fayence etc.« zog

Roth zurück, protokollierte »siehe nächste Versteigerung«. Über den Nachverkauf dieser Stücke ist in den Akten niemals Rechenschaft abgelegt worden, noch fragte die Verwertungsstelle nach. War dies auch ein Weg zur Unterschlagung? Ein Obersteuersekretär der Behörde war zwar anwesend, ging dem aber wohl nicht weiter nach.

Im Rahmen einer späteren Versteigerung am 19. Oktober 1942 veräußerte Roth zwei weitere Posten, die er mit dem OFP auch abrechnete. »1 Posten Bücher« kaufte neuerlich »Der Bücherschrank«. Dass er 5 600 Reichsmark zahlte, bekräftigt, dass die Büchersammlung Cassirers »recht wertvoll« war, wie der Sachverständige des Nachkriegsgutachtens angab. Max Niederlechner urteilte aus eigener Anschauung, denn er kannte den »Stadtrat Cassirer als Bücherkäufer und Büchersammler« aus früherer Tätigkeit.[46]

Den zweiten Posten erwarb die Galerie Gurlitt. Der Kunsthändler Wolfgang Gurlitt (1888–1965) erschien in der Spedition: Händler nahmen auch diese Veranstaltungen wahr. Gurlitt kaufte »1 Büste Marmor«. Es handelte sich wahrscheinlich um die Arbeit des französischen Bildhauers Charles Despiau (1874–1949), ein weiblicher Kopf, ausgeführt in Gips. Gurlitt kaufte zu 1 200 Reichsmark, weil er eine weit höhere Marge erkennen konnte.[47]

Nun aber war noch immer ein Hauptstück aus Cassirers Sammlung übrig: das Porträt »Stadtrat Cassirer« von Max Slevogt. Das bot Lange, obwohl es ihm ausgeliefert worden war und er mehrfach Slevogt aufrufen konnte, nicht an.[48] Es muss sich ein Problem aus dem Bildsujet ergeben haben. Der Sachverständige hatte das Porträt willentlich oder unwissentlich anonymisiert, es ein »Herrenporträt« genannt – und damit aufgewertet. Denn im Januar 1943 bot Wolfgang Gurlitt der Nationalgalerie der Staatlichen Museen Berlin ein »Herrenbildnis« von Lovis Corinth an, das der Sachverständigenbeirat kurz abfertigte: »Gut gemalt. Der Dargestellte wahrscheinlich jüdisch. Abgelehnt.«[49] Der künstlerische Wert der Porträts bedeutender Künstler war durch die Verachtung der Dargestellten eingeschränkt, damit auch der Marktwert. Und Lange konnte bei seiner üblichen Katalogarbeit das Werk kaum anonymisiert anbieten. So reichte er es weiter.

Denn es gab einen Markt für diese Porträts, weil sie ein neues Publikum erschlossen. Das Porträt Cassirers von Slevogt kaufte bei Edgar Lach – wohl in einer gemischten Versteigerung – ein Hamburger Sammler für 2 400 Reichsmark. Die ideologisch gedrückten Werte einer älteren Sammlerschicht erschlossen sich dadurch einer neuen, jüngeren Sammlerschicht, außerhalb derer finanziellen Reichweite sie zuvor lagen. Auch Sammler gehörten zu den unmittelbaren Profiteuren der Verwertung.

Mit den einzelnen Abschnitten des Verkaufs nahm der Oberfinanzpräsident für das bewegliche vormalige Eigentum Max Cassirers insgesamt 93 259 Reichsmark ein.

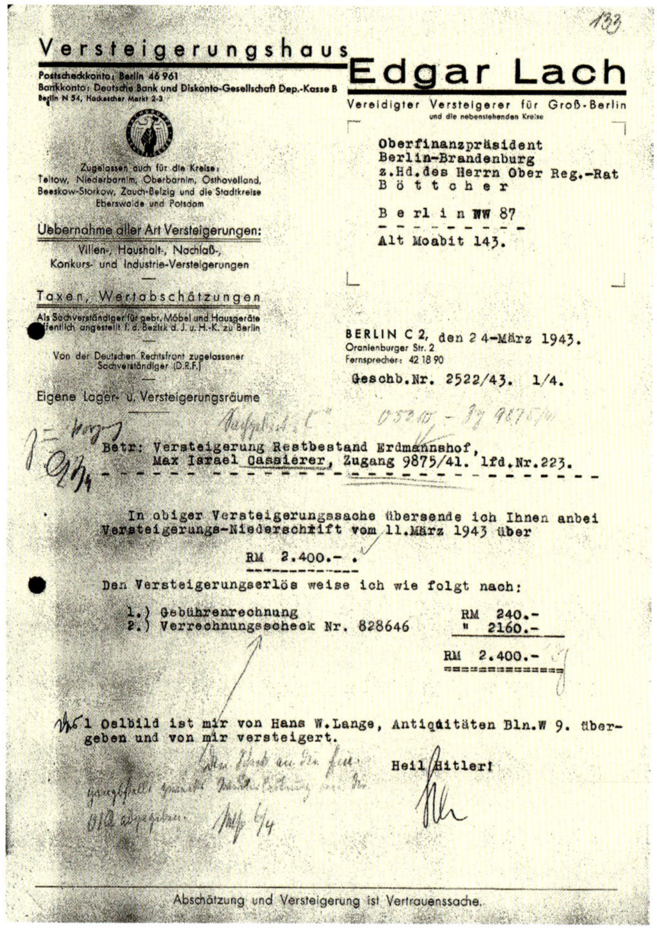

133

Versteigerungshaus Edgar Lach

Postscheckkonto: Berlin 46 961
Bankkonto: Deutsche Bank und Diskonto-Gesellschaft Dep.-Kasse B
Berlin N 54, Hackescher Markt 2-3

Vereidigter Versteigerer für Groß-Berlin
und die nebenstehenden Kreise

Zugelassen auch für die Kreise: Teltow, Niederbarnim, Oberbarnim, Osthavelland, Beeskow-Storkow, Zauch-Belzig und die Stadtkreise Eberswalde und Potsdam

Uebernahme aller Art Versteigerungen:
Villen-, Haushalt-, Nachlaß-, Konkurs- und Industrie-Versteigerungen

Taxen, Wertabschätzungen

Als Sachverständiger für gebr. Möbel und Hausgeräte öffentlich angestellt f. d. Bezirk d. J. u. H.-K. zu Berlin

Von der Deutschen Rechtsfront zugelassener Sachverständiger (D.R.F.)

Eigene Lager- u. Versteigerungsräume

Oberfinanzpräsident
Berlin-Brandenburg
z.Hd.des Herrn Ober Reg.-Rat
B ö t t c h e r

B e rl i n NW 87

Alt Moabit 143.

BERLIN C 2, den 24-März 1943.
Oranienburger Str. 2
Fernsprecher: 42 18 90

Geschb.Nr. 2522/43. 1/4.

Betr: Versteigerung Restbestand Erdmannshof,
Max Israel Cassierer, Zugang 9875/41. lfd.Nr.223.

In obiger Versteigerungssache übersende ich Ihnen anbei Versteigerungs-Niederschrift vom 11.März 1943 über

RM 2.400.- .

Den Versteigerungserlös weise ich wie folgt nach:

1.) Gebührenrechnung RM 240.-
2.) Verrechnungsscheck Nr. 828646 " 2160.-

RM 2.400.-

1 Oelbild ist mir von Hans W.Lange, Antiqáitäten Bln.W 9. übergeben und von mir versteigert.

Heil Hitler!

Abschätzung und Versteigerung ist Vertrauenssache.

Cassirers Porträt von Max Slevogt kam nicht in Hans W. Langes Auktion vom Mai 1942, obwohl es ihm zuerst ausgeliefert worden war. Lange hätte es mit anderen Slevogt-Gemälden später anbieten und mehr erlösen können. Auch der Versteigerer Edgar Lach verkaufte es erst im März 1943, ohne anzugeben, wann die Übergabe erfolgt war.[50]

CHRISTINE FISCHER-DEFOY

RAUBKUNST UND BEUTEKUNST

Hermann Göring mit dem Kunsthändler Walter Andreas Hofer in einem Depot beschlagnahmter Kunstwerke, undatiert [1]

Schaulustige bei der öffentlichen Versteigerung des Hausrats jüdischer Bürger nach deren Deportation in der Nähe von Hanau 1942[2]

Die Beute wird, wie das immer so üblich war, im Triumphzug mitgeführt. Man bezeichnet sie als die Kulturgüter. [...] Es dankt sein Dasein nicht nur der Mühe der großen Genien, die es geschaffen haben, sondern auch der namenlosen Fron ihrer Zeitgenossen. Es ist niemals ein Dokument der Kultur, ohne zugleich ein solches der Barbarei zu sein. Und wie es selbst nicht frei ist von Barbarei, so ist es auch der Prozeß der Überlieferung nicht, in der es von dem einen an den andern gefallen ist.

Walter Benjamin, 1940[3]

Versteigerte Gemälde nach einer Auktion in Wien 1942 mit dem Zettel »verkauft«, Fotografie von Hanns Hubmann[4]

RAUBKUNST

Seit es Kriege gibt, gibt es auch den Raub von Kunstwerken. Bilder, Skulpturen und kostbares Geschirr sind seit jeher ein Teil der Kriegsbeute. Museen in aller Welt verdanken diesem Umstand bedeutende Ausstellungsstücke. Während der NS-Zeit nahm dieser Raub jedoch ungeahnte Ausmaße an. Dabei gilt es, zwischen Raubkunst und Beutekunst zu unterscheiden.

Unter Raubkunst[5] versteht man den staatlich legitimierten Diebstahl von Kulturgütern aus Privatbesitz. Das NS-Regime bereicherte sich an Sammlern, indem es sie verfolgte, erpresste, ihres Besitzes beraubte und in vielen Fällen ermordete. Dies betraf sowohl den jüdischen Besitz im Deutschen Reichsgebiet wie auch Beschlagnahmen von privaten jüdischen Kunstsammlungen in den von Deutschen im Zweiten Weltkrieg besetzten Gebieten. Raubkunst wird daher juristisch definiert als »NS-verfolgungsbedingt« entzogenes Kulturgut.

Die Ausplünderung der jüdischen Bevölkerung innerhalb des Reichsgebietes begann unmittelbar mit der Machtübernahme durch die Nationalsozialisten. Mit der Anhebung der »Reichsfluchtsteuer« und der »Dego-Abgabe« genannten Sondersteuer auf Umzugsgut wurden Emigranten gezwungen, Teile ihres Besitzes in Deutschland weit unter Wert zu verkaufen oder zu versteigern, um überhaupt ausreisen zu können. Nach den Novemberpogromen 1938 kam die »Judenvermögensabgabe« hinzu, die von vielen Juden nur durch den erzwungenen Verkauf von Kunstwerken oder Silberwaren beglichen werden konnte. Schließlich wurde mit der Deportation der gesamte noch verbliebene Besitz zugunsten des Deutschen Reichs eingezogen.

Mit Beginn des Krieges wurde die räuberische Beschlagnahme von Kulturgut auf die jüdische Bevölkerung in den besetzten Gebieten ausgeweitet. 1940 wurde der Reichsleiter Alfred Rosenberg ermächtigt, »alle sonstigen wertvoll erscheinenden Kulturgüter herrenlosen jüdischen Besitzes zu erfassen und zu beschlagnahmen und nach Deutschland abtransportieren zu lassen.«

BEUTEKUNST

Beutekunst[6] bezeichnet demgegenüber die Beschlagnahmung von Kulturgütern aus öffentlichen Sammlungen in den im Krieg eroberten Gebieten. Auch hierfür war der »Einsatzstab Reichsleiter Rosenberg« (ERR) federführend. Zwischen 1939 und 1945 wurden die Bestände aus Museen und Bibliotheken in den von der Wehrmacht besetzten Gebieten systematisch erfasst und geraubt. Viele Kunstwerke gelangten so in den Bestand des für Linz geplanten »Führermuseums«.

RAUB- UND BEUTEKUNST NACH 1945

Bei Kriegsende befand sich ein Großteil der geraubten Kulturgüter in Altaussee in der Steiermark. Von dort wurden die Kunstwerke und Bibliotheksbestände durch die Alliierten in drei Sammelstellen in München, Wiesbaden und Marburg überführt. Dort wurden sie zwischen 1945 und 1949 mit dem Ziel erfasst und katalogisiert, sie den rechtmäßigen Besitzern zurückzugeben. Mitte der 1960er Jahre gelangte der sogenannte Restbestand CCP (Central Collecting Point) in die Verwaltung der Oberfinanzdirektion München. In der Folgezeit wurden die Kunstwerke als Dauerleihgaben an rund 100 Museen und Bundesbehörden verteilt.

Das Gemälde »Berliner Straßenszene« (1913, Öl auf Leinwand, 121 x 95 cm) von Ernst Ludwig Kirchner aus dem Brücke-Museum in Berlin wurde 2006 vom Land Berlin an die Erbin der Sammlerfamilie Alfred Hess, Anita Halpin, zurückgegeben. Der öffentliche Streit über diese Restitution trug erheblich dazu bei, die bis dahin vernachlässigte Provenienzforschung zu Kunstwerken im Besitz der Berliner Museen ins öffentliche Bewusstsein zu rücken.[7]

RESTITUTION[8]

Mit der Unterzeichnung der »Washingtoner Erklärung« verpflichtete sich die Bundesrepublik Deutschland 1998 dazu, »verfolgungsbedingt entzogene« Kunstwerke, die sich noch im Besitz der öffentlichen Hand befanden, an ihre rechtmäßigen Besitzer oder deren Nachkommen zurückzugeben. Diese Aufgabe wurde 2006 dem Bundesamt für zentrale Dienste und offene Vermögensfragen (BADV) in Berlin übertragen. Ergebnisse dieser Recherchen sind in der Datenbank Provenienzdokumentation des BADV einzusehen. Daneben ermöglicht die Internet-Datenbank www.lostart.de der 1994 gegründeten Koordinierungsstelle für Kulturgutverluste in Magdeburg betroffenen Personen, den Verbleib verschollener Kulturgüter zu recherchieren.

Die Bundesregierung, die Länder und die kommunalen Spitzenverbände werden im Sinne der Washingtoner Erklärung in den verantwortlichen Gremien der Träger einschlägiger öffentlicher Einrichtungen darauf hinwirken, dass Kulturgüter, die als NS-verfolgungsbedingt entzogen identifiziert und bestimmten Geschädigten zugeordnet werden können, nach individueller Prüfung den legitimierten früheren Eigentümern bzw. deren Erben zurückgegeben werden.

Erklärung der Bundesregierung, Dezember 1999[9]

Die materiellen Folgen sind bis heute nicht bewältigt, die moralischen Dilemmata unauflösbar und die kulturellen Zerstörungen sind kaum zu ermessen.

Inka Bertz, Michael Dorrmann, 2008[10]

Das in der Ausstellung gezeigte Gemälde »Bildnis eines Kavaliers mit Degen am Tisch sitzend« von Anton Graff im Depot des Bundesamtes für zentrale Dienste und offene Vermögensfragen (BADV) in Berlin, in dem die Provenienz des Kunstbesitzes der Bundesrepublik überprüft wird.

MARION GOERS, CHRISTINE KÜHNL-SAGER

ANTON GRAFF (1736–1813), »BILDNIS EINES KAVALIERS MIT DEGEN AM TISCH SITZEND«

»Anton Graff, Kavalier in Rot, 106 x 84,5 cm. Durch Galerie Haberstock (Berlin) in deutschen Privatbesitz übergegangen (Foto Haberstock)«. So steht es am 2. Januar 1938 unter dem Foto des Gemäldes in der Zeitschrift »Weltkunst«.

Heute befindet sich das Gemälde im Besitz der Bundesrepublik Deutschland. Über seine Geschichte ist folgendes bekannt: Die Datenbank zum »Central Collecting Point München« des Deutschen Historischen Museums in Berlin nennt als Besitzer seit etwa 1920 Geheimrat Otto Weißenberger, Dresden. Die Geschäftsbücher der Galerie Haberstock weisen aus, dass Karl Haberstock im Oktober 1936 vom »Finanzamt Dresden, Annenstraße«, neun Gemälde zum Gesamtpreis von 22 500 Reichsmark ankaufte, darunter das Gemälde von Graff, hier bezeichnet als »junger Kavalier m. rot. Rock«. In den Geschäftsbüchern findet sich auch der Verkaufseintrag für dieses Gemälde: Im Dezember 1937 wurde es für 5 000 Reichsmark an den Reichsleiter der NSDAP, Martin Bormann, verkauft. Es war für das von Hitler in Linz geplante »Führermuseum« vorgesehen und ist im ersten der dafür hergestellten Fotoalben abgebildet.

Haberstock hatte sich offensichtlich beim Finanzamt Dresden den Zugriff auf ausgewählte Kunstwerke der Sammlung Weißenberger vier Monate vor der offiziellen Versteigerung gesichert. Diese fand erst vom 24. bis 26. Februar 1937 in Berlin unter dem Titel »Kunstsammlung Geheimrat W./ Dresden« in »Rudolph Lepke's Kunst-Auctions-Haus« statt. Der Versteigerungskatalog enthält den Hinweis: »Die Verwertung des Kunstbesitzes Geheimrat W. Dresden ist den Herren Hans Carl Krüger [Inhaber des Auktionshauses] und dem

Kunsthändler Karl Haberstock [...] übertragen worden«. Ist diese Formulierung ein Hinweis auf eine verfolgungsbedingte Verwertung?

Haberstocks Provision aus dieser Versteigerung betrug 30 Prozent. Beschlagnahmt und anschließend versteigert wurden aber wohl nur Teile der Sammlung Weißenberger, denn in den Geschäftsbüchern der Galerie Haberstock sind für November und Dezember 1937 zwei direkte Ankäufe bei Weißenberger verzeichnet. Zum Zeitpunkt der Versteigerung bei Lepke hatte Otto Weißenberger seinen Wohnsitz vermutlich bereits nach Wien verlegt.

Das Bundesamt für zentrale Dienste und offene Vermögensfragen in Berlin teilte dem Historiker Horst Keßler 2006 auf Nachfrage mit, dass die »1936 erfolgte Beschlagnahme der Sammlung Weißenberger nicht verfolgungsbedingt stattgefunden habe, da Geheimrat Weißenberger weder Jude, noch politisch Verfolgter gewesen sei«. Deshalb sei auch der Rückerstattungsantrag der Nachkommen Weißenbergers abgewiesen worden. Es gebe auch keinen Beweis dafür, dass Weißenbergers Mitgliedschaft in der Vereinigung der Freimaurer, die seit 1935 verboten war, ein Grund für politische Verfolgung gewesen sei. Die Kunsthistorikerin Angelika Enderlein hingegen vermutet in ihrem Buch über den Berliner Kunsthandel, dass Weißenbergers Besitz gerade wegen dieser Mitgliedschaft beschlagnahmt wurde.

Zeitgenössische Unterlagen des Finanzamtes Dresden, das die Versteigerung seinerzeit veranlasste, hätten Aufklärung geben können, doch dort wurde 2001 die Auskunft erteilt, dass zum Fall Weißenberger keine Akten überliefert sind. Es wären weitere Nachforschungen nötig, um eine verfolgungsbedingte Beschlagnahmung und Versteigerung zweifelsfrei auszuschließen.

Auch die Rückseite des Gemäldes ist interessant. »Entschlüsselt« geben die dort erkennbaren Ziffern folgende Hinweise: Das Etikett mit der Zahl 165 wurde zur Inventarisierung für den »Sonderauftrag Linz« angebracht. Die mit blauer Fettkreide neben das weiße Etikett geschriebene Zahl 9462 ist die nach Kriegsende im »Central Collecting Point München« vergebene Inventarnummer. Die Aufschrift K.1195 verweist auf eine Unterbringung im oberösterreichischen Auslagerungsdepot Kloster Kremsmünster.

Leihgabe der Bundesrepublik Deutschland

CAROLINE FLICK

FISCHER (BAUFÜHRER VON SCHINKEL), »DER SCHINKELPLATZ MIT BAUAKADEMIE WÄHREND DES BAUS«

Um 1835, Öl auf Holz, 38 x 46 cm

Das Gemälde kam als Erwerbung des »Führermuseums Linz«, als früherer Reichsbesitz in den Bundesbestand. Der Bestand wird heute vom Bundesamt für zentrale Dienste und offene Vermögensfragen (BADV) in Berlin verwaltet und als mögliches Raubgut weiteren Recherchen unterzogen.

Schon früh ließ sich belegen, dass das Werk im April 1944 über Martin Bormann mit der Münchner Kunsthändlerin Maria (Almas-)Dietrich für 5 000 Reichsmark abgerechnet wurde. Dietrich verfügte über zahlreiche Kontakte in die höchsten Ebenen der NSDAP und verkaufte regelmäßig an das geplante Museum in Linz. Maria Dietrich hatte ihrerseits das Gemälde in einer Auktion bei Hans W. Lange am 16. April 1943 für 3 400 Reichsmark ersteigert. Im Unterschied zu jenen Gemälden, die sie dort im Auftrag des für »Linz« zuständigen Gottfried Reimer für das Museum erwarb, kaufte sie dieses auf eigene Rechnung.

Den Einlieferer verzeichnete Langes Katalog mit der Chiffre »119. Berlin«. Über diesen ließ sich außer der Feststellung, dass es sich mit über 70 eingelieferten Kunstgegenständen um einen Großbesitz handelte, nichts weiter sagen. Das machte es schwer, die Herkunft des Gemäldes aufzuklären. Eine 2009 vom BADV in Auftrag gegebene Recherche musste vom Gemälde ausgehen, zu dem sich als Arbeit eines unbekannten, vielleicht Laienkünstlers nichts ermitteln ließ. Auch die Indizien zu einem Großbesitz führten ins Leere, sodass ein verfolgungsbedingter Entzug sich weder belegen noch ausschließen ließ. Eine weitere wissenschaftliche Recherche zum Auktionshaus Lange ergab 2010, dass

der Einlieferer »119. Berlin« der Oberfinanzpräsident Berlin-Brandenburg war, der den Verfolgten entzogene Kunstgegenstände verkaufen ließ. Es handelte sich um ein Konvolut, das aus dem Eigentum mehrerer Beraubter zusammengestellt worden war.

Das Gemälde konnte schließlich dem Besitz Martin Tietz' (1895–1965) zugeordnet werden. Tietz, einer der vormaligen Inhaber des schon 1934 »arisierten« Kaufhauses Hermann Tietz, war bereits Mitte 1938 mit seiner Frau emigriert. Sein inländisches Vermögen wurde im August 1942 als dem Reich verfallen deklariert, aus Speditionen beschlagnahmt und der Verwertung anheimgegeben; 27 Stücke wurden bei Lange ausgeboten. Die Nacherben wurden vom BADV über die neuen Ergebnisse in Kenntnis gesetzt. Die Stadtansicht ist zur Restitution vorgesehen.

Auf der Rückseite des Gemäldes finden sich mehrere Ziffern und Aufkleber, die den Weg des Werkes seit der Zeit des Nationalsozialismus dokumentieren. Angelika Enderlein hat diese Bezeichnungen wie folgt aufgeschlüsselt:

Die Ziffer 57 mit schwarzem Kugelschreiber auf einem angerissenen Etikett ist die Inventarnummer, die vom Oberfinanzpräsidenten Berlin-Brandenburg vergeben wurde. Die Ziffer 149 in blauer Fettkreide bezeichnet die Losnummer des Auktionskataloges von H.W. Lange vom 16./17. April 1943. Der Aufkleber »Galerie Maria Dietrich ›Almas‹« auf weißem Etikett stammt von der Kunsthändlerin in München. Sie ersteigerte das Bild 1943 bei H.W. Lange in Berlin. Die Ziffer 3397 in schwarzer Tusche auf weißem Etikett und oben auch mit gelber Kreide ist die Inventarnummer, die 1944 für den »Sonderauftrag Linz« vergeben wurde. Bei der Ziffer 9894 in blauer Fettkreide handelt es sich um die Inventarnummer, die das Gemälde nach Kriegsende im »Central Collecting Point München« erhielt. Das weiße Etikett »Berlin Museum« weist auf das 1962 in West-Berlin gegründete Museum als Leihnehmer nach dem Krieg hin. Hierzu gehört auch die Bezeichnung GEM 66/38 mit schwarzem Filzstift als Inventarnummer des Berlin Museums. Der handschriftliche Vermerk in brauner Tinte »Fischer (angeblich Bauführer von Schinkel)« stammt laut Angaben des Bestandsverzeichnisses des Stadtmuseums nicht aus der Entstehungszeit des Bildes. Die Inventarnummer 16 in blauer Fettkreide in einem Kreis konnte nicht identifiziert werden.

Leihgabe der Bundesrepublik Deutschland

»SONDERAUFTRAG LINZ«

HITLERS »HERZENSWUNSCH« FÜR DIE STADT SEINER JUGEND

Nach dem »Anschluss« Österreichs 1938 entwickelte Adolf Hitler persönlich ein Projekt, mit dem er seine »Heimatstadt« Linz in den Rang einer europäischen Kulturhauptstadt erheben wollte. Ein gigantischer Ausbauplan sah ein Kulturzentrum mit einem »Führermuseum« vor, in dem unter anderem Bilder, Skulpturen, Tapisserien, Möbel, Bücher und Münzen präsentiert werden sollten. Eine Gemäldegalerie nahm darin eine zentrale Position ein. Während das Museum nie über die Entwurfsphase hinaus kam, begannen die Nationalsozialisten 1939 mit dem Aufbau der Sammlung: Hitler schuf – zunächst inoffiziell – den »Sonderauftrag Linz«, der seiner Kontrolle unterlag. Als Sonderbeauftragten setzte er Hans Posse und nach dessen Tod Hermann Voss ein. Beide waren renommierte Kunsthistoriker und Museumsdirektoren.[2]

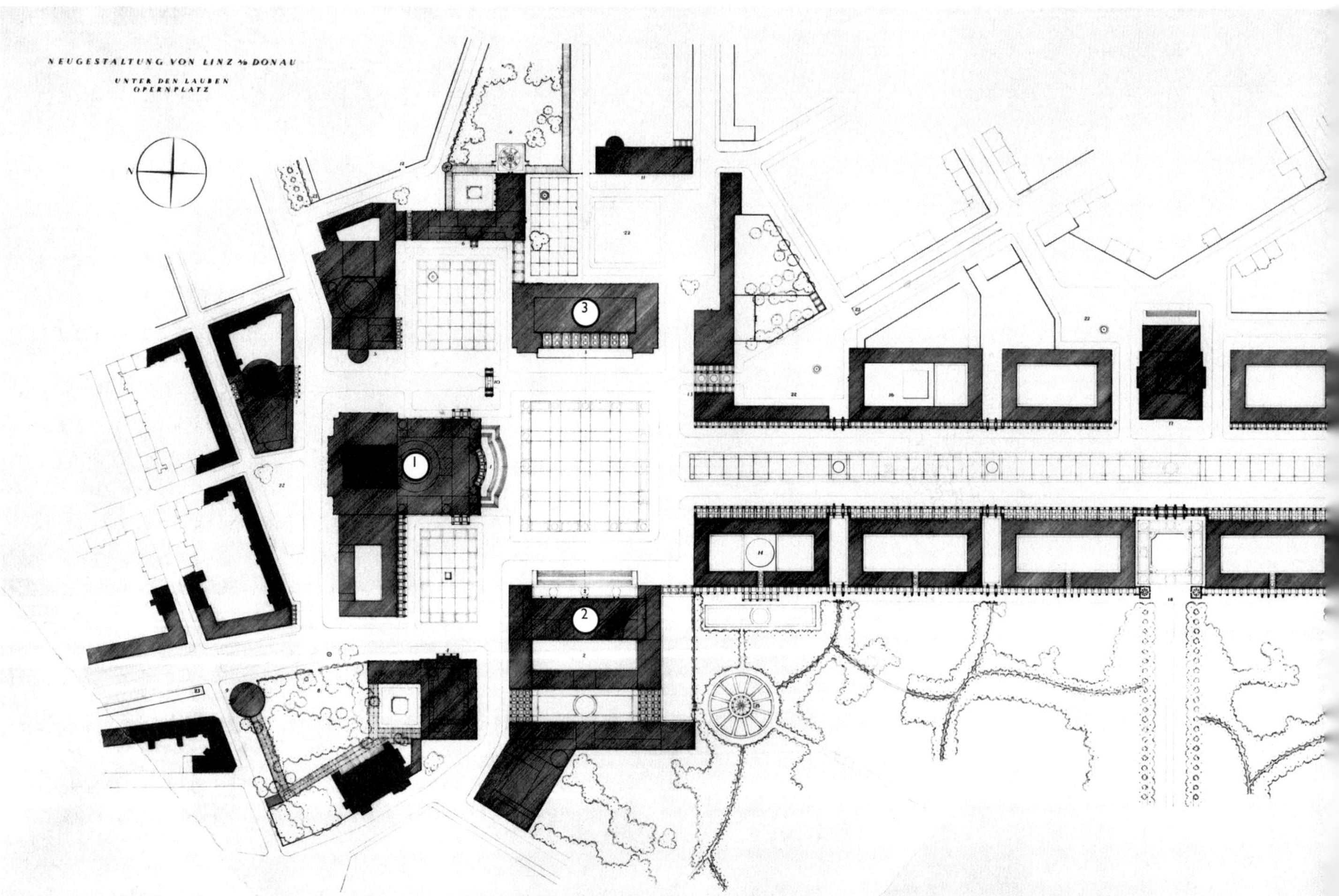

Modell des »Führermuseums« nach einem Entwurf von Roderich Fick aus dem Jahr 1941 [3]

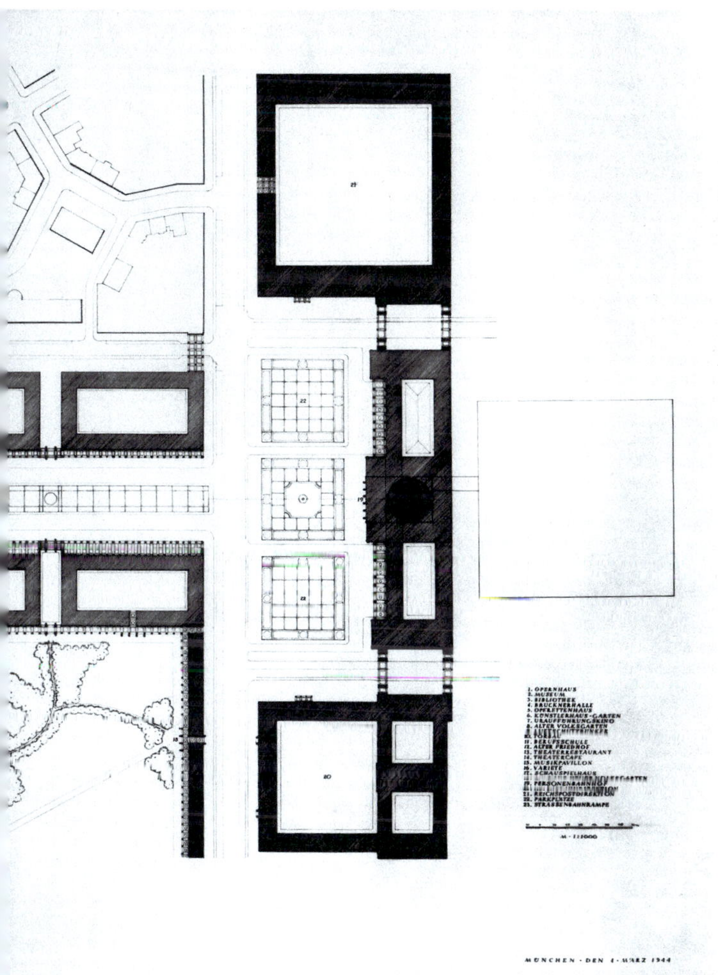

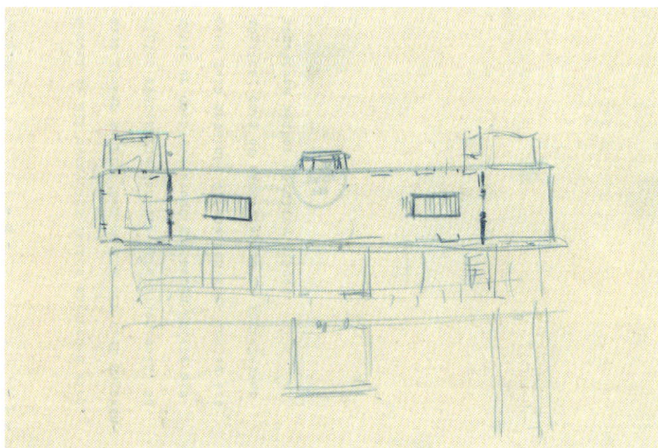

Während eines Aufenthalts im Führerhauptquartier »Wolfschanze« im Mai 1942 zeichnete Adolf Hitler einen »Grundriss der neuen Linzer Galerie«.[4]

Hitler wollte aus Linz ein Industrie-, Handels- und Verwaltungszentrum sowie eine europäische Kulturhauptstadt machen. In einer für die nationalsozialistische Architektur typischen Achsenstraße sollte ein neues Kulturzentrum entstehen. Das Grundkonzept erarbeitete der »Reichsbaurat für die Stadt Linz an der Donau«, Roderich Fick, nach Skizzen von Adolf Hitler. Das Herzstück der geplanten Prachtstraße bestand aus dem Opernplatz, an dem ein Opernhaus (1) für 2 000 Besucher, das »Führermuseum« (2) mit den über den »Sonderauftrag Linz« beschafften Kunst- und Kulturgegenständen und eine große Bibliothek (3) liegen sollten.[5]

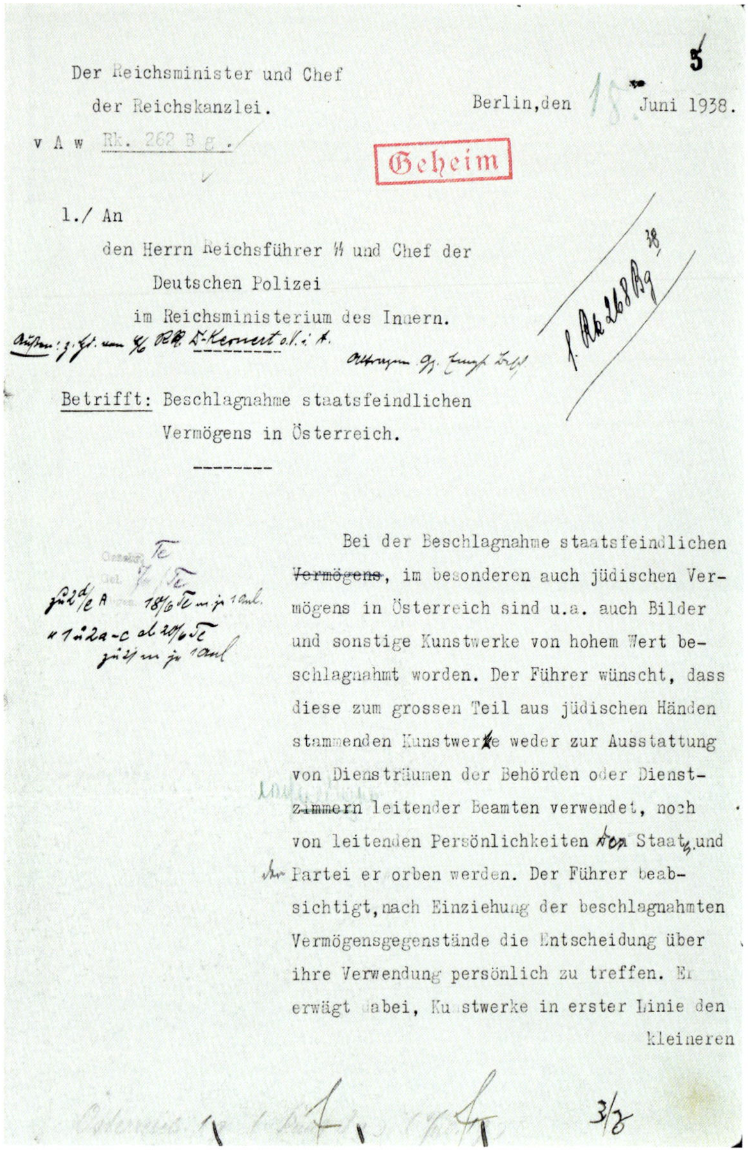

Der Reichsminister und Chef der Reichskanzlei.

Berlin, den 18. Juni 1938.

v A w Rk. 262 B g.

Geheim

1./ An
den Herrn Reichsführer SS und Chef der Deutschen Polizei
im Reichsministerium des Innern.

Betrifft: Beschlagnahme staatsfeindlichen Vermögens in Österreich.

Bei der Beschlagnahme staatsfeindlichen ~~Vermögens~~, im besonderen auch jüdischen Vermögens in Österreich sind u.a. auch Bilder und sonstige Kunstwerke von hohem Wert beschlagnahmt worden. Der Führer wünscht, dass diese zum grossen Teil aus jüdischen Händen stammenden Kunstwerke weder zur Ausstattung von Diensträumen der Behörden oder Dienst~~zimmern~~ leitender Beamten verwendet, noch von leitenden Persönlichkeiten des Staats und Partei erworben werden. Der Führer beabsichtigt, nach Einziehung der beschlagnahmten Vermögensgegenstände die Entscheidung über ihre Verwendung persönlich zu treffen. Er erwägt dabei, Kunstwerke in erster Linie den kleineren

3/8

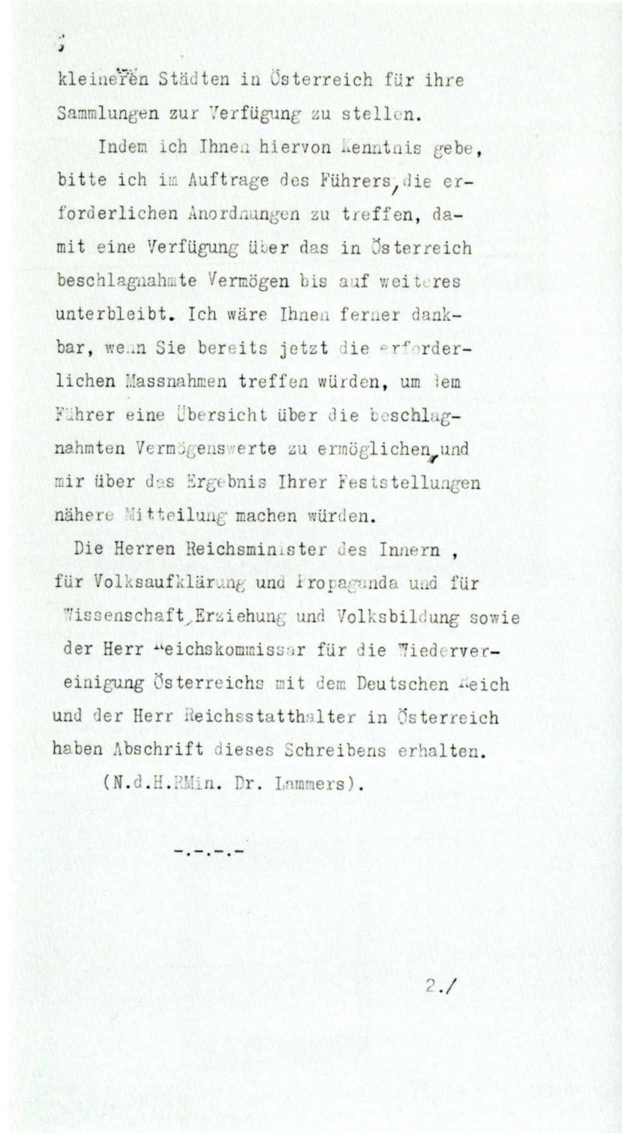

kleineren Städten in Österreich für ihre Sammlungen zur Verfügung zu stellen.

Indem ich Ihnen hiervon Kenntnis gebe, bitte ich im Auftrage des Führers, die erforderlichen Anordnungen zu treffen, damit eine Verfügung über das in Österreich beschlagnahmte Vermögen bis auf weiteres unterbleibt. Ich wäre Ihnen ferner dankbar, wenn Sie bereits jetzt die erforderlichen Massnahmen treffen würden, um dem Führer eine Übersicht über die beschlagnahmten Vermögenswerte zu ermöglichen, und mir über das Ergebnis Ihrer Feststellungen nähere Mitteilung machen würden.

Die Herren Reichsminister des Innern, für Volksaufklärung und Propaganda und für Wissenschaft, Erziehung und Volksbildung sowie der Herr Reichskommissar für die Wiedervereinigung Österreichs mit dem Deutschen Reich und der Herr Reichsstatthalter in Österreich haben Abschrift dieses Schreibens erhalten.

(N.d.H.RMin. Dr. Lammers).

-.-.-.-

2./

Schreiben des Chefs der Reichskanzlei, Hans Heinrich Lammers, vom 18. Juni 1938 an den Reichsführer-SS und Chef der Deutschen Polizei im Reichsministerium des Innern, Heinrich Himmler, über den »Wunsch« Hitlers, die Entscheidung über die Verwendung der in Österreich 1938 aus Privatbesitz beschlagnahmten Kunstwerke persönlich zu treffen. Mit diesem »Führervorbehalt« sicherte sich Hitler das Recht auf alleinige Verfügungsgewalt über die Kunstwerke. Das persönliche Erstzugriffsrecht wurde später mehrfach ausgedehnt und galt schließlich für das gesamte Deutsche Reich und alle besetzten Gebiete. [6]

BESCHLAGNAHME, ENTEIGNUNG UND KAUF – EUROPAWEIT

Der Sonderauftrag umfasste zwei Bereiche: Zum einen das »Führermuseum« in Linz, für das Posse als Grundstock über 100 Gemälde aus Hitlers eigener Sammlung auswählte. Zum anderen sollte eine Art Verfügungsmasse entstehen, deren Verteilung später auf Museen im »Großdeutschen Reich« vorgesehen war. Der Aufbau der Sammlung erfolgte auf höchst unterschiedliche Weise.

So sicherte sich Hitler die alleinige Verfügungsgewalt über beschlagnahmte und enteignete Kunstwerke. Dies galt 1944/45 in allen besetzten Gebieten und im gesamten Deutschen Reich. Nach Kriegsbeginn flossen zum Beispiel durch den »Einsatzstab Reichsleiter Rosenberg« in Frankreich

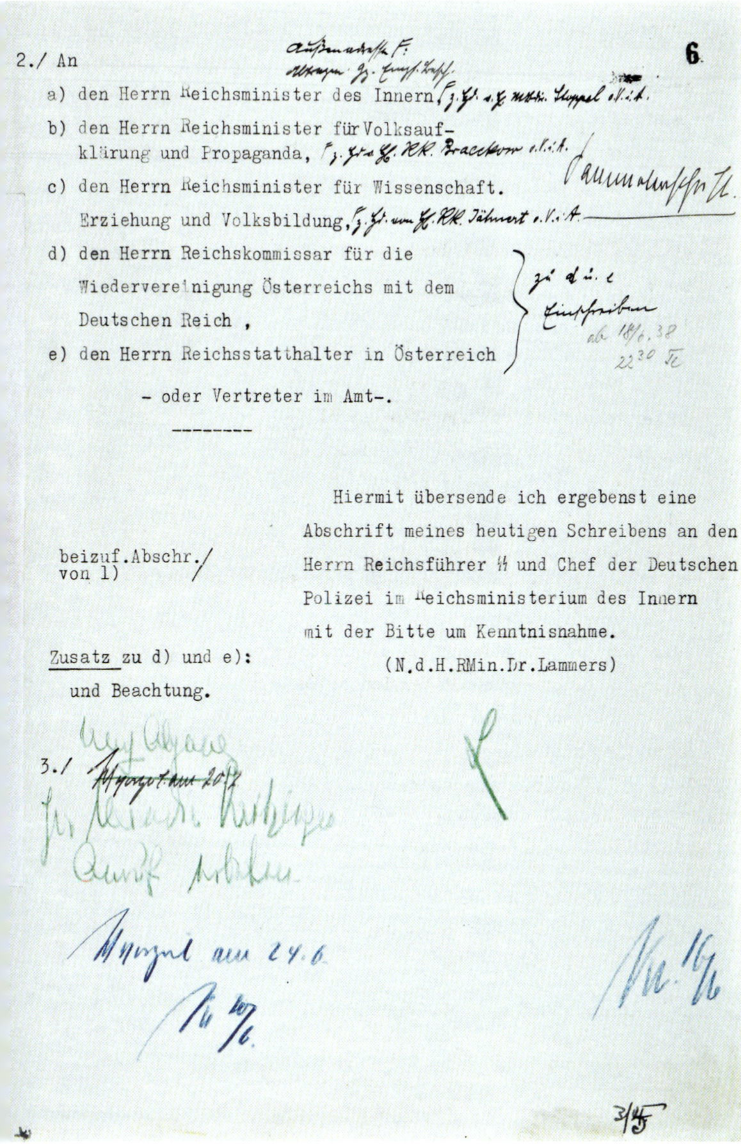

6

2./ An

a) den Herrn Reichsminister des Innern,

b) den Herrn Reichsminister für Volksaufklärung und Propaganda,

c) den Herrn Reichsminister für Wissenschaft, Erziehung und Volksbildung,

d) den Herrn Reichskommissar für die Wiedervereinigung Österreichs mit dem Deutschen Reich,

e) den Herrn Reichsstatthalter in Österreich

- oder Vertreter im Amt-.

----

beizuf.Abschr./ von 1)

Hiermit übersende ich ergebenst eine Abschrift meines heutigen Schreibens an den Herrn Reichsführer SS und Chef der Deutschen Polizei im Reichsministerium des Innern mit der Bitte um Kenntnisnahme.

(N.d.H.RMin.Dr.Lammers)

Zusatz zu d) und e): und Beachtung.

3./

Hans Posse (1879–1942), Kunsthistoriker, ab 1903 Volontär am Kaiser-Friedrich-Museum in Berlin, hier zuletzt Assistent des Direktors Wilhelm Bode, 1910–1942 Direktor der Gemäldegalerie Dresden, ab 1939 Sonderbeauftragter für Linz.[10]

sichergestellte, beschlagnahmte und enteignete Gegenstände in den »Sonderauftrag Linz« ein.[7]

Auch durch Ankäufe im In- und Ausland wuchs die Sammlung, rein formal gesehen auf legalem Wege. Tatsächlich wurde jedoch oft die finanzielle Notlage von Verfolgten ausgenutzt oder mit Repressionen gedroht. Zahlreiche Kunstwerke stammten zudem aus Versteigerungen, in denen unter konstruierten Gründen beschlagnahmtes oder eingezogenes Vermögen meist jüdischer Besitzer veräußert wurde. Für die Ankäufe waren viele Kunsthistoriker und -händler als Einkäufer und Berater tätig. Für Posse arbeiteten vor allem der Berliner Kunsthändler Karl Haberstock und Hitlers Fotograf Heinrich Hoffmann. Nachdem Voss den »Sonderauftrag« übernommen hatte, traten ab Frühjahr 1943 andere Personen in den Vordergrund: etwa die Münchner Kunsthändlerin Maria Almas-Dietrich, der Kunsthistoriker Hildebrand Gurlitt und Hans Herbst, Kunstexperte des Wiener Auktionshauses Dorotheum.[8]

Wie viele Werke bis 1945 innerhalb des »Sonderauftrages Linz« geraubt, entzogen oder gekauft wurden, ist unklar. Die Zahl von 4 731 gilt als gesichert, für die Gemäldegalerie des geplanten »Führermuseums« geht die Forschung von rund 1 600 Einzelstücken aus.

Über 100 Millionen Reichsmark wurden im Rahmen des Sonderauftrages ausgegeben. Ab 1944 wurden die meisten Objekte in einem stillgelegten Salzbergwerk bei Altaussee in der Steiermark in Sicherheit gebracht.[9]

50

STAATLICHE GEMÄLDEGALERIE DRESDEN

Fernruf: 22672 und 18442

DER DIREKTOR — z.Zt. Bad Aussee, ~~DRESDEN-A.1,~~ den 9. Mai 1944. R.

Der Referent für den Sonderauftrag Linz.

Dr v. Hummel

Partei-Kanzlei
Anlagen
11. MAI 1944
v. Hummel
48907

Herrn

Ministerialrat Dr. v. H u m m e l

M ü n c h e n 33

Führerbau.

wenden!

Betrifft: Bereitstellung weiterer unterirdischer Bergungsräume.

Sehr verehrter Herr Ministerialrat !

In Erledigung Ihres Schreibens vom 29. April ds.J. und Ihrer bereits früher in obiger Angelegenheit gemachten Ausführungen, beehre ich mich Ihnen mitzuteilen, dass an unserem derzeit im fortschreitenden Ausbau begriffenen Bergungsort im Salzbergwerk bei A l t - A u s s e e für kleine bis mittelgrosse Formate aller Arten von Kunstwerken noch so enorm viel Bergungsraum zur Verfügung steht und später ausgebaut werden könnte, dass es mir auch aus Gründen der konservatorischen Betreuung und der Bewachung weniger zweckmässig erschiene, noch anderwärts dafür unterirdische Bergungsräume, wenn solche überhaupt finden lassen, unter Einsatz des erforderlichen hohen Materialaufwandes zum Ausbau zu bringen.

Für die bisher an unserem hiesigen Bergungsort nicht unterzubringenden grossen Formate ist beabsichtigt, auf der untersten Sohle des Salzbergwerkes in Alt-Aussee, dem sog. Scheibenstollen, durch umfangreiche Aussprengungsarbeiten einen geeigneten Bergungsraum herzurichten und mit einem genügend hohen Stollenzugang zu versehen. Ich habe bereits mit Herrn Generaldirektor Dr. P ö c h m ü l l e r , der in jeder Weise bemüht ist, unseren Erfordernissen entgegenzukommen, ausführlich über diese Notwendigkeit gesprochen und hoffe, dass es trotz der verhältnismässig geringen Belegschaft des hiesigen Bergbaubetriebes im Rahmen unserer sonstigen Ausbaumassnahmen möglich sein wird, noch bis zum Herbst dieses Jahres dieses Projekt zu verwirklichen.

Es ist beabsichtigt, dann in diesen neu zu erstellenden Bergungsraum die jetzt in Schloss T h ü r n t a l eingelagerten Grossformate unterzubringen und soweit als möglich unsere anderen oberirdischen Bergungsorte zu entlasten.

Mit den besten Empfehlungen

H e i l H i t l e r !

Ihr sehr ergebener

Gottfried Reimer.

Hermann Voss (1884–1969), Kunsthistoriker, ab 1908 Volontär und Mitarbeiter der Königlich Preußischen Kunstsammlungen in Berlin, 1912–1921 Leiter der Graphischen Sammlung am Museum der bildenden Künste Leipzig, 1922–1935 Kustos der Gemäldegalerie an den Staatlichen Museen zu Berlin, 1935–1945 Direktor der Städtischen Kunstsammlung am Nassauischen Landesmuseum in Wiesbaden. Ab 1943 auch Direktor der Gemäldegalerie Dresden und Sonderbeauftragter für Linz, nach dem Zweiten Weltkrieg in München als Kunsthistoriker in Wissenschaft und Forschung tätig. Bei dem Bildnis von Hermann Voss, von dem hier nur ein Ausschnitt zu sehen ist, handelt es sich um ein Gemälde, das 1943 von Georg Oehme angefertigt wurde. [11]

Gottfried Reimer, Mitarbeiter der Dresdner Gemäldegalerie und Referent von Hermann Voss für den »Sonderauftrag Linz«, berichtete Heinrich von Hummel, Referent von Martin Bormann in der Partei-Kanzlei der NSDAP, im Mai 1944 aus Altaussee über den fortschreitenden Ausbau des Salzbergwerkes als Bergungsort für Kunstwerke. Die Bedingungen vor Ort wurden als äußerst positiv eingeschätzt, sodass Bormann sich damit einverstanden erklärte, das Salzbergwerk weiter ausbauen zu lassen. [12]

RESTITUTION NACH 1945

Bei Kriegsende fanden alliierte Truppen in mehreren hundert Depots unzählige Kunstwerke und -gegenstände vor. Sie wurden beschlagnahmt und in den westlichen Besatzungszonen zum Großteil in zentrale Sammelstellen gebracht. Aus dem Bergungslager bei Altaussee transportierten US-amerikanische Kunstschutzoffiziere den überwiegenden Teil zum »Central Art Collecting Point« in München. Die westlichen Besatzungsmächte mussten das Bergungsgut registrieren, die Eigentümer ausfindig machen und die Restitution sicherstellen. 1949 ging diese komplizierte Aufgabe an die Bundesrepublik Deutschland über, 1962 wurde sie eingestellt.[13] Mehr als eine Million Kunstwerke waren bis zu diesem Zeitpunkt an ihre Besitzer in ganz Europa zurückgegeben worden. Von dem Restbestand, zu dem auch Objekte aus dem »Sonderauftrag Linz« gehören, befindet sich die Hälfte bis heute als Dauerleihgabe in deutschen Museen. In den 1990er Jahren setzte eine neue Debatte über den Umgang mit verfolgungsbedingt beschlagnahmten Vermögenswerten aus der NS-Zeit ein, die zur sogenannten Washingtoner Erklärung von 1998 führte. Die daraus folgende Provenienzforschung und Restitution dauert bis heute an.[14]

In einem stillgelegten Salzbergwerk bei Altaussee in der Steiermark stießen US-amerikanische Kunstschutzoffiziere im Frühjahr 1945 auf ausgelagerte Kunstgegenstände. Hierunter befand sich auch eine große Anzahl von Gemälden, die für den »Sonderauftrag Linz« erworben worden waren, wie beispielsweise »Die Malkunst« von Jan Vermeer van Delft, das Jaromir Graf Czernin-Morzin 1940 unter Zwang an Adolf Hitler verkauft hatte. Das Gemälde wurde nach Kriegsende an Österreich restituiert und befindet sich heute im Besitz des Kunsthistorischen Museums in Wien. Die Familie des Vorbesitzers fordert das Gemälde noch immer zurück – bislang ohne Erfolg.[15]

Im ehemaligen »Führerbau« und nebenan im hier abgebildeten Verwaltungsbau der NSDAP in München richtete die US-Armee 1945 für ihre Besatzungszone eine zentrale Sammelstelle für aufgefundene Kunstgegenstände, den »Central Art Collecting Point«, ein.[16]

Am »Central Art Collecting Point« der US-amerikanischen Besatzungsmacht in München wurden eintreffende Kunstgegenstände begutachtet. Die Aufnahme ist 1946 oder 1947 entstanden.[17]

NANA POLL, REGINE WOSNITZA

KUNSTHANDEL IN BERLIN NACH 1945

Menschen beim Betrachten der Auslagen der Galerie Gerd Rosen, 1945[1]

In der Galerie Rosen, die zunächst »Buch und Kunst« hieß, fanden in regelmäßigen Abständen Diskussionen und Vorträge statt. Die Veranstaltungen waren stets überfüllt. Der »Hunger nach Kunst und geistiger Auseinandersetzung war immens«, erinnert sich der Künstler Heinz Trökes.[2]

In der Buchhandlung Richard Lowinsky, der einzigen privaten Galerie im sowjetischen Sektor, organisierte der Künstler Herbert Tucholski (1896–1984) von 1946 bis 1954 rund 50 Ausstellungen. »Flüsterpropaganda« sorgte für einen guten Zulauf bei den Ausstellungseröffnungen.[3]

Zerstörtes Berlin, 1946: Der Kurfürstendamm in Blickrichtung Gedächtniskirche[4]

EIN NEUER ANFANG

Trotz Verfolgung und Terror, trotz systematischer Beschlagnahmen, Enteignungen und Liquidierungen gelang es den Nationalsozialisten nicht, den unabhängigen Kunsthandel in Deutschland völlig zu zerschlagen. Viele Kunsthändler und Künstler hatten Deutschland während des Krieges nicht verlassen und teilweise im Verborgenen weitergearbeitet. So war Berlin nach dem Krieg für kurze Zeit wieder Zentrum für Kunst und Kunsthandel, bevor das Rheinland ihm diesen Rang ablief.

Die neu gegründete Kammer der Kulturschaffenden richtete im Juli 1945 in den ehemaligen Räumen der Reichskulturkammer die erste Kunstausstellung nach dem Krieg aus. Ausgestellt wurden vor allem Künstler, deren Werke von den Nationalsozialisten als »entartet« verfemt worden waren, wie zum Beispiel Heinrich Ehmsen, Karl Hofer, Max Beckmann oder Max Pechstein.[5]

GALERIE GERD ROSEN – ERSTE GALERIE NACH DEM KRIEG

Im August 1945 eröffneten der Buchhändler Gerd Rosen, der Sammler Max Leon Flemming und der Künstler Heinz Trökes die Galerie Gerd Rosen am Kurfürstendamm 215. In den ersten Jahren ihres Bestehens zeigte sie insgesamt über 30 Künstler, darunter die Maler Heinz Trökes, Werner Heldt, Paul Strecker und Wolfgang Frankenstein sowie die Bildhauer Karl Hartung, Bernhard Heiliger und Hans Uhlmann. Hinzu kamen Künstler, deren Arbeiten während der zwölfjährigen NS-Diktatur verfemt waren. Eine feste programmatische Ausrichtung gab es nicht.[6]

Bis 1949 entstanden in den westlichen Sektoren Berlins 14 Privatgalerien. Zu diesen wiedereröffneten oder neu gegründeten Kunstorten gehörten unter anderem die Galerie Buchholz in Grunewald (November 1945), die Galerie Schüler in Zehlendorf (August 1946), die Galerie Franz in Wilmersdorf (Oktober 1946), die Galerie Bremer in Wilmersdorf und die Galerie Springer in Zehlendorf (Dezember 1948). Als einzige private Galerie im sowjetischen Sektor Berlins eröffnete im April 1946 die Buchhandlung Richard Lowinsky in der Prenzlauer Allee 187.[7]

Viele Galeristen arbeiteten in ihren Wohnungen. Hauptziel war es, moderne und zeitgenössische Kunst wieder einem breiten Publikum zugänglich zu machen und Künstlern ein Ausstellungsforum zu bieten. Die Künstler stellten häufig in mehreren Galerien der Stadt aus. Weil der Transport schwierig war, stammten die Werke meist aus der näheren Umgebung. Gehandelt wurde auch Kunst, die aus finanzieller Not verkauft werden musste.[8]

1948 wechselten sechs der wichtigsten Künstler der Galerie Rosen zur Galerie Franz. Dort stellten sie unter dem Titel »Zone 5« aus. Will Grohmann schrieb im Katalogtext: »was sie verbindet, ist der mut zum experiment. [...] die sechs sind in der tat eine zone für sich.« Ausstellungsplakat (Holzschnitt) von Karl Hartung, 1948[9]

ZONE 5 – FORMALISMUSDEBATTE – TEILUNG DER STADT

Die politischen Wirren der Nachkriegszeit gingen am Kunsthandel nicht spurlos vorüber. Die Währungsreform im Juni 1948 veränderte das kulturelle Klima in der Stadt. Es wurde jetzt praktisch unmöglich, Käufer für Kunstwerke zu finden, da Konsumgüter in den Vordergrund des Interesses rückten. In diese wirtschaftlich schwierige Zeit fällt die Trennung der Künstler Karl Hartung, Jeanne Mammen, Hans Thiemann, Heinz Trökes, Hans Uhlmann und Mac Zimmermann von der Galerie Rosen: Im Sommer 1948 verließen sie die Galerie wegen finanzieller Streitigkeiten und wechselten zur Galerie Franz in der Kaiserallee 214 (heute Bundesallee), wo sie im Herbst unter dem Namen »Zone 5« ausstellten. Der von Heinz Trökes erdachte Titel sollte für Autonomie und politische Unabhängigkeit der sechs Künstler in der Viersektorenstadt Berlin stehen.[10]

Nach der währungspolitischen Teilung der Stadt wurde im November 1948 durch den Artikel »Über die formalistische Richtung in der deutschen Malerei« des sowjetischen Kulturoffiziers Alexander Dymschitz auch ihre künstlerische Spaltung manifestiert.[11] Fortan spiegelte realistische Kunst das sozialistische Gesellschaftsverständnis. In den westlichen Zonen galt die Abstraktion als neues Kunstideal. Für das offene geistige und kulturelle Klima der ersten Nachkriegsjahre bedeutete dies das Ende.

So empfand der West-Berliner Kultursenator Joachim Tiburtius im Mai 1951 eine Ausstellung der realistischen Skulpturen des Bildhauers Fritz Cremer in der Galerie Franz als derartige Provokation, dass er die Vernissage von der Polizei räumen ließ und der Galerie die Gewerbegenehmigung entzog. Die Galerie Franz zog daraufhin in den sowjetisch besetzten Sektor.[12]

Durch die Teilung verlor Berlin seine zuvor bedeutende Rolle im Kunsthandel. Erst nach der Wiedervereinigung zog die Stadt wieder mit Kunsthandelszentren wie Köln, München und Hamburg gleich.

Kemperplatz 1947 [13]

ANHANG

ANMERKUNGEN UND ABBILDUNGEN

GUTE GESCHÄFTE. KUNSTHANDEL IN BERLIN 1933–1945 (S. 10–13)

1 Aktives Museum Faschismus und Widerstand in Berlin e.V. (Hg.): »Vor die Tür gesetzt« – Im Nationalsozialismus verfolgte Berliner Stadtverordnete und Magistratsmitglieder 1933–1945, Berlin 2006.
2 Kreutzmüller, Christoph / Nürnberg, Kaspar (Hg.): »Verraten und verkauft«. Jüdische Unternehmen in Berlin 1933–1945, Berlin 2008.
3 Enderlein, Angelika: Der Berliner Kunsthandel in der Weimarer Republik und im NS-Staat. Zum Schicksal der Sammlung Graetz, Berlin 2006.
4 Vgl. hierzu die Auswahlbibliografie auf Seite 210.
5 Bertz, Inka / Dorrmann, Michael (Hg.): Raub und Restitution. Kulturgut aus jüdischem Besitz von 1933 bis heute. Herausgegeben im Auftrag des Jüdischen Museums Berlin und des Jüdischen Museums Frankfurt am Main, Göttingen 2008.
6 Vgl. die im Beitrag von Angelika Enderlein genannte »Liste der seit 1933 aus der Reichskammer der bildenden Künste ausgeschlossenen Juden, jüdischen Mischlingen und mit Juden Verheirateten«. Judenliste 8, in: Bundesarchiv, Berlin: BA, O.930 (Berlin Document Center).
7 Die Dokumentation zur Kunstsammlung von Max Cassirer basiert auf umfangreichen Vorarbeiten von Caroline Flick im Zusammenhang mit ihrer Arbeit über H.W. Lange, die erfreulicherweise in dieses Projekt aufgenommen werden konnten.
8 Vgl. hierzu unter anderem Presseartikel in: Süddeutsche Zeitung, Nr. 209 vom 10. September 2010 sowie Frankfurter Allgemeine Sonntagszeitung, Nr. 36 vom 12. September 2010.
9 Vgl. Rose-Marie Gropp, »Am Pranger stehen die Falschen«, in: Frankfurter Allgemeine Zeitung, Nr. 292 vom 15. Dezember 2010.

ZUR TOPOGRAFIE DES BERLINER KUNSTHANDELS 1918–1945 (S. 16–19)

1 Abb.: Landesarchiv Berlin: LAB, Fotosammlung, 10496, Fotograf: Dauss.
2 Bethge, Hans: Phantastische Straße bei Nacht, in: Berliner Börsen-Courier, 59. Jg., Nr. 370, 10. August 1927, S. 2.
3 Karl Nierendorf in seinem Tagebuch, 14. Januar 1933, zitiert in: Walter-Ris, Anja: Kunstleidenschaft im Dienst der Moderne. Die Geschichte der Galerie Nierendorf Berlin/New York 1920–1995, Zürich 2003, S. 194 und S. 219, Anm. 78.
4 Personalakte Rolph Grosse, vgl. Landesarchiv Berlin: LAB, A Rep. 243-04, Nr. 2762; freundliche Mitteilung von Caroline Flick, Berlin, vom 12. Juli 2010.
5 Siehe den Beitrag über die Galerie Matthiesen von Nina Senger.
6 von der Heyde, Otto: Kunsthandel vor 1945, in: Kunst in Berlin, 1945 bis heute, Stuttgart [u.a.] 1969, S. 212f., hier S. 212.
7 Postkarte E. Halbscheffel vom 16. März 1944, Privatbesitz.
8 Siehe den Beitrag über Helene Scheduikat von Heike Stange.

DIE NEUE KÄUFERSCHICHT (S. 20–21)

1 Im folgenden können in diesem Zusammenhang nur Ansätze für eine Untersuchung geliefert werden. Eine genaue Analyse der Käuferschaft der Zeit zwischen 1933 und 1945 ist dem Verfasser nicht bekannt. Eine solche Untersuchung wäre jedoch wünschenswert.
2 Max J. Friedländer in der ersten Ausgabe »Der Kunstwanderer« 1919, Septemberheft, S. 1: »Der Kunstbesitz ist so ziemlich die einzige anständige und vom guten Geschmack erlaubte Art, Reichtum zu präsentieren. Den Anschein plumper Protzigkeit verjagend, verbreitet er einen Hauch ererbter Kultur. Schöpfungen der großen Meister geben dem Besitzer von ihrer Würde ab, zuerst nur scheinbar, schließlich aber auch wirklich.«
3 Ausführliche Informationen zu Hitler als Kunstsammler, vgl. Schwarz, Birgit: Hitlers Museum. Die Fotoalben Gemäldegalerie Linz. Dokumente zum »Führermuseum«, Wien [u.a.] 2004; dies.: Sonderauftrag Linz und »Führermuseum«, in: Bertz, Inka / Dorrmann, Michael (Hg.): Raub und Restitution. Kulturgut aus jüdischem Besitz von 1933 bis heute. Herausgegeben im Auftrag

des Jüdischen Museums Berlin und des Jüdischen Museums Frankfurt am Main, Göttingen 2008; Löhr, Hanns Christian: Das Braune Haus der Kunst. Hitler und der »Sonderauftrag Linz«, Berlin 2005; sowie der Beitrag zum »Sonderauftrag Linz« von Marion Goers.

4 Schwarz, Sonderauftrag Linz und »Führermuseum«, a.a.O., S. 129.

5 Löhr, a.a.O., S. 11.

6 zur Mühlen, Ilse von: Hermann Göring als Kunstsammler, in: Bertz / Dorrmann, a.a.O., S. 141.

7 Petropoulus, Jonathan: Kunstraub und Sammelwahn. Kunst und Politik im Dritten Reich, Berlin 1999, S. 243.

8 zur Mühlen, a.a.O., S. 145.

9 Binder war bis 1933 der Direktor des Berliner Zeughauses, musste jedoch aufgrund seiner jüdischen Herkunft das Amt quittieren und war fortan als Berater für Göring tätig.

10 Das Ehepaar Gutmann aus Heemstede veräußerte einen Teil der Sammlung unter Druck an den Kunsthändler Karl Haberstock, der als Mittler für Göring arbeitete. Als sich das Ehepaar weigerte, weitere Teile der Sammlung an Göring zu verkaufen, wurden beide nach Theresienstadt deportiert und im Juli 1944 ermordet. Vgl. zur Mühlen, a.a.O., S. 143f.

11 Vgl. Petropoulus, a.a.O., S. 243.

12 Bajohr, Frank: Parvenüs und Profiteure. Korruption in der NS-Zeit, Frankfurt am Main 2001, S. 71.

13 Pantheon, 1935, Bd. XV, S. 80.

14 Weltkunst, IX. Jg., 3. Februar 1935, Nr. 5, S. 1.

15 Pantheon, 1935, Bd. XV, S. 211.

16 Christian M. Nebehay, in: Aus dem Antiquariat 1986, S. 216ff.

17 Der Verfasser dankt für diesen mündlichen Hinweis Dr. Petra Winter, Staatliche Museen zu Berlin, Zentralarchiv, Provenienzforschung. Ebenfalls einem mündlichen Hinweis von Dr. Jörn Grabowski, Leiter des Zentralarchivs, ist zu entnehmen, dass das Ankaufsbudget der Nationalgalerie, Berlin, nach 1933 entgegen eventueller Erwartungen nicht erhöht worden ist.

18 Die Auktion fand bei Paul Graupe am 22. und 23. März 1935 statt. Zu den Leihgaben des Barons von der Heydt gehörten eine chinesische Keramik um 3 000 v. Chr., zwei Urnen aus rötlichem Ton, ein großer stehender Bodhisattva der Sung-Zeit und die Büste eines Kriegers, ebenfalls eine Arbeit der Sung-Zeit. Ebenso eine kniende, männliche Figur aus Bronze, eine frühe Arbeit der Han-Dynastie. Ein weiterer Kunstförderer des Museums erwarb in der gleichen Auktion ein monumentales Becken, sogenannt Hsi, mit zwei Tierkopfhenkeln und je zwei flachen reliefierten Ringen, das er als Leihgabe für das Museum sicherte. Vgl. Weltkunst, IX. Jg., 14. April 1935, Nr. 15, S. 4.

19 Zur Preisentwicklung auf dem deutschen Kunstmarkt siehe: Enderlein, Angelika: Der Berliner Kunsthandel in der Weimarer Republik und im NS-Staat, Berlin 2006.

20 Vgl. die folgenden Artikel: Museen als Wegbereiter des Sammlertums, in: Weltkunst, IX. Jg., 26. Mai 1935, Nr. 21, S. 1; Kunsthandel und Kunstauktion, ebda., IX. Jg., 3. Februar 1935, Nr. 5; Wandel des Kunstsammelns, ebda., IX. Jg., 24. März 1935, Nr. 12, S. 1; Bewertung von Gemälden, ebda., IX. Jg., 7. April 1935, Nr. 14, S. 1; Kunstsammeln als Verpflichtung, ebda., IX. Jg., 21. April 1935, Nr. 16, S. 1; Sammler, Händler und die Preisbildung am Kunstmarkt, ebda., IX. Jg., 2. Juni 1935, Nr. 22, S. 1, Kunstsammeln als Kapitalanlage, ebda., IX. Jg., 8. September 1935, Nr. 35/36, S. 1; Deutsche Bauernkunst, ebda., IX. Jg., 6. Oktober 1935, Nr. 39/40, S. 1f.; Werbung durch deutsche Kunst, ebda., X. Jg., 22. März 1936, Nr. 12, S. 1; Sammler und Mäzene, ebda., X. Jg., 29. März 1936, Nr. 13, S. 1; Neue Bahnen des Gemäldesammelns, ebda., X. Jg., 26. April 1936, Nr. 17, S. 1; Sammler und Kunstversteigerung, ebda., X. Jg., 14. Juni 1936, Nr. 23/24, S. 1f.; Von den Freuden des Sammelns, ebda., X. Jg., 20. September 1936, Nr. 37/38, S. 1f.; Zur Frage der Gemäldebewertung, ebda., XI. Jg., 28. Februar 1937, Nr. 9, S. 1; Der Möbelsammler, ebda., XI. Jg., 14. März 1937, Nr. 11, S. 1; Der Kunsthändler als Erzieher, ebda., XI. Jg., 18. April 1937, Nr. 16, S. 1; Kunsthandel und junge Kunst, ebda., XI. Jg., 23. Mai 1937, Nr. 20/21, S. 1; Deutscher Kunstbesitz stellt aus, ebda., XI. Jg., 6. Juni 1937, Nr. 22/23, S. 1f.; Persönlichkeit und Kunstsammlertum, ebda., XI. Jg., 14. November 1937, Nr. 45, S. 1; Gute Kunst – ein edles Geschenk, ebda., XI. Jg., 12. Dezember 1937, Nr. 49/50; Uniformität des Kunstsammelns?, ebda., XII. Jg., 8.Mai 1938, Nr. 18/19, S. 1; Betrachtungen zur Kunstmarktpflege, ebda., XII. Jg., 19. Juni 1938, Nr. 24/25, S. 1f., Festtage der deutschen Kunst, ebda., XII. Jg., 3. Juli 1938, Nr. 26/27, S. 1; Oeffentliches und privates Sammeln, ebda., XII. Jg., 25. September 1938, Nr. 38/39, S. 1; Bemerkungen zur Kunstmarkt-Lage, ebda., XII. Jg., 23. Oktober 1938, Nr. 42/43, S. 1f.; Idealismus und Kunstsammeln, ebda., XII. Jg., 11. Dezember 1938, Nr. 50, S. 1; Der werdende Sammler, ebda., XII. Jg., 25. Dezember 1938.

BERNHARD A. BÖHMER (S. 23–28)

1 Hahn, Willy: Lebenserinnerungen, Typoskript, 1980er Jahre, S. 74f., Privatbesitz.

2 Abb.: Privatbesitz.

3 Abb.: Ernst Barlach Stiftung, Güstrow.

4 Abb.: Ernst Barlach Stiftung, Güstrow.

5 Nikolaus Barlach in einem Interview mit Ulli Eisel, 1986, Tonbandabschrift Kassette 5 B, Archiv Ernst Barlach Lizenzgesellschaft Ratzeburg.

6 Abb.: Ernst Barlach Stiftung, Güstrow.

7 Barlach, Ernst: Der gestohlene Mond, 1936/37. Posthume Ausgabe, hrsg. v. Friedrich Droß, Berlin [u.a.] 1948.
Abb.: Ernst Barlach Stiftung, Güstrow.

8 Brief von Ernst Barlach an Karl Barlach, 23. November 1931, in: Droß, Friedrich (Hg.): Ernst Barlach-Die Briefe, Bd. 2, München 1969, S.284f., Nr. 954.

9 Zum zwiespältigen Verhältnis zwischen Barlach und Böhmer vgl. Probst, Volker: »Mein guter wie mein böser Engel«. Ernst Barlach und Bernhard A. Böhmer, in: Hoffmann, Meike (Hg.): Ein Händler »entarteter« Kunst. Bernhard A. Böhmer und sein Nachlass, Schriften der Forschungsstelle »Entartete Kunst«, Bd. 3, Berlin 2010, S. 17-51.

10 Abb.: Ernst Barlach Stiftung, Güstrow.

11 Berliner Adressbuch für die Jahre 1942/43: unter Benutzung amtlicher Quellen. Berlin: Scherl 1896–1943, http://adressbuch.zlb.de/index.htm (9. März 2011).
Abb.: Zentral- und Landesbibliothek Berlin.

12 Abb.: Landesarchiv Berlin: LAB, B Rep. 202, Nr. 3728, Bl. 10.

13 Abb.: Bundesarchiv, Berlin: BA, RKK, 2101, 0046, 03.

14 Die Zusammenarbeit zwischen Walter Andreas Hofer und Bernhard A. Böhmer ist durch eine Liste der zwischen beiden verhandelten Gemälde und Zeichnungen nachgewiesen, die sich heute in den National Archives, Washington D.C. befindet, vgl. Löhr, Hanns Christian: Die Kollektion Hermann Göring. Der eiserne Sammler, Kunst und Korruption im »Dritten Reich«, Berlin 2009, S. 101, Anm. 1. An den »Sonderauftrag Linz« verkaufte Böhmer zum Beispiel 1944 das Gemälde »Große Landschaft, Eisvergnügen« von Peeter Bout für 45 000 Reichsmark, vgl. Bundesamt für zentrale Dienste und offene Vermögensfragen, Provenienzdokumentation: www.badv.bund.de/003 menue links/e0 ov/d0 provenienz/b0_dokumentationen/Kunstwerk.php?id_kunstwerk=112&modus=provenienz (9. März 2011).

15 Löhr, Hanns Christian: Das Braune Haus der Kunst. Hitler und der »Sonderauftrag Linz«, Berlin 2005, S. 149.

16 Zu Böhmers Zusammenarbeit mit Zwischenhändlern vgl. Hoffmann, Meike: Geplündert, geborgen, sichergestellt, verkauft. Der Nachlass von Bernhard A. Böhmer, in: dies. (Hg.): Ein Händler »entarteter« Kunst..., a.a.O., S. 97-132, insbesondere S. 117-121.

17 Abb.: Ernst Barlach Stiftung, Güstrow.

GALERIE BUCHHOLZ (S. 29–34)

1 Abb.: Staatliche Museen zu Berlin, Zentralarchiv: SMB-ZA, IV/NL Buchholz 6.
2 Abb.: Staatliche Museen zu Berlin, Zentralarchiv: SMB-ZA, IV/NL Buchholz 6.
3 Buchholz, Godula: Karl Buchholz. Buch- und Kunsthändler im 20. Jahrhundert, Köln 2005, S.66. Arthur Kersten war von 1935-1938 Buchhalter bei Buchholz.
4 Abb.: Artist and Maecenas. A Tribute to Curt Valentin, New York 1963. Staatliche Museen zu Berlin, Zentralarchiv: SMB-ZA, IV/NL Buchholz, Karton D ©VG Bild-Kunst, Bonn 2011.
5 Abb.: Staatliche Museen zu Berlin, Zentralarchiv: SMB-ZA, IV/NL Buchholz 20.
6 Zur Biografie vgl. den Nachlass von Karl Buchholz, Staatliche Museen zu Berlin, Zentralarchiv: SMB-ZA, IV/NL Buchholz. Ferner die Biografie seiner Tochter: Buchholz, Godula, a.a.O.
7 Der Nachlass der Galerie Valentin befindet sich im Museum of Modern Art in New York. Zu Valentins Tätigkeit für Buchholz vgl. dessen Nachlass und Buchholz, Godula, a.a.O., sowie Tiedemann, Anja: Eine »Insel im braunen Meer«. Die Galerie Buchholz in Berlin, in: Steinkamp, Maike / Haug, Ute: Werke und Werte. Über das Handeln und Sammeln von Kunst im Nationalsozialismus, Schriften der Forschungsstelle »Entartete Kunst«, Bd.5, Berlin 2010. Weiteren Aufschluss verspricht die noch ungedruckte Dissertation von Anja Tiedemann: Die »entartete« Moderne und ihr amerikanischer Markt. Karl Buchholz und Curt Valentin als Händler verfemter Kunst, Dissertation, Hamburg 2011. Zur Persönlichkeit Valentins siehe Haftmann, Werner: Ein deutscher Kunsthändler in Amerika, Jahresring 1958/59, Beiträge zur deutschen Literatur und Kunst der Gegenwart, Stuttgart 1958.
8 Haftmann, a.a.O., S.179.
9 Abb.: Staatliche Museen zu Berlin, Zentralarchiv: SMB-ZA, IV/NL Buchholz 6.
10 Über den vergeblichen Kampf von Buchholz gegen die erzwungene Entlassung Curt Valentins, der getauft war, aber als «Halbjude« bezeichnet wird, gibt es eine Darstellung in der Personalakte von Buchholz bei der Reichskulturkammer vom 8. August 1938. Diese endet mit dem Satz »Der betreffende Angestellte ist nämlich inzwischen nach Amerika gegangen und hat für Buchholz in New York eine Kunsthandlung eröffnet, die bestimmten Nachrichten zufolge hauptsächlich von Juden besucht wird«. Zitiert nach: Tiedemann, Anja: Eine »Insel im braunen Meer«, a.a.O., S.90f.
11 Curt Valentin starb unerwartet 1954 bei einem Besuch des Bildhauers Marino Marini in Forte dei Marmi (Italien). Valentin zu Ehren wurde in New York von der Marlborough-Gerson Gallery eine Gedenkausstellung veranstaltet mit dem Begleitbuch: Artist and Maecenas. A Tribute to Curt Valentin, New York 1963.
12 Abb.: Staatliche Museen zu Berlin, Zentralarchiv: SMB-ZA, IV/ NL Buchholz 20.
13 Abb.: Bundesarchiv, Berlin: BA, R55/2017, Bl. 80.
14 Die Akten über alle Verkäufe »Entarteter Kunst« durch Buchholz befinden sich im Bundesarchiv, Berlin: BA, R55/21017. Es wurden nachweislich »von den 720 Kunstwerken, die an Buchholz gingen, 658 in amerikanischer Währung gehandelt. Diese Transaktionen brachten insgesamt 15 826 US-Dollar ein. Die übrigen 62 Kunstwerke wurden gegen Schweizer Franken, englische Pfund und norwegische Kronen verkauft.«, Tiedemann, Anja: Eine »Insel im braunen Meer«, a.a.O., S.91.
15 Die Reichskammer der bildenden Künste schloss Buchholz am 25. April 1942 aus und wies seine Beschwerde zurück, »weil er durch seine Haltung als Kunsthändler das erforderliche Verantwortungsbewusstsein bei der Auswahl von Kunstwerken immer wieder hat vermissen lassen«, Tiedemann, Anja: Eine »Insel im braunen Meer«, a.a.O., S.93f.
16 Abb.: Datenbank »Entartete Kunst«, Forschungsstelle »Entartete Kunst«, Freie Universität Berlin.
17 Abb.: Bundesarchiv, Berlin: BA, R55/2017, Bl. 99.
18 Über Buchholz als Gründer mehrerer Buchhandlungen im Ausland und über seine Auswanderung 1951 nach Kolumbien vgl. Buchholz, Godula, a.a.O., und seinen Nachlass.
19 Abb.: Landesarchiv Berlin: LAB, F Rep. 290-63/3252, Fotograf: V. Röhl.

GALERIE FLECHTHEIM (S. 35–40)

1 Rudolf Levy in: Der Querschnitt, Heft 3, 1927.
2 Abb.: Bildarchiv Preußischer Kulturbesitz, Berlin, Nr. 00006589 ©VG Bild-Kunst, Bonn 2011.
3 Abb.: Omnibus. Eine Zeitschrift. Sonderheft: Almanach auf das Jahr 1931, S. 43, Privatbesitz.
4 Julius Meier-Graefe in der Frankfurter Zeitung, 29. Mai 1927, zitiert in: Kunstmuseum Düsseldorf (Hg.): Alfred Flechtheim – Sammler. Kunsthändler. Verleger, Düsseldorf 1987, S. 180.
5 Abb.: ullstein bild, Berlin, Nr. 00071029.
6 Abb.: Omnibus, a.a.O., S. 38 und S. 143, Privatbesitz.
7 Interview mit Gustav Kahnweiler, 1986, in: Kunstmuseum Düsseldorf (Hg.), a.a.O., S. 23.
8 Zur Biografie von Alfred Flechtheim vgl.: Kunstmuseum Düsseldorf (Hg.), a.a.O.; Jentsch, Ralph: Alfred Flechtheim und George Grosz. Zwei deutsche Schicksale, Bonn 2008; Stötzel, Markus: Ein jüdisches Kunsthändlerschicksal. Der verfolgungsbedingte Eigentumsverlust der Kunstsammlung Alfred Flechtheim, in: Journal für Kulturrecht, Urheberrecht und Kulturpolitik, 12. Jg., Heft 3/4 2010, S. 102-120.
9 Grosz, George: Ein kleines Ja und ein großes Nein, Reinbek bei Hamburg 1974, S. 188f.
10 Abb.: Landesarchiv Berlin: LAB, Fotosammlung, F Rep. 290-05-01-46 und 290-05-01-48, Fotografin: Martha Huth.
11 Zitat aus der Zeitung »Volksparole« vom 1. April 1933 mit der Überschrift »Abgetakeltes Mäzenatentum. Wie Flechtheim und Kaesbach deutsche Kunst machten«, Reproduktion in: Kunstmuseum Düsseldorf (Hg.), a.a.O., S. 196.
12 Schreiben vom 9. Juli 1935. Vgl. Amtsgericht Charlottenburg, Handelsregister: HR B 21427/37, Bl. 94-95.
13 Abb.: Privatbesitz Marion Thimm-Flechtheim, Berlin.
14 Abb.: Privatbesitz Michael Hulton, San Francisco.
15 Schreiben vom 18. Januar 1936. Vgl. Amtsgericht Charlottenburg, Handelsregister: HR B 21427/37, Bl. 108. Das Liquidationsverfahren wurde am 1. Februar 1936 in das Handelsregister eingetragen.
16 Amtsgericht Charlottenburg, Handelsregister: HR B 21427/37, Bl. 114 (Veröffentlichungen des »Reichsanzeiger« vom 15., 16. und 17. Februar 1936).
17 Mitteilung des Brandenburgischen Landeshauptarchivs, Potsdam an die Autorin vom 28. August 2009.

GALERIE GOLDSCHMIDT-WALLERSTEIN (S. 41–46)

1 Abb.: Museum im Kulturspeicher Würzburg, Nachlass Emy Roeder.
2 Abb.: Privatbesitz.
3 Goldschmidt, Manuel R.: Mein Bruder Peter, 1923–1987. Eine biographische Skizze. In: Castrum Peregrini, H. 194-195, 1990, S. 9-40, hier S. 10.
4 Abb.: Privatbesitz.
5 Abb.: Privatbesitz.
6 Goldschmidt, Manuel R., a.a.O., S. 11f.
7 Abb.: Privatbesitz.
8 Abb.: Privatbesitz.
9 Abb.: Nachlass Erich Heckel, Hemmenhofen.
10 Abb.: Architekt Dipl.-Ing. Fritz Ruhemann, Berlin, um 1929.
11 Abb.: Gerke, Friedrich: Emy Roeder. Eine Werkbiographie mit einem Gesamtkatalog der Bildwerke und Zeichnungen, Wiesbaden 1963, Nr. 70, Abb. 154 (Dr. Victor Wallerstein), ebda., Nr. 64, Abb. 137 (Vera Wallerstein); Politisches Archiv des Auswärtigen Amtes, Berlin: PAAA, Florenz 13 – Pass- und Staatsangehörigkeitsangelegenheiten, Buchstaben W-Z, 1939–1944, Bl. 375 (Vera

Wallerstein) und Bl. 376 (Dr. Victor Wallerstein).
12 Abb.: Kunstforum Ostdeutsche Galerie, Regensburg, Inv.-Nr. 757, Leihgabe der Bundesrepublik Deutschland.

PAUL GRAUPE (S. 47–52)

1 Paul Sternaux, Berliner Lokal-Anzeiger, 9. Juni 1923, zitiert nach: Graupe, Paul: Stimmen der Presse, 1925, S. 8.
2 Abb.: ullstein bild, Berlin, Nr. 00429906.
3 Graupe, Paul: Adressbuch der Antiquare Deutschlands und des gesamten Auslandes, Weimar 1926, S. 16f.
4 Abb.: Staatliche Museen zu Berlin, Kunstbibliothek.
5 Die grundlegenden Informationen zu Paul Graupe sind entnommen aus: Coppens, Chris: Der Antiquar Paul Graupe (1881–1953), in: Gutenberg Jahrbuch 1987; Heuß, Anja: Die Reichskulturkammer und die Steuerung des Kunsthandels im Dritten Reich, in: sediment. Mitteilungen zur Geschichte des Kunsthandels, Heft 3/1998, S. 49-61; Golenia, Patrick: Paul Graupe (1881–1953) – Aufstieg und Ende eines Berliner Kunsthändlers zwischen 1907 und 1937. Magisterarbeit an der Technischen Universität Berlin (unveröffentlicht), 2010. Auf Anregung von Bénédicte Savoy (Technische Universität Berlin) ist eine Publikation zu Paul Graupe zusammen mit Isabelle Le Masne de Chermont (Bibliothèque nationale de France, Paris) geplant.
6 1925 gab Graupe eine Broschüre unter dem Titel »Stimmen aus der Presse« heraus, in der er eine Auswahl von Zeitungsartikeln, die über seine Auktionen berichteten, zusammentrug.
7 Abb.: Staatliche Museen zu Berlin, Kunstbibliothek.
8 Sammlung Castiglioni, 28./29. Oktober 1930; Sammlung Erich Baron von Goldschmidt-Rothschild, 23. bis 25. März 1931; Nachlass Ernst Graf zu Rantzau / Eine Wiener Sammlung / Berliner und Frankfurter Privatbesitz, 15./16. Mai 1931; Sammlung Max Emden, Hamburg, 9. Juni 1931; Sammlung Prinz Friedrich Leopold von Preußen, 27./28. November 1931.
9 Abb.: Landesarchiv Berlin: LAB, F Rep. 152 461, Fotograf: Walther Köster.
10 Abb.: Privatbesitz.
11 Abb.: ullstein bild, Berlin, Nr. 00271425.
12 Sammlung Herbert M. Gutmann, Herbertshof bei Potsdam, 12. bis 14. April 1934; Bestände der Berliner Firmen Galerie van Diemen & Co. GmbH / Altkunst-Antiquitäten GmbH / Dr. Otto Burchard & Co. GmbH 25./26. Januar 1935 (I. Teil); Bestände der Firma Dr. Otto Burchard & Co., 22./23. März 1935 (I. Teil); Bestände der Berliner Firmen Galerie van Diemen & Co. GmbH in Liquidation / Altkunst-Antiquitäten GmbH in Liquidation, 26./27. April 1935 (II. Teil); Firma Dr. Otto Burchard & Co. in Liquidation, 29. April 1935 (II. Teil).
13 Abb.: Privatbesitz.
14 Abb.: Weltkunst, IX. Jg., 3. März 1935, Nr. 9, S. 5.
15 Auf dem Deckblatt der Personalakte Graupes finden sich unter anderem die Vermerkhinweise »Volljude«, »Kunsthandler«, »Fa. Internationale Bedeutung, erhebl. Deviseneinkommen (1 ¼ Mill. Rmk.)«. Vgl. Landesarchiv Berlin: LAB, A Rep. 243-04, Nr. 2691.
16 Graupe erhielt am 31. Dezember 1935 einen Brief und wurde aus der Reichskammer der bildenden Künste ausgeschlossen: »[…] Nach dem Ergebnis meiner Überprüfung der in Ihren persönlichen Eigenschaften begründeten Tatsachen besitzen Sie als Jude nicht die erforderliche Eignung und Zuverlässigkeit, an der Förderung deutscher Kultur in Verantwortung gegenüber Volk und Reich mitzuwirken. Sie erfüllen somit nicht die Voraussetzungen für eine Mitgliedschaft in der Reichskammer der bildenden Künste.[…]«, ebda.
17 Brief des Präsidenten der Reichskammer der bildenden Künste an die Reichskammer der bildenden Künste vom 12. Mai 1936. Vgl. ebda.
18 In den Akten finden sich zwei Briefe von den Berliner Kunsthändlern Fritz Rehbein und Alfons Roy; beide äußern deutlich ihren Unmut gegen die Wiederaufnahme Graupes in die Reichskammer der bildenden Künste. Vgl. ebda.
19 Über Graupes Zeit in Paris existieren zum jetzigen Zeitpunkt noch nicht veröffentlichte Forschungen von Isabelle Le Masne de Chermont, Bibliothèque nationale de France, Paris.
20 Vgl. Landesarchiv Berlin: LAB, A Rep. 342-02, Nr. 20235.
21 Abb.: Weltkunst, XII. Jg., 17. April 1938, Nr. 16, S. 5.

GALERIE HABERSTOCK (S. 53–58)

1 Kunstsammlungen und Museen Augsburg, Haberstock-Archiv: KMA, HA, XLIII (Lebensgeschichte, Manuskript von Karl Haberstock, S. 2, undatiert, etwa 1946).
2 Abb.: Kunstsammlungen und Museen Augsburg, Karl und Magdalene Haberstock-Stiftung.
3 Vgl. Keßler, Horst: Karl Haberstock. Umstrittener Kunsthändler und Mäzen, München [u.a.] 2008; Kunstsammlungen und Museen Augsburg, Haberstock-Archiv: KMA, HA, XLIII (Lebensgeschichte, Manuskript von Karl Haberstock, undatiert, etwa 1946); Landesarchiv Berlin: LAB, B Rep. 202, Nr. 6895 (Bauakte Kurfürstenstraße 59), Nr. 3935-3937 (Bauakte Bellevuestraße 15), B Rep. 025-03, Nr. 34 WGA 2566/IRSO (Wiedergutmachungsakte Pariser ./. Haberstock).
4 Vgl. Keßler, a.a.O; Haug, Ute: »sucht ständig zu kaufen« – Karl Haberstock und die deutschen Kunstmuseen, in: Keßler, a.a.O., S. 41-55; dies.: Provenienzforschung. Die Hamburger Kunsthalle und der Kunsthändler Karl Haberstock in Berlin, in: Anzeiger des Germanischen Nationalmuseums 2005, S. 57-76; Bundesarchiv, Berlin (Berlin Document Center): BA, NSDAP, 3200 (Mitgliederkartei der NSDAP), NS 10/207, 339, 437, 515 (darin u.a. Korrespondenz Karl Haberstock mit der NSDAP, Persönlicher Adjutant des Führers und Reichskanzlers, 1936–1940); Staatsbibliothek zu Berlin – Preußischer Kulturbesitz, Handschriftenabteilung: Nachlass 228 (Korrespondenzen an Karl Haberstock, vor 1933); Geschäftsbücher der Galerie Haberstock 1933–1944, Transkription bei Keßler, a.a.O., S. 266-291; Landesarchiv Berlin: LAB, B Rep. 031-03-09, Nr. 2045, Bl. 11 (Meldebogen zur Entnazifizierung von Karl Haberstock, 1950).
5 Abb.: Bundesarchiv, Berlin: BA, NS 10/339, Bl. 90.
6 Zitiert nach: Haug, »sucht ständig zu kaufen«, a.a.O., S. 50, siehe ferner ebda., S. 62; vgl. Lebensgeschichte von Karl Haberstock, a.a.O.
7 Abb.: Kunstsammlungen und Museen Augsburg, Haberstock-Archiv, Bildarchiv.
8 Abb.: Kunstsammlungen und Museen Augsburg, Haberstock-Archiv, Bildarchiv.
9 Holtz, Hannelore: Wir lebten in Berlin, Berlin 1947, S. 13.
10 Kunstsammlungen und Museen Augsburg, Haberstock-Archiv: KMA, HA, XLIII (Manuskript von Karl Haberstock über seine Beziehungen zu Hitler und zum NS-Regime, Oktober 1945, S. 1).
11 Vgl. Kunstsammlungen und Museen Augsburg, Haberstock-Archiv: KMA, HA, L (Kopie der »Eidesstattlichen Erklärung« von Elise Posse, der Witwe von Hans Posse, vom 23. September 1948); Petropoulos, Jonathan: Kunstraub und Sammelwahn. Kunst und Politik im Dritten Reich, Berlin 1999, S. 117; Frey, Stefan: Die Auktion der Galerie Fischer in Luzern am 30. Juni 1939 – ein Ausverkauf der Moderne?, in: Blum, Eugen / Scholz, Dieter (Hg.): Überbrückt. Ästhetische Moderne und Nationalsozialismus – Kunsthistoriker und Künstler 1925–1937, Köln 1999, S. 275-289.
12 Vgl. Geschäftsbücher der Galerie Haberstock, Transkription bei Keßler, a.a.O.; Petropoulos, a.a.O., S. 102; Datenbank des Deutschen Historischen Museums Berlin zum »Central Collecting Point München«: http://www.dhm.de/datenbank/ccp/dhm_ccp.php?seite=9 (9. März 2011).
13 Vgl. Kunstsammlungen und Museen Augsburg, Haberstock-Archiv: KMA, HA, L (darin als Kopie u.a. »Erklärung« von Reichsminister a. D. Heinrich F. Albert vom 10. Januar 1946, »Erklärung« von Hugo Engel vom 9. Dezember 1946, »Eidesstattliche Aussage« von Marta Guczkowska vom 23. Januar 1948, »Eidesstattliche Erklärung« von Ernst Westphal, Helene Westphal geb. Simon, Dorothee Westphal vom 8. Januar 1946); Staatsbibliothek zu Berlin – Preußischer Kulturbesitz, Musikabteilung, Mendelssohn-Archiv: MA Ep. 508 (Erklärung von Otto von Mendelssohn Bartholdy vom 25. Februar 1946); Staatliche Museen zu

Berlin, Zentralarchiv: SMB-ZA, I/SKS 70/1 und 70/2 (Schriftgut zur Schenkung James Simon, darin u.a. Schriftwechsel zur Familie Westphal, 1939 und 1942); Keßler, a.a.O., S. 34.

14 Vgl. Keßler, a.a.O., S. 24f.; Barron, Stephanie: Die Auktion der Galerie Fischer als Testlauf, in: »Entartete Kunst«. Das Schicksal der Avantgarde im Nazi-Deutschland, München 1992, S. 135-169; Keßler, Horst: Der Kunsthändler als Opportunist. Karl Haberstock im »Dritten Reich«, in: Steinkamp, Maike / Haug, Ute (Hg.): Werke und Werte. Über das Handeln und Sammeln von Kunst im Nationalsozialismus, Berlin 2010, S. 23-40; Bundesarchiv, Berlin: BA, R 55/21020 (Unterlagen der Kommission zur Verwertung der Produkte entarteter Kunst des Reichsministeriums für Volksaufklärung und Propaganda, Abt. Bildende Kunst, 1938–41); Tisa Francini, Esther / Heuß, Anja / Kreis, Georg: Fluchtgut – Raubgut. Der Transfer von Kulturgütern in und über die Schweiz 1933–1945 und die Frage der Restitution, Zürich 2001, S. 153.

15 Vgl. Keßler, Karl Haberstock, a.a.O., S. 24ff.; Petropoulos, a.a.O., S. 238f.; Schwarz, Birgit: Hitlers Museum. Die Fotoalben Gemäldegalerie Linz, Wien [u.a.] 2004, S. 32ff.; Bundesarchiv, Berlin: BA, R 43II/675b, 1272a, 1953a (darin u.a. Schriftwechsel Karl Haberstock mit der Reichskanzlei, 1943).

16 Vgl. Löhr, Hanns Christian: Das Braune Haus der Kunst. Hitler und der »Sonderauftrag Linz«, Berlin 2005, insbes. S. 32ff.; Iselt, Kathrin: «Sonderbeauftragter des Führers«. Der Kunsthistoriker und Museumsmann Hermann Voss (1884-1969), Köln [u.a.] 2010, S. 202ff.; Keßler, Karl Haberstock, a.a.O., S. 32.

17 Vgl. Enderlein, Angelika: Der Berliner Kunsthandel in der Weimarer Republik und im NS-Staat, Berlin 2006, S. 141; Keßler, Der Kunsthändler als Opportunist, a.a.O., S. 36; so auch Petropoulos, a.a.O., S. 235, allerdings bezeichnet dieser Haberstock als einen überzeugten Nationalsozialisten (S. 238) und Antisemiten; vgl. auch Petropoulos, Jonathan: The Faustian Bargain. The Art World in Nazi Germany, London 2000, S. 75ff.; diese Einschätzungen auch in: Detailed Interrogation Report No. 13 (DIR 13) vom 1. Mai 1946, in: http://www.footnote.com/browsemore/231997373_WWII:%201935-1950%5EHolocaust%20Collection/ und Consolidated Interrogation Report No. 4 (CIR 4) vom 15. Dezember 1945, in: http://www.footnote.com/browsemore/232002190_WWII:%20 1935-1950%5EHolocaust%20Collection/(9. März 2011).

18 Vgl. Keßler, Karl Haberstock, a.a.O., S. 32.

19 Vgl. Geschäftsbücher Galerie Haberstock, in: Keßler, Karl Haberstock, a.a.O., S. 270, 283; zur Provenienz des Gemäldes siehe Datenbank zur Provenienzrecherche des Bundesamtes für zentrale Dienste und offene Vermögensfragen, Berlin: http://www.badv.bund.de/003_menue_links/e0_ov/d0_provenienz/b0_dokumentationen/index.php, hier München-Nr. 4920 (9. März 2011).
Abb.: Weltkunst, XIII. Jg., 5. Februar 1939, Nr. 5/6, S. 3.

20 Abb.: Weltkunst, XIV. Jg., 18. Februar 1940, Nr. 7/8, S. 1.

21 Abb.: Landesarchiv Berlin: LAB, B Rep. 025-03, Nr. 34 WGA 2566/IRSO, Bl. 65; Kunstsammlungen und Museen Augsburg, Haberstock-Archiv, Bildarchiv.

22 Vgl. Kunstsammlungen und Museen Augsburg, Haberstock-Archiv: KMA, HA, L-LIII (darin u.a. als Kopie Spruch des 2. Senats der Berufungskammer München vom 28. Juni 1951 in der Berufungssache Haberstock – das Staatsarchiv München konnte keine Angaben zum Verbleib der Akten machen); zum Verlauf des Verfahrens siehe Keßler, Karl Haberstock, a.a.O., S. 33f. und ders., Der Kunsthändler als Opportunist, a.a.O., S. 23, Anm. 2.

23 Vgl. Städtische Kunstsammlungen Augsburg (Hg.): Gemälde der Stiftung Karl und Magdalene Haberstock, Augsburg 1960, S. 3, 7f.; Hundert Bilder aus der Galerie Haberstock Berlin. Mit einem Vorwort von Magdalene Haberstock, Privatdruck München 1967; Städtische Kunstsammlungen Augsburg (Hg.): Mythos und bürgerliche Welt. Gemälde und Zeichnungen der Haberstock-Stiftung, München 1991, S. 9f.

24 Vgl. Kunstsammlungen und Museen Augsburg, Haberstock-Archiv: KMA, HA, AS (Schreiben Stadtarchiv Augsburg an Referat 5 und Hauptamt, Abteilung Organisation, vom 10. Juli 1987); ebda., XLII (Schreiben von Magdalene Haberstock vom 5. April 1976).

25 Vgl. Petropoulos, Kunstraub und Sammelwahn, a.a.O.; ders.: Karl Haberstock als Kunsthändler der Naziführer, in: Blum, Eugen / Scholz, Dieter (Hg.), a.a.O., S. 256-264; ders., The Faustian Bargain, a.a.O.; Keßler, Horst: Die Karl und Magdalene Haberstock-Stiftung in Augsburg, in: Koordinierungsstelle für Kulturgutverluste Magdeburg (Hg.): Museen im Zwielicht. Ankaufspolitik 1933–1945, Magdeburg 2002, S. 91-104; ders., Karl Haberstock, a.a.O.; ders.: Der Kunsthändler als Opportunist, a.a.O.; 2006 kamen von den Kunstsammlungen und Museen Augsburg selbst erstmals kritische Anmerkungen über die »umstrittene Rolle im Dritten Reich« von Haberstock, vgl. Trepesch, Christof: Das Schaerzlerpalais und die Deutsche Barockgalerie, Augsburg 2006, S. 155ff.

26 Holtz, a.a.O., S. 14.
Abb.: Kunstsammlungen und Museen Augsburg, Haberstock-Archiv: KMH, HA, L.

27 Vgl. Kunstsammlungen und Museen Augsburg, Haberstock-Archiv: KMA, HA, L (»Eidesstattliche Erklärung« von Wilhelm Rohrssen vom 24. Oktober 1945 über den Verlust der Austrittserklärung Haberstocks).

28 Vgl. Consolidated Interrogation Report No. 4, a.a.O., S. 48; Keßler, Karl Haberstock, a.a.O., S. 24, 30, 36.

29 Vgl. Landesarchiv Berlin: LAB, B Rep. 025-03, Nr. 34 WGA 2566/IRSO.
Abb.: Landesarchiv Berlin: LAB, Fotosammlung, F Rep. 290, 94-02556.

30 Vgl. Anm. 13.
Abb.: Staatsbibliothek zu Berlin – Preußischer Kulturbesitz: Musikabteilung, Mendelssohn-Archiv: MA Ep. 508 © Bildarchiv Preußischer Kulturbesitz, Berlin.

31 Vgl. Staatliche Museen zu Berlin, Kunstbibliothek: MB ZV 1940 Berlin Achenbach 10.07 (Katalog Auktionshaus Dr. Walther Achenbach: Villeneinrichtung – Kunstbesitz. Besitz Fr. M.-F., aus der Sammlung Harry F., Berlin-Grunewald, Douglasstr. 7-9, 1940); Haberstock, Karl: Der Fall des erkannten, unbekannten Jacopo Tintoretto, Privatdruck München 1951; Heuß, Anja: Der Tintoretto: ein Einzelfall?, in: Keßler, Karl Haberstock, a.a.O., S. 56-64; Tisa Francini, Esther: Liechtenstein und der internationale Kunstmarkt 1933–1945. Sammlungen und ihre Provenienzen im Spannungsfeld von Flucht, Raub und Restitution, Zürich 2005, S. 190ff.
Abb.: Staatliche Museen zu Berlin, Kunstbibliothek.

HANS W. LANGE (S. 59–66)

1 Brief Hans Wolfgang Lange an seine Schwester Erika, undatiert, um Mai 1925. Privatbesitz Friedrich Wolters, Coesfeld.

2 Studnitz, Hans Georg von: Der kalte Krieg um Kostbarkeiten, Zeitungsausriß (nach 1945); vgl. Studnitz, Hans Georg von: Als Berlin brannte. Diarium der Jahre 1943–45, Stuttgart 1963.

3 Abb.: Privatbesitz Friedrich Wolters, Coesfeld.

4 Abb.: Privatbesitz Friedrich Wolters, Coesfeld.
Lange an seine Eltern, undatiert, Ende November 1943: »... das Geschäft war seit 1928, seit der ersten Antiquitäten-Auktion, Mandel bei Graupe, völlig mein Lebensinhalt, ich hatte mich ihm ganz verschrieben«. Privatbesitz Friedrich Wolters, Coesfeld.

5 Abb.: Studnitz, Hans Georg von: Kunstwerke wandern... Von der Versteigerung einer Kunstsammlung, in: Der Silberspiegel, 5, 1939, S. 860-862, 885. Der feuilletonistische Artikel kommt erst zum Ende auf seinen propagandistischen Zweck zu sprechen: Mit »Befriedigung« registriere man, dass infolge des Aufschwungs Museen wieder »unersetzliche Nationalgüter« zu erwerben in der Lage seien. Als Beweis der Erneuerung und Würde verbucht, ist damit auch die begonnene Umverteilung der Werte gemeint.

6 Vgl. Heuß, Anja: Die Reichskulturkammer und die Steuerung des Kunsthandels im Dritten Reich, in: sediment. Mitteilungen zur Geschichte des Kunsthandels, Heft 3/1998, S. 49-61; Enderlein, Angelika: Der Berliner Kunsthandel in der

Weimarer Republik und im NS-Staat. Zum Schicksal der Sammlung Graetz, Berlin 2006, S. 107ff.; Landesarchiv Berlin: LAB, A Rep. 342-02, Nr. 20235 und A Rep. 243-04, Nr. 2691.

7 Vgl. Landesarchiv Berlin: LAB, A Rep. 243-04, Bd. 28; siehe auch den Artikel von Fritz Wagert, »Von einer Frau, die mit Humor die seltensten Kunstgegenstände in ihrem Keller vereinigt hat«, in: Berliner Zeitung, Nr. 230 vom 25. September 1937, 1. Beiblatt, S. 4; Weltkunst, IX. Jg., 10. Oktober 1937, Nr. 40/41, S. 2; Heuß, Anja: Das Testament von Emma Budge, in: Bertz, Inka / Dorrmann, Michael (Hg.): Raub und Restitution. Kulturgut aus jüdischem Besitz von 1933 bis heute. Herausgegeben im Auftrag des Jüdischen Museums Berlin und des Jüdischen Museums Frankfurt am Main, Göttingen 2008, S. 82-90.

8 Vgl. Landesarchiv Berlin: LAB, A Rep. 243-04, Nr. 2691, Deckblatt. Die überlieferte Betriebsprüfungsakte der Firma einzusehen, ist vom Bundesamt für zentrale Dienste und offene Vermögensfragen in Berlin 2008 abgelehnt worden.

9 Vgl. Edgar Lach, Fachgruppe Versteigerer in der Wirtschaftsgruppe Vermittlergewerbe der Reichsgruppe Handel, an das Reichswirtschaftsministerium, Berlin, 15. März 1940. Privatbesitz Friedrich Wolters, Coesfeld.

10 Vgl. Lillie, Sophie: Was einmal war. Handbuch der enteigneten Kunstsammlungen Wiens, Bibliothek des Raubes 8, Wien 2003; Gschiel, Christina / Weidinger, Leonhard: Die Entziehung und Aufteilung Sammlung Heinrich Rothberger in der NS-Zeit, in: Gschiel, Christina / Nimeth, Ulrike / Weidinger, Leonhard (Hg.): Schneidern und Sammeln. Die Wiener Familie Rothberger, Schriftenreihe der Kommission für Provenienzforschung, Bd. 2, München 2010, S. 205-224. Darüber hinaus siehe auch Duke, Madelaine: The Bormann Receipt, London 1977. Ich danke Patrick Golenia für diesen Hinweis. Vgl. auch Decker, Andrew: A Legacy of Shame, in: Art news 83, 1984, p. 55-75.

11 Die von Lange als »bekannte Privatsammlung in Berlin-Wannsee« avisierte Auktion von 22. Juni 1939 (Abb. S. 60f.) verzeichnete 31 Einlieferer, darunter ein Beitrag des Finanzamts Charlottenburg, der zwangsversteigert wurde. Der aber war nicht mit Wollheim-Feists Besitz identisch. Vgl. Tisa Francini, Esther / Heuß, Anja / Kreis, Georg: Fluchtgut – Raubgut. Der Transfer von Kulturgütern in und über die Schweiz 1933–1945 und die Frage der Restitution, Zürich 2001, S. 47. Der im »Silberspiegel« abgebildete Roentgen-Schreibtisch (oben links) wurde bereits von einem anderen Besitzer eingeliefert und befindet sich im Germanischen Nationalmuseum, Nürnberg.

12 Das bekannteste Beispiel war die Veräußerung des dem Bankier Jakob Goldschmidt entzogenen Kunstguts im Auftrag der Dresdner Bank durch Lange am 25. September 1941, siehe etwa Jackson, Sarah: Looted Art. A Practical Response, in: Spoils of War, 6, 1999, p. 16-19; Schmidt, Norman: Ein Fall bewußter Irreführung der Rückerstattungsjustiz, in: Rechtsprechung zum Wiedergutmachungsrecht, 29, 1978, S. 81-89; Reuther, Silke: Die Kunstsammlung Philipp F. Reemtsma. Herkunft und Geschichte, Berlin 2006, S. 82-90; Ziegler, Dieter: Die Dresdner Bank und die deutschen Juden. Unter Mitarbeit von Maren Janetzko, Ingo Kohler und Jörg Osterloh, München 2006, S. 395-419. Vgl. Brandenburgisches Landeshauptarchiv, Potsdam: BLHA, Rep. 36 A II, Nr. 12990 und 12990/1.

13 Bundesarchiv, Berlin: BA, R 2/ 32065, unfol., 15. Nov. 1940; die Gegenüberlieferung in: Landesarchiv Berlin: LAB, A Rep. 093-03, Nr. 54683, Bl. 473, vgl. Bl. 179f., undatiert; 411f., undatiert; 419f., 18. März 1941. Siehe auch Friedenberger, Martin: Fiskalische Ausplünderung. Die Berliner Steuer- und Finanzverwaltung und die jüdische Bevölkerung 1933–1945, Dokumente, Texte, Materialien, Bd. 69, Berlin 2008.

14 Abb.: Staatliche Museen zu Berlin, Zentralarchiv: SMB ZA, I/MfV OAK 07, Bl. 143. Leopold Reidemeister beschrieb die Sammlung Chinesischer Keramik des Dresdner Sammlers Dr. Friedrich Hesse für die Auktion bei Lange im Oktober 1940.

15 Abb.: Weltkunst, XVI. Jg., 20. Dezember 1942, Nr. 51/52, S. 2; siehe auch Flick, Caroline: Raubkunst exemplarisch. Harry Fuld, Hans W. Lange, Kurt Gerstein und Henri Matisses »Le Mur Rose«, in: Jahrbuch für Westfälische Kirchengeschichte, 105, 2009, S. 419-486.

16 Abb.: Privatbesitz Friedrich Wolters, Coesfeld.

17 Abb.: Das im Privatbesitz Friedrich Wolters, Coesfeld, überlieferte Foto ist nicht datiert. Es trägt auf der Rückseite den Vermerk »Nicht zur Veröffentlichung« und wurde wohl von der Berliner Fotografin Hilde Zenker-Buchholz (1909–1999) aufgenommen.

18 Meldungen aus dem Reich. Die geheimen Lageberichte des Sicherheitsdienstes der SS 1938–1945. Hg. und eingeleitet von Heinz Boberach, Bd. 1-17, Register, Herrsching 1984–1985, Bd. 13, S. 4988, Nr. 369 vom 22. März 1943. Die hier erwähnte »Schlange« lässt vermuten, dass obiges Foto zur Auktion vom 27. bis 29. Januar 1943 aufgenommen wurde.

19 Abb.: Privatbesitz Friedrich Wolters, Coesfeld.

20 Vgl. Consolidated Interrogation Report No. 2. Theodore Rousseau, The Goering Collection, Office of Strategic Services, Washington D.C., 15. September 1945; zur Mühlen, Ilse von: Die Kunstsammlungen Hermann Görings. Ein Provenienzbericht der Bayerischen Staatsgemäldesammlungen, München 2004; Haase, Günther: Die Kunstsammlung des Reichsmarschalls Hermann Göring. Eine Dokumentation, Berlin 2000. Siehe dazu jetzt auch Yeide, Nancy H.: Beyond the Dreams of Avarice. The Hermann Goering Collection, Washington D.C. 2010.

21 Vgl. Schwarz, Birgit: Hitlers Museum. Die Fotoalben Gemäldegalerie Linz, Dokumente zum »Führermuseum«, Wien [u.a.] 2004; Löhr, Hanns Christian: Das Braune Haus der Kunst. Hitler und der »Sonderauftrag Linz«, Visionen, Verbrechen, Verluste, Berlin 2005. Vgl. dazu die Online-Datenbanken »Linz« und »Central Collecting Point« des Deutschen Historischen Museums unter »Lange«.

22 Nach dem einzig außerhalb der Reichskulturkammerakten erhaltenen Protokoll einer Auktion bei Lange vom 25. September 1941, vgl. Brandenburgisches Landeshauptarchiv, Potsdam: BLHA, Rep. 36 A II, Nr. 12990. 22 Käufer, die knapp über 100 000 Reichsmark ausgaben, konnten bisher nicht eingeordnet werden.

23 Edgar Lach, Fachgruppe Versteigerer, an das Wehrmeldeamt VI, Berlin, 5. Mai 1940. Privatbesitz Friedrich Wolters, Coesfeld.

24 Lange hatte nie einen Sitz in der Stadt, sondern informierte seine Kunden mit einem losen Blatt im Katalog zur Auktion vom 5. bis 7. Oktober 1943, dass er vom 25. September bis 10. Oktober in Wien im Hotel »Bristol« zu erreichen sein sollte.

25 Lange an seine Eltern, 9. Januar 1944. Privatbesitz Friedrich Wolters, Coesfeld. In der Druckfassung ist der Verweis auf das Auktionshaus gestrichen, vgl. Demmler, Theodor: Charles F. Foerster (1944), in: Erich Köllmann, Berliner Porzellan 1763–1963, Bd. 1.2., Braunschweig 1966, Bd. 1, S. V-VIII. Ich danke Stefan Pucks für diesen Fund.

26 Abb.: Privatbesitz Friedrich Wolters, Coesfeld. In einem Brief an seine Eltern vom 1. April 1945 erwähnt Lange eine Dienstreise nach Bamberg, für die er das Fahrrad mitnehme, da möglicherweise keine Züge mehr führen.

GALERIE DR. W. A. LUZ (S. 67–72)

1 Abb.: Privatbesitz.

2 Abb.: Museum Georg Schäfer, Schweinfurt, Inv. Nr. MGS 1039.

3 Abb.: Neuland für Sammler, Ausstellungskatalog Galerie Dr. W. A. Luz, Berlin 1936, S. 23; Neuerwerbungen, Ausstellungskatalog Galerie Dr. W. A. Luz, Berlin um 1939, S. 17. Staatliche Museen zu Berlin, Kunstbibliothek.

4 Abb.: Mitte Museum, Bezirksamt Mitte von Berlin, Schenkung 2010-3, Nr. 1336.

5 Abb.: Landesarchiv Berlin: LAB, B Rep. 202, Nr. 2497, Bl. 1

6 Abb.: Neuerwerbungen, Ausstellungskatalog Galerie Dr. W. A. Luz, Berlin um 1939, o.S. Staatliche Museen zu Berlin, Kunstbibliothek.

7 Diese erste Veröffentlichung über die Galerie Dr. W. A. Luz stellt eine Auswahl von Grundlagen vor. Obgleich eine der prominenten Kunsthandlungen während der Zeit des Nationalsozialismus, wird sie erst seit kurzer Zeit wissenschaftlich wahrgenommen. Eine Untersuchung begann im August 2009 am Museum Folkwang, Essen, mit dem Projekt »Die Berliner Galerie Dr. Wilhelm August Luz im NS-Staat und in der Nachkriegszeit«. Landesarchiv Berlin: LAB, B Rep. 202, Nr. 2855 sowie Berliner Adressbuch für die Jahre 1933–1936: unter Benutzung amtlicher Quellen. Berlin: Scherl 1896–1943.

8 Vgl. Landesarchiv Berlin: LAB, B Rep. 202, Nr. 2492, Bl. 1; Schmidt, Hartwig: Das Tiergartenviertel. Baugeschichte eines Berliner Villenviertels. Teil 1: 1790–1870, Berlin 1981, S. 366.

9 Vgl. Bundesarchiv, Berlin: BA, RKK, Luz, WA.

10 Vgl. Landesarchiv Berlin: LAB, A Rep. 093-16, Nr. 326.

11 Deutsche Landschaftsmalerei aus zwei Jahrhunderten, Ausstellungskatalog Galerie Dr. W.A. Luz, Berlin Herbst 1935.

12 Vgl. Neuerwerbungen, a.a.O., Berlin ca. 1939 und ca. 1940.

13 Abb.: Deutsche Landschaftsmalerei aus zwei Jahrhunderten, Ausstellungskatalog Galerie Dr. W.A. Luz, Berlin Herbst 1935. Staatliche Museen zu Berlin, Kunstbibliothek.

14 Abb.: Friedrich Loos (1797–1890): norddeutsche Landschaften; schöne Frauen und Kinder; monumentale Märchenbilder; deutsche Romantiker; alte Meister, Ausstellungskatalog Galerie Dr. W.A. Luz, Berlin um 1938. Staatliche Museen zu Berlin, Kunstbibliothek.

15 Abb.: Kunstrundschau. Monatsschrift für alte und neue Kunst, Innendekoration, Kunsthandwerk, Baukunst, Nr. 4, April 1937, o. S. Staatliche Museen zu Berlin, Kunstbibliothek.

16 Abb.: Neuerwerbungen, Ausstellungskatalog Galerie Dr. W.A. Luz, Berlin um 1939, o.S. Staatliche Museen zu Berlin, Kunstbibliothek.

17 Abb.: Neuland für Sammler, Ausstellungskatalog Galerie Dr. W.A. Luz, Berlin 1936, S. 3 und 21. Staatliche Museen zu Berlin, Kunstbibliothek.

18 Neuland für Sammler, a.a.O., S. 3f.

19 Neuland für Sammler, a.a.O., S. 3.

20 Vgl. Friedrich Loos, a.a.O., S. 2.

21 Abb.: Friedrich Loos (1797–1890): norddeutsche Landschaften; schöne Frauen und Kinder; monumentale Märchenbilder; deutsche Romantiker; alte Meister, Ausstellungskatalog Galerie Dr. W.A. Luz, Berlin um 1938., S. 2. Staatliche Museen zu Berlin, Kunstbibliothek.

22 Abb.: Staatliche Museen zu Berlin, Zentralarchiv: SMB-ZA, V/Künstlerdokumentation J. E. Hummel.

23 Vgl. Bundesarchiv, Berlin: BA, RKK, Luz, WA.

24 Vgl. das Schreiben Paul Ortwin Raves an Geheimrat Prof. Dr. Sievers, Berlin-Wannsee, vom 2. September 1946. Staatliche Museen zu Berlin, Zentralarchiv: SMB-ZA, II A/NG 0019.

25 Abb.: Staatliche Museen zu Berlin, Zentralarchiv: SMB-ZA, I/NG 942, Bl. 357.

GALERIE MATTHIESEN (S. 73–80)

1 Abb.: »Wer ist wer im Kunsthandel – England«. DU, Kulturelle Monatszeitschrift, Oktober 1959, Nr. 224, S. 53.

2 Abb.: Musée d'Orsay, Paris.

3 Leo Louis Catzenstein, 22. Dezember 1863 – 20. Januar 1936. Sofern nicht anders vermerkt, sind alle biografischen Angaben zu Franz Zatzenstein diversen Schriftstücken im Ellen Bernkopf-Archiv, Akademie der Künste, Berlin entnommen.

4 Die Ehe wurde am 4. Oktober 1896 in Hannover geschlossen. Geburtsurkunde von Ellen Mathilde Catzenstein, 4. April 1904, Hannover – 20. Januar 1992, Jerusalem, Schwester von Franz Catzenstein und Bildhauerin. Vgl. Akademie der Künste, Berlin, Ellen Bernkopf-Archiv, Inv.-Nr. 49. Das Paar trennte sich wieder um 1925. Mara (Maria) Matthiesen starb am 30. Juni 1936 mit 40 Jahren an einem bösartigen Geschwulst in Genf. Die gemeinsame Tochter Maren war zu diesem Zeitpunkt 15 Jahre alt (geb. 1921). Im Sommer 1937 heiratete Franz Zatzenstein seine zweite Frau Katharina.

5 Vgl. die Anzeige »Alte Meister u. Impressionisten« der Galerie Zatzenstein in München, in: Der Kunstwanderer, Zeitschrift für alte und neue Kunst, für Kunstmarkt und Sammelwesen, Februar 1922.

6 Vgl. den Katalog »Einzelwerke französischer Impressionisten und alte Meister«: Ausstellung zur Eröffnung der neuen Räume der Galerie Matthiesen, 1. bis 7. Mai 1927, Berlin 1927.

7 Abb.: Staatliche Museen zu Berlin, Kunstbibliothek.

8 Vgl. den Katalog »Edouard Manet, 1932–1883: Gemälde, Pastelle, Aquarelle, Zeichnungen«, Berlin 1928. Im Komitee waren neben den genannten Personen außerdem: Exzellenz P. de Margerie, französischer Botschafter in Berlin, Wilhelm Waetzold, Generaldirektor der Berliner Museen, sowie die Direktoren der Nationalgalerien/-museen von Stockholm, Oslo, Kopenhagen und Emil Waldmann von der Kunsthalle Bremen.

9 Heinz Mansfeld (3. Juni 1899, Eisenach – 3. Mai 1959, Schwerin) ging spätestens 1949 nach Schwerin, wo er Direktor der Landesdenkmalpflege und des Museums wurde. 1958 beging er Selbstmord. Dr. Margarethe Noelle (17. Dezember 1901 – nach 16. August 1984) ist vermutlich bis an ihr Lebensende in Berlin tätig gewesen. Ich danke Dr. Susanne Fiedler für Hinweise zu Heinz Mansfeld.

10 Vgl. Cannadine, David: Mellon. An American Life. New York 2006, S. 418, S. 420f., S. 446.

11 George Grosz an Eduard Plietzsch, Ostseebad Prerow, 23. August 1931, zitiert in: Fischer-Defoy, Christine (Hg.): George Grosz am Strand. Ostsee-Skizzen, Berlin 2001, S. 122.

12 Abb.: National Gallery Washington, D.C.

13 Benn, Gottfried: Sämtliche Werke. Stuttgarter Ausgabe in Verbindung mit Ilse Benn, herausgegeben von Gerhard Schuster, Bd. V: Prosa 3, Stuttgart 1991, S. 173f.

14 Abb.: Landesarchiv Berlin: LAB, Fotosammlung, F Rep. 290-0152501, Fotograf: Walther Köster.

15 Abb.: Weltkunst, 17. März 1940, XIV. Jg., Nr. 11/12, S. 5.

16 Obwohl Zatzenstein Deutschland 1933 über die Schweiz verließ und nach London emigrierte, stand er 1933 und 1934 mit seiner Privatanschrift Hohenzollernstraße 35 im Berliner Adressbuch. Vgl. Berliner Adreßbuch 1933. Erster Band, 1. Teil: Einwohner und Firmen nach Namen, S. 3042. Berliner Adreßbuch 1934, Erster Band, 1. Teil: Einwohner und Firmen nach Namen, S. 2860. 1935 entfiel dieser Eintrag, jedoch wurde Franz Zatzenstein nun mit seiner Firmenadresse als Zatzenstein Matthiesen Franz : Viktoriastraße 33 – dort war die Galerie seit 1931 ansässig – genannt. Vgl. Berliner Adreßbuch 1935, Erster Band, 1. Teil: Einwohner und Firmen nach Namen, S. 2976.

17 Vgl. Amtsgericht Charlottenburg, Handelsregister: 91 HR A 11310.

18 Franz Zatzenstein, Paris, 30. Januar 1938, an Ellen Bernkopf. Vgl. Akademie der Künste, Berlin, Ellen Bernkopf-Archiv, Inv.-Nr. 17.

19 Vgl. das Verzeichnis über das Vermögen von Juden nach dem Stand vom 27. April 1938, Akte Franz Zatzenstein, Bundesamt für zentrale Dienste und offene Vermögensfragen, Berlin. Vgl. http://www.nla.niedersachsen.de/live/live.php?navigation_id=24757&article_id=85846&_psmand=187 (9. März 2011)

20 Franz Zatzenstein, London, 18. Juli 1938, an Ellen Bernkopf. Vgl. Ellen Bernkopf-Archiv, Inv.-Nr. 17.

21 Vgl. http://www.badv.bund.de/003_menue_links/e0_ov/d0_provenienz/b0_dokumentationen/index.php, hier München-Nr. 40242 (9. März 2011), vgl. auch Brandenburgisches Landeshauptarchiv, Potsdam: BLHA, Rep. 36 A (II), Nr. 41154, Anm. 7.

22 Abb.: Bundesamt für zentrale Dienste und offene Vermögensfragen, Berlin.

23 Die endgültige Löschung der Matthiesen GmbH erfolgte übrigens erst am 30. Juni 1947. Vgl. Amtsgericht Charlottenburg, Handelsregister: 91 HR A 11310.

24 Abb.: Privatbesitz.

25 Abb.: Weltkunst, 20. August 1943, XVII. Jg., Nr. 31/34, S. 1.

26 Gesellschaftsvertrag zwischen Dr. Heinz Mansfeld und Dr. Margarethe Noelle, Berlin, 14. Februar 1942. Vgl. Amtsgericht Charlottenburg, Handelsregister: 91 HR A 11310.

27 Vgl. Weltkunst, 17. März 1940, Nr. 11/12; 21. Juli 1940, Nr. 30/31; 4. August 1940, Nr. 32/33, u. a. m.
28 Vgl. http://www.badv.bund.de/003_menue_links/e0_ov/d0_provenienz/b0_dokumentationen/index.php, hier München-Nr. 40242 (9. März 2011); Bundesarchiv, Berlin: BA, B 323, Nr. 139, Anm. 10.
29 Vgl. http://www.badv.bund.de/003_menue_links/e0_ov/d0_provenienz/b0_dokumentationen/index.php, hier München-Nr. 40242 (9. März 2011); Bundesarchiv, Berlin: BA, B 323, Nr. 139, Anm. 11.
30 Vgl. Bundesarchiv, Berlin: BA, B 323, 139, LF XX/11/52-57/München-Nr. 40242.
31 Es ist keine Personalakte Mansfeld und/oder Dr. Noelle der Reichskammer für bildende Kunst vorhanden. Vgl. Landesarchiv Berlin: LAB, A Rep. 243-04. Zur zentralen Mitgliederkartei der NSDAP sowie Personenakten der Reichskulturkammer vgl. Bundesarchiv, Berlin: BA, RKK, 2400, 0101, 18 (BDC).
32 Margarethe Noelle, seit 1951 verheiratete Sell. Vgl. Amtsgericht Charlottenburg, Handelsregister: 91 HR A 11310, Bl. 9 und Bl. 12.
33 Vgl. »Ernst Schumacher-Salig«, November 1948 (Faltblatt); Weihnachtsausstellung. Schüler der Hochschule der Künste, 1948; »Gerda Rothermund, Rolf Reimann«, Dezember 1949; »Landschaften des 17., 18. und 19. Jahrhunderts: Zeichnungen«, September bis Oktober 1950; »Deutsche und französische Aquarelle«, September 1951.
34 F. M. Z. Matthiesen, London, an die Stichting Nederlands Kunstbezit, Amsterdam, 7. Januar 1949. Nationaal Archief, Den Haag, NA SNK 2.08.42, Nr. 158.
35 Vgl. Internationales Kunstadressbuch vereinigt mit dem Deutschen Kunst-Adressbuch, 1954/55, S. 205.
36 Abb.: Staatliche Museen zu Berlin, Kunstbibliothek.
37 Vgl. www.matthiesengallery.com (9. März 2011).
38 Abb.: Staatliche Museen zu Berlin, Kunstbibliothek.

GALERIE NIERENDORF (S. 81–86)

1 Abb.: Galerie Nierendorf, Berlin, Archiv, Foto: Werner Rohde, Berlin ©VG Bild-Kunst, Bonn 2011.
2 Karl Nierendorf in seinem Tagebuch, 18. März 1931, zitiert in: Walter-Ris, Anja: Kunstleidenschaft im Dienste der Moderne. Die Geschichte der Galerie Nierendorf Berlin/New York 1920-1996, Zürich 2003, S. 181.
3 Abb.: Bildarchiv Preußischer Kulturbesitz, Berlin, Nr. 00041548 ©VG Bild-Kunst, Bonn 2011.
4 Abb.: Galerie Nierendorf, Berlin, Archiv.
5 Abb.: Galerie Nierendorf, Berlin, Archiv.
6 Abb.: Galerie Nierendorf, Berlin, Archiv.
7 Karl Nierendorf an J. B. Neumann, Januar 1929, zitiert in: Walter-Ris, a.a.O., S. 143.
8 Vgl. Walter-Ris, a.a.O.
9 J. B. Neumann an Karl Nierendorf, 5. Juni 1933, zitiert in: Walter-Ris, a.a.O., S. 202.
10 Vgl. Amtsgericht Charlottenburg, Handelsregister: HRB 53963/40.
11 Abb.: Galerie Nierendorf, Berlin, Archiv ©VG Bild-Kunst, Bonn 2011.
12 Vgl. Hüneke, Andreas: Schardt, Alois, in: Neue Deutsche Biographie (NDB). Bd. 22, Berlin 2005, S. 565f.
13 Abb.: Galerie Nierendorf, Berlin, Archiv, Foto: Schuch, Berlin.
14 Abb.: Privatbesitz.
15 Schreiben der Gestapo vom 26. Mai 1936, zitiert in: Galerie Nierendorf (Hg): 1920–1970. Fünfzig Jahre Galerie Nierendorf. Rückblick, Dokumentation, Jubiläumsausstellung, Berlin, 1970, S. 14.
16 zu Alois Schardt vgl. Anmerkung 12.
17 Karl Nierendorf an Wassily Kandinsky, New York, 19. Mai 1936, zitiert in: Walter-Ris, a.a.O, S. 223.
18 Abb.: Galerie Nierendorf, Berlin, Archiv.
19 Karl Nierendorf an Josef Nierendorf, New York, 24. Januar 1937, zitiert in: Walter-Ris, a.a.O., S. 242.
20 Abb.: Galerie Nierendorf, Berlin, Archiv.
21 Abb.: Galerie Nierendorf, Berlin, Archiv, Foto: Hermann Kiessling, Berlin.
22 Heinz Berggruen, zitiert in: Galerie Nierendorf (Hg.), a.a.O., S. 40f.

EDUARD PLIETZSCH (S. 87–92)

1 Abb.: Privatbesitz.
2 Abb.: Rheinisches Bildarchiv, Köln ©VG Bild-Kunst, Bonn 2011.
3 Grosz, George: Brief an Eduard Plietzsch vom 3. Juli 1936. Estate George Grosz, The Houghton Library, Cambridge, Massachusetts.
4 Jacobs, Walter: Brief an Eduard Plietzsch von 1924. Deutsches Kunstarchiv, Germanisches Nationalmuseum Nürnberg, NL Plietzsch, Eduard, I, C.
5 Abb.: Landesarchiv Berlin: LAB, F Rep. 290-05-01, Nr. 223, Fotografin: Martha Huth.
6 Grosz, George: Brief an Eduard Plietzsch vom 3. Juli 1936. Estate George Grosz, a.a.O.
7 Abb.: Herkulesstraße: Weltkunst, XI. Jg., 28. März 1937, Nr. 13, S. 10, Meinekestraße: Weltkunst, XIII. Jg., 10. Dezember 1939, Nr. 3/4, S. 4.
8 Grosz, George: Brief an Eduard Plietzsch vom 14. Mai 1933 (nicht abgeschickt). Estate George Grosz, a.a.O.
9 Vgl. Landesarchiv Berlin: LAB, A Rep. 243-04, Nr. 6730.
10 Vgl. Landesarchiv Berlin: LAB, A Rep. 342-02, Nr. 29528.
11 Abb.: Museum Charlottenburg-Wilmersdorf, Archiv.
12 Zum Briefwechsel Eduard Plietzsch/Karl Scheffler siehe: Matelowski, Anke: »Herzlichst wie stets Ihr Eduard Plietzsch«. Eine Korrespondenz unter »Kennern« in »mageren« Zeiten, in: Krejsa, Michael/Matelowski, Anke (Hg.): »… das Wort, dem alle Mühe galt: die Kunst.« Karl Scheffler (1869-1951), Akademie der Künste Archiv, Berlin, 2006, S. 37-44.
13 Vgl. Vlug, Jean: Kajetan Mühlmann and the Dienststelle Mühlmann, 25. December 1945, S. 13. The Central Registry of Information on Looted Cultural Property 1933–1945, London: http://www.lootedart.com/NITGVN553841 (9. März 2011).
14 Vgl. ebda.
15 Vgl. Kurz, Jacob: Kunstraub in Europa. 1938-45, Hamburg 1989, S. 257.
16 Vgl. Vlug, Jean, a.a.O., S. 14-17.
17 Plietzsch, Eduard: Brief an Karl Scheffler vom 27. Januar 1945. Vgl. Akademie der Künste, a.a.O.
18 Friedländer, Max: Brief an Eduard Plietzsch vom 27. August 1955. Deutsches Kunstarchiv, Germanisches Nationalmuseum Nürnberg, a.a.O.
19 Abb.: Vlug, Jean: Kajetan Mühlmann and the Dienststelle Mühlmann, 25. December 1945, S. 1, 3, 18. The Central Registry of Information on Looted Cultural Property 1933–1945, London: http://www.lootedart.com/NITGVN553841 (9. März 2011).
20 Vgl. Plietzsch, Eduard: …heiter ist die Kunst. Erlebnisse mit Künstlern und Kennern, Gütersloh 1955.
21 Abb.: Bundesarchiv, Berlin: BA, RKK/Certificates, Plietzsch, Eduard (Berlin Document Center).
22 Vlug, Jean, a.a.O., S. 13.
23 Abb.: Privatbesitz.

HANSJOACHIM QUANTMEYER (S. 93–98)

1 Der Vater Hansjoachim Quantmeyers, Wilhelm Quantmeyer, hatte zusammen mit Robert Eicke 1886 die Firma »Quantmeyer & Eicke« als oHG gegründet, um einen Handel mit Bodenbelägen und Inneneinrichtungen zu betreiben. 1901 wurde ihnen das »Prädikat als Königliche Hoflieferanten« verliehen. Die Firma hatte einen Umsatz von rund 900 000 Reichsmark jährlich. Als R. Eicke 1918 ausschied, führte W. Quantmeyer die Firma als Alleingesellschafter weiter. Schon

1930 wurde ein Umzug der Firma von der Wilhelmstraße 55 in die Kronenstraße 61-63 in Mitte notwendig. Vgl. Landesarchiv Berlin: LAB, A Pr. Br. Rep. 030, Nr. 12452.

2 Für diese Beurteilung spielte natürlich in erster Linie die parteitreue Linie des Betriebsführers eine Rolle, aber auch die seiner Mitarbeiter; berücksichtigt wurden aber auch angemessene Sozialräume für die Belegschaft, Sportgruppen in der Firma und Ähnliches. Vgl. Bundesarchiv, Berlin: BA, RKK, 2401, 0192, 28.

3 Abb.: Bundesarchiv, Berlin: BA, RKK 2401, 0192, 28.

4 Abb.: Privatbesitz Stefan Pucks, Hohen Neuendorf.

5 Abb.: Bundesarchiv, Berlin: BA, RKK 2401, 1092, 28.

6 Abb.: Kunst dem Volk, Nr. 4, April 1939, S. 49. Staatliche Museen zu Berlin, Kunstbibliothek.

7 Mit dem Zitat beginnt sein Neujahrsgruß an seine Berufskameraden. Vgl. Landesarchiv Berlin: LAB, C Rep. 105, Nr. 1597. Diese Akte im Landesarchiv Berlin enthält eine Reihe unterschiedlicher Dokumente, Berichte und Briefe von und an Hansjoachim Quantmeyer, die seine Position in der NS-Zeit beleuchten.

8 Abb.: Landesarchiv Berlin: LAB, C Rep. 105, Nr. 1597.

9 Es wird wiederholt betont, dass die Kunstgegenstände aus den besetzten Ländern ordnungsgemäß bezahlt wurden. Dennoch muss man davon ausgehen, dass die Preise unter erheblichem Druck zustande kamen und zum Teil auch nicht gezahlt wurden. Über den Handel mit Raubkunst schreibt Anja Heuß in ihrem Buch: Kunst- und Kulturgutraub. Eine vergleichende Studie zur Besatzungspolitik der Nationalsozialisten in Frankreich und der Sowjetunion, Heidelberg 2000. Vgl. auch Landesarchiv Berlin: LAB, C Rep. 105, Nr. 25416.

10 In einem Brief wird darüber ausführlich berichtet. Vgl. Landesarchiv Berlin: LAB, C Rep. 105, Nr. 1597.

11 In Anträgen und Fragebögen für die Reichskammer der bildenden Künste erscheinen Einzelheiten zum Lebenslauf und zu den Geschäften von Hansjoachim Quantmeyer. Vgl. Bundesarchiv, Berlin: BA, RKK 2401, 0192, 28.

12 Abb.: Landesarchiv Berlin: LAB, C Rep. 105, Nr. 1597.

13 Abb.: Landesarchiv Berlin: LAB, C Rep. 105, Nr. 25416.

14 Abb.: München-Nr. 6405, Bundesamt für zentrale Dienste und offene Vermögensfragen, Berlin. Leihnehmer ist die Bayerische Verwaltung der Staatlichen Schlösser, Gärten und Seen, München, Schloss Nymphenburg.

15 Abb.: Landesarchiv Berlin: LAB, C Rep. 105, Nr. 1597.

16 Über die letzten Tage Quantmeyers in Zühlsdorf bei Berlin berichtet ein früherer Mitarbeiter, in dessen Haus Quantmeyer die letzten Tage des Krieges erlebte. Vgl. Landesarchiv Berlin: LAB, C Rep. 105, Nr. 1597.

HELENE SCHEDUIKAT (S. 99–104)

1 Aufnahmeantrag, 10. November 1937, vgl. Landesarchiv Berlin: LAB, A Rep. 243-04, Nr. 7980. Später datierte sie abweichend den Geschäftsbeginn auf den 1. Mai 1934. Vgl. Fragebogen vom 25. April 1942 an das Handelsregister, Landesarchiv Berlin: LAB, A Rep. 243-02, Nr. 24178.

2 Abb.: Landesarchiv Berlin: LAB, A Rep. 243-04, Nr. 7980.

3 Abb.: Landesarchiv Berlin: LAB, B Rep. 209, Nr. 854.

4 Zu dem Vorgang vgl. ihre Mitgliederakte in der Reichskammer der bildenden Künste, Landesarchiv Berlin: LAB, A Rep. 243-04, Nr. 7980.

5 Abb.: Landesarchiv Berlin: LAB, A Rep. 243-04, Nr. 35. Überliefert sind der Versteigerungsantrag zum Auftrag, der Inseratentwurf, die Genehmigung und die Versteigerungsniederschrift.

6 Vgl. Köhn, Michael: Zahnärzte 1933–1945. Berufsverbot, Emigration, Verfolgung, Berlin 1994, S. 182.

7 Abb.: Weltkunst, XIV. Jg., 14. April 1940, Nr. 15/16.

8 Der Notar Dr. Oskar Möhring argumentierte so in dem Schreiben an das Handelsregister, 25. Juli 1942, vgl. Landesarchiv Berlin: LAB, A Rep. 342-02, Nr. 24178. Die Auseinandersetzungen um die Umbenennung – es gab mehrere Namensvorschläge: Versteigerungshaus »Allianz«, »West« und eben »Halensee« – zogen sich über ein Jahr hin, in denen Helene Scheduikat auch Auskunft über ihre Umsatzzahlen gab. Vgl. Landesarchiv Berlin: LAB, A Rep. 243-02, Nr. 24178 und Nr. 24179.

9 Adressen vgl. Landesarchiv Berlin: LAB, A Rep. 243-04, Nr. 7980 und A Rep. 243-02, Nr. 24178.

10 Abb.: Der deutsche Versteigerer, 14. Jg., März 1943, Heft 3, Staatsbibliothek zu Berlin – Preußischer Kulturbesitz.

11 Abb.: Der Weg. Zeitschrift für Fragen des Judentums, Nr. 8, 19. April 1946, Jüdisches Museum Berlin, Bibliothek.

LEO SPIK (S. 105–112)

1 Sofern nicht anders vermerkt, sind die Informationen zu den Ausbildungsstationen und Geschäftsadressen und Zitate aus der Korrespondenz von Leo Spik diversen Schriftstücken im Sonder- oder Hauptband der Handelsregisterakte HR A 6306 beim Amtsgericht Charlottenburg entnommen.

2 Abb.: Leo Spik KG, Berlin.

3 Abb.: Leo Spik KG, Berlin.

4 Vgl. Monke, Fritz / Eschwe, Rudolf / Lehmann, Dorit: Die Tiergartenstraße – ein Stück Berliner Geschichte, Berlin 1975, S. 42.

5 Siehe hierzu die Versteigerungsniederschriften in Landesarchiv Berlin: LAB, A Rep. 243-04, Nr. 36-42 oder beispielhaft Brandenburgisches Landeshauptarchiv, Potsdam: BLHA, Rep. 36 A II, Nr. 958 und Nr. 24221.

6 Abb.: Amtsgericht Charlottenburg, Handelsregister: HR A 6306, Sonderband, Bl. 16.

7 Abb.: Landesarchiv Berlin: LAB, Fotosammlung, Nr. 152 459, Fotograf: Walther Köster.

8 Abb.: Weltkunst, XV. Jg, 11. Mai 1941, Nr. 19/20, S. 8.

9 Weltkunst, XVIII. Jg., 15. Juni 1944, Nr. 6, S. 2.

10 Abb.: Staatsbibliothek zu Berlin – Preußischer Kulturbesitz.

11 Abb.: Brandenburgisches Landeshauptarchiv, Potsdam: BLHA, Rep. 36 A OFP (II), Nr. 22028, Bl. 39.

12 Abb.: Bundesarchiv, Koblenz: BA, B 323, Nr. 142, 1114.

13 Vgl. Bundesarchiv, Berlin: BA, Fragebogen zur Parteistatistischen Erhebung 1939, Spik, Leo (Berlin Document Center).

14 Vgl. Landesarchiv Berlin: LAB, C Rep. 375-01-08, Nr. 8366 A. 10. Spik schrieb: »Gemäss dem Entnazifizierungsgesetz der Interalliierten Kommandanture in Berlin teile ich Ihnen mit, dass ich seit 1933 nominelles Mitglied der NSDAP gewesen bin. Ich bin jedoch in der Lage, nach meiner Ueberzeugung einwandfrei nachzuweisen, dass ich nicht nur ein nominelles Mitglied der Partei war, sondern mich auch aktiv gegen die nationalsozialistische Idee betätigt habe.«

15 Vgl. König, H. Josef: 75 Jahre Leo Spik, Berlin, in: Weltkunst, 64. Jg., 1994, Nr. 23, S. 3366.

16 Es ist bemerkenswert für Leo Spiks Verständnis von Kontinuität, dass er seinem ersten nachgewiesenen Nachkriegskatalog zu der Auktion vom 15. Dezember 1948 die Nummer 366 gibt, nachdem er die gesamten 1930er und dann Kriegsjahre hindurch ausschließlich unnummerierte Kataloge veröffentlicht hat. Noch unklar ist in diesem Zusammenhang, welche Auktion er rückwirkend als die No. 1 interpretiert hat. Möglicherweise handelt es sich um die »Union«-Auktion »Besitz L.-M. [es handelt sich um den Verleger Hans Lachmann-Mosse, KN], Villa Maassenstrasse 28, Berlin W : altes und modernes Kunstgewerbe, China-Porzellan, Mobiliar, Gemälde, Teppiche, Silber, Porzellan« am 6./7. Juni 1934. Was den Rückschluss zuließe, dass in den darauffolgenden zehn Jahren 365 Auktionen mit Leo Spik als Auktionator stattgefunden hätten.

17 Vgl. Masurat, Paul B.: Nachruf auf Leo Spik, in: Der Auktionator, 18. Jg., 1968, S. 81; Arndt, Andreas-Christian: Leo Spik – Berlin 1919–2009, in: 90 Jahre Leo Spik Kunstversteigerungen 1919–2009; Auktion 632, Berlin 2009, unpag.

18 Abb.: Landesarchiv Berlin: LAB, Fotosammlung, F Rep. 290, 4CHA-Ku-42-48, 7869.

19 Die Korrespondenz findet sich in folgender Akte im Landesarchiv Berlin: LAB, B Rep. 025-02, Nr. 2 WGA 39/50.

BERLINER MÜNZHÄNDLER (S. 113–117)

1 Nach Einträgen in der Datenbank Lost Art (www.lostart.com) beträgt das Verhältnis zwischen Gemälden und Münzen in etwa 10:1.
2 Die Numismatische Gesellschaft zu Berlin ist bereits 1843 gegründet worden und besteht bis heute als eine der ältesten numismatischen Vereinigungen Deutschlands. Vgl. »Belehrung und Unterhaltung im Fache der Münzkunde…«, Die Numismatische Gesellschaft zu Berlin, gegründet am 22. Dezember 1843, Festschrift zum 150-jährigen Bestehen, Berlin 1993.
3 Edmund Rappaport wurde am 29. März 1845 in Breslau geboren. Das erste nachweisbare Geschäft Rappaports in Berlin, gegründet am 10. April 1901, befand sich in der Halleschen Straße 18, doch wird allgemeinhin das Gründungsdatum 1872 erwähnt. Vgl. Landesarchiv Berlin: LAB, A Rep. 342-02, Nr. 35417.
4 Kurze Zeit zuvor befindet sich das Geschäft noch in der Friedrichstraße 13, wird jedoch im selben Jahr im August zwischenzeitlich in die eigene Wohnung in der Lutherstraße 9 verlegt. Bis 1913 bleibt diese Adresse bestehen, das Geschäft wird anschließend am 21. Mai in die Dessauer Straße 1 verlegt. Vgl. ebda.
5 Edmund Rappaport starb am 27. April 1914. Vgl. ebda.
6 Vgl. ebda.
7 Vgl. Balan, Ernst-Henri: Glanz, Zerstörung, Wiederaufbau, in: »Belehrung und Unterhaltung im Fache der Münzkunde…«, a.a.O., S. 46.
8 Ankündigung auf der Titelseite der »Berliner Münzblätter«, 48. Jg., Juni 1928, Nr. 306. Vgl. auch Balan, a.a.O., S. 47.
9 Vgl. Landesarchiv Berlin: LAB, A Rep. 200-01, Nr. 304.
10 Balan, a.a.O., S. 49.
11 Ollenburg, Günther: Konstanz und Wandel in der Berliner Numismatik, in: »Belehrung und Unterhaltung im Fache der Münzkunde…«, a.a.O., S. 57.
12 Schreiben vom 17. Januar 1938. Vgl. Landesarchiv Berlin: LAB, A Rep. 342-02, Nr. 35417.
13 Abb.: »Belehrung und Unterhaltung im Fache der Münzkunde…«, Die Numismatische Gesellschaft zu Berlin, gegründet am 22. Dezember 1843, Festschrift zum 150-jährigen Bestehen, Berlin 1993., S. 51. Numismatische Gesellschaft zu Berlin e.V.
14 Schreiben vom 24. November 1938. Vgl. Landesarchiv Berlin: LAB, A Rep. 342-02, Nr. 35417.
15 Schreiben der RdbK an Dr. Wruck vom 10. Dezember 1938: »Gegen den zwischen Ihnen und Herrn Erich Rappaport, Inhaber der Firma Edmund Rappaport, Berlin W15, Düsseldorferstr. 73, abgeschlossenen Vertrag bestehen meinerseits keine Bedenken. Doch bitte ich um Übersendung einer Aufstellung aller der im Besitz des Rappaports verbleibenden Münzen und Medaillen. […]«, Landesarchiv Berlin: LAB, A Rep. 243-04, Nr. 9994.
16 Vgl. Balan, a.a.O., S. 49.
17 Da der Name »Schlessinger« wiederholt auch mit nur einem »s« geschrieben wird, soll hier auf eine Aussage Schlessingers verwiesen werden: »Ich gestatte mir, Sie auf die richtige Schreibweise meines Namens – mit zwei s – aufmerksam zu machen«. Schreiben Schlessingers vom 10. März 1928. Vgl. Landesarchiv Berlin: LAB, A Rep. 342-02, Nr. 38537.
18 Schreiben vom 10. März, 6. und 21. Dezember 1928. Vgl. ebda.
19 Schlessingers Geschäft in der Bismarckstraße 97/98 bestand aus zwei Räumen. Als Hilfe beschäftigte er eine kaufmännische Angestellte. Schlessinger muss neben seinem Ladengeschäft auch Auktionen durchgeführt haben, wie die »Weltkunst« im April 1933 über eine kommende Auktion am 2. Mai berichtet. Eine Münzsammlung aus ausländischem Museumsbesitz sollte versteigert werden, ein Katalog mit 27 Tafeln ist begleitend erschienen.
20 »Ich bitte, der Gesellschaft meinen Dank für die vielen genussvollen und lehrreichen Abende zum Ausdruck zu bringen.« Austrittsschreiben Schlessingers vom 15. Oktober 1935, zitiert in: Balan, a.a.O., S. 49.
21 Schlessinger muss überstürzt das Land verlassen haben, ohne seine Firma ordnungsgemäß zu löschen. Mehrere Briefe zwischen der Industrie- und Handelskammer, dem Amtsgericht Mitte, Berlin, und dem Einwohnermeldeamt zeugen von der Unkenntnis der einzelnen Ämter vom Aufenthaltsorts Schlessingers. Erst nachdem das Einwohnermeldeamt »am 26.06.1936 nach Amsterdam Nierstr. 45« vermerkte, konnte das Amtsgericht Schlessinger in Amsterdam anschreiben. Vgl. Landesarchiv Berlin: LAB, A Rep. 342-02, Nr. 38537.
21 Die Löschung der Firma erfolgte am 23. Februar 1937. Schreiben Schlessingers vom 19. Februar 1937 an das Amtsgericht Berlin. Vgl. ebda.
23 Vgl. Landesarchiv Berlin: LAB, A Rep. 342-02, 38961, S. 1 [undatiert].
24 Vgl. ebda., S. 18 [Eintrag vom 5. Mai 1914 und 27. Dezember 1935].
25 Schreiben vom 31. August 1935. Vgl. ebda., S. 11.
26 Vgl. ebda, S. 13 [undatiert].
27 Schreiben vom 24. März 1941. Ebda, S. 16: »Als Inhaberin der Firma Robert Ball Nachf. melde ich das Erlöschen der Firma an. Johanna Grünthal, geborene Gotthardt.«
28 Abb.: Privatbesitz.
29 Abb.: Privatbesitz.
30 Abb.: Privatbesitz.
31 Wruck besuchte ein Gymnasium in Danzig, studierte von 1922 bis 1927 klassische Philologie und Geschichte in Halle und schloss mit einer Promotion ab. Während seiner Studienzeit unterrichtete er an Dr. Harangs Höherer Lehranstalt in Halle und später am Stadtgymnasium in Halle. Ab 1. April war er in der Münzhandlung Robert Ball Nachf. beschäftigt. Nach eigenen Angaben war er kein Mitglied der NSDAP, siehe Fragebogen der RdbK vom 12. September 1935. Vgl. Landesarchiv Berlin: LAB, A Rep. 243-04, Nr. 9994.
32 Bei der Bewerbung um die Erlaubnis zu einem eigenen Geschäft beschreibt sich Dr. Wruck als die »erste Kraft« bei Robert Ball Nachf. Brief vom 27. Mai 1936. Vgl. ebda.
33 Die Prokura erhielten »gemeinsam miteinander« Dr. Waldemar Wruck und Rudolf Bahrs. Brief vom 31. August 1935. Vgl. Landesarchiv Berlin: LAB, A Rep. 342-02, Nr. 38961, S. 11.
34 Schreiben vom 27. Mai 1936. Vgl. Landesarchiv Berlin: LAB, A Rep. 243-04, Nr. 9994.
35 In der Personalakte von Dr. Waldemar Wruck der RdbK befindet sich sowohl der Entwurf eines Vertrages zwischen ihm und der Firma Robert Ball Nachf., als auch die endgültige Vertragsversion. Problematisch für Wruck war § 6 des Vertrages, worin Wruck sich folgendermaßen verpflichtete: »…falls er eigenmächtig und ohne gesetzlichen Grund diesen Vertrag auflöst, innerhalb von 3 Jahren nach der Aufhebung in Berlin in einem gleichartigen Geschäft weder eine Stellung anzunehmen noch ein solches Geschäft selbst zu errichten, noch kann er sich mittelbar oder unmittelbar an einem solchen Geschäft beteiligen. Im Falle der Zuwiderhandlung hat er eine Vertragsstrafe von RM 10 000 zu bezahlen.«. Ebda.
36 Unter welchen Umständen Wruck aus dem Vertrag ausschied und ob er die Strafe zahlen musste, ist nicht überliefert.
37 Vgl. Landesarchiv Berlin: LAB, A Rep. 243-04, Nr. 9994.
38 Schreiben vom 18. Oktober 1937. Vgl. ebda. Eine definitive Bestätigung als Sachverständiger wurde erst am 3. Dezember 1937 erteilt. Schreiben vom 3. Dezember 1937. Vgl. ebda.
39 Brief vom 10. November 1938. Vgl. ebda.
40 Die RdbK an Wruck. »Lt. Anordnung des Reichsbevollmachtigten für den totalen Kriegseinsatz vom 22.08.1944 sind Kunstversteigerungen zukünftig vorübergehend nur noch in einem um 90 % gegenüber den bisherigen Kunstversteigerungen verringerten Umfange zugelassen. Es kann infolgedessen von mir in der Folgezeit nur noch in ganz beschränktem Umfang die Veranstaltung von Kunstversteigerungen zugelassen werden. Indem ich Ihnen hiervon Kenntnis gebe, teile ich mit, dass Sie bis auf weiteres nicht damit rechnen können, in nächster

Zeit die Genehmigung der Kammer zur Veranstaltung von Kunstversteigerungen zu erhalten.« Brief vom 4. Oktober 1944. Ebda.

41 Hervorgehoben werden muss, dass die Lizenzträger zur Gründung der Numismatischen Gesellschaft politisch nicht vorbelastet sein durften. Wruck unterzeichnete folgende Erklärung: »The undersigned whose questionnaries are attached as well, declare expressively that they were neither members of the nazi party nor of one its affiliations.« Zitiert in: Balan, a.a.O., S. 49.

42 Abb.: »Belehrung und Unterhaltung im Fache der Münzkunde...«, Die Numismatische Gesellschaft zu Berlin, gegründet am 22. Dezember 1843, Festschrift zum 150-jährigen Bestehen, Berlin 1993., S. 53. Numismatische Gesellschaft zu Berlin e.V.

RECHTLICHE RAHMENBEDINGUNGEN (S. 120–121)

1 Die Einführung der Reichsfluchtsteuer war Teil der Vierten [Not-]Verordnung des Reichspräsidenten zur Sicherung von Wirtschaft und Finanzen und zum Schutze des inneren Friedens vom 8. Dezember 1931, vgl. Reichsgesetzblatt: RGBl. 1931, I, S. 699f.

2 Gesetz über Änderung der Vorschriften über die Reichsfluchtsteuer vom 18. Mai 1934, vgl. RGBl. 1934, S. 392.

3 Gesetz über den Widerruf von Einbürgerungen und die Aberkennung der deutschen Staatsangehörigkeit vom 14. Juli 1933, vgl. RGBl. 1933, I, S. 480.

4 Gesetz über die Einziehung volks- und staatsfeindlichen Vermögens vom 14. Juli 1933, vgl. RGBl. 1933, I, S. 479.

5 Gesetz zur Beseitigung der Missstände im Versteigerungswesen vom 7. August 1933, vgl. RGBl. 1933, I, S. 578.

6 Reichskulturkammergesetz vom 22. September 1933, vgl. RGBl. 1933, I, S. 661f.

7 Erste Verordnung zur Durchführung des Reichskulturkammergesetzes vom 1. November 1933, vgl. RGBl. 1933, I, S. 797ff.

8 Erste Anordnung zum Schutz des Berufes und der Berufsausübung der Kunst- und Antiquitätenhändler, vgl. Völkischer Beobachter, Nr. 219, 7. August 1934; abgedruckt in: Mitteilungsblatt der Reichskammer der bildenden Künste: Mbl. RdbK, 1. Jg., 1.11.1936, H. 2, S. 14.

9 Gesetz über das Versteigererwesen vom 16. Oktober 1934, vgl. RGBl. 1934, I, S. 974ff.

10 Verordnung zur Durchführung des Gesetzes über das Versteigerergewerbe vom 30. Oktober 1934, vgl. RGBl. 1934, I, S. 1091-1104.

11 Gesetz zur Änderung des Gesetzes über das Versteigerergewerbe vom 5. Februar 1935, vgl. RGBl., 1935, I, S. 289.

12 Viertes Gesetz zur Änderung des Gesetzes über das Versteigerergewerbe vom 27. Februar 1938, vgl. RGBl. 1938, I, S. 115.

13 Reichsbürgergesetz, vgl. RGBl. 1935, I, S. 1146ff.

14 Verordnung gegen die Unterstützung der Tarnung jüdischer Gewerbebetriebe vom 22. April 1938, vgl. RGBl. 1938, I, S. 404.

15 Verordnung über die Anmeldung des Vermögens von Juden vom 26. April 1938, vgl. RGBl. 1938, I, S. 414f.

16 Gesetz über [die] Einziehung von Erzeugnissen entarteter Kunst, vgl. RGBl. 1938, I, S. 612.

17 Verordnung über eine Sühneleistung der Juden deutscher Staatsangehörigkeit vom 12. November 1938, vgl. RGBl. 1938, I, S. 1579.

18 Verordnung über den Einsatz des jüdischen Vermögens vom 3. Dezember 1938, vgl. RGBl. 1938, I, S. 1709ff.

19 Durchführungsverordnung zur Verordnung über den Einsatz des jüdischen Vermögens vom 16. Januar 1939, vgl. RGBl. 1939, I, S. 37.

20 Fünfte Verordnung zur Durchführung der Verordnung über den Einsatz des jüdischen Vermögens vom 25. April 1941, vgl. RGBl. 1941, I, S. 218.

21 Zweite Verordnung zur Durchführung der Verordnung über den Einsatz des jüdischen Vermögens vom 18. Januar 1940, vgl. RGBl. 1940, I, S. 188f.

22 Vgl. Petropoulos, Jonathan: Kunstraub und Sammelwahn. Kunst und Politik im Dritten Reich, Berlin 1999, S. 168.

23 Vgl. Freie Universität Berlin, Kunsthistorisches Institut: Dossier zur NS-Kunstpolitik und ihren Auswirkungen auf private Sammlungen moderner Kunst: www.geschkult.fu-berlin.de/e/khi/forschung/entartete_kunst/dossier/index.html (9. März 2011).

24 Elfte Verordnung zum Reichsbürgergesetz vom 25. November 1941, vgl. RGBl. 1941, I, S. 722ff.

25 Vgl. Akten der Partei-Kanzlei der NSDAP, Teil II, Regesten Bd. 4, Dokument 42040. Karl Haberstock berichtete hierüber 1945: »Und wieder habe ich Gelegenheit genommen, meine geschaeftliche Beziehung zu Hitler auszunuetzen, indem ich ein den gesamten deutschen Kunsthandel bedrohendes Gesetz zu Fall gebracht habe. [...] Hitler war sehr aufgebracht ueber die Mitteilung und gab den Befehl, dass dieses Gesetz mit sofortiger Wirkung aufzuheben sei, was auch tatsaechlich 24 Stunden nach seiner Veroeffentlichung geschah. Natuerlich war auch mein eigenes Interesse mit im Spiel, aber nur begrenzt, denn ich haette mich leicht von den Geschaeften zurueckziehen koennen und von meinen Ersparnissen leben.« Karl Haberstock, 1945, zitiert nach: Kunstsammlungen und Museen Augsburg, Haberstock-Archiv: KMA, HA, XL III,1, S. 4. Vgl. auch Anonym: Zur Entwicklung der Kunstversteigerungen während des Krieges, Nr. 293 vom 22.6.1942, S. 3854ff., hier: S. 3856, in: Meldungen aus dem Reich: MADR, 1938–1945, Bd. 10: Meldungen aus dem Reich vom 30. März bis 20. Juli 1942.

26 Vgl. Runderlass vom 21. März 1942, Reichsministerium der Finanzen: RMF, 0 5400-94 VI.

27 13. Verordnung zur Reichsbürgergesetz vom 1. Juli 1943, vgl. RGBl. 1943, I, S. 372. Der Text lautet: »Der Führer hat den Einsatzstab Rosenberg angewiesen, jüdisches Schrifttum sowie sonstige kulturelle und künstlerische Erzeugnisse jüdischen Schaffens zu Forschungszwecken zur Verfügung zu stellen. Ihm ist daher über Material, welches sich im dem Reich verfallenden Vermögen der Juden befindet, Anzeige zu machen. Grammophone und Platten sind nicht zu verkaufen, sondern dem Propagandaministerium zu überlassen. Nähmaschinen und mit Hand betriebene Maschinen sind nach Lodz (zur Beschäftigung der Ghetto-Bewohner) zu senden. Druckmaschinen sind der Wirtschaftsgruppe Druck in Berlin zu überführen.«

DIE REICHSKULTURKAMMER (S. 122–128)

1 Abb.: akg-images, Berlin.

2 Privatbesitz.

3 Heiber, Helmut (Hg.): Goebbels Reden, Band I, 1932–1939, Düsseldorf 1971, S. 139.

4 Mit der Verabschiedung des Reichskulturkammergesetzes vom 22. September 1933 (Reichsgesetzblatt: RGBl., 1933, I, S. 661) war lediglich ein Rahmen vorgegeben, der zur Umsetzung des ständischen Gedankens zunächst noch der Konkretisierung bedurfte.

5 Vgl. Schrieber, Karl Friedrich u. a. (Hg.): Das Recht der Reichskulturkammer. Sammlung der für den Kulturstand geltenden Gesetze und Verordnungen, der amtlichen Anordnungen und Bekanntmachungen der Reichskulturkammer und ihrer Einzelkammern, 2 Bde., Berlin 1943, Bd. 1, S. 20f.

6 Die »Erste Verordnung zur Durchführung des Reichskulturkammergesetzes« vom 1. November 1933 (Reichsgesetzblatt: RGBl., 1933, I, S. 797ff.) umfasste 33 Paragrafen, die in die Abschnitte I. Errichtung der Kammern, II. Kammerzugehörigkeit, III. Kammerverfassung, IV. Kammeraufgaben und V. Schlussbestimmungen gegliedert waren. Die »Zweite Verordnung zur Durchführung des Reichskulturkammergesetzes vom 9. November 1933« (RGBl., 1933, I, S. 969) setzte die erste Durchführungsverordnung vom 1. November zum 15. November in Kraft.

7 Heinz Lederer, der Landesleiter der RdbK Berlin berichtete 1938 Adolf Ziegler, dass er 9 269 Mitglieder habe, von denen 1 016 Kunsthändler und Kunstverleger seien. Unter diesen befanden sich 362 abgelehnte bzw. ausgeschlossene Mitglieder, die ebenfalls von der Landesleitung der RdbK überwacht wurden. Vgl. Landesarchiv Berlin: LAB, Rep. 244, Acc. 2216, Nr. 29.

8 Paragraf 10 gab den Kammern das Recht, Berufsverbote zu verhängen: »Die Aufnahme in eine Einzelkammer kann abgelehnt oder ein Mitglied ausgeschlossen werden, wenn Tatsachen vorliegen, aus denen sich ergibt, daß die in Frage kommende Person die für die Ausübung ihrer Tätigkeit erforderliche Zuverlässigkeit und Eignung nicht besitzt.«

9 http://www.geschkult.fu-berlin.de/e/khi/forschung/entartete_kunst/dossier/index.html, siehe 26. Mai 1936 (9. März 2011).

10 »Erste Anordnung betr. die Veranstaltung von Kunstausstellungen und Kunstmessen« vom 10. April 1935, vgl. Schrieber (Hg.), a.a.O., S. 1ff. Schon zuvor war durch die Verabschiedung des »Gesetzes über das Versteigererwesen« vom 16. Oktober 1934 (Reichsgesetzblatt: RGBl., 1934, I, S. 974) wesentlich in das Auktionswesen eingegriffen worden. Auktionen durften nur noch unter der Oberaufsicht der RdbK durchgeführt werden. Die Versteigerer mussten Mitglied der Kammer sein.

11 Abb.: Privatbesitz.

12 Abb.: Bundesarchiv, Berlin: BA, RK, G0064 (Berlin Document Center) sowie BA, RKK 2401, 0192, 28.

13 Vgl. Dahm, Volker: Künstler als Funktionäre. Das Propagandaministerium und die Reichskulturkammer, in: Sarkowicz, Hans (Hg.): Hitlers Künstler. Die Kultur im Dienst des Nationalsozialismus, Frankfurt am Main [u.a.] 2004, S. 107. Abb.: Bildarchiv Preußischer Kulturbesitz, Berlin, Nr. 70005536.

14 Faustmann, Uwe Julius: Die Reichskulturkammer. Aufbau, Funktion und rechtliche Grundlagen einer Körperschaft des öffentlichen Rechts im nationalsozialistischen Regime, Dissertation, Rheinische Friedrich-Wilhelms-Universität Bonn 1990, S. 180. Erst mit dem »Gesetz über die Einziehung von Erzeugnissen entarteter Kunst« vom 31. Mai 1938 (Reichsgesetzblatt: RGBl., 1938, I, S. 612) wurde die gesetzliche Grundlage für die Beschlagnahme geschaffen.

15 http://www.geschkult.fu-berlin.de/e/khi/forschung/entartete_kunst/dossier/index.html, siehe 1. Oktober 1940 (9. März 2011).

16 Volker Dahm merkt an, dass noch eine Untersuchung aussteht, die folgenden Fragen nachgeht: Inwieweit hatten die Kammern über die Reinhaltung des Berufsstandes hinaus (die allerdings nicht als politische, sondern als berufsständische Aufgabe galt) überhaupt kulturpolitische Funktionen? Wie waren die Kompetenzen zwischen den Kammern und den ihnen vorgesetzten Fachabteilungen des Propagandaministeriums verteilt? Waren die Kammern reine Exekutivorgane oder besaßen sie als Selbstverwaltungskörperschaften einen Handlungsspielraum, den sie im Interesse des Berufsstandes auch gegen die politischen Absichten des Ministeriums nutzen konnten und nutzten? Vgl. Dahm, Volker: Die Reichskulturkammer als Instrument kulturpolitischer Steuerung und sozialer Reglementierung, in: Vierteljahrshefte für Zeitgeschichte, 34. Jg., 1. Heft, Januar 1986, S. 84.

VERDRÄNGUNG DER JUDEN AUS DEM BERLINER KUNSTHANDEL (S. 129–138)

1 Abb.: Weltkunst, XIII. Jg., 23. Juli 1939, Nr. 28/29, S. 11.

2 Abb.: Weltkunst, XI. Jg., 18. Juli 1937, Nr. 28/29, S. 11.

3 Schnellbrief des Präsidenten der RdbK an das Polizeipräsidium, Berlin, 18. August 1936. Vgl. Landesarchiv Berlin: LAB, A Rep. 243-04, Nr. 18.

4 Reichskulturkammergesetz vom 22. September 1933. Vgl. Reichgesetzblatt: RGBl., 1933, I, S. 661. Erläuterungen zur Durchführung des Gesetzes vgl. Schoch, Hansjoachim: Der Kunstversteigerer im neuen Versteigererrecht, in: Weltkunst, XIII. Jg., 11. November 1934, Nr. 45, S. 1, 3.

5 Gesetz über das Versteigererwesen vom 16. Oktober 1934. Vgl. Reichgesetzblatt: RGBl., 1934, I, S. 974.

6 Schreiben der Industrie- und Handelskammer zu Berlin an den Preußischen Minister für Wirtschaft und Arbeit, Berlin, 25. Juli 1933, mit den Stellungnahmen des Fachausschusses. Vgl. Bundesarchiv, Berlin: BA, R3101, Nr. 13913, unpag.

7 Schreiben des Regierungspräsidenten Hannover an den Preußischen Minister für Wirtschaft und Arbeit, Hannover, 10. Juli 1933. Vgl. Bundesarchiv, Berlin: BA, R3101, Nr. 13913, unpag.

8 Seit Ende Oktober 1934 durfte sich fortan nur noch derjenige »Versteigerer« nennen, der Versteigerungen abhielt. Durch einen Zusatz konnte er auf sein Gewerbe hinweisen, wie z. B. »Kunstversteigerer«. Dies war in der Verordnung zur Durchführung über das Versteigerergewerbe vom 30. Oktober 1934 geregelt. Vgl. Reichgesetzblatt: RGBl., 1934, I, S. 1091ff., Paragraph 3 Abs. 1.

9 Eine dehnbare Auslegung der Verordnung zur Durchführung des Reichskulturkammergesetzes war in Paragraf 9 verankert. Vgl. dass. vom 15. Mai 1934, in: Mitteilungsblatt der Reichskammer der bildenden Künste: Mbl. RdbK, 2. Jg., 1.1.1937, H. 1, S. 3f. und Reichgesetzblatt: RGBl., 1934, I, S. 413, Paragraph 9.

10 Schreiben des Sächsischen Ministerpräsidenten für Wirtschaft und Arbeit an den Reichs- und Preußischen Wirtschaftsminister, Dresden, 27. Dezember 1935. Vgl. Bundesarchiv, Berlin: BA, R3101, Nr. 13915, unpag.

11 Schreiben des Reichs- und Preußischen Wirtschaftsminister an den Sächsischen Ministerpräsidenten für Wirtschaft und Arbeit, Berlin, 20. August 1936. Vgl. Bundesarchiv, Berlin: BA, R3101, Nr. 13915, unpag.

12 Vgl. Tisa Francini, Esther / Heuß, Anja / Kreis, Georg: Fluchtgut – Raubgut. Der Transfer von Kulturgütern in und über die Schweiz 1933–1945 und die Frage der Restitution, hg. von der Unabhängigen Expertenkommission Schweiz – Zweiter Weltkrieg, Zürich 2001, S. 46.

13 Abb.: Privatbesitz Roberto Graetz, Buenos Aires.

14 Abb.: Privatbesitz Jürgen Bath, Berlin.

15 Die Autorin hat in ihrer Dissertation neben dem Berliner Kunsthandel das Schicksal der Sammlung Robert Graetz untersucht, weswegen der Ablauf einer Versteigerung an dieser Sammlung aufgezeigt wird. Vgl. Enderlein, Angelika: Der Berliner Kunsthandel in der Weimarer Republik und im NS-Staat. Zum Schicksal der Sammlung Graetz, Berlin 2006. Im Landesarchiv Berlin ist jedoch nicht der komplette Vorgang vorhanden. Da es sich um standardisierte Abläufe handelt, kann der Vorgang problemlos komplettiert werden. Vgl. bzgl. Bluma Gretz [sic], Landesarchiv Berlin: LAB, A Rep. 243-04, Nr. 20 und 52. Vollständig erhalten ist beispielsweise der Versteigerungsantrag zum Besitz von Gertrud Ball am 3. Juni 1936 bei Harms. Vgl. ebda., Nr. 18.

16 Gesuch von Gerhard Harms an den Reichs- und Preußischen Wirtschaftsminister, Berlin, 30. Juli 1936. Vgl. Bundesarchiv, Berlin: BA, R3101, Nr. 13915, unpag.

17 Schreiben des Präsidenten der RdbK an den Reichs- und Preußischen Wirtschaftsminister, Berlin, 28. September 1936. Vgl. Bundesarchiv, Berlin: BA, R3101, Nr. 13915, unpag.

18 Dies kann beispielsweise folgenden Anzeigen entnommen werden: Weltkunst, X. Jg., 14. Juni 1936, S. 5; ebda., X. Jg., 9. August 1936, Nr. 31/32, S. 7 und ebda., XI. Jg., 6. Juni 1937, S. 5.

19 Zu den Großräumungsaktionen gegen Juden vgl. Gruner, Wolf: Judenverfolgung in Berlin 1933–1945. Eine Chronologie der Behördenmaßnahmen in der Reichshauptstadt, hg. von Reinhard Rürup, Veröffentlichung der Stiftung Topographie des Terrors, Berlin 1996, S. 12.

20 Anzeige des Versteigerungshauses Gerhard Harms. Vgl. Völkischer Beobachter, 23. Februar 1941, Nr. 54, S. 17

21 Seit Verabschiedung des Gesetzes mussten Eigentümer in den Auktionskatalogen entweder mit ihren Anfangsbuchstaben oder mit einem Codewort genannt werden. Ab dem 22. April 1938 erfolgte die Kennzeichnung auf der Grundlage der Tarnverordnung mittels Asterix. Vgl. Reichgesetzblatt: RGBl., 1938, I, S. 401. Diese Maßnahmen verfolgten den Zweck, dass Juden ohne Aufdeckung ihres Namens keine Geschäfte machen konnten. Vgl. Markmann, Werner / Enterlein, Paul: Die Entjudung der deutschen Wirtschaft. Arisierungsverordnungen vom 26. April und 12. November 1938, Berlin 1938, S. 64-67.

22 Der Auszug aus dem Geschäftsbuch von Gerhard Harms liegt in Kopie dem Landesamt für Bürger- und Ordnungsangelegenheiten, Abt. I – Entschädigungsbehörde, Berlin vor. Vgl. LBO, Reg.-Nr. 57 273, Bl. D 14.

23 Landesarchiv Berlin: LAB, Datenbank zum Gedenkbuch Berlins der jüdischen Opfer des Nationalsozialismus, Eintrag zu Robert Graetz.

24 Bluma Graetz konnte erst 1969 nach jahrelangen Verhandlungen zwischen der deutschen und der sowjetischen Regierung als 70-jährige ihre einstige Geburtsstadt Riga verlassen. Noch im selben Jahr wanderte sie zu ihrem Stiefsohn nach Argentinien aus. Vgl. die Aussagen von Bluma Graetz im Entschädigungsantrag wegen »Schaden am Leben von Robert Graetz«, Berlin, 8.9.1969, Landesamt für Bürger- und Ordnungsangelegenheiten, Abt. I – Entschädigungsbehörde, Berlin: LBO, Reg.-Nr. 57 273, Bl. A 1.

25 Landesarchiv Berlin: LAB, Datenbank zum Gedenkbuch Berlins der jüdischen Opfer des Nationalsozialismus, Eintrag zu Robert Graetz.

26 Abb.: Privatbesitz Werner Haas, Poole.

27 Abb.: Landesarchiv Berlin: LAB, A Rep. 243-04, Nr. 52.

28 Auktionskatalog »Die Bestände der Berliner Firmen Galerie van Diemen & Co., GmbH, Altkunst/Antiquitäten, GmbH, Dr. Otto Burchard & Co., GmbH, sämtlich in Liquidation, 1. Teil«, durch Graupe am 25./26. Januar 1935, Auktionskatalog »Die Bestände der liquidierten Firma Dr. Otto Burchard & Co., Berlin, in Liquidation: 1. Teil. Chinesische Kunstwerke« durch Graupe am 22./23. März 1935, Auktionskatalog »Die Bestände der Firma Dr. Otto Burchard & Co., Berlin, in Liquidation: Chinesische Kunst, 2. Teil« durch Graupe am 29. April 1935.

29 Die Liste ist datiert auf den 8. Juni 1938 und im Auftrag Mai unterschrieben worden. In ihr sind der Name, die Tätigkeitsbezeichnung, der Wohnort und die »rassische« Zugehörigkeit vermerkt. Vgl. Judenliste 8, in: Bundesarchiv, Berlin: BA, O.930 (Berlin Document Center).

30 Vgl. das Karteikartenregister der Auktionshäuser, Kunsthandlungen und Galerien im Amtsgericht Charlottenburg sowie die Erwähnungen von Anzeigen in der »Weltkunst«.

31 Für 1935 vgl. den Tätigkeitsbericht der Reichskammer der bildenden Künste vom 7. November 1935, in: Bundesarchiv, Berlin: BA, R 56I/87, Bl. 29-39. Für 1937 vgl. Anonym: Die Fachgruppentagungen der Reichskammer im Deutschen Museum, in: Mitteilungsblatt der Reichskammer der bildenden Künste: Mbl. RdbK, 2. Jg., 1.8.1937, H. 8, S. 12f.

32 In Berlin verließen 1936 rund 10 000 Juden die Stadt; ein deutlicher Anstieg im Vergleich zum Vorjahr. Vgl. Gruner, a.a.O., S. 95.

33 Exemplarisch seien die Versteigerungen des Auktionshauses Harms genannt, für das Versteigerungsprotokolle vom 19. Januar bis 22. Oktober 1937 vorliegen. Vgl. Landesarchiv Berlin: LAB, A Rep. 243-04, Nr. 19.

34 Abb.: Weltkunst, XIV. Jg., 21. Juli 1940, Nr. 30/31, S. 8; Völkischer Beobachter, 23. Februar 1941, Nr. 54, S. 17; Weltkunst, VIII. Jg., 9. Dezember 1934, Nr. 49, S. 9.

35 Zur Belebung des Kunstmarktes vgl. Deusch, Werner R.: Der Kunstmarkt im Kriege, in: Kunstpreis-Verzeichnis 1939/1940, Auktionsergebnisse vom 1. Juli 1939 bis 30. Juni 1940, Bd. I, Berlin und Paris 1941, S. 9-15, hier S. 10. Zur Diskussion über die »Flucht in die Sachwerte« vgl. Anonym: Zur Lage im deutschen Kunsthandel, Nr. 92 vom 30. Mai 1940, in: Meldungen aus dem Reich: MADR, 1938–1945, Bd. 4, Nr. 92 vom 30. Mai 1940, S. 1193-1195, hier S. 1193.

36 Anonym: Liebhaberpreise und Preisstop bei Versteigerungen, in: Weltkunst, XIV. Jg., 15. September 1940, Nr. 38/39, S. 1f.

37 Gesetz zur Durchführung des Vierjahresplanes – Bestellung eines Reichskommissars für die Preisbildung – vom 29. Oktober 1936. Vgl. Reichgesetzblatt: RGBl., 1936, I, S. 927, Paragraph 4, Abs. 3.

38 Sprenger, Bernd: Das Geld der Deutschen. Geldgeschichte Deutschlands von den Anfängen bis zur Gegenwart, Paderborn [u.a.] 2002, S. 225f.

39 Anonym: Meldungen über die Einstellung der Bevölkerung zum Wert des Geldes, SD-Berichte zu Inlandsfragen vom 12. Juli 1943 (Rote Serie), S. 5457-5460, hier S. 5457, in: Meldungen aus dem Reich: MADR, 1938–1945, Bd. 14: Meldungen aus dem Reich vom 31. Mai 1943; SD-Berichte zu Inlandsfragen vom 7. Juni 1943 (Blaue Serie) bis 9. September 1943 (Weiße Serie); Meldungen aus den SD-Abschnittsbereichen vom 25. Juni bis 9. Juli 1943.

40 Auktionskatalog »Verschiedener deutscher Kunstbesitz, Gemälde alter und neuerer Meister, Möbel, Tapisserien, Golddosen« durch Lange am 16./17. April 1943. Ergebnisse vgl. Anonym: Preisberichte, in: Weltkunst, XVII. Jg., 16. Mai 1943, Nr. 15/18, S. 3 und ebda., 30. Mai 1943, Nr. 19/22, S. 4.

41 Die Liste der ersteigerten Gemälde bei H.W. Lange am 16./17. April 1943 durch Maria Almas-Dietrich ist erhalten. Vgl. Bundesarchiv, Koblenz: BA, B323/132, LF XVIa/27/170. Die betreffenden Gemälde sind in den Fotobänden zur Linzer Gemäldegalerie XXV und XXVI enthalten. Die Fotobände befinden sich derzeit als Dauerleihgaben des Bundesamtes für zentrale Dienste und offene Vermögensfragen im Deutschen Historischen Museum.

42 Anonym: Kriegsverpflichtete Preisstellung, in: Weltkunst, XVIII. Jg., 15. August 1944, Nr. 8, S. 2.

43 Paragraf 22 der Kriegswirtschaftsverordnung. Vgl. Reichsgerichtsbriefe, 1 D 420/43 – 17.3.1944. Erwähnt ebda.

HANDEL MIT »ENTARTETER KUNST« (S. 139–144)

1 Abb.: Bayerische Staatsbibliothek München, Fotoarchiv Hoffmann.

2 Franz Hofmann in einem Bericht der Verwertungskommission an Joseph Goebbels, 28. November 1938, zitiert nach: Schmidt, Diether: In letzter Stunde, Künstlerschriften II 1933 bis 1945, Dresden 1964, S. 227f.

3 Abb.: Forschungsstelle »Entartete Kunst«, Freie Universität Berlin.

4 Abb.: Forschungsstelle »Entartete Kunst«, Freie Universität Berlin, Archiv / Staatliche Museen zu Berlin, Zentralarchiv.

5 Abb.: Forschungsstelle »Entartete Kunst«, Freie Universität Berlin, Archiv / Staatliche Museen zu Berlin, Zentralarchiv.

6 Die Tagebücher von Joseph Goebbels. Sämtliche Fragmente, Teil I, Bd. 3, hg. von Elke Fröhlich, München 1987, S. 401.

7 Alle in diesem Text genannten Zahlen basieren auf den von der Forschungsstelle »Entartete Kunst« an der Freien Universität Berlin ermittelten Daten.

8 Abb.: Nolde Stiftung Seebüll.

9 Abb.: »Gesetz über [die] Einziehung von Erzeugnissen entarteter Kunst« vom 31. Mai 1938, Reichsgesetzblatt: RGBl., 1938, I, S. 612. Bundesarchiv, Berlin: BA, R55 21012.

10 Die Tagebücher von Joseph Goebbels, a.a.O., S. 494.

11 Abb.: Forschungsstelle »Entartete Kunst«, Freie Universität Berlin, Archiv / Staatliche Museen zu Berlin, Zentralarchiv.

12 Bericht über die Sitzung der »Kommission zur Verwertung der Produkte entarteter Kunst« am 11. Dezember 1941, zitiert nach: Schmidt, Diether, a.a.O., S. 237.

13 Abb.: Galerie Fischer, Luzern.

14 Abb.: Privatbesitz.

15 Abb.: Forschungsstelle »Entartete Kunst«, Freie Universität Berlin, Archiv / Staatliche Museen zu Berlin, Zentralarchiv.

16 Abb.: Berlinische Galerie, Landesmuseum für moderne Kunst, Fotografie und Architektur, Ferdinand-Möller-Archiv.

17 Abb.: Archiv für verfolgte Künstler, Warburg Haus, Hamburg.

EXIL (S. 145–152)

1 Abb.: Galerie Nierendorf, Berlin, Archiv.

2 Abb.: Kunstsammlung Chemnitz © The Munch Museum / The Munch Ellingsen Group / VG Bild-Kunst, Bonn 2011.

3 Ausbürgerungsakte Hugo Perls, vgl. Politisches Archiv des Auswärtigen Amtes: PAAA R 99794, Bl. 000034-000038.

4 Wiedergutmachungsakte Hugo Perls, vgl. Landesarchiv Berlin: LAB, B Rep. 025-08, Nr. 2937/59 und 2938/59.

5 Abb.: Landesarchiv Berlin: LAB, B Rep. 025-08, Nr. 2937-38 /59.

6 Abb.: Privatbesitz Marion Thimm-Flechtheim.

7 Abb.: Landesarchiv Berlin: LAB, A Rep. 243-04, Nr. 6307.

8 Landesarchiv Berlin: LAB, A Rep. 243-04, Nr. 6307.
9 Abb.: Privatbesitz.
10 Zu Hugo Graetz vgl. Enderlein, Angelika: Der Berliner Kunsthandel in der Weimarer Republik und im NS-Staat. Zum Schicksal der Sammlung Graetz, Berlin 2006.
11 Abb.: Staatliche Museen zu Berlin, Zentralarchiv: SMB-ZA, IV/NL Buchholz 20.
12 Heinz Berggruen, zitiert in: Galerie Nierendorf (Hg.): 1920–1970. Fünfzig Jahre Galerie Nierendorf. Rückblick, Dokumentation, Jubiläumsausstellung, Berlin 1970, S. 40.
13 Plietzsch, Eduard: ...heiter ist die Kunst – Erlebnisse mit Künstlern und Kennern, Gütersloh 1955, S. 128.
14 Zitiert in: Walter-Ris, Anja: Kunstleidenschaft im Dienste der Moderne. Die Geschichte der Galerie Nierendorf Berlin/New York 1920–1996, Zürich 2003, S. 196.
15 Zitiert in: Walter-Ris, a.a.O., S. 197.
16 Sternheim, Thea: Tagebücher 1903-1971, Göttingen 2002, Bd. 2, S. 522.
17 Feilchenfeldt Breslauer, Marianne: Bilder meines Lebens. Erinnerungen, Wäderswil 2009, S. 147.
18 Sternheim, Thea, a.a.O., S. 533.
19 Ebda., S. 532.
20 Ebda., S. 606.
21 Zitiert in: Walter-Ris, a.a.O., S. 208f.
22 Zitiert in: Jentsch, Ralph: Alfred Flechtheim und George Grosz. Zwei deutsche Schicksale, Bonn 2008, S. 17.
23 Zitiert in: Walter-Ris, a.a.O., S. 227.
24 Ebda., S. 271.

ENTEIGNUNG, VERTREIBUNG UND VERWERTUNG: DAS BEISPIEL MAX CASSIRER (S. 153–166)

Vorbemerkung: Die weiteren Beispiele zu dokumentieren, würde hier den Rahmen sprengen. Die für Hans W. Lange angegebenen Lose stammen aus dem Katalog: Verschiedener deutscher Kunstbesitz. Gemälde alter und neuerer Meister, Möbel, Silber, Tapisserien, Versteigerung am 12. und 13. Mai 1942, Hans W. Lange, Berlin W 9, Bellevuestrasse 7. Dank an Heike Stange, Regine Wosnitza und Martin Friedenberger für kritisches Lesen.
1 Abb.: Staatsbibliothek zu Berlin – Preußischer Kulturbesitz, Handschriftenabteilung: Portr. Slg, Handel kl, Cassirer, Max, Nr. 1.
2 Abb.: Geheeb-Archiv, Ecole d'Humanité, Hasliberg Goldern, Schweiz.
3 Abb.: Geheeb-Archiv, Ecole d'Humanité, Hasliberg Goldern, Schweiz.
4 Abb.: Landesarchiv Berlin: LAB, B Rep. 025-04, Nr. 2742/50, Bl. 126a, Anlagen, unfol.
5 Brühl, Georg: Die Cassirers. Streiter für den Impressionismus, Leipzig 1991, S. 35ff.; Bauschinger, Sigrid / Feilchenfeldt, Rahel: »Er kannte jede Wasserleitung und den Namen jedes Kindes«. Max Cassirer und die Odenwaldschule, in: 100 Jahre Odenwaldschule. Der wechselvolle Weg einer Reformschule, hrsg. von Margarita Kaufmann und Alexander Priebe, Berlin 2010, S. 32-43; Aktives Museum (Hg.): Vor die Tür gesetzt. Im Nationalsozialismus verfolgte Berliner Stadtverordnete und Magistratsmitglieder 1933–1945, Berlin 2006, S. 162f. Cassirer war zuletzt Stadtverordneter in Berlin für die Deutsche Demokratische Partei.
6 Landesamt für Bürger- und Ordnungsangelegenheiten, Abt. I – Entschädigungsbehörde, Berlin: LBO, Akte 58.489; Bojankin, Tano: Kabel, Kupfer, Kunst. Walter Bondy und sein familiäres Umfeld, in: Winklbauer, Andrea (Hg.): Moderne auf der Flucht. Österreichische KünstlerInnen in Frankreich 1938-1945, Wien 2008, S. 31-49, S. 45ff.; Bauschinger / Feilchenfeldt, a.a.O., S. 35.; Ludwig, Andreas: Die wirtschaftlichen Aktivitäten der Cassirer-Familie im Osten und in Berlin. Versuch einer Rekonstruktion, unveröff. Manuskript 1987.
7 Landesamt für Bürger- und Ordnungsangelegenheiten, Abt. I – Entschädigungsbehörde, Berlin: LBO, Akte 58.489, D 4f., D 26. Von festgesetzten 135 286 Reichsmark hatte er 129 213 Reichsmark bereits gezahlt.
8 Abb.: Landesamt für Bürger- und Ordnungsangelegenheiten, Abt. I – Entschädigungsbehörde, Berlin: LBO, Akte 58.489 Max Cassirer, D 26.
9 Er verkaufte an das Japanische Kaiserreich, das die Villa für den Marineattaché nutzte. Nach Beschädigung im Krieg wurde das Haus behelfsmäßig weiter genutzt und nach der Rückgabe an Cassirers Kinder 1962 abgetragen. Vgl. Landesarchiv Berlin: LAB, B Rep. 025-03/04, Nr. 2741/50, Bl. 27ff. und B Rep. 209, Nr. 277, Bl. 31.
10 Landesarchiv Berlin: LAB, B Rep. 025-03, Nr. 315/55, Bl. 11, 29f., 37, 39, 47.
11 Zur Einführung siehe Barkai, Avraham: Vom Boykott zur »Entjudung«. Der wirtschaftliche Existenzkampf der Juden im Dritten Reich 1933–1945, Frankfurt am Main 1987, Aly, Götz (Hg.): Die Verfolgung und Ermordung der europäischen Juden durch das nationalsozialistische Deutschland, bearb. von Wolf Gruner, Bd. 1, Deutsches Reich 1933–1937, München 2008; Biggeleben, Christoph / Schreiber, Beate / Steiner, Kilian J.L. (Hg.): »Arisierung« in Berlin, Berlin 2007; zu den Finanzbehörden siehe Friedenberger, Martin: Fiskalische Ausplünderung. Die Berliner Steuer- und Finanzverwaltung und die jüdische Bevölkerung 1933–1945, Dokumente, Texte, Materialien, Bd. 69, Berlin 2008.
12 Landesarchiv Berlin: LAB, A Rep. 093-03, Nr. 51685, nur der Reiseantrag, kein Bericht.
13 Brandenburgisches Landeshauptarchiv, Potsdam: BLHA, Rep. 36 A II, Nr. 5674, Bl. 1 und 6f. Zugleich hatte der Schulleiter Heinrich Sachs in Ober-Hambach mehrfach Antrag – vielleicht nach Anleitung Martha Heinrichs – auf eine »leihweise oder käufliche Übernahme« des in der Odenwaldschule lagernden Umzugsguts auch »des Juden Max Cassirer« gestellt, zuerst am 7. März 1941, sodass auch seine Anfragen das Verfahren beschleunigt haben konnten.
14 Brandenburgisches Landeshauptarchiv, Potsdam: BLHA, Rep. 36 A II, Nr. G 507. Zu Moral siehe Ladwig-Winters, Simone: Anwalt ohne Recht. Das Schicksal jüdischer Rechtsanwälte in Berlin nach 1933, hg. von der Rechtsanwaltskammer Berlin, 2. erg. und erw. Aufl., Berlin 2007.
15 Summarische Liste der eingelagerten Stücke, vgl. Brandenburgisches Landeshauptarchiv, Potsdam: BLHA, Rep. 36 A II, Nr. 5674, Bl. 14a und 21.
16 Heuß, Anja: Kunst- und Kulturgutraub. Eine vergleichende Studie zur Besatzungspolitik der Nationalsozialisten in Frankreich und der Sowjetunion, Heidelberg 2000, S. 33ff.
17 Abb.: Brandenburgisches Landeshauptarchiv, Potsdam: BLHA, Rep. 36 A II, Nr. 5674, Bl. 18.
18 Die Gegenüberlieferung zu Bundesarchiv, Berlin: BA R 2/32065, unfol., 15. Nov. 1940, in LAB, A Rep. 093-03, Nr. 54683, Bl. 473. Vgl. Heuß, Anja: Die Reichskulturkammer und die Steuerung des Kunsthandels im Dritten Reich, in: sediment. Mitteilungen zur Geschichte des Kunsthandels, Heft 3/1998, S. 49-61, hier S. 52.
19 Vgl. Brandenburgisches Landeshauptarchiv, Potsdam: BLHA, Rep. 36 A II, Nr. 5674, Bl. 18 und 33. Ein Teppich war dem Bestand einer anderen Emigrantin entnommen und dies auch vermerkt worden.
20 Für die Stücke, die Schmidt-Bangel nicht aufgeführt hatte, die Taxe der Sammelversteigerung gerechnet. Ausgenommen bleiben ein nicht identifizierbarer »Piranesi Stich« und die zuvor nicht bewertete Standuhr.
21 Brandenburgisches Landeshauptarchiv, Potsdam: BLHA, Rep. 36 A II, Nr. 5674, Bl. 18 und 20. Soeben, am 10. Januar 1942 hatte das Reichsfinanzministerium dem Antrag einer anderen Stelle des Reichsleiters Rosenberg stattgegeben. Das »Amt für bildende Kunst« wünschte die im Lager des Oberfinanzpräsidenten (OFP) am Kottbusser Ufer »aufbewahrten Bilder des Malers Pechstein« unentgeltlich zu übernehmen. Das Ministerium wies den OFP an, dies zu veranlassen. Vgl. Landesarchiv Berlin: LAB, A Rep. 093-03, Nr. 54557. Strebte mithin der ERR das Erfassen und Abschöpfen der beschlagnahmten Werke an? Oder konkurrierten dessen Ämter um Beute? Sahen sich deshalb Gutachter zu Meldungen gehalten? Die Gemälde sind bis heute verschollen, wahrscheinlich zerstört. Sie stammten

aus der Sammlung des 1936 emigrierten Hans Heymann, Direktor einer Versicherungsgesellschaft in Berlin, und waren 1941 aus einer Spedition beschlagnahmt worden. Freundliche Mitteilung von Dr. Aya Soika, 27. November 2009.

22 Abb.: Brandenburgisches Landeshauptarchiv, Potsdam: BLHA, Rep. 36 A II, Nr. 5674, Bl. 25.

23 Vgl. Landesamt für Bürger- und Ordnungsangelegenheiten, Abt. I – Entschädigungsbehörde, Berlin: LBO, Nr. 58489, D 4, Verzeichnis von Kurt Cassirer, z.B. G. Mosson, »Friedhof«, 600 Reichsmark; Unbekannt, »Porträt Siegfried Cassirer«, 700 Reichsmark; Brandenburgisches Landeshauptarchiv, Potsdam: BLHA, Rep. 36 A II, Nr. 5674, Bl. 34ff., Nr. 183 und 252 (Abb. S. 160). Vgl. auch Landesarchiv Berlin: LAB, B Rep. 025-03/04, Nr. 2742/50, Bl. 133.

24 Rasmussen kaufte die Nr. 178 zu 520 Reichsmark, Hinsche die Nr. 247 zu 150 Reichsmark. Die variierenden und vielfach abweichenden Schreibweisen der Käufer – Hinsche etwa erscheint als Haintsche, Hintsche (Abb. S. 160); Rasmussens Anschrift war ungenau – lassen eine Identifikation der Käufer nicht immer zu. Diese beiden Käufer können durch häufiges Erscheinen zugeordnet werden. Bei den Käufern der »Landschaft«, »Friedhof« und der »Blumenvase« gelingt dies noch nicht. Grundsätzlich sollte seit 1938 beim ersten Eintrag des Käufers im Protokoll die Anschrift zugefügt werden. Das erfolgte jedoch keineswegs, wohl auch, weil die behördlichen Protokollanten die Erwerber persönlich kannten.

25 Die »Rehe« sind auch als die »2 kl. Bronzen« denkbar, die ein bisher nicht identifizierter Käufer zu 60 Reichsmark erwarb.

26 Abb.: Landesarchiv Berlin: LAB, B Rep. 025-04, Nr. 2742/50, Bl. 126a, Anlagen.

27 Abb.: Brandenburgisches Landeshauptarchiv, Potsdam: BLHA, Rep. 36 A II, Nr. 5674, Bl. 39.

28 Abb.: Landesarchiv Berlin: LAB, B Rep. 025-04, Nr. 2742/50, Bl. 126a, Anlagen.

29 Vgl. Brandenburgisches Landeshauptarchiv, Potsdam: BLHA, Rep. 36 A II, Nr. 5674, Bl. 18, 20, und Bl. 36ff., Nr. 197f., 201 und 239, Bl. 85-87 sowie Bl. 81.

30 Jerke, Birgit: Beschlagnahmt und verhökert. Spurensuche: Zwei Bilder Max Liebermanns im »Dritten Reich«, in: »Was vom Leben übrig bleibt, sind Bilder und Geschichten«. Max Liebermann zum 150. Geburtstag, Rekonstruktion der Gedächtnisausstellung des Berliner Jüdischen Museums von 1936, Berlin 1997, S. 122-132; Eberle, Matthias: Max Liebermann 1847–1935. Werkverzeichnis der Gemälde und Ölstudien, Bd. 1.2., München 1995–1996, Bd. 1, S. 460; Bauschinger / Feilchenfeldt, a.a.O., S. 38f.; http://www.sothebys.com/app/live/lot/LotDetail.jsp?lot_id=159515326 (9. März 2011).

31 Abb.: Brandenburgisches Landeshauptarchiv, Potsdam: BLHA, Rep. 36 A II, Nr. 5674, Bl. 87.

32 Abb.: Landesarchiv Berlin: LAB, B Rep. 025-04, Nr. 2742/50, Bl. 126a, Anlagen.

33 Abb.: Brandenburgisches Landeshauptarchiv, Potsdam: BLHA, Rep. 36 A II, Nr. 5674, Bl. 89.

34 Abb.: Karl Scheffler, August Gaul gelegentlich seines fünfzigsten Geburtstags, in: Kunst und Künstler, 18, 1920, S. 247-261, S. 251.

35 Abb.: Landesarchiv Berlin: LAB, B Rep. 025-04, Nr. 2742/50, Bl. 126a, Anlagen.

36 Das Blatt wurde nach dem Krieg fälschlich als Einlieferung der von Alois Miedl übernommenen Kunsthandlung Goudstikker ermittelt und daher an die Niederlande restituiert, wo es im staatlichen Kunstbesitz zeitweise vermisst war. Auf Antrag der Erben sprach sich die zuständige Kommission in den Niederlanden 2009 für eine Rückgabe aus. Vgl. München-Nr. 10510 der Datenbank »Central Collecting Point« des Deutschen Historischen Museums http://www.dhm.de/datenbank/ccp/dhm_ccp.php?seite=9. und http://www.restitutiecommissie.nl/en/rc_1.84/advies_rc_1.84.html (9. März 2011).

37 Gabler, Josephine: »Ein Meister unter Meistern«. August Gaul in den großen Privatsammlungen seiner Zeit, in: Berger, Ursel (Hg.): Der Tierbildhauer August Gaul, Berlin 1999, S. 46-60, S. 51ff.; Gabler, Josephine: August Gaul. Das Werkverzeichnis der Skulpturen, Berlin 2007, S. 125ff. Ein Schwanenkükenpaar wurde bei Christie's, Amsterdam, am 21. November 2007, Lot 1 068 für 7 450 Euro mit Verweis auf Cassirer verkauft, vgl. http://www.christies.com/LotFinder/lot_details.aspx?pos=3&intObjectID=4989750&sid= (9. März 2011). Der erhaltene, seiner Küken beraubte Brunnen aus dem Garten der Villa wurde Anfang der 1960er Jahre auf Anregung Kurt Cassirers an den Kurfürstendamm, Ecke Leibnizstraße, versetzt. Er ergänzte den Entenbrunnen, ebenfalls von Gaul, der 1911 als Geschenk Max Cassirers an die Stadt Charlottenburg auf öffentlichem Straßenland aufgestellt worden war (Knesebeck-/Hardenbergstraße). Die Schwanenküken konnten 1962 in der Berliner Gießerei nach Originalmodellen nachgegossen werden. Nach mehreren Diebstählen aber musste ein Küken durch eine Skulptur Gauls aus einem späteren Werk ersetzt werden. Am Brunnen fehlt noch immer ein Hinweis auf Max Cassirer, wie ihn sich sein Sohn gewünscht hatte.

38 Landesamt für Bürger- und Ordnungsangelegenheiten, Abt. I – Entschädigungsbehörde, Berlin: LBO, Nr. 58489, D 5; Gabler, a.a.O., S. 85, die »Rehe« S. 245, die »Löwin« S. 158. Bei Lange Los Nr. 319 »Campagnaschafe«. »Rehe« und »Widder« in den folgenden Auktionen Langes nicht nachzuweisen.

39 Brandenburgisches Landeshauptarchiv, Potsdam: BLHA, Rep. 36 A II, Nr. 5674, Bl. 34, Nr. 179f. Bei Lange Los Nr. 315, auch abgebildet; dann am 27. Januar 1943 als Los Nr. 482, von 3 000 Reichsmark auf 6 500 Reichsmark.

40 Ludwig, Andreas: Silberstein & Co. Internationales Speditions Bureau, Reichenberger Str. 154, in: Berliner Geschichtswerkstatt (Hg.): Juden in Kreuzberg. Fundstücke, Fragmente, Erinnerungen, Berlin 1991, S. 233-238, hier S. 236f. Zum folgenden: Brandenburgisches Landeshauptarchiv, Potsdam: BLHA, Rep. 36 A II, Nr. 5674, Bl. 72, 88, 90f. und 96-101.

41 Abb.: Landesarchiv Berlin: LAB, B Rep. 025-04, Nr. 2742/50, Bl. 126a, Anlagen.

42 Abb.: Landesarchiv Berlin: LAB, B Rep. 025-04, Nr. 2742/50, Bl. 126a, Anlagen.

43 Abb.: Museum Pfalzgalerie Kaiserslautern, M 96/204. Foto: Gunther Balzer.

44 Brandenburgisches Landeshauptarchiv, Potsdam: BLHA Rep. 36 A II, Nr. 5674, Bl. 96ff., Nr. 213, 269 Rasmussen, Nr. 192a Wolff. Die Kelimdecke (Nr. 268) mag jene sein, die den Tisch bedeckte, auf dem die »Schwanenküken« für die Fotos posierten (Abb. S. 163). Sie wurde einem anderen Konvolut zugeschlagen, zu dem ein Protokoll nicht überliefert ist.

45 Brandenburgisches Landeshauptarchiv, Potsdam: BLHA, Rep. 36 A II, Nr. 5674, Bl. 96ff., Nr. 239ff.; eine Ahnung musste Roth davon haben. Er, der als Versteigerer unterzeichnete und somit wohl auch für die Taxen zuständig war, bot »1 Sammlung Zinnkrüge und Zinngeschirr« als Ganzes aus und erlöste dafür 430 Reichsmark. Das für diese Art Versteigerung recht hohe Gebot kam von einem Erwerber mit postalisch nicht existenter Anschrift. Statt direkten Betrugs ließe sich auch annehmen, dass ein Nebenerwerbshändler die Anschrift eines Kellerlagers nannte.

46 Brandenburgisches Landeshauptarchiv, Potsdam: BLHA, Rep. 36 A II, Nr. 5674, Bl. 125, Nr. 241. Der Wiederbeschaffungswert sollte bei 25 000 bis 30 000 Deutsche Mark liegen; Landesarchiv Berlin: LAB, B Rep. 025-04, Nr. 2742/50, Bl. 161.

47 Vgl. dazu auch Landesarchiv Berlin: LAB, B Rep. 025-04, Nr. 2742/50, Bl. 134. Ein »Originalwerk des belgischen Bildhauers George Minne, das der Antragsteller Kurt Cassirer selbst etwa im Jahre 1906 von der Galerie Paul Cassirer für 1 200,- RM erwarb«, wahrscheinlich im Musikzimmer auf dem Tisch vor dem Kamin (Abb. S. 162), ist dagegen in den Listen nicht zu identifizieren.

48 Brandenburgisches Landeshauptarchiv, Potsdam: BLHA, Rep. 36 A II, Nr. 5674, Bl. 133; Bauschinger / Feilchenfeldt, a.a.O., S. 38. Der Auktionskatalog Edgar Lach, Berlin, 11. März 1943, war bisher nicht nachweisbar. Die Erlöse für drei Porträts von Slevogt bei Lange im April 1943 von 2 600 bis 5 000 Reichsmark.

49 Staatliche Museen zu Berlin, Zentralarchiv: SMB-ZA, I/NG 477, Bl. 288.

50 Abb.: Brandenburgisches Landeshauptarchiv, Potsdam: BLHA, Rep. 36 A II, Nr. 5674, Bl. 133.

RAUBKUNST UND BEUTEKUNST (S. 167–174)

1 Abb.: Bildarchiv Preußischer Kulturbesitz, Berlin, Nr. 50058059.
2 Abb.: Bildarchiv Preußischer Kulturbesitz, Berlin, Nr. 30003501.
3 Benjamin, Walter, Über den Begriff der Geschichte, in: Unseld, Siegfried (Hg.): Walter Benjamin - Illuminationen. Frankfurt am Main 1977, S. 251-261, hier S. 254.
4 Abb.: Bildarchiv Preußischer Kulturbesitz, Berlin, Nr. 30025326, Foto: Hanns Hubmann.
5 Zum Thema Raubkunst vgl. Bertz, Inka / Dorrmann, Michael (Hg.): Raub und Restitution. Kulturgut aus jüdischem Besitz von 1933 bis heute. Herausgegeben im Auftrag des Jüdischen Museums Berlin und des Jüdischen Museums Frankfurt am Main, Göttingen 2008.
6 Zum Thema Beutekunst siehe den Beitrag zum »Sonderauftrag Linz« von Marion Goers.
7 Abb.: ullstein bild, Berlin, Nr. 00852922.
Vgl. hierzu Schnabel, Gunnar / Tatzkow, Monika: »Berliner Straßenszene«, Raubkunst und Restitution. Der Fall Kirchner, Berlin 2008.
8 Zum Thema Restitution vgl. Bertz / Dorrmann (Hg.), a.a.O. sowie: Der Beauftragte der Bundesregierung für Kultur und Medien (Hg.): Handreichung zur Umsetzung der »Erklärung der Bundesregierung, der Länder und der kommunalen Spitzenverbände zur Auffindung und zur Rückgabe NS-verfolgungsbedingt entzogenen Kulturgutes, insbesondere aus jüdischem Besitz« vom Dezember 1999, 5. überarb. Aufl., Bonn/Berlin 2007.
9 Ebda., S. 40f.
10 Bertz / Dorrmann (Hg.), a.a.O., S. 8.

»SONDERAUFTRAG LINZ« (S. 175–182)

1 Abb.: Bayerische Staatsbibliothek, München, Fotoarchiv Hoffmann, Nr. 25256, Fotograf: Heinrich Hoffmann.
2 Vgl. Sarlay, Ingo: Adolf Hitlers Linz-Traum. Von der Jugendstadt des Führers zur europäischen Kunstmetropole, in: Tabor, Jan (Hg.): Kunst und Diktatur. Architektur, Bildhauerei und Malerei in Österreich, Deutschland, Italien und der Sowjetunion 1922–1956, Bd. 1, Baden 1994, S. 494-503; Löhr, Hanns Christian: Das Braune Haus der Kunst. Hitler und der Sonderauftrag Linz, Berlin 2005, S. 32-64; Schwarz, Birgit: Hitlers Museum. Die Fotoalben Gemäldegalerie Linz, Wien [u.a.] 2004, S. 32-49, 60-67; dies.: Hitlers Sonderbeauftragter Hans Posse, in: Dresdner Hefte, Heft 77, 2004, S. 77-85; Iselt, Kathrin: »Sonderbeauftragter des Führers«. Der Kunsthistoriker und Museumsmann Hermann Voss (1884–1969), Köln [u.a.] 2010, S. 161-314.
3 Abb.: Archiv der Stadt Linz, Dokumentation, NS-Planung.
4 Abb.: Bayerisches Hauptstaatsarchiv, München, NL Hitler, Nr. 38.
5 Vgl. Sarlay, a.a.O.
Abb.: Archiv der Stadt Linz, Dokumentation, NS-Planung.
6 Vgl. Löhr, a.a.O., S. 19ff., 44ff., 54ff.; Schwarz, Hitlers Museum, a.a.O., S. 35f.
Abb.: Bundesarchiv, Berlin: BA, R 43 II/1269a, Bl. 5-6.
7 Vgl. Löhr, a.a.O., S. 32f., 38ff.; Schwarz, Hitlers Museum, a.a.O., S. 41f., 68-73.
8 Vgl. Löhr, a.a.O., S. 113-151; Schwarz, Hitlers Museum, a.a.O., S. 32ff.
9 Vgl. Löhr, a.a.O., S. 106-112, 149, 199; Schwarz, Hitlers Museum, a.a.O., S. 27-31, 68, 83-190; Iselt, a.a.O., S. 166-174.
10 Vgl. Schwarz, Hitlers Sonderbeauftragter, a.a.O.
Abb.: Bundesarchiv, Koblenz: BA, B 146-1994-006-28/A.
11 Vgl. Iselt, a.a.O.
Abb.: Galerie Neue Meister, Staatliche Kunstsammlungen Dresden, Gal.-Nr. 3427.
12 Abb.: Bundesarchiv, Berlin: BA, NS 6/461, Bl. 50.
13 Vgl. Lauterbach, Iris: »Arche Noah«, »Museum ohne Besucher«? – Der Central Art Collecting Point in München, in: Koordinierungsstelle für Kulturgutverluste Magdeburg (Hg.): Entehrt. Ausgeplündert. Arisiert. Entrechtung und Enteignung der Juden, Magdeburg 2005, S. 335-348; dies.: Der Central Art Collecting Point in München 1945–49. Kunstschutz, Restitution und Wissenschaft, in: Bertz, Inka / Dorrmann, Michael (Hg.): Raub und Restitution. Kulturgut aus jüdischem Besitz von 1933 bis heute. Herausgegeben im Auftrag des Jüdischen Museums Berlin und des Jüdischen Museums Frankfurt am Main, Göttingen 2008, S. 195-201; Löhr, a.a.O., S. 65-81, 152-167.
14 Vgl. Internetseiten und Datenbanken des Bundesamtes für zentrale Dienste und offene Vermögensfragen, Berlin: http://www.badv.bund.de/003_menue_links/e0_ov/d0_provenienz/index.html und der Koordinierungsstelle für Kulturgutverluste Magdeburg: http://www.lostart.de/nn_7160/Webs/DE/Start/Index.html?__nnn=true; Datenbank des Deutschen Historischen Museums Berlin zum »Central Collecting Point München«: http://www.dhm.de/datenbank/ccp/dhm_ccp.php?seite=9 (9. März 2011).
15 Vgl. Lauterbach, a.a.O.; http://www.dhm.de/datenbank/linzdb/ (9. März 2011), hier München-Nr. 1284; siehe auch Franziska Augstein, »Es möge Ihnen, mein Führer, Freude bereiten«, Süddeutsche Zeitung, 15. Oktober 2009.
Abb.: ullstein bild, Berlin, Nr. 80060166.
16 Abb.: Zentralinstitut für Kunstgeschichte, München.
17 Abb.: Zentralinstitut für Kunstgeschichte, München.

KUNSTHANDEL IN BERLIN NACH 1945 (S. 183–187)

1 Abb.: Bildarchiv Preußischer Kulturbesitz, Berlin, Nr. 30012474.
2 Abb.: Berlinische Galerie. Landesmuseum für moderne Kunst, Fotografie und Architektur; zitiert nach: Krause, Markus: Galerie Gerd Rosen. Die Avantgarde in Berlin 1945–1950, Berlin 1995, S. 9.
3 Abb.: Bundesarchiv, Koblenz: BA, 183-10356-0002, Fotograf: Köhler; siehe Vierneisel, Beatrice: Bücherei Lowinsky, S. 177, in: Gillen, Eckhart / Schmidt, Diether (Hg.): Zone 5. Kunst in der Viersektorenstadt 1945–1951, Berlin 1989.
4 Abb.: Landesarchiv Berlin: LAB, Fotosammlung, F Rep. 290, Nr. 210170, Fotograf: M. Hürlimann.
5 Insgesamt wurden 184 Bilder, Grafiken und Skulpturen in der Ausstellung gezeigt. Vgl. »... in den Trümmern nicht verzagen«. Bildende Kunst in Berlin, in: Glaser, Hermann / Pufendorf, Lutz von / Schöneich, Michael (Hg.): So viel Anfang war nie. Deutsche Städte 1945-1949, Berlin 1989, S. 205-211.
6 Vgl. Krause, a.a.O.
7 Vgl. Vierneisel, Beatrice: Berliner Galerien, S. 151-209, in: Gillen, a.a.O.
8 Vgl. ebda., S. 195.
9 Abb.: Berlinische Galerie. Landesmuseum für moderne Kunst, Fotografie und Architektur; zitiert nach Vierneisel, Beatrice: Galerie Franz, S. 200f., in: Gillen, a.a.O.
10 Krause, a.a.O., S. 25f.
11 Dymschitz, Alexander: Über die formalistische Richtung in der Malerei, Beilage, in: Tägliche Rundschau, 19. November und 24. November 1948.
12 Vgl. Vierneisel, a.a.O., S. 196.
13 Abb.: Landesarchiv Berlin: LAB, Fotosammlung, F Rep. 290, Nr. 194723, Fotograf: Rudolf Steinhäuser.

PERSONENREGISTER

REGINE WOSNITZA

GESAMTAUFNAHME: KUNSTHANDEL IN BERLIN 1928–1943

Diese 55 Adressen sind ein exemplarischer Auszug aus einer Gesamtliste von über 800 Kunsthändleradressen, die im Zeitraum zwischen 1928 und 1943 in den Berliner Adressbüchern eingetragen waren. Aus den Rubriken »Kunstantiquariate«, »Kunstauktionshäuser«, »Kunst- und Gemäldehandlungen«, »Versteigerer«, »Auktionatoren« und »Taxatoren« stellten alle AG-Mitglieder gemeinsam diese Topografie des Kunsthandels zusammen.

Die meisten Einträge (281) gibt es 1933, die wenigsten, nämlich 152, im Jahre 1936. Im Jahr 1943, als das Berliner Adressbuch zum vorerst letzten Mal erschien, sind es 174 Einträge. Eine Fluktuation zwischen den geografischen Zentren ist erstaunlicherweise nicht zu beobachten. Nur rund 40 Kunsthändler sind durchgängig mit Adressen vertreten. Hingegen gibt es 235 Einzeleinträge.

Eine detaillierte Auswertung konnte noch nicht erfolgen. Die Auflistung ist ein Angebot und Steinbruch für zukünftige Recherchen. Die Gesamtliste und nähere Informationen zu ihrer Nutzung findet sich unter www.aktives-museum.de.

ABKÜRZUNGEN

Ge Gemälde
Gg Gemäldegalerie
Kah Kunstauktionshaus
Kaq Kunstantiquariat
Kh Kunsthandlung
Ta Taxator
V Versteigerer/Auktionator

C Centrum
Chbg Charlottenburg
Dhm Dahlem
Fdn Friedenau
Gruwald Grunewald
Hsee Halensee
Hermsdf Hermsdorf
Jothal Johannisthal
Kaulsdf Kaulsdorf
Kpn Köpenick
Liberg Lichtenberg
Lifelde Lichterfelde
Lirade Lichtenrade
Mahlsdf Mahlsdorf
Mariendf Mariendorf
Nkln Neukölln
Rnckdf Reinickendorf
Sbg Schöneberg
Schmadf Schmargendorf
Stg Steglitz
SW Südwest
Tehof Tempelhof
W West
Wlmdf Wilmersdorf
Zehldf Zehlendorf

			1928	1929	1930	1931	1932	1933	1934
1	Gérard van Aken							Wilhelmstraße 99, SW68	Wilhelmstraße 99, SW68
2	M. F. Abeles, F. & Co.	Ge Kh	Ritterstraße 50, SW68	Lützowplatz 3, W62	Lützowplatz 3, W62	Lützowplatz 5, W62	Lützowplatz 5, W62	Lützowplatz 5, W62	
3	Max Abraham	V						Gipsstraße 3, N54	
4	Heinrich Abrahamsohn	Kh	Ritterstraße 30a, S42	Ritterstraße 30a, S42	Ritterstraße 30a, S42	Brandenburgstraße 72, S42			
5	Arthur Abt	Kaq			Düsseldorfer Straße 56, W15	Düsseldorfer Straße 56, W15	Düsseldorfer Straße 56, W15	Düsseldorfer Straße 56, W15	Düsseldorfer Straße 56, W1
6	Dr. Walther Achenbach	V							Kurfürstendamm 196, W15
7	I. von der Acht	V	Granseer Straße 3, N58						
8	Ackermann & Co	V		Schützenstraße 72, SW68	Schützenstraße 72, SW68	Prenzlauer Promenade 191, Pankow	Potsdamer Straße 36, W35	Potsdamer Straße 36, W35	An der Apostelkirche 8, W5
9	Fritz Adler	Kh						Brunnenstraße 136, N31	
10	Lukas Akliros	Ge							
11	Aktiengesellschaft für Auktionswesen (AFAG)							Kurfürstendamm 45 (Laden), W15	Kurfürstendamm 203, W15
12	Otto Albrecht								
13	Paul Albert	Kh				Linden Passage Laden 18, W8	Linden Passage Laden 18, W8		
14	Almanach-Kunstverlag Akt-Ges.	Kh			Zossener Straße 55, SW29				
15	Richard Altendorff	V	Am Ostbahnhof 19, O17	Am Ostbahnhof 19, O17	Am Ostbahnhof 19, O17	Am Ostbahnhof 19, O17	Am Ostbahnhof 19, O17	Am Ostbahnhof 19, O17	Am Ostbahnhof 19, O17
16	Amelang'sche Kunsthandlung	Kh	Kantstraße 164, Chbg	Kantstraße 164, Chbg	Kantstraße 164, Chbg	Kantstraße 164, Chbg	Kantstraße 164, Chbg	Kantstraße 164, Chbg	Kantstraße 164, Chbg
17	Amsesser	Kh			Barbarossastraße 36a, W30				
18	Amsler & Ruthardt	Kh	Behrenstraße 29a, W8	Behrenstraße 29a, W8	Behrenstraße 29a, W8	Behrenstraße 29a, W8	Behrenstraße 29a, W8	Behrenstraße 29a, W8	Behrenstraße 29a, W8
19	Stephan von Andreewsky	Kh	Zimmerstraße 98, SW68						
20	J. Andresen	Kh				Boudierstraße 32, W15			
21	Antiquitäten GmbH	Kaq							
22	H. Anzler	Kh				Ritterstraße 100, S42			
23	Fritz Appelt	Kh							
24	Herta Appelt	Kh							
25	Karl Arkusch	V							
26	Ina Arnold	Kh		Grolmannstraße 44/45, Chbg	Grolmannstraße 44/45, Chbg				
27	Paul Artmann	Ge Kh Kaq							
28	Hermann W. Ascher	Kaq							
29	Auktionshaus am Reichskanzlerplatz GmbH	V						Reichskanzlerplatz 7/9, Chbg	
30	Auktionshaus des Westens für Möbel, Kunst u. Antiquitäten	V				Tauentzienstraße 4, W50			
31	Auktionshaus Excelsior für Möbel, Gemälde und Antiquitäten	V						Kurfürstendamm 61, W15	
32	Bernhard Bachmann	Kh							
33	Bachstitz GmbH	Kh		Bellevuestraße 6a, W9	Bellevuestraße 6a, W9	Bellevuestraße 6a, W9			
34	Bade u. Lange								
35	Magdalena Baer	Kaq							
36	Harry Baerwald	V						Kurfürstendamm 119/121, Hsee	Kurfürstendamm 119-121, H
37	Richard Ball	Kh				Hohenzollernstraße 17, W10			
38	Rud. Bangel	Kaq Kh	Kurfürstendamm 226, W15	Bellevuestraße 7, W9					
39	Irma Banniza v. Bazan	Kh				Anhalter Straße 11, SW11	Anhalter Straße 11, SW11	Anhalter Straße 11, SW11	Holsteinische Straße 58, Stg
40	Franz Barth	Kh							
41	Barth u. Könenkamp								
42	J. Baruch	Kh	Kleiststraße 4, W62	Kleiststraße 4, W62	Kleiststraße 4, W62	Kleiststraße 4, W62	Kleiststraße 4, W62	Kleiststraße 4, W62	Kleiststraße 4, W62
43	Paul Basse	Gg Kh	Pariser Straße 18, W15	Pariser Straße 18, W15	Pariser Straße 18/18a, W15	Fritschestraße 57, Chbg	Fritschestraße 57, Chbg	Fritschestraße 57, Chbg	Fritschestraße 57, Chbg
44	Dr. Theodor Bauer	Kh				Wilhelmstraße 100, SW48	Wilhelmstraße 100, SW48	Wilhelmstraße 100, W48	Lützowplatz 12, W62
45	Alexander von der Becke	Kh						Schillerstraße 101, Chbg	Schillerstraße 101, Chbg
46	Anna Beckmann	Kh	Lutherstraße 19a, W62	Lutherstraße 19a, W62	Lutherstraße 19a, W62				
47	Ernst Behrend	Kh							Lichtenfelder Straße 3a, SW
48	M. Bendit	V						Bismarckstraße 17, Chbg	
49	Dr. Curt Benedict & Co.	Kh	Friedrich-Ebert-Straße 5, W9	Friedrich-Ebert-Straße 5, W9	Friedrich-Ebert-Straße 5, W9				
50	Rudolf Benedict	Kh						Nassauische Straße 28, Wlmdf	
51	Bernahrd Benjamin	Kh						Grunewaldstraße 70, Schbg	
52	Hans Berchner	Kh						Motzstraße 53, W30	Motzstraße 53, W30
53	Paul Bercovitz	Kh	Lützowstraße 48, W35	Lützowstraße 48, W35	Lützowstraße 48, W35	Lützowstraße 48, W35	Lützowstraße 48, W35	Lützowstraße 48, W35	Maaßenstraße 32, W62
54	Samuel Bercovitz	Kh				Lützowstraße 50, W35	Lützowstraße 50, W35	Lützowstraße 50, W35	Lützowstraße 50, W35
55	Alfred Berkhan	Kah V/Ta	Zimmerstraße 63, SW68	Zimmerstraße 63, SW68	Bamberger Str.48, W30	Bamberger Str.48, W30	Bamberger Str.48, W30	Spichernstraße 3, W50	Spichernstraße 3, W50

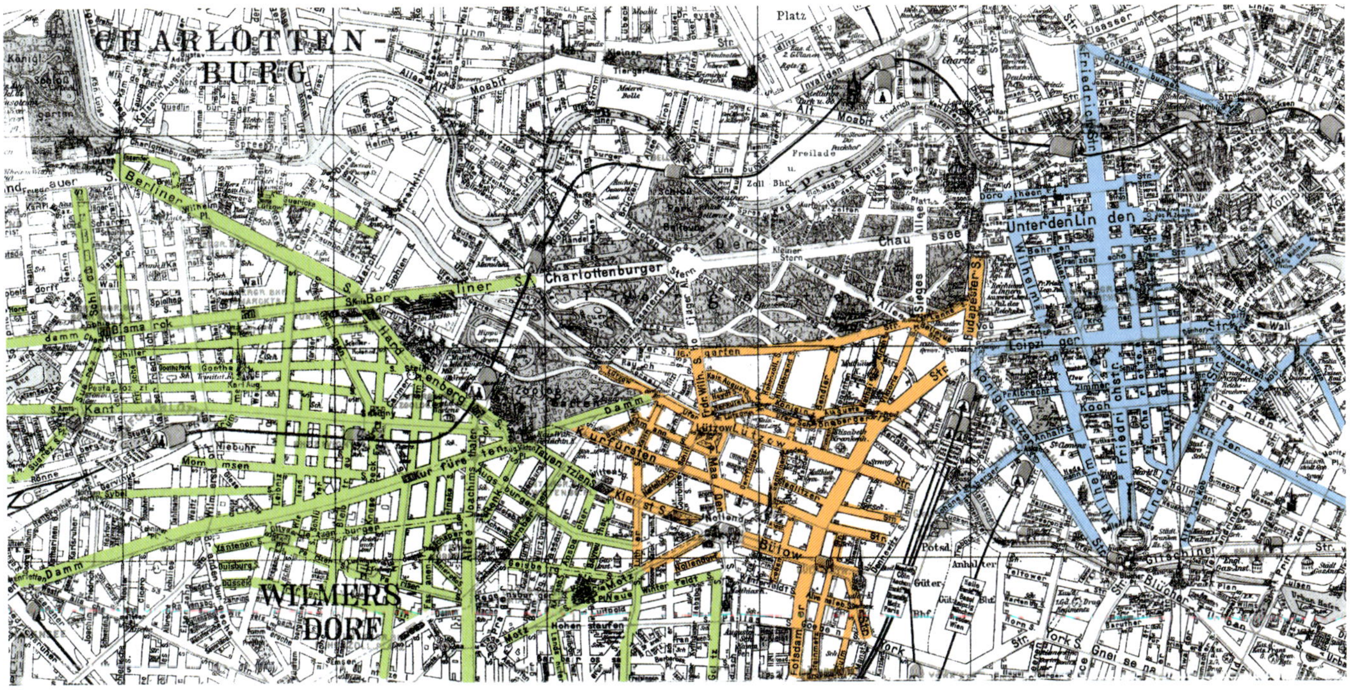

Standorte des Kunsthandels fanden sich in ganz Berlin. Zentren bildeten sich in Mitte, Tiergarten und Wilmersdorf / Charlottenburg. Die farbig markierten Straßen weisen Einträge in den Berliner Adressbüchern auf. Straßenumbenennungen sind nicht gekennzeichnet.

Wilmersdorf / Charlottenburg

Tiergarten

Mitte

35	1936	1937	1938	1939	1940	1941	1942	1943
, SW68	Wilhelmstraße 99, SW68	Wilhelmstraße 99, SW68	Schillstraße 8, W62					
ße 56, W15	Düsseldorfer Straße 56, W15	Düsseldorfer Straße 56, W15						
78, W15	Hardenbergstraße 29a, W50	Hardenbergstraße 29a, W50	Hardenbergstraße 29a, W50	Hardenbergstraße 29a, W50	Hardenbergstraße 29a, W50	Hardenbergstraße 29a, W50	Hardenbergstraße 29a, W50	Hardenbergstraße 29a, W50
			Courbièrestraße 9, W62	Courbièrestraße 9, W62	Lützowstraße 50, W35	Lützowstraße 50, W35	Lützowstraße 50, W35	Lützowstraße 50, W35
203, W15								
		Kaiserallee 177, Wlmdf	Kaiserallee 177, Wlmdf	Kaiserallee 177, Wlmdf	Kaiserallee 177, Wlmdf	Kaiserallee 177, Wlmdf		
9, O17	Am Ostbahnhof 19, O17	Am Ostbahnhof 19, O17	Am Ostbahnhof 19, O17	Am Ostbahnhof 19, O17	Am Ostbahnhof 19, O17	Am Ostbahnhof 19, O17	Am Ostbahnhof 19, O17	Am Ostbahnhof 19, O17
hbg	Kantstraße 164, Chbg	Kantstraße 164, Chbg	Kantstraße 164, Chbg	Kantstraße 164, Chbg	Kantstraße 164, Chbg	Kantstraße 164, Chbg	Kantstraße 164, Chbg	Kantstraße 164, Chbg
W8	Behrenstraße 29a, W8	Behrenstraße 29a, W8	Behrenstraße 29a, W8	Behrenstraße 29a, W8	Behrenstraße 29a, W8	Behrenstraße 29a, W8	Behrenstraße 29a, W8	Behrenstraße 29a, W8
				Nürnberger Straße 17, W50	Nürnberger Straße 17, W50			
		Kronenstraße 10, W8						
		Anhalter Straße 1, SW11	Anhalter Straße 1, SW11	Anhalter Straße 1, SW11	Anhalter Straße 1, SW11	Anhalter Straße 1, SW11	Anhalter Straße 1, SW11	Anhalter Straße 1, SW11
				Saarlandstraße 88, SW11	Anhalter Straße 1, SW11			
		Schlüterstraße 37, Chbg						
								Seydelstraße 22, SW68
		Kaiserdamm [illegible], Chbg						
				Alexanderstraße 1, C2	Alexanderstraße 1, C2			
						Budapester Straße 1, W62		
		Weberstraße 23, NO18						
19/121, Hsee	Kurfürstendamm 119-121, Hsee	Kurfürstendamm 119-121, Hsee	Kurfürstendamm 119-121, Hsee					
ße 58, Stg								
					Rheinstraße 62, Fdn	Rheinstraße 62, Fdn	Rheinstraße 62, Fdn	Rheinstraße 62, Fdn
						Taubenstraße 24, W8		
Chbg	Olivaer Platz 9, W15	Olivaer Platz 9, W15	Olivaer Platz 9, W15	Olivaer Platz 9, W15	Olivaer Platz 9, W15	Olivaer Platz 9, W15	Olivaer Platz 9, W15	Olivaer Platz 9, W15
W35	Lützowstraße 44, W35	Lützowstraße 44, W35	Lützowstraße 44, W35	Lützowstraße 44, W35	Lützowstraße 44, W35	Lützowstraße 44, W35		
, Chbg	Schillerstraße 101, Chbg	Schillerstraße 101, Chbg		Duisburger Straße 6, W15	Duisburger Straße 9, W15	Duisburger Straße 9, W15	Duisburger Straße 9, W15	
14/15, W62								
ße 3a, SW61	Lichtenfelder Straße 3a, SW61	Methfesselstraße 8, SW61	Methfesselstraße 8, SW61					
		Kurfürstenstraße 70, W62						
	Motzstraße 75, W30	Motzstraße 75, W30	Motzstraße 75, W30	Motzstraße 75, W30	Motzstraße 75, W30			
/62								
W35								
W50	Spichernstraße 3, W50	Spichernstraße 3, W50	Spichernstraße 3, W50	Spichernstraße 3, W50	Spichernstraße 3, W50	Spichernstraße 3, W30	Spichernstraße 3, W30	Spichernstraße 3, W30

AUSWAHLBIBLIOGRAFIE

Akademie der Künste (Hg.): Als der Krieg zu Ende war. Kunst in Deutschland 1945–1950, Berlin 1975

Bajohr, Frank: Parvenüs und Profiteure. Korruption in der NS-Zeit, Frankfurt am Main 2001

Barron, Stephanie (Hg.): »Entartete Kunst«. Das Schicksal der Avantgarde im Nazi-Deutschland, Ausstellungskatalog, München 1992

Benecke, Hans: Eine Buchhandlung in Berlin. Erinnerung an eine schwere Zeit, Frankfurt am Main 1995

Bertz, Inka / Dorrmann, Michael (Hg.): Raub und Restitution. Kulturgut aus jüdischem Besitz von 1933 bis heute. Herausgegeben im Auftrag des Jüdischen Museums Berlin und des Jüdischen Museums Frankfurt am Main, Göttingen 2008

Biggeleben, Christoph / Schreiber, Beate / Steiner, Kilian J.L. (Hg.): »Arisierung« in Berlin, Berlin 2007

Blum, Eugen / Scholz, Dieter (Hg.): Überbrückt. Ästhetische Moderne und Nationalsozialismus – Kunsthistoriker und Künstler 1925–1937, Köln 1999

Borger, Hugo / Mai, Ekkehard / Waetzold, Stefan (Hg.): '45 und die Folgen. Kunstgeschichte eines Wiederbeginns, Köln [u.a.] 1991

Buchholz, Gudola: Karl Buchholz. Buch- und Kunsthändler im 20. Jahrhundert. Sein Leben und seine Buchhandlungen und Galerien in Berlin, New York, Bukarest, Lissabon, Madrid, Bogotá, Köln 2005

Der Beauftragte der Bundesregierung für Kultur und Medien (Hg.): Handreichung zur Umsetzung der »Erklärung der Bundesregierung, der Länder und der kommunalen Spitzenverbände zur Auffindung und zur Rückgabe NS-verfolgungsbedingt entzogenen Kulturgutes, insbesondere aus jüdischem Besitz« vom Dezember 1999, 5. überarb. Aufl., Bonn/Berlin 2007

Dreßen, Wolfgang (Hg.): Betrifft: »Aktion 3«. Deutsche verwerten jüdische Nachbarn. Dokumente zur Arisierung, Begleitbuch zur gleichnamigen Ausstellung in Düsseldorf, Berlin 1998

Enderlein, Angelika: Der Berliner Kunsthandel in der Weimarer Republik und im NS-Staat. Zum Schicksal der Sammlung Graetz, Berlin 2006

Feliciano, Hector: Das verlorene Museum. Vom Kunstraub der Nazis, Berlin 1998

Fleckner, Uwe: Angriff auf die Avantgarde. Kunst und Kulturpolitik im Nationalsozialismus, Berlin 2007

Friedenberger, Martin: Fiskalische Ausplünderung. Die Berliner Steuer- und Finanzverwaltung und die jüdische Bevölkerung 1933–1945, Dokumente, Texte, Materialien, Bd. 69, Berlin 2008

Galerie Nierendorf (Hg.): 1920–1970. Fünfzig Jahre Galerie Nierendorf. Rückblick, Dokumentation, Jubiläumsausstellung, Berlin 1970

Gillen, Eckhart / Schmidt, Dieter (Hg.): Zone 5. Kunst in der Viersektorenstadt 1945–1951, Berlin 1989

Gillen, Eckhart: Das Kunstkombinat DDR. Zäsuren einer gescheiterten Kunstpolitik, Bonn 2005

Glaser, Hermann: Kulturgeschichte der Bundesrepublik Deutschland. Zwischen Kapitulation und Währungsreform. 1945–1948, München 1985

Gruner, Wolf: Judenverfolgung in Berlin 1933–1945. Eine Chronologie der Behördenmaßnahmen in der Reichshauptstadt, hg. von der Stiftung Topographie des Terrors, 2., vollständig bearbeitete und wesentlich erweiterte Aufl., Berlin 2009

Haug, Ute: Provenienzforschung. Die Hamburger Kunsthalle und der Kunsthändler Karl Haberstock in Berlin, in: Anzeiger des Germanischen Nationalmuseums 2005, S. 57-76

Heuß, Anja: Die Reichskulturkammer und die Steuerung des Kunsthandels im Dritten Reich, in: sediment. Mitteilungen zur Geschichte des Kunsthandels, Heft 3/1998, S. 49-61

Heuß, Anja: Kunst- und Kulturgutraub. Eine vergleichende Studie zur Besatzungspolitik der Nationalsozialisten in Frankreich und der Sowjetunion, Heidelberg 2000

Hoffmann, Meike (Hg): Ein Händler »entarteter« Kunst. Bernhard A. Böhmer und sein Nachlass, Schriften der Forschungsstelle »Entartete Kunst«, Bd. 3, Berlin 2010

Informationen. Wissenschaftliche Zeitschrift des Studienkreises Deutscher Widerstand 1933–1945 (Hg.): Kunstpolitik 1933–1945. Propaganda, Geschäft, Ausgrenzung, Nr. 71, Mai 2010

Iselt, Kathrin: »Sonderbeauftragter des Führers«. Der Kunsthistoriker und Museumsmann Hermann Voss (1884–1969), Köln [u.a.] 2010

Jentsch, Ralph: Alfred Flechtheim und George Grosz. Zwei deutsche Schicksale, Bonn 2008

Keßler, Horst: Karl Haberstock. Umstrittener Kunsthändler und Mäzen, München [u.a.] 2008

Koldehoff, Stefan: Die Bilder sind unter uns. Das Geschäft mit der NS-Raubkunst, Frankfurt am Main 2009

Koordinierungsstelle für Kulturgutverluste, Magdeburg (Hg.): Museen im Zwielicht. Ankaufpolitik 1933–1945, Veröffentlichungen der Koordinierungsstelle für Kulturgutverluste Bd. 2, Magdeburg 2002

Krause, Markus: Galerie Gerd Rosen. Die Avantgarde in Berlin 1945–1950, Berlin 1995

Kunstmuseum Düsseldorf (Hg.): Alfred Flechtheim – Sammler. Kunsthändler. Verleger, Düsseldorf 1987

Löhr, Hanns Christian: Das Braune Haus der Kunst. Hitler und der Sonderauftrag Linz, Berlin 2005

Müller, Melissa / Tatzkow, Monika: Verlorene Bilder – Verlorene Leben. Jüdische Sammler und was aus ihren Kunstwerken wurde, München 2009

Nicholas, Lynn H.: Der Raub der Europa. Das Schicksal europäischer Kunstwerke im Dritten Reich, München 1995

Petropoulos, Jonathan: Kunstraub und Sammelwahn. Kunst und Politik im Dritten Reich, Berlin 1999

Petropoulos, Jonathan: The Faustian Bargain. The Art World in Nazi Germany, London 2000

Pucks, Stefan: Die Kunststadt Berlin 1871–1945. 100 Schauplätze der modernen bildenden Kunst, insbesondere der Expressionisten im Überblick, Berlin 2007

Rave, Paul Ortwin: Kunstdiktatur im Dritten Reich, herausgegeben von Uwe M. Schneede, Berlin 1990

Roters, Eberhard: Galerie Ferdinand Möller. Die Geschichte einer Galerie für Moderne Kunst in Deutschland 1917–1956, Berlin 1984

Schnabel, Gunnar / Tatzkow, Monika: »Berliner Straßenszene«. Raubkunst und Restitution. Der Fall Kirchner, Berlin 2008

Schroer, Isabel: Berliner Kunst und Kunstpolitik 1945–1950, unveröffentlichte Magisterarbeit, Freie Universität Berlin 1988

Schwarz, Birgit: Hitlers Museum. Die Fotoalben Gemäldegalerie Linz, Wien [u.a.] 2004

Sarkowicz, Hans (Hg.): Hitlers Künstler. Die Kultur im Dienst des Nationalsozialismus, Frankfurt am Main [u.a.] 2004

Steinkamp, Maike / Haug, Ute (Hg.): Werke und Werte. Über das Handeln und Sammeln von Kunst im Nationalsozialismus, Schriften der Forschungsstelle für »Entartete Kunst«, Bd. 5, Berlin 2010

Stötzel, Markus: Ein jüdisches Kunsthändlerschicksal. Der verfolgungsbedingte Eigentumsverlust der Kunstsammlung Alfred Flechtheim, in: Journal für Kulturrecht, Urheberrecht und Kulturpolitik, 12. Jg. Heft 3/4 2010, S. 102-120

Tafel, Verena: Der Kunsthandel in Berlin vor 1945, in: Interessengemeinschaft Berliner Kunsthändler (Hg.): Kunst konzentriert, Berliner Kunstblatt, Sonderheft, Berlin 1987, S. 195-224

Tisa Francini, Esther / Heuß, Anja / Kreis, Georg: Fluchtgut – Raubgut. Der Transfer von Kulturgütern in und über die Schweiz 1933–1945 und die Frage der Restitution, Zürich 2001

Walter-Ris, Anja: Kunstleidenschaft im Dienste der Moderne. Die Geschichte der Galerie Nierendorf Berlin/New York 1920–1996, Zürich 2003

AUTORINNEN UND AUTOREN

URSULA BÜCHAU, geb. 1935, Studium der Soziologie mit Städtebau und Rechtswissenschaften an der Technischen Universität Berlin (M.A.), seit 1993 Mitarbeit im Vorstand und bei verschiedenen Projekten des Aktiven Museums Faschismus und Widerstand in Berlin e.V.

SIBYLLE EHRINGHAUS, Studium der Kunstgeschichte und Geschichte in Berlin und London (M.A.), wissenschaftliche Mitarbeiterin in Museen (Britisches Museum, London, Deutsches Technikmuseum, Berlin), 1995 Promotion mit einer Arbeit über die ideologische Vorbereitung des Nationalsozialismus im Fach Kunstgeschichte, Veröffentlichungen zur Malerei des 19. Jahrhunderts (Adolph Menzel und Eduard Magnus) und zur Gegenwartskunst, Provenienzrecherche für Sammler und Museen (Museum Folkwang, Essen).

ANGELIKA ENDERLEIN, geb. 1965, Studium der Kunstgeschichte, Archäologie und Neueren Geschichte in Münster, Rom und Berlin (M.A.), 1999-2000 Volontariat in der Staatsgalerie Stuttgart, seit 2002 Referentin im Bundesamt für zentrale Dienste und offene Vermögensfragen (BADV) in Berlin in den Bereichen Kunstverwaltung und Provenienzforschung, 2005 Promotion über den Berliner Kunsthandel 1919 bis 1945. Zum Schicksal der Sammlung Graetz, Veröffentlichungen zum Kunsthandel und über Datenbanken in der Provenienzforschung.

CHRISTINE FISCHER-DEFOY, geb. 1951, Studium der Kunsterziehung und Gesellschaftslehre an der Gesamthochschule Kassel, 1982 Promotion in Politikwissenschaft/Zeitgeschichte, von 1982 bis 1987 Forschungsauftrag zur Geschichte der Berliner Kunst- und Musikhochschule im Nationalsozialismus, Autorin von Büchern, Ausstellungen und Dokumentarfilmen zu den Themen NS-Verfolgung, Widerstand und Exil, seit 1991 Vorsitzende des Aktiven Museums Faschismus und Widerstand in Berlin e.V.

CAROLINE FLICK, geb. 1960, Studium der Geschichte und Literaturwissenschaft in Marburg und Berlin, 2003 Promotion über den Architekturkritiker und Schriftsteller Werner Hegemann (1881-1936), seit 2006 wissenschaftliche Untersuchung zum Auktionshaus Hans W. Lange, Aufsatz und Vortrag zur Sammlung Harry Fuld Sr.

MARION GOERS, geb. 1959, Studium der Politikwissenschaft an der Freien Universität Berlin (Diplom), Arbeitsschwerpunkt: deutsche Zeitgeschichte, Mitarbeit in Ausstellungsprojekten, seit 2007 Projektmitarbeiterin in der Arbeitsstelle Nationale und Internationale Gewerkschaftspolitik am Fachbereich Politik- und Sozialwissenschaften der Freien Universität Berlin, Vorstandsmitglied des Aktives Museums Faschismus und Widerstand in Berlin e.V.

PATRICK GOLENIA, geb. 1978, Studium der Kunstgeschichte und Musikwissenschaft an der Technischen Universität Berlin (M.A.), Schwerpunkt: Sammlungsgeschichte und Provenienzforschung, seit 2008 freiberuflich in der Provenienzforschung tätig.

MEIKE HOFFMANN, geb. 1962, Studium der Kunstgeschichte, Klassischen Archäologie, Volkskunde und Bibliothekswissenschaften in Kiel und Berlin, danach Volontariat und drei Jahre wissenschaftliche Mitarbeit im Brücke-Museum Berlin, Promotion mit einer Arbeit über die Künstlergruppe »Brücke« an der Freien Universität Berlin, seit 2006 wissenschaftliche Mitarbeiterin und Projektkoordinatorin der Forschungsstelle »Entartete Kunst« an der Freien Universität Berlin in Verbindung mit einem Lehrauftrag.

CHRISTINE KÜHNL-SAGER, geb. 1945, Studium der Politikwissenschaft und Soziologie an der Philipps-Universität Marburg (Diplom), ab 1971 Berufstätigkeit an der Universität Marburg, im Buchhandel, als wissenschaftliche Mitarbeiterin einer Anwaltskanzlei, im Reisebüro und bei der Bundesanstalt für Arbeit; Engagement in Gewerkschaftsgremien, seit 2005 Tätigkeit im Vorstand und bei Ausstellungsprojekten des Aktiven Museums Faschismus und Widerstand in Berlin e.V.

LAURA MEIER-EWERT, geb. 1982, deutsch-französisches Studium der Sozial- und Geisteswissenschaften an den Universitäten Regensburg, Freiburg im Brsg., Clermont-Ferrand und am Institut d'Études politiques Lyon (Master of Arts), seit 2008 Referentin beim französischen Premierministeramt »Kommission für die Entschädigung der Opfer von Enteignungen aufgrund der antisemitischen Gesetzgebung während der Okkupationszeit« (CIVS) in der Französischen Botschaft in Berlin; seit 2010 Büroleiterin.

KASPAR NÜRNBERG, geb. 1969, Studium der Geschichte, Kunstgeschichte, Religionsgeschichte und Erziehungswissenschaft an der Freien Universität Berlin und University of Edinburgh (M.A.), Wissenschaftlicher Mitarbeiter bei kulturhistorischen Ausstellungen am Deutschen Historischen Museum in Berlin, am Deutschen Hygiene-Museum in Dresden und in den Franckeschen Stiftungen in Halle, seit 2007 Geschäftsführer des Aktiven Museums Faschismus und Widerstand in Berlin e.V.

NANA POLL, geb. 1966, Studium der Publizistik und Kunstgeschichte an der Freien Universität Berlin (M.A.), 1996-2001 Presse- und Öffentlichkeitsarbeit bei den Berliner Festspielen für das Millenniumsprogramm »Das Neue Berlin 99/01«, seit 2001 Referentin für Kommunikation und Presse bei der Stiftung Schloss Neuhardenberg.

STEFAN PUCKS, geb. 1958, Studium der Kunstgeschichte an der Universität Hamburg (M. A.), seit 1986 in Berlin als freiberuflicher Kunsthistoriker mit Veröffentlichungen zur Klassischen Moderne, Schwerpunkt: Rezeptionsgeschichte, seit 1995 Mitarbeiter der Villa Grisebach Auktionen.

MONIKA RICHARZ, geb. 1937, Studium der Geschichte und Germanistik an der Freien Universität Berlin, 1970 Promotion in jüdischer Geschichte, 1972-1979 Research Fellow am Leo Baeck Institut in New York, 1983-1994 Direktorin der Germania Judaica in Köln, 1994-2001 Direktorin des Instituts für die Geschichte deutscher Juden und Professorin an der Universität Hamburg, zahlreiche Veröffentlichungen zur deutsch-jüdischen Geschichte.

NINA SENGER, geb. 1965, Studium der Kunstgeschichte und Romanistik an der Freien Universität Berlin (M. A.), 1995-2003 wissenschaftliche Mitarbeiterin der Villa Grisebach Auktionen, seit 2003 international als Provenienzforscherin tätig. Forschungsschwerpunkt: Sammlungs-/Rezeptionsgeschichte (Kunstsammler, -händler und -kritiker) im 20. Jahrhundert.

HEIKE STANGE, geb. 1958, Studium der Theaterwissenschaft und Germanistik in München und Berlin, Volontariat am Berlin Museum, Ausstellungsmacherin und Autorin zu Themen der Stadt-, Frauen- und Kulturgeschichte im 20. Jahrhundert, insbesondere Theater-, Film- und Kostümgeschichte, Mitarbeit an Ausstellungen des Aktiven Museums Faschismus und Widerstand in Berlin e.V., Provenienzforschung für die Stiftung Stadtmuseum Berlin.

REGINE WOSNITZA, geb. 1959, Studium der Schulmusik und Englisch in Hannover und Heidelberg, seit Anfang der 1990er Jahre Recherchen in Deutschland für JournalistInnen, DokumentarfilmerInnen, BuchautorInnen und FotografInnen, Schwerpunkte: Jüdisches Leben, Nationalsozialismus, Holocaust, Deutschland Ost-West und soziale Themen, soziales Engagement und Straßenführungen im Bereich der Potsdamer Straße, Bloggerin auf potseblog.de.

DANK

FOLGENDEN INSTITUTIONEN DANKEN WIR FÜR DIE ÜBERLASSUNG VON NUTZUNGSRECHTEN UND ANDERE UNTERSTÜTZUNG:

Akademie der Künste Berlin, Archiv
akg-images, Berlin
Amtsgericht Charlottenburg, Handelsregister
Archiv für verfolgte Künstler, Warburg Haus, Hamburg
Axel Springer Verlag, Berlin
Bayerisches Hauptstaatsarchiv, München
Bayerische Staatsbibliothek, München
Bayerische Verwaltung der Staatlichen Schlösser, Gärten und Seen, München, Schloss Nymphenburg
Berlinische Galerie. Landesmuseum für moderne Kunst, Fotografie und Architektur
Bildarchiv Preußischer Kulturbesitz, Berlin
Brandenburgisches Landeshauptarchiv, Potsdam
Bundesamt für zentrale Dienste und offene Vermögensfragen, Berlin
Bundesarchiv, Berlin
Bundesarchiv, Koblenz
Deutsches Historisches Museum, Berlin
Deutsches Rundfunkarchiv, Frankfurt am Main
Deutschlandradio Kultur, Berlin
Ernst Barlach Stiftung, Güstrow
Forschungsstelle »Entartete Kunst«, Freie Universität Berlin
Galerie Fischer, Luzern
Galerie Nierendorf, Berlin
Geheeb-Archiv, Ecole d'Humanité, Hasliberg-Goldern
Germanisches Nationalmuseum, Nürnberg
Jüdisches Museum Berlin, Bibliothek
Kunstforum Ostdeutsche Galerie, Regensburg
Kunstsammlung Chemnitz
Kunstsammlungen und Museen Augsburg, Haberstock-Archiv
Kunststiftung Poll, Berlin
Landesamt für Bürger- und Ordnungsangelegenheiten Berlin, Entschädigungsbehörde
Landesarchiv Berlin
Leo Spik KG, Berlin
Musée d'Orsay, Paris
Museum Charlottenburg-Wilmersdorf, Berlin
Museum Georg Schäfer, Schweinfurt
Museum im Kulturspeicher Würzburg
Museum Mitte von Berlin
Nachlass Erich Heckel, Hemmenhofen
National Gallery, Washington, D.C.
Nolde Stiftung Seebüll
Numismatische Gesellschaft zu Berlin e.V.
Odenwaldschule, Ober-Hambach
Pfalzgalerie Kaiserslautern
Politisches Archiv des Auswärtigen Amtes, Berlin
Rheinisches Bildarchiv, Köln
Staatliche Kunstsammlungen Dresden
Staatliche Museen zu Berlin, Kunstbibliothek
Staatliche Museen zu Berlin, Zentralarchiv
Staatsbibliothek zu Berlin - Preußischer Kulturbesitz
Stiftung Neue Synagoge Berlin - Centrum Judaicum
ullstein bild, Berlin
VG Bild-Kunst, Bonn
Victoria & Albert Museum, London
Zentralinstitut für Kunstgeschichte, München
Zentral- und Landesbibliothek Berlin, Zentrum für Berlin-Studien

UNSER HERZLICHER DANK GILT AUCH FOLGENDEN PERSONEN FÜR RAT UND HILFE:

Andreas-Christian Arndt
Jürgen Bath
Frank Beseke
Jürgen Bogdahn
Ralf Burmeister
Katja Döhnel
Wolfgang Erler
Rahel Feilchenfeldt
Jörg Frieß
Hans Geißler
Jörn Grabowski
Roberto Graetz
Katrin Grün
Karen Grunow
Kristin Hartisch
Michael Hulton
Kathrin Iselt
Klaus Janetzki
Jürg Jucker
Florian Karsch
Gerhard Keiper
Horst Keßler
Bernd Kluge
Markus Krause
Christoph Kreutzmüller
Iris Lauterbach
Isabelle Le Masne de Chermont
Gerhard Leistner
Florian Lünzmann
Sonja Miltenberger
Philipp Möckel
Kirsten Orth
Brigitte Orth-Nickchen
Norbert Pentenrieder
Dietlinde Peters
Lothar C. Poll
Alexander Priebe
Monica Puginier
Bénédicte Savoy
Uwe Schaper
Sabine Schneider
Wolfgang Schöddert
Chana Schütz
Sigrid Schulze
Peter Seemel
Hermann Simon
Monika Sommerer
Markus H. Stötzel
Marion Thimm-Flechtheim
Anja Tiedemann
Friederike Ulrichs
Karl-Friedrich Vollbrecht
Niels Waller
Bianca Welzing-Bräutigam
Petra Winter
Jenny Wischnewsky
Friedrich Wolters

IMPRESSUM

GUTE GESCHÄFTE. KUNSTHANDEL IN BERLIN 1933–1945

Eine Ausstellung des Aktiven Museums im Centrum Judaicum (10. April – 31. Juli 2011) und im Landesarchiv Berlin (20. Oktober 2011 – 27. Januar 2012)

ARBEITSGRUPPE

Ursula Büchau
Sibylle Ehringhaus
Angelika Enderlein
Christine Fischer-Defoy
Caroline Flick
Marion Goers
Patrick Golenia
Meike Hoffmann
Christine Kühnl-Sager
Laura Meier-Ewert
Kaspar Nürnberg
Nana Poll
Stefan Pucks
Monika Richarz
Nina Senger
Heike Stange
Verena Tafel
Regine Wosnitza

AUSSTELLUNG

PROJEKTLEITUNG
Christine Fischer-Defoy

KOORDINATION
Kaspar Nürnberg

GESTALTUNG
Bettina Kubanek
Petra Müller (museumsfreunde)

LEKTORAT
Nicola Zappel

RECHERCHE BILDRECHTE
Marion Neumann

MEDIENPRODUKTION
Klaus D. Schwarz

AUSSTELLUNGSBAU
Svenia Karge
Sybille Casper (Tischlerei Boxworx)

AUSSTELLUNGSDRUCK
Schulz & Schulz Gmbh, Berlin
www.produktion-plus.de

Die Ausstellung wurde gefördert durch den Hauptstadtkulturfonds.

HAUPT STADT KULTUR FONDS

KATALOG

HERAUSGEBER
Christine Fischer-Defoy
Kaspar Nürnberg

REDAKTION
Christine Fischer-Defoy
Bettina Kubanek
Christine Kühnl-Sager
Kaspar Nürnberg
Nana Poll
Heike Stange

GESTALTUNG
Bettina Kubanek

LEKTORAT
Nicola Zappel

DRUCK
Brandenburgische Universitätsdruckerei

3. AUFLAGE
600 Stück

Bildrechte Umschlag:
Titel: Privatbesitz Friedrich Wolters, Coesfeld
Rücktitel: Landesarchiv Berlin
Linke Innenklappe: Privatbesitz
Rechte Innenklappe: Historische Standortfotos siehe jeweiliges Kapitel

ISBN 978-3-00-034061-1

KONTAKT

AKTIVES MUSEUM
Faschismus und Widerstand in Berlin e.V.

Stauffenbergstraße 13-14
10785 Berlin
Tel (030) 26 39 890 -39, Fax -60
www.aktives-museum.de

KOOPERATIONSPARTNER

Stiftung Neue Synagoge Berlin
Centrum Judaicum
www.centrumjudaicum.de

Landesarchiv Berlin
www.landesarchiv-berlin.de